浙东运河文化研究丛书

浙东运河
传统产业

茹静文　陈志坚　著

Traditional Industries
along the
Zhedong Canal

ZHEJIANG UNIVERSITY PRESS
浙江大学出版社
·杭州·

图书在版编目（CIP）数据

浙东运河传统产业 / 茹静文，陈志坚著. -- 杭州：浙江大学出版社，2024.8
ISBN 978-7-308-24956-0

Ⅰ．①浙… Ⅱ．①茹… ②陈… Ⅲ．①大运河－传统产业－研究－浙江 Ⅳ．①F269.2

中国国家版本馆CIP数据核字(2024)第094869号

浙东运河传统产业

ZHEDONG YUNHE CHUANTONG CHANYE

茹静文　陈志坚　著

策划统筹	金更达　宋旭华
责任编辑	胡　畔
责任校对	赵　静
封面设计	杭州浙信文化传播有限公司
出版发行	浙江大学出版社
	（杭州市天目山路 148 号　邮政编码 310007）
	（网址：http://www.zjupress.com）
排　版	杭州林智广告有限公司
印　刷	绍兴市越生彩印有限公司
开　本	710mm×1000mm　1/16
印　张	28.25
字　数	450 千
版 印 次	2024 年 8 月第 1 版　2024 年 8 月第 1 次印刷
书　号	ISBN 978-7-308-24956-0
定　价	128.00 元

"绍兴文化研究工程成果文库"序

文化是观察世界的窗口，每一种文化都有其独特的符号、价值和历史。文化是理解自身的钥匙，我们的身份认同、思维方式、行为模式等，都深深打上了文化的烙印。文化更是纵览时空的明灯，它映射着我们来时的足迹，照亮了我们前行的道路。

绍兴是中华文明体系中一个极具辨识度的地域样本，早在近万年前的新石器时代早中期，嵊州小黄山就有於越先民繁衍生息。华夏文明的重要奠基人尧、舜、禹等，都在绍兴留下大量的遗迹遗存和典故传说。有历史记载以来，绍兴境域和地名屡有递嬗，春秋时期为越国都城腹地，秦汉时期为会稽郡，隋唐时期称越州，南宋时取"绍奕世之宏休，兴百年之丕绪"之意改越州为绍兴，至今已沿用近千年。

绍兴地处长江三角洲南翼，神奇的北纬30°线把绍兴和世界诸多璀璨文明发源地联结在一起。绍兴有会稽山脉南北蜿蜒和浙东运河东西横贯，"从山阴道上行，山川自相映发，使人应接不暇"，"千岩竞秀，万壑争流，草木蒙笼其上，若云兴霞蔚"。基于坐陆面海的独特地理环境，越地先民以山为骨为脊，以水为脉为魂，艰苦卓绝，不断创造，形成了与自然风光交相辉映的壮丽人文景观。

越史数千年，可以说是一部跨越时空的文化史诗，它融合了地域特色、人文特质、时代特征，生动展现了绍兴人民孜孜不倦的热爱、追求与创造，早已渗透到了一代又一代绍兴人的血脉中。绍兴文化以先秦於越民族文化暨越国文化为辉煌起点，在与吴文化、楚文化等交流融合中，不断吐故纳新、丰富发展，逐渐形成了刚柔并济的独有特质，这在"鉴湖越台名士乡"彪炳史册的先贤们身上得到充分展现：从大禹的公而忘私、治水定邦，到勾践的卧薪尝胆、发愤图强；从王充的求真务实、破除谶纬，到谢安的高卧东山、决胜千里；从陆游的壮志未酬、诗成万首，到王阳明的知行合一、"真三不朽"；从徐渭的狂狷奇绝、"有明一人"，到张岱的心怀故国、"私史无贰"；从秋瑾的豪迈任侠、大义昭昭，到蔡元培的兼容并包、开明开放；从周恩来"面壁十年图破壁"的凌云志，到鲁迅"我以我血荐轩辕"的"民族魂"……一代代英雄豪杰无不深刻展现着绍兴鲜明的文化品格。

"稽山何巍巍，浙江水汤汤。"世纪之初，时任浙江省委书记习近平同志敏锐感知文化对经济社会发展的独特作用，强调进一步发挥浙江的人文优势，把"加快建设文化大省"纳入"八八战略"总体布局。他曾多次亲临绍兴调研文化工作，对文化基因挖掘、文化阵地打造、文化设施建设、文化队伍提升、人文经济发展等方面作出重要指示，勉励绍兴为繁荣和发展社会主义文化事业作出新的贡献。习近平总书记还在多种场合反复讲到王充、陆游、王阳明、秋瑾、蔡元培、鲁迅等绍兴文化名人，征引诗文、阐发思想，其言谆谆、其意殷殷。这些年来，绍兴广大干部群众始终把习近平总书记的深情厚爱牢记于心、见效于行，努力把文化这个最深沉的动力充分激发出来，把这个绍兴最鲜明的特质充分彰显出来，把这个共富最靓丽的底色充分展示出来，不断以人文底蕴赋能经济发展，以经济发展助推文化繁荣，全力打造人文经济学绍兴范例。这种人文经济共荣共生的特质，正是这座千年古城穿越时空的独特魅力，也是阔步前行的深层动力。

2022年3月，为深入贯彻习近平总书记在哲学社会科学工作座谈会上的重要讲话精神，认真落实浙江文化研究工程实施十五周年座谈会精神，绍兴在全省率先启动绍兴市"十四五"文化研究工程，对文化历史与现状展开全面、系统、有序的研究。一方面，借此挖掘和梳理绍兴历史文化资源，繁荣和丰富当代文化建设，规划和指导未来文化发展；另一方面，绍兴文化作为中华文化的重要组成部分，其当代的研究与传承是深入贯彻习近平文化思想的生动体现，对推动中华优秀传统文化保护传承具有重要意义。这是绍兴实施文化研究工程的初心和使命。

绍兴文化研究工程围绕"今、古、人、文"四个方面展开，出版系列图书，打造浙江文化研究工程的"绍兴样板"。在研究内容上，重点聚焦诗路文化、宋韵文化、运河文化、黄酒文化、戏曲文化等文化形态，挖掘绍兴历史文化底蕴；深入开展绍兴名人研究，解码名士之乡的文化基因；全面荟萃地方文献典籍，编纂出版《绍兴大典》，梳理绍兴千年文脉传承；系统展示古城精彩蝶变，解读人文经济绍兴实践。在研究力量上，通过建设特色研究平台、加强市内外院校与研究机构合作、公开邀约全国顶尖学者参与等方式，形成内外联动的整体合力，进一步提升研究层次和学术影响。

2023年9月，习近平总书记再次亲临浙江考察，对浙江提出"要在建设中华民族现代文明上积极探索"的新要求，赋予绍兴"谱写新时代胆剑篇"的新使命。站在新的历史起点上，我们期待，通过深化绍兴文化研究工程，进一步擦亮历史文化名城和"东亚文化之都"的金名片，通过集结文化研究成果，进一步夯实赓续历史文脉、推进文化创造性转化和创新性发展的坚实根基。我们坚信，在习近平文化思想的指引下，坚持历史为根、文化为魂，必将能够更好扛起新的文化使命，打造更多中华民族现代文明建设的标志性成果，创造新时代绍兴文化新的高峰。

是为序。

中共绍兴市委书记　施惠芳
2024年8月

"浙东运河文化研究丛书"序

　　四十余年的水利史、运河史及相关研究厚积薄发，多学科的学者合力推出了"浙东运河文化研究丛书"十卷本，将水利史、运河史研究扩展到水文化、运河文化研究领域，绍兴文化界迎来了又一个丰收季。丛书即将出版，主编嘱我作序。绍兴本就是蕴含深厚历史文化传统的城市，如今重点组织完成一套围绕浙东运河的包括历史、文化、地理、水利等多方面的研究成果，本是顺理成章的事，不需要他人多语。但是绍兴市领导为这个项目的启动和完成注入精力颇多，诸位作者付出了诸多心血和努力，所取得的成绩令人鼓舞，因此必须表示祝贺！并附带着对水文化研究的意义以及水历史与水文化的关系，谈点个人的看法，以就教于方家。

　　历史上的水文化研究蔚为大观。黄河流域的龙山文化、二里头文化，附属于长江流域的三星堆文化、河姆渡文化等，大都保有水文化的内容。当然考古学所揭示出来的物质创造和生产力水平，远落后于当今社会的计算机技术、航天工程所代表的物质进步和科技水平。但由于时代久远，这些远逝的物质成果和精神创造，都已演变成为一种文化符号。可见，文化概念是和历史密切相关的，如都江堰、大运河已被列为世界文化遗产，它们既是文化的物质载体，也是历史文化。进入春秋战国时期，老子、孔子、管子、荀子等先祖，对水的物质性和社会性也有许多深刻的阐释。《管子·水地》揭示了水的物质性，认为水是造就地球、构成生物的基本物质："水者何也？万物之本原也，诸生之宗室也"，"万物莫不以生"。在水的精神文化方面，大师们也都有生动的阐释。例如《荀子·宥坐》记载了孔子和弟子子贡之间的对话，这些对话颇为生动有趣。子贡问孔子：您为什么遇见大水都要停下来仔细观察呢？孔子答曰：你看，水滋养着万种生物，似德；水始终遵循着向低处流的道理，似义；水浩浩荡荡无穷无尽，似道；水跌落万丈悬崖而不恐惧，似勇；水无论居于何种容器，表面都是平的，似法；水满不必用"概"而自然平整，似正；水能深入细小孔隙，似察；水能使万物清洁，似善化；河水虽经过万种曲折，必流向东，似志。因此君子见到大水必然要停下来仔细观察。孔子阐述了对水文化的认知，他说水性，又从水性中提炼出人性和社会性，以及其中蕴含的哲理，展示水文化的美丽、丰富、生动和深刻。类似的认识不胜枚举，这里仅举此例。

近代以来，文科和理科相互融通的理念颇受推崇，许多著名学者纷纷倡导。祖籍绍兴的北大校长蔡元培在 1918 年前后曾多次在文章中提倡文理融通的理念。他曾力主"破学生专己守残之陋见"，要求学生"融通文、理两科之界限：习文科各门者，不可不兼习理科中之某种（如习史学者，兼习地质学；习哲学者，兼习生物学之类）；习理科者，不可不兼习文科之某种（如哲学史、文明史之类）"。他还指出："治自然科学者，局守一门，而不肯稍涉哲学，而不知哲学即科学之归宿，其中如自然哲学一部，尤为科学家所需要。"他坚信文理融通可以生发新思考和新认识。今时今日，融通的理念更应成为学术界的共识。近现代科学巨匠爱因斯坦也曾致力于科学与人文的相互融通。1931 年，他在对加州理工学院学生的演讲中提出："如果你们想使你们一生的工作有益于人类，那么，你们只懂得应用科学本身是不够的。关心人的本身，应当始终成为一切技术上奋斗的主要目标。……在你们埋头于图表和方程时，千万不要忘记这一点！"爱因斯坦自身贯彻实践了他科学应该服务于人文的理念。由此，视文化为政治、经济、科技的原动力，亦无不可。

文化体现出一种思维方式。

无论是东方文明还是西方文明，科学在古代都与人文处于同一体系，后来才发生分化。近百年来，西方更强调分析，而东方更强调综合。历史上的水问题，本来是在多种复杂条件下发生的，如果脱离了人文的背景，将难以获得全面的解读。历史、人文与科学相互融通，才能寻得可信的答案。以水利所属的学科为例，早前它是属于土木工程类的，后来单独分出来，再后来又分属水资源、泥沙、结构、岩土、机电等学科门类。学科门类越分越细，但各学科并非原本就是这样独立存在的，而是由于我们一时从整体上认识不了那么复杂的水问题，于是将其分解成一个个学科来研究，一个学科之中再分若干研究方向。然而细分以后，分解的各个部分就逐渐远离水利的整体，甚至妨碍对整体的理解。对学科的细分促进了认识的深入，但原本的整体被拆分后，在使用单一的、精密的分析方法去解读受多因子影响的问题时，可能得出与实际相差甚远的结论。诺贝尔奖获得者、比利时物理化学家普里高津就认为，"现代科学的新趋势已经走向一个新的综合，一个新的归纳"，他呼吁"将强调实验及定量表述的西方传统，和整合研究的自在系统的中国传统结合起来"，倡导对已有的学科门类进行整合，并要求历史和人文研究的加入。文艺复兴时期，欧洲一些思想家力求在古希腊和古罗马的优秀思想中寻找智慧。如今，我们在科学研究和方法论上是否也需要"复兴"点什么？这种"复兴"或可以使人们的认识得到某种程度的升华。

自然科学需要持有怀疑态度和批判精神，而其来源之一便是比较与融通，便是科学与人文的结合。新的学科生长点往往便生发于可以激发更多想象力的交叉领域研究。苏轼在观察庐山时说："横看成岭侧成峰，远近高低各不同。不识庐山真面目，只缘身在此山中。"大自然千姿百态，有无数个角度可以解读它，科学是一个，人文是另一个，而科学与人文的交叉融合将会使认识更加全面和丰富。既然现代基础科学在继承传统文化的过程中，依然能够推陈出新，正如数学家吴文俊和药理学家屠呦呦的工作所展现的那样，那么像水问题这样以大自然为背景、受人文因素影响更多、边界条件更复杂的学科领域，更要发挥交叉研究的优势。

古往今来，水问题的历史研究相沿不断。即使在近百年来水利科学技术突飞猛进的时代，水问题的历史研究仍不失其光辉，其本质便在于具有整合融通的优势。例如，近几十年来，水利史在着重探讨水利工程技术及其溯源研究的基础上，又加强了水利与社会相互影响的研究，其着眼点是进一步考察社会、政治、经济、文化、环境对水利的影响；同时引入相关自然科学学科如地理、气象和相关社会科学学科如哲学、经济的研究方法，以及开发相关的整合研究途径与方法，在师法古今中引申出对现实水问题，特别是宏观问题有实际价值的意见和办法。

研究水问题，水利史的加入甚至是提供了一条捷径。水利史的研究在大型工程和水利思想建设中的作用是有迹可循的。中国水利水电科学研究院水利史研究所就曾提出有说服力的成果。1989 年，《长江三峡地区大型岩崩与滑坡的历史与现状初步考察》被纳入《长江三峡地质地震专家论证文集》；1991 年提出的"灾害的双重属性"概念，被 2002 年修订的《中华人民共和国水法》所吸收；1991 年在"纪念鉴湖建成 1850 周年暨绍兴平原古代水利研讨会"上提出的"人与自然和谐发展"，被时任水利部部长认为是"破解中国水问题的核心理念"；1994 年完成的"三峡库区移民环境容量研究"项目，提出"分批外迁到环境容量相对宽裕的地区，实施开发性移民"的新方针，由长江水利委员会上报国务院三峡工程建设委员会办公室，两年后直接引起原定的长江三峡水库移民"就地后靠"方针的根本改变。2000 年以来，多项中国灌溉工程遗产的历史研究被国际组织认可，多项工程被纳入世界灌溉工程遗产名录。围绕京杭运河、隋唐运河、浙东运河全线及其重要节点的一系列成果，对中国大运河申遗起到了基础性支撑作用。这些成果是水利史基础研究长期积累的显现，其中一些成果既是水历史研究，又是水文化研究。

现代人有时轻视古人，认为他们的认知"简单"。但哪怕是"简单"的水问题，也包含了最基本的水流与建筑物间错综复杂的相互作用，以及对人与自然关系最基本的理解。这种"简单"其实是在排除了一些非基本的复杂因素的干扰后，问题本质得以更清晰地呈现，体现了大道至简、古今相通的智慧。爱因斯坦曾在 1944 年尖锐地指出："物理学的当前困难，迫使物理学家比其前辈更深入地去掌握哲学问题。"这句话不仅限于物理学范畴，实乃振聋发聩的警世恒言，提醒我们所有学科领域都应重视对历史与文化的探究。在此再一次重申："现代科学技术的发展对古老历史科学提出了新的要求，同时它又为历史研究的深入提供了新的方法和手段。科学的发展非但不应排斥历史与文化，相反地，把历史的经验和信息科学化，正是科学所要完成的重要课题。"

文化还是一种精神。

大禹治水的"禹疏九河""三过家门而不入"的佳话，铸就了中华民族艰苦奋斗的民族精神，其中蕴含的改造与顺应自然、人与自然和谐共生的思想尤为宝贵。世上许多民族有大洪水再造世界的故事流传，但只有大禹治水是讲先民在领袖带领下通过众志成城的奋斗战胜了洪水，奠定了中华大地的繁荣发展，并使得禹文化从此成为民族文化宝库中的一颗璀璨明珠。

又如都江堰飞沙堰与分水鱼嘴和宝瓶口配合，实现了自动调节内外江的分流比，既使枯水期多送水入宝瓶口，又利用凤栖窝前的弯道，强化了弯道环流，使洪水期多排沙到外江，把水力学与河流泥沙动力学原理发挥得近乎完美，可谓"乘势利导，因时制宜"哲学思想在工程实践中的生动应用，深刻诠释了人与自然和谐共生的理念。有赖科学与人文的结合，都江堰实现了运行两千多年的举世公认的卓越成就。

在水文化中，人与自然的和谐是永恒的主题。北宋时期，黄河堤防频繁决溢，治河思想因此空前活跃。苏轼在《禹之所以通水之法》一文中提出："治河之要，宜推其理，而酌之以人情。"这里的"理"，是治河的科学原理，"人情"则是社会。他认为："古者，河之侧无居民，弃其地以为水委。今也，堤之而庐民其上，所谓爱尺寸而忘千里也。"他继承了大禹的治水理念，结合宋代人居情况，建议设置滞洪区以减轻洪灾损失，极有见地。

重视水历史和水文化研究不是一时兴起，它就是中华文化的重要组成部分。在水利科学技术迅猛发展的今天，传统水利工程技术已经陈旧，但随着时代的发展，人们越来越清楚地看到，水利的成败得失不仅取决于对水的运动规律的认知和水利设施安全的保障，也直接受到诸多社会因素的影响。离开广阔而深刻的人文、历史背景来孤立地就水利谈水利是片面的。甚至可以认为，对许多水问题的解答，只靠自然科学是无能为力的，急需人文学科的参与。我们在五千年文明史中积累的许多经验和教训，都来自传统文化。因此，面对水问题，我们需要跨学科的综合视角，将自然科学与人文科学紧密结合。如果我们只寄希望于人为设计的各种各样的模型，其局限性显而易见，我们必须同时向大自然学习，因为大自然才是真正的大师。

以上对水历史和水文化的认识，是我有感于本丛书的布陈表达了类似的理解而就此说点补充的话。

至于夏商周三代之后的我国早期运河工程，《史记·河渠书》就曾历数。司马迁说："此渠皆可行舟，有余则用溉浸，百姓飨其利。"此中所言也包括吴越一带的运河在内。《越绝书》具体记载的有吴国境内太湖西边的胥溪，东边围绕太湖并入长江的常州、无锡、苏州间的水路，再向南横绝钱塘江而直入山阴（即今之绍兴）。山阴再向东则有"山阴故水道"直通曹娥江，这就是本丛书重点讨论的浙东运河的前身。越国有了古代浙东运河之利，就有了向北与吴国争锋以及与诸侯争霸的资本，于是演绎了"卧薪尝胆"和"十年生聚，十年教训"的历史剧目。交通的便利更促进了本地区文化的发展。

学习文化，理解其中丰富的内涵，对研究运河的历史发展大有裨益；同时，深入钻研运河工程和运河历史，也会对其文化内涵有更深度的解读，二者相得益彰，非只注重一方可比。"浙东运河文化研究丛书"十卷本的布陈涵盖了运河史、文化遗存、运河生态廊道、通江达海交通衔接与文化传播、名人行迹、历代文学与诗歌、名城与名镇、民俗与民风、传统产业继承与发扬等诸方面。丛书在以往研究基础上吸纳了最新的研究成果，通过近年来对史料的进一步挖掘和多视角的解读，以及对文化遗存的新发现，还原了浙东运河历史文化的诸多细节，将浙东运河与中国大运河的相关性、独特性及其在中国历史中的地位更为生动地呈现了出来，诠释了主流学界对文化的定义，即文化是"人类知识、信仰和行为的整体。在这一定义上，文化包括语言、思想、信仰、风俗习惯、禁忌、法规、制度、工具、技术、艺术品、礼仪、仪式及其他有关成分"（《不列颠百科全书》国际中文版）。由此也可见本丛书的内容丰富和意义深远。

丛书作者们通过努力完成了一项创新性的工作，促进了水利史尤其是运河史和运河文化研究的进一步成长。由此继之，也期待浙东运河与文化交叉研究的再深入，产出更多的优秀成果，让古老的浙东运河展现出时代的风采。

谨致祝贺。

周魁一

2024 年 1 月 26 日于白浮泉畔

前　言

浙东运河，按陈桥驿先生在《浙东运河的变迁》一文中的定义，是"钱塘江和姚江这两条潮汐河流之间的几段内河的总称"。姚汉源先生在《京杭运河史·浙东运河史考略》中更加精确地指出浙东运河的界定为："自西兴至宁波称浙东运河，长约 400 里。中间过钱清江至绍兴城，自绍兴东过曹娥河至上虞旧城，再东北至余姚县，接余姚江，东至宁波。"由此可知，浙东运河是从西兴至宁波。我们从其贯通的交通线的角度着眼，认为浙东运河的整体应该是从西兴开始，直到甬江入海口。实际上，能够交通贯通的全程都应该被纳入浙东运河的概念。

按今天的行政区划来看，浙东运河跨越的范围是萧山、绍兴、宁波等地区；在古代，则主要可以对应于"越州"这一概念——这里的越州，特指唐前期的"越州"。如果更细致一点，两汉时期，浙东运河地区是在会稽郡的范围之内；六朝时期，随着会稽郡析置出其他郡县，会稽郡的范围也逐步与唐代"越州"相近；到了唐代中期，越州东部地区分出建立了明州；南宋以后，越州改叫绍兴。可以看到，六朝的会稽郡到唐前期的越州，行政地域范围与浙东运河地区是大致吻合的。

从自然地理角度看，这块区域就是宁绍平原。宁绍平原处于会稽山脉及四明山脉以北、杭州湾以南，是地势较为平坦、东西狭长的平原。宁绍平原在山海之间，自然形成南北落差，所以有众多较短的河流，从南部山脉自南往北流入杭州湾，但东西之间却较少自然河道（除了余姚江）。所以浙东运河的开凿贯通了宁绍平原，堪称宁绍平原的大动脉。

各种与浙东运河相交的河流，其作用也不容忽视，其中比较重要的河流有浦阳江（钱清江）、若耶溪、曹娥江、奉化江等。它们与浙东运河一起构成了浙东运河的流域，与此同时也构成了一个复杂的交通网。这个交通网络对于浙东运河流域内部的交流沟通显然有着关键的作用。

除了宁绍平原内部的贯通，浙东运河还与宁绍平原之外的地区存在着各种沟通衔接。这个沟通的意义同样不容忽视。浙东运河的西端，向北越过钱塘江，深入浙西各地，并通过大运河和全国相交通；也可以向西通过浦阳江，逆江而上进入诸暨盆地，并进一步南下进入金衢盆地；如果往东，进入曹娥江，从曹娥江上溯可以进入台州等地；再往东，经余姚江、甬江，最终入海，经过海路，近者沟通沿海地区，远者直达广阔的海外之地。总之，这是一个以宁绍平原为核心，并可以往外扩展，乃至与全国连通，甚至沟通广阔海外的水路交通系统。从这个意义上来说，浙东运河所连接的交通网络，其空间要远超过作为陆地的宁绍平原。

当然，宁绍平原依然是浙东运河的基本存载者，宁绍平原上的各种生产、生活、文化活动，也都与浙东运河息息相关。如何从浙东运河角度来重新梳理这一地区的历史文化，是一个有意义也有新意的视角。

本书选取了浙东运河地区的"传统产业"为对象展开研究。所谓的传统产业，内容十分丰富，举凡古代曾经有过的生产活动，只要是形成了较大的规模，堪称产业的，其实都可以纳入。综合考虑，本书选取了具有代表性的 8 个具体对象：种植业（以粮食生产为主）、制茶业、桑蚕业、黄酒业、渔业、造船业、青铜铸造业、陶瓷业。这些都是浙东地区较有特色、历史悠久的传统产业，在全国都居于重要甚至关键的地位。可以说，正是以这些产业为基础，浙东运河地区才形成了独特的产业生态、生活样态乃至文化形态。

江南素称"鱼米之乡"，浙东运河地区显然是"鱼米之乡"的重要组成部分。在种植业和渔业这两方面，浙东运河地区都一度是全国领先的。

就种植业而言，史前时期，河姆渡中大量炭化稻谷的发现，十分有力地证明，浙东运河地区就是世界水稻发源地之一。后来上山文化的水稻遗存，更进一步证实浙东运河地区是世界水稻发源地之一。春秋战国时因争霸战争的需要越国对浙东地区大规模开发，从而为浙东农业的跃进打下了良好的基础。秦汉以来，浙东地区的农业在逐步缩小与中原发达地区的差距，特别是六朝时期，大量北方移民带来了人口与先进技术，浙东地区一跃成为"一岁称稔，则数郡忘饥"的富庶乡邦。隋唐直到宋代，浙东运河地区的种植业进入兴盛期，农田水利的大力兴办，农耕机具的改进，农业生产技术的提高，以及自然条件的优越，使该地区成为全国重要的农业区和粮食生产基地。明清时期，浙东农业形成了以粮食生产为中心，以畜牧业、农副产品加工业为辅助的生产结构，产生了众多的名特优产品。

另外，特别值得一提的是浙东地区的茶叶种植和制茶及销售产业。浙东运河区域无疑是中国茶叶重要的发源地之一。越族先民很早就饮用原始茶叶，并将其视为图腾进行崇拜。到了汉代，人工茶已在这一地区逐渐种植，关于茶的记载和故事明显增多，可以有力推翻浙江茶叶从外地传入的传统说法。在东汉至六朝时期，茶叶与道士修仙、僧人禅坐、儒生玄谈也有着密切渊源。到了唐代，茶的充饥、药疗的功能基本被饮用功能取代，并成为普通民众的日常饮品，饮茶之风全面兴起。浙东地区的茶事活动频繁，其程度不亚于曲水流觞。浙东地区的制茶业经常独领时代之先。宋元时期，当全国还普遍使用团茶，浙东地区已率先发明炒青法，又研制出形式多样的花茶，从而奠定了明清以来民众的饮茶习惯。晚清民国时期，当其他区域茶叶主要供内销之时，平水茶商又将平水茶区的毛茶精制加工，远销海外，在国际市场上推动中国茶叶享誉世界。

还有一个与种植业有密切关系的是桑产业。浙东运河流域是中国丝绸的重要发祥地。距今六七千年的余姚河姆渡文化，已透露出当地蚕织的相关信息。两汉六朝时期，蚕织业开始遍及城乡。唐宋时越地的蚕桑与丝织业获得了空前发展，特别在南宋时进入鼎盛期，当地生产的越绫、越罗等丝织珍品名扬海内。晚清民国时期，逐渐开始从传统向近代的转型，为后来绍兴发展成东亚最大的丝绸轻纺市场，成为"纺织之乡"，奠定了基础。

浙东运河地区也是"黄酒故乡"。黄酒的酿造历史源远流长，可以追溯至距今约万年的上山文化时期，最早见诸文字记载是春秋越国时期。此后，关于黄酒酿造的记载散见于不同朝代的典籍中。元明时期，酿酒业进一步发展，时人对酒的入药与养生价值津津乐道，并在一些喜庆节日中，赋予饮酒以丰富的文化价值，体现出鲜明的地方特色。清代和民国，得益于富含矿物质的运河与鉴湖水以及与之相关的良好的生态环境，黄酒酿造技术迅猛发展，并逐渐形成了一些地方名牌，伴随着工商业的发达，绍兴黄酒也逐渐名扬四海，成为国酒正宗，堪称"天下一绝"。

浙东运河地区，除了运河与纵横交叉的水网外，还有大量塘陂井泉等水体，此外，还靠近海洋，有渔盐之利。因此浙东运河区域内的渔业发展，历史久远，基础深厚。渔业文化史，其发端可以追溯到8000年前新石器时代文化遗址中的原始渔业遗存。伴随着捕捞工具、捕捞船只的发展，先秦时期的垂钓、射鱼原始捕捞，沿海滩涂的捡拾以及潮间带的抓捕，发展成唐宋时期规模化的人工养殖、专业化的经营，尤其是海洋渔业捕捞突破了潮间带的限制，开始近海捕捞探索。明清时期，浙东渔业的海洋元素更加丰富，滩涂、近海和远洋捕捞有了明显区分，并逐渐形成了渔业行帮、渔业公所等。自清末开始的渔业现代化日益加速，呈现出传统与现代并存的发展模式。浙东地区发展渔业除了得天独厚的自然资源优势，造船业发展、水利交通建设、商帮互助等也大大助力渔业长足发展，从而促使传统渔业的捕捞工具、捕捞方法日臻成熟、细化，使浙东地区在全国的渔业生产中占有重要的一席之地。

说到造船业，"中华第一舟"就出自萧山的跨湖桥遗址，是距今约8000年的一艘独木舟。先秦时期，浙东地区水路发展，包括内河航路与海上航路，同时早期港口的建设以及风帆的出现，浙东地区造船业应运而生，先后出现了各种形制的船只，这一时期的越人堪称航海的典型；秦汉至南北朝时期，伴随水利建设及海上交通的开拓，造船业不断发展，根据用途分为客船、货船和战船。唐宋时期，浙东造船业进入了快速发展的全盛时期，尤其是以"神舟"制造为代表的先进技术，领先于世界。明清至民国时期，由于海上贸易和海洋捕捞业发达，再次促进了造船业的发展。近代传统的木制造船业的衰落后，浙东的造船业也顺利地实现了转型。

青铜铸造业在中国早期历史上十分辉煌，浙东地区的青铜器虽然不多，却也有独到之处。越国不仅有铜、锡采选业，还制造大量青铜兵器、农具等，尤以青铜剑驰名天下，青铜冶炼技术达到很高的水平。秦汉以降，越地的青铜器逐渐由兵器转变为日常生活器具以及钱币，汉代的会稽郡成为全国铜镜铸造中心。青铜铸造，分别在青铜兵器和铜镜两个领域中领先全国，充分说明了浙东地区人民的科技创新能力和产业发展实力。

陶瓷业是浙东地区一直领先全国的一项产业，地位极高。万年之久的上山文化的两个重要遗址：上山遗址、小黄山遗址，都在浙东运河流域范围内，上山文化的陶器可能是中国最早的陶器之一；而稍晚的跨湖桥文化、河姆渡文化更有着丰富多彩、技艺高超的陶器文化，是中国古代陶器文化的典型代表。商代，上虞首创龙窑烧制印纹硬陶是陶瓷技术史上的一个关键突破。春秋战国，原始青瓷进入兴盛时期，出现了专门烧造原始青瓷的窑址。至东汉，曹娥江流域中游烧造的青瓷制品，被公认为是成熟的瓷器，于是浙东运河地区也是公认的世界瓷器的诞生地。孙吴两晋时期，窑场猛增，制瓷技术更趋成熟，标志着早期越窑的兴盛。唐朝后期，越窑再度崛起，烧制瓷器的工艺再度迅猛发展，在慈溪上林湖一带的越窑由于广泛使用匣钵，生产出了专供皇室、贵族使用的优质青瓷，被称为"秘色瓷"。北宋早期，越窑青瓷质地和外观又有新的突破，达到顶峰。此后，越窑青瓷产业再次实现了转移，为龙泉窑的兴盛准备了条件。在几次陶瓷业的产业转移过程中，浙东运河都起到了关键性的作用。

在众多传统产业中，选取以上8个产业进行重点论述，可以反映出浙东运河地区的光辉产业成就，也可以说是本书的一个小贡献。希望本书的研究，可以为更多传统产业研究的展开，为绍兴市，乃至浙江省和国家层面运河文化研究提供基础资料、智力支持；此外，希望本书能够推广普及以浙东运河为代表的水文化，增强群众的水文化保护、传承及利用意识。

如果本书能为浙东运河研究领域开辟新的研究方向，则可以算是在学术层面的另一项价值。

当然，如何更加整体、宏观地考察浙东运河地区的传统产业以及相关的诸多问题，依然是需要继续努力的方向，期待可以在这方面获得更多的关注。

目 录 | C O N T E N T S

第
二
章

制
茶
业

目 录 I C O N T E N T S

第三章
蚕桑丝织业

第四章
黄酒酿造业

渔
业
第
五
章

第
六
章

造
船
业

第
七
章
青
铜
冶
铸
业

目　录　I　C　O　N　T　E　N　T　S

第一章
农业种植业

　　浙东运河流域，由西到东横亘宁绍平原，处于会稽山、四明山北麓和钱塘江、杭州湾（后海）南岸之间，北部为海积平原，南部为冲积扇平原，以及间杂在丘陵、山麓中的盆（谷）地和台地。[①]该地区在新石器早期地形破碎复杂，气候条件优越，土壤肥力较高，生态系统稳定，野生生物资源的多样性和易得性为先民的生活提供了良好的保障。[②]以此为起点，在浙东运河流域的广阔土地上，孕育发展出了绵延不绝、丰富发达、独具特色的农业及农业文明。

　　灌溉运河或许与农业同时开始，如何在农业开发过程中充分利用地形，积蓄引导利用水源是先民智慧的重要体现。浙东地区是世界稻作农业发祥地之一，原始农业遗迹丰富，农业文明发达。先秦的《击壤歌》描绘了当时的耕作生活："日出而作，日入而息，凿井而饮，耕田而食。"从新石器时代开始到商周时期，浙东大地上许多孤丘周围和附近在地形上比较有利的平原上，灌溉运河已经比比皆是了。这些灌溉运河短促、分散、简陋，但随着垦殖区的扩大和技术的相对提高，其结果是拓宽、凿深和相互连接，终于因为农事的需要而出现了通航运河。[③]春秋时期越王句践为争霸需要，在宁绍平原开凿了中国最早的人工运河之一——山阴故水道。这

[①] 朱丽东主编：《简明浙江地理教程》，武汉大学出版社 2012 年版，第 232 页。

[②] 张瑞虎：《宁绍与太湖地区新石器早期生态环境比较研究》，《农业考古》2012 年第 6 期。

[③] 陈桥驿：《〈浙东运河史〉序》，《浙江教育学院学报》2009 年第 2 期。

条运河是浙东运河的前身，在先秦时期浙东通航运河中最著名、利用率最高。其主要作用是沟通越国战略后方基地诸河的航运，同时又使古陆道及富中大塘的兴建成为可能。兴建富中大塘是越国的农业基地从会稽山地向稽北平原迈出的勇敢而必然的一步，就建筑物本身而言，富中大塘不仅是越国历史上最早的一座大型水利建筑，也是浙江省迄今发现的最早的大型水利设施之一。可以说，它是绍兴水利的发端，是中国南方早期水利的缩影，并开了越国大量储蓄淡水、大面积改良盐碱地之先河。[①]

之后在"山阴故水道"以后的几千年中，由于多少地方循吏、乡土前贤的惨淡经营和千千万万劳动大众的胼手胝足，终于形成了宁绍地区河湖交错、富饶丰硕的水利环境。这离不开浙东地区不断增长的人口、不断进步的农业技术。2017 年，绍兴本地学者对传说中的越国水利设施进行实地考察，找到了位于绍兴秦望的范蠡养鱼池。后委托专业人士对范蠡养鱼池"下池"残存水坝工程进行推算，估算土方在 72 万立方米左右，重达 180 万吨，按记载的"修之三年"计算，不计夯筑，光是搬运土方，大约需要 300 人干 1000 个工作日。[②]毫无疑问，没有农业进步积累的物质基础，是无法进行如此浩繁的土木工程的。

《农政全书》曰："古之立国者，必有山林川泽之利，斯可以奠基而畜众。"梳理浙东地区农业开发的全过程，不难发现围绕浙东运河的开凿和维护，并由此形成的覆盖全境、制度完善、技术先进的农田水利系统，是化浙东自然优势为现实经济社会收益的核心逻辑和重要手段。

---

① 葛国庆：《越国大型水利工程富中大塘考》，《东方博物》2005 年第 1 期。
② 俞志慧、钱入深：《传说中位于坡塘的范蠡养鱼池找到了》，《绍兴晚报》2017 年 3 月 13 日 A12 版。

第一节　史前至春秋战国的农业萌发

史前到春秋战国，是浙东运河流域农业从萌芽到起步发展的重要阶段。《禹贡》称扬州"厥土惟涂泥，厥田惟下下"①，意思是长江下游平原土质潮湿、多淤泥，田地品质下等偏下。尽管现代考古学已揭示浙东运河流域是中国稻作农业的发祥地之一，距今 7000—5000 年前后，以河姆渡文化为代表的新石器时代遗址发现有发达且丰富的稻作文明遗迹，但不可否认该地区长期为蛮荒贫瘠之地。至春秋战国，因争霸战争的需要，越国在此地区做了大规模开发，大量水利设施得以兴建，从而为浙东运河流域农业的发展打下了良好的基础。深入把握这一漫长时期农业发展的历史脉络，有助于理解浙东运河流域筚路蓝缕的农业文明演进历程。

一、原始农业的起步

原始农业是农业的第一个历史形态，生产工具以石质和木质为主，广泛使用砍伐工具，刀耕火种，实行撂荒耕作制，种植业、畜牧业和采猎业并存。1989 年，奉化名山后遗址发掘时出土了用燧石制作的细石器镞和刮削器；1990 年，象山塔山遗址发掘时也有燧石质的刮削器出土。这些是新石器时代早期宁绍平原近山地域已有人类从事渔猎、采集生活的直接证据。②2019 年，宁波余姚发掘距今约 8300—7800 年的井头山遗址，其中发现有炭化米、稻谷壳、水稻小穗轴等物，表明浙东先民的生业方式，除了海产捕捞之外，已兼有采集、狩猎及早期稻作

---

① （清）阮元校刻：《十三经注疏》，《尚书正义》卷六《夏书禹贡》，中华书局 2009 年版，第 312 页。

② 王海明：《宁绍平原史前农业初探》，《农业考古》1996 年第 3 期。

农业。[1]

位于杭州萧山的跨湖桥遗址，先后经 1990 年、2001 年、2002 年 3 次大规模发掘，出土了用牛肩胛骨制作的骨耜，与骨耜相应发现的是 1000 多粒炭化稻谷、稻米和谷壳。据研究，跨湖桥遗址古稻谷的粒型较短，50% 以上的稻谷明显不同于普通野生稻；粒宽变异范围增大，既有小于野生稻的，也有大于野生稻的，表明跨湖桥遗址古稻明显受到人类活动的影响，已经走上了栽培化的道路。[2]

位于宁波余姚的河姆渡遗址，在 1973 年首次发掘时，普遍发现稻谷、稻壳、稻秆、稻叶及其他禾本科植物的堆积层，层层叠压，厚度从 10—20 厘米到 30—40 厘米不等，最厚处达 70—80 厘米，出土时稻秆、稻叶和稻谷色泽如新，外形完好，有的连稻谷颖壳上的隆脉、稃毛都清晰可辨，个别地方还出土有稻谷与茎叶连在一起的稻穗。[3] 河姆渡遗址出土稻谷数量之大，保存之完好，不仅堪称全国第一，就是在世界史前遗址中，也是罕见的，足见当时的稻作农业已有相当规模。在余姚田螺山遗址的河姆渡时期文化层中，则不仅出土了稻草、稻叶、谷壳、炭化米粒、菱角、菱壳、橡子、酸枣、芡实、葫芦、野草、草籽、芦苇、麻栎果、豆类等，还在遗址边缘的湖沼地带，发现了有田埂的农耕遗迹。[4] 2020 年 9 月至 2021 年 12 月，浙江省文物考古研究所、宁波市文化遗产管理研究中心、余姚市河姆渡遗址博物馆联合对施岙遗址进行考古发掘，较大面积揭露了属于河姆渡文化早期、晚期和良渚文化时期的三期史前稻田。表明稻作农业是从河姆渡文化到良渚文化社会发展的重要经济支撑，是养活众多人口的主要食

---

[1] 孙国平、梅术文等：《浙江余姚市井头山新石器时代遗址》，《考古》2021 年第 7 期。

[2] 郑云飞、蒋乐平、郑建明：《浙江跨湖桥遗址的古稻遗存研究》，《中国水稻科学》2004 年第 2 期。

[3] 浙江省文物管理委员会、浙江博物馆：《河姆渡遗址第一期发掘报告》，《考古学报》1978 年第 1 期。

[4] 孙国平、黄渭金等：《浙江余姚田螺山新石器时代遗址 2004 年发掘简报》，《文物》2007 年第 11 期。

物增长点。①在耕作农具上，河姆渡先民完成了从骨耜到木耜的进化，两者在按柄方法、用途上完全一致，但木耜相对具有牢固、耐用、效率高等优点，表明河姆渡文化时期的农业始终传承有序，不断发展演进。

河姆渡文化之后，环太湖地区的良渚文化强势崛起，浙东运河流域的史前文明被逐步同化，此时期新出现的"耘田器""破土器""犁形器"等农业工具，反映了此时期的农业发展水平。"耘田器""破土器"均用硬脆的泥岩、页岩制作，为三角形，应是分别使用于水田和旱地的除草工具。②犁形器一般为等腰三角形，早期形态较短，晚期形态从尖顶到底边长60多厘米，当为直立翻土的开沟工具，类似现代的深沟锹。除草、开沟排水工具的发现，表明此时农业已由粗放向精耕细作进步。硕大、厚重的陶臼无疑是粮食加工工具和方法的一大改进，根茎类、谷类粮食均可使用陶臼，且效率提高③。

发达的农业是良渚文明产生最根本的物质基础。但随着良渚文明复杂社会的崩溃，浙东运河地区刚刚迈出的社会复杂化进程也戛然而止，农业发展也有所迟滞甚至后退。④当夏商时期宁绍先民再次从山地走向平原，其农业水平下滑严重，技术较为粗糙，《吴越春秋》称其为"乃复随陵陆而耕种，或逐禽鹿而给食"⑤。活动范围则局限于会稽山地，诸如诸暨北界的埤中、秦望山南的礁砚、会稽山谷平原上的苦竹、木客、侯城等曾是他们的聚落中心。⑥

① 王永磊、宋姝等：《浙江余姚市施岙遗址古稻田遗存发掘简报》，《考古》2023年第5期。
② 刘军、王海明：《宁绍平原良渚文化初探》，《东南文化》1993年第1期。
③ 王海明：《宁绍平原史前农业初探》，《农业考古》1996年第3期。
④ 郑建明：《环太湖地区与宁绍平原史前文化演变轨迹的比较研究》，复旦大学2007年博士学位论文。
⑤ 崔冶译注：《吴越春秋·越王无余外传第六》，中华书局2019年版，第101页。
⑥ 成岳冲：《宁绍地区耕地拓殖史述略》，《宁波师院学报（社会科学版）》1991年第1期。

随着人口的自然增长，狭小的山谷平原无法承载日益庞大的部落，吴越先民的活动半径不断拓展。从考古发掘资料看，至迟到商周时期，至少已有一部分越人在平原乃至沿海地带生活，过着以农业为主的定居生活。萧山河庄蜀山遗址，下层为良渚文化层，上层则为商周文化层；绍兴陶里壶瓶山遗址，底层为商代文化层，中层为西周文化层，上层则为春秋战国文化层，依次相叠，在时间上并未中断。1994年、1995年发掘的绍兴安昌后白洋遗址，从出土的原始青瓷、半月形石刀等文物看，该遗址当为西周和春秋早期。①这些遗址被发现和发掘，足证商周时期，宁绍地区的先民已逐步从山地迁往山麓沼泽地带，从地理分布而言，这些遗址大多已远离山区，以后白洋遗址为例，其位于现绍兴柯桥区西北的安昌街道，该遗址以北400米处即为古海塘，地势较为低洼。

二、吴越争霸背景下的农业发展

春秋时期，对于浙东运河地区而言最重要的事件就是越国崛起，并以此为基地与吴国开启了长达半个世纪的争霸战争。《史记·越王句践世家》载："越王句践，其先禹之苗裔，而夏后帝少康之庶子也……后二十余世，至于允常。允常之时，与吴王阖闾战而相怨伐，允常卒，子句践立，是为越王。"②为适应战争的需要，越国在范蠡等人的谋划下实施带有战时经济特点的"兴越灭吴"策略，对"迫江薄海"的越地和"水行山处"的越人产生了深远影响。使宁绍地区从早期蛮荒的"鸟田象耕"逐渐成为富庶的鱼米之乡。

计倪是古代著名的经济学家，句践曾问他"兴越灭吴"的办法，计倪

① 绍兴县文物保护管理所：《绍兴县文物志》，浙江古籍出版社2002年版，第7—8页。
② （汉）司马迁撰，中华书局编辑部点校：《史记》卷四十一，中华书局1982年版，第1739页。

说:"兴师者必先蓄积食、钱、布、帛。不先蓄积,士卒数饥。饥则易伤,重迟不可战。"①计倪认为要使国力有盈余,农业生产是第一位的。当策略上升到国家战略,在范蠡和文种主事下,越国采取了多种措施强化农业生产。句践即位后将都城从秦望山南的嶕岘大城迁往平阳,再迁至绍兴,迁都既是越国的霸业之图,也是越国的农业生产实现历史意义升级的转折点,"粮食种植业的重点从山区转向平原,从旱粱转向水稻是绍兴古代农业生产的重大转折,这两大转折是在春秋时期的越国完成的,具有重要的历史意义和战略意义"②。

浙东运河地区因处于越国核心区域而吸收了越国崛起的巨大红利,其中尤以水利工程的建设最为关键。越国的水利工程在数量、规模和智慧方面实现地域历史性突破,以塘城、富中大塘、秦望水坝、苦竹塘和吴塘为代表的水利工程灌溉会稽山麓以北、东西两江之间新开垦的良田,在滨海地区则开展蓄淡拦潮工程,满足人畜用水和农田灌溉需要。③如果将这些水利工程在地图上一一标出,与杭坞、固陵、朱余等滨海基地联络呼应,可以得到的是一个面向钱塘江、呈东西向的"弯月"形曲线,这条曲线形象地勾勒出越地先民同海侵斗争和开发陆陵山地的场景,形成了深入稽北平原、直达东海、富有特色的山海结合型农业。

同时,越国在宁绍平原开凿了中国最早的人工运河之一——山阴故水道。《越绝书·记地传》载:"山阴古故陆道,出东郭,随直渎阳春亭;山阴故水道,出东郭,从郡阳春亭,去县五十里。"④阳春亭在今绍兴城五云门外,这条故水道据考为绍兴城东郭门通往上虞练塘,与今萧绍运河大致相近,其建成年代应为句践十年生聚、十年教训(前493—前473)的前期。

---

① (汉)袁康、吴平著,徐儒宗注释:《越绝书》卷四,浙江古籍出版社2013年版,第27页。

② 卓贵德、赵水阳、周永亮:《绍兴农业史》,中华书局2004年版,第32页。

③ 邱志荣、陈鹏儿、沈寿刚:《古越吴塘考述》,《中国农史》1989年第3期。

④ (汉)袁康、吴平著,徐儒宗注释:《越绝书》卷八,浙江古籍出版社2013年版,第56页。

主要作用是沟通越国战略后方基地诸河的航运，促进浙东地区东部平原的开发。

宁绍平原地形大势是南高北低，平原由南向北倾斜，受地质构造的影响，天然河道均由南向北汇入杭州湾。山阴故水道"出东郭，从郡阳春亭"说明该水道地理位置在绍兴城东，东西向，为人工开凿而成。"东郭""杨春亭"均在今萧绍运河附近。因此，山阴故水道应是西起绍兴东郭门，东至今上虞区练塘村，全长约 20.7 千米。在开挖故水道的同时，越国人综合利用所挖掘的土方，在紧邻水道的北岸建成了山阴故陆道及南岸的富中大塘一部分。据推测，在建故水道、故陆道的同时，在其上应有闸桥一类的工程，借以挡潮、排洪及蓄水。

为适应争霸战争需要，越国不遗余力地推进农业技术水平的发展，《齐民要术·杂说》曾引用越国重臣范蠡之言，"五谷者，万民之命，国之重宝"[1]。首先是农具的进步，表现在青铜农具的广泛使用。《周礼·考工记》记载："粤（越）之无镈也，非无镈也，夫人而能为镈也。"[2]即越国虽然没有设置制镈的工场，但并不是说那里没有会制镈的人，而是人人都能制镈。镈，是一种除草的青铜农具。据对考古发现的不完全统计，越国地区出土的金属农具达 463 件，这些青铜农具的出土地点多分布在绍兴城区及其周边地区，出土数量较多且集中的有绍兴西施山遗址、袍谷遗址、禹陵、亭山、东湖、城东等地。此外，在上灶、陶堰、南池、坡塘、上蒋、斗门等地也有较多发现。其种类包括耕具中的铜犁及犁铧，起土器中的铜铲、铜钁，中耕或者除草器类的耨镈锸锄，收割器类的钩镰、锯镰、铚等，已形成一整套系统而齐全的农具，是当时宁绍地区生产力飞速发展的

---

① 石声汉译注，石定枎、谭光万补注：《齐民要术》卷三，中华书局 2015 年版，第 393 页。

② （清）阮元校刻：《十三经注疏》，《周礼注疏》卷三十九《冬官考工记第六》，中华书局 2009 年版，第 1957 页。

一个缩影。[1]

农业水平的进步表现在顺时而为的生产意识。范蠡曾说："天生万物而教之而生。人得谷即不死，谷能生人，能杀人，故谓人身。"[2]在对谷物重要性具有充分认识的基础上，越国开始优选良种，即"谨司八谷"，所谓谨司八谷，包括粢、黍、赤豆、稻粟、麦、大豆、穬、果等八种作物。吴王夫差曾称赞越国作物的良种，"其种甚嘉，可留使吾民植之"。《越绝书·枕中》还记载，范蠡提出了"春种、夏长、秋收、冬藏"的农事八字方针，并特别强调"必顺于四时，四时不正，则阴阳不调，寒暑失常，如此，则岁恶，五谷不登"。[3]说明此时的农业经验已经开始有顺应农时的意识。《史记·越世家》记载：范蠡"复约要父子耕畜"[4]。《越绝书·计倪内经》记载："阳且尽之岁，亟发籴，以收田宅、牛马。"[5]侧面表明牛耕技术已在宁绍地区开始流行。

春秋时期，宁绍地区依然盛行以水稻种植为主的稻作农业，由于水稻的普遍种植，稻谷成为关系国家命运的战略物资。《越绝书·请籴内传》记载，越国大夫文种向句践进献计策，就是"请籴于吴"，把"贵籴粟稿，以空其邦"作为灭吴九术之一。吴国就此展开了激烈的争论，伍子胥认为"输之粟与财，财去而凶来，凶来而民怨其上，是养寇而贫邦家也"。当"吴王乃听太宰嚭之言，果与粟"时，伍子胥即将预感到吴国末日的来临，

---

① 林华东：《吴、越农业初论》，《农业考古》1988 年第 2 期；《吴越农业初论（续）》，《农业考古》1989 年第 2 期。

② （汉）袁康、吴平著，徐儒宗注释：《越绝书》卷十三，浙江古籍出版社 2013 年版，第 80 页。

③ （汉）袁康、吴平著，徐儒宗注释：《越绝书》卷十三，浙江古籍出版社 2013 年版，第 79—80 页。

④ （汉）司马迁撰，中华书局编辑部点校：《史记》卷四十一，中华书局 1982 年版，第 1753 页。

⑤ （汉）袁康、吴平著，徐儒宗注释：《越绝书》卷四，浙江古籍出版社 2013 年版，第 30 页。

"叹曰：于乎嗟……胥愿廓目于邦门，以观吴邦之大败也"。[①]《吴越春秋·句践阴谋外传》记载越国向吴国"请籴"粮食之事说"吴王乃与越粟万石"。两年后，越国粮食丰收，于是"拣择精粟而蒸，还于吴，复还斗斛之数，亦使大夫种归之吴王"。[②]一次性借还万石稻谷，可见两国水稻产量是相当可观的。

三、战国时期农业的发展

越国自句践灭吴（前 473）始霸，至公元前 333 年败于楚，但仍保有钱塘江以南、以东的本土。在约两个半世纪的战国时期，宁绍地区的农业依然在快速发展。

首先，是继承和发展了青铜冶铸技术，并发明了铸铁冶炼技术和铸铁柔化技术，出现了铁质农具。1998 年绍兴印山越国王陵出土了一件春秋时期的铁锛，西施山遗址中发现了铁质兵器、农具、工具及少量礼器。[③]从越地铁器出土实物看，手工劳作工具和生产工具在数量和种类上都多于兵器，特别是农耕作业的器具，有铁耙、铁犁、铁镢、铁锛、铁镰、铁锄、铁锸等，其作用包含了除草、翻土、播种、松土、收割等各个程序。铁质农具和青铜农具相比较，其形制大部分都有所改变，特别是器物体量增大，可能是原料取得的增多和制造工艺改变有所不同导致，同时也是为了促进农耕生产规模扩大、提高劳动效率而为。[④]

其次，是农业技术的进步。由于铁质工具的使用，使荒地开辟、堤塘

---

① （汉）袁康、吴平著，徐儒宗注释：《越绝书》卷五，浙江古籍出版社 2013 年版，第 35 页。

② 崔冶译注：《吴越春秋·句践阴谋外传第九》，中华书局 2019 年版，第 239 页。

③ 刘侃：《绍兴西施山遗址出土文物研究》，《东方博物》2009 年第 2 期。

④ 梁文杰：《越国铁器冶炼技术及成就》，《绍兴文理学院学报（自然科学）》2021 年第 2 期。

修筑、河渎改造成为可能，从而使大片沼泽得以迅速开发，因此出现了整片被开发的耕地。《越绝书·记地传》记载："富中大塘者，句践治以为义田，为肥饶，谓之富中。"据学者估计，富中大塘内被开发的土地达六万亩之多。①

第二节　秦汉至魏晋南北朝农业种植的循序开发

自秦汉实现大一统，在此置会稽郡，纳入中央集权政府统一管辖，浙东运河地区的农业在逐步缩小与中原发达地区的差距。至魏晋南北朝长期割据对峙时期，浙东运河地区作为南方政权经济腹地，不仅安置了大量北方移民，还拥有了其带来的先进技术，从而实现了向山地丘陵的不断开垦，最终一跃成为"一岁称稔，则数郡忘饥"的富庶乡邦。

一、秦汉大一统的农业开发

秦王政二十五年（前 222），秦将王翦平定楚江南地，降越君，置会稽郡，辖地包括今江苏省镇江以南，南至今浙江省金衢盆地。雍正《浙江通志》卷五《建置二》载会稽郡领县，其中位于浙东运河沿线的有"山阴、诸暨、剡、上虞、余暨、鄮、鄞、句章"等县。汉顺帝永建中，阳羡令周嘉等人因会稽郡辖境广大，属县偏远，上书求分郡而治。永建四年（129），析会稽郡北部发达地区十三县置吴郡，是为"吴会分治"，会

---

① 陈鹏儿等：《春秋绍兴水利初探》，载盛鸿郎主编《鉴湖与绍兴水利》，中国书店 1991 年版，第 119 页。

稽郡治山阴县（今绍兴市），领十五县，其中位于浙东运河沿线的有"山阴、鄮、诸暨、余暨、上虞、始宁、剡、余姚、句章、鄞"等县。此时的浙东运河流域仍为大一统帝国的边鄙之地，不仅发展程度远远落后于中原地区，甚至与钱塘江西岸环太湖流域相比也有所不及。《史记》称"楚越之地，地广人希，饭稻羹鱼，或火耕而水耨，果隋嬴蛤，不待贾而足，地势饶食，无饥馑之患，以故呰窳偷生，无积聚而多贫。是故江淮以南，无冻饿之人，亦无千金之家"[1]。《汉书》载："楚有江汉川泽山林之饶；江南地广，或火耕水耨。民食鱼稻，以渔猎山伐为业，果蓏嬴蛤，食物常足。故呰窳偷生，而亡积聚，饮食还给，不忧冻饿，亦亡千金之家。信巫鬼，重淫祀。"[2]自秦朝开始，政府就有意识地移民会稽，汉武帝时再度移民会稽。而每当北方发生自然灾害、战乱时，往往又有人南迁，在会稽开垦土地，安家立业。西汉景帝元年（前156）正月曾下诏："郡国或地硗狭，无所农桑系畜；或地饶广，荐草莽，水泉利，而不得徙。其议民欲徙宽大地者，听之。"[3]一系列的政策有力地促进了该地区的开发，中原地区先进的生产知识、技能和工具也逐步向这里传播。人口的增加、水利工程的兴修、牛耕的推广，使经济面貌发生很大的变化，地广人稀的状况开始改变。从已发掘的汉朝墓葬、陶瓷窑址等来看，此时的聚落有了较大的发展。据《绍兴市志》记载，今越城区稽山街道禹陵村有汉至六朝墓葬群，分布于顿山与龟山山坡；鉴湖街道虞江村狮子山西麓有西汉墓葬；柯桥区漓渚镇有战国至西汉墓葬群，分布于三峰尖、中岭、双龙山、鸡笼山南麓；兰亭街道里木栅村有东汉至唐朝墓葬群，分布于村南姜婆山西北麓。

秦汉时期，宁绍地区一些郡县长官致力于引进、推广先进的生产技

---

① （汉）司马迁撰，中华书局编辑部点校：《史记》卷一二九，中华书局1982年版，第3270页。

② （汉）班固著，中华书局编辑部点校：《汉书》卷二十八下，中华书局1962年版，第1666页。

③ （唐）杜佑撰：《通典》卷一，中华书局1992年版，第8页。

术、生产工具，兴修水利等，为这一地区的土地开垦作出了重大贡献。东汉永元十四年（102），著名水利专家马棱任会稽太守，主持兴修了回涌湖。《嘉泰会稽志》载："以防若邪溪水暴至，以塘湾回，故曰回涌。"①这是浙江境内最早的中型高坝滞洪水库，其坝址在今绍兴市越城区稽山街道葛山东西两侧。主要作用为拦截山阴平原最大的溪流若耶溪的洪水，以弯回的堤坝，使山水下泄受阻，造成回涌之水势，减轻对下游会稽郡城及平原的冲击。②

东汉永和五年（140），会稽太守马臻为治山阴县江海水潦之害，在山阴县境内（今分属绍兴市越城区、柯桥区、上虞区）主持兴修镜湖，使山阴平原的开发跨出了划时代的一步。《元和郡县图志》卷第二十六云：

> 镜湖，后汉永和五年，太守马臻创立，在会稽、山阴两县界筑塘蓄水，水高丈余，田又高海丈余。若水少则泄湖灌田，如水多则闭湖泄田中水入海，所以无凶年。堤塘周回三百一十里，溉田九千顷。③

马臻根据镜湖地区地势南高北低，地表水、地下水由南向北流的特点，在镜湖北边，以会稽郡城为中心（今绍兴市区）向东至曹娥街道附近，向西北至钱清镇附近，修筑东、西两条大堤（东堤长 72 里，西堤长 55 里），全长 127 里。筑成后的大堤便把发源于会稽山区的夏履江等 36 条大小江河水流的水，全部汇入鉴湖。这时的鉴湖东到曹娥江边，西到钱清镇附近，北到大堤，南至会稽山麓，面积达 206 平方千米，湖周长 179 千

---

① （宋）沈作宾修，施宿纂：《嘉泰会稽志》卷十《水》，浙江省地方志编纂委员会编《宋元浙江方志集成》，杭州出版社 2009 年版，第 1856—1857 页。

② 王志邦：《浙江通史·秦汉六朝卷》，浙江人民出版社 2005 年版，第 107 页。

③ （唐）李吉甫撰，贺次君点校：《元和郡县图志》卷二十六《江南道二》，中华书局 1983 年版，第 619 页。

米。成为当时浙东沿海地区最大的湖泊，也是我国东部沿海地区最大、最古老的人工湖泊之一。[1]

除大堤外，镜湖还有70多处涵、闸、堰及斗门配套工程，以利镜湖湖水进出，保证90万亩农田的灌溉及水上交通，使镜湖起到"旱则泄湖水以灌田，潦则闭湖水以泄田水入海"的效果。斗门用以泄洪、御潮，闸、堰用以排洪及灌溉，阴沟为堤中涵洞直接从湖中向农田输水。同时，为计量控制水位，又在会稽五云门外小陵桥以东及山阴常禧门外跨湖桥以南，各设则水牌（即水位尺）一处。镜湖的建成，使山阴县河湖形势大变；玉山斗门的建成，形成局部平原水网的雏形。镜湖的建成为当时的山阴平原提供了丰足的灌溉水源；调蓄了会稽山北麓的暴雨径流，从而大大减轻平原的内涝灾害，有力地保障了平原的生产发展。沿湖堤高燥地带，形成了大批平原聚落。"举凡从事闸堰管理、农业、水产业、运输业等居民，都聚集在这带状分布的沿湖聚落之中。"[2]

受《史记》影响，长期以来将秦汉时期江南的耕作方式概括为"火耕水耨"。《盐铁论》称荆扬"伐木而树谷，燔莱而播粟，火耕而水耨"[3]。所谓火耕，即放火焚烧。按不同性质，火耕可以分成两种类型：一是放火焚烧树木杂草，开垦耕地；二是用在水稻种植上，即在翻耕之前放火烧掉上年干枯的稻秆和杂草，其作用是除草、施肥、防治稻田病虫害。所谓水耨，即在稻田有水的情况下中耕除草。耨含有中耕的意思，"深耕易耨""耨者熟耘"即是。水耨，即用手抠抓杂草根茎，同时耨断一些稻株老根，促使其生发更多的新根。这种耕作方式，与北方旱田的耕作方式显然不同。可能正是如此，像来自北方的司马迁将这种以火烧田、以手为耘

---

[1] 景存义：《鉴湖的形成演变与肖绍平原的环境变迁》，《南京师大学报（自然科学版）》1990年第2期。

[2] 车越乔、陈桥驿：《绍兴历史地理》，上海书店出版社2001年版，第86页。

[3] （汉）桓宽撰集，王利器校注：《盐铁论校注》卷一《通有第三》，中华书局1992年版，第42页。

的劳作场景直观形象地概括为"火耕水耨"。实际上，这并非一种落后的耕作方式，相反是一种适合于当时水田稻作的耕作方式，火耕水耨一直到六朝都是浙东地区主要的耕作方式。[①]

秦汉时期，铁器在农事中已普遍使用。"铁器，民之大用也。器用便利，则用力少而得作多，农夫乐事劝功。用不具，则田畴荒，谷不殖，用力鲜，功自半。器便与不便，其功相什而倍也。"[②]"铁器者，农夫之死生也。死生用则仇雠灭，仇雠灭则田野辟，田野辟而五谷熟。"[③]汉末刘熙作《释名》，其《释用器》中所列器具有斧、镰、斫、锥、凿、耒、犁、锄、枷、耙、耨、钺、锯等，其中许多是农业器具。三国吴韦昭曾见此书，并作《辨释名》，可见这些器具在东汉末年已在这一地区使用。东汉初年，会稽郡"民常以牛祭神，百姓财产以之困匮。其自食牛肉而不以荐祠者，发病且死先为牛鸣，前后郡将莫敢禁"[④]。建武二十九年（53），第五伦出任会稽太守后，"移书属县，晓告百姓。其巫祝有依托鬼神诈怖愚民，皆案论之。有妄屠牛者，吏辄行罚。民初颇恐惧，或祝诅妄言，伦案之愈急，后遂断绝，百姓以安"[⑤]。第五伦力革旧习，禁止以牛祭神，目的是保护耕牛，推广牛耕，以促进农业生产的发展。

秦汉时期，宁绍地区因河网密布，湖泊众多，水产资源丰富，仍以水稻种植为主，有"饭稻羹鱼"之称。尤其是镜湖的兴建使得山阴平原北部沼泽地得以次第垦殖，从东汉中期起，会稽郡和同属扬州的一些郡，生产

---

① 许辉、蒋福亚主编：《六朝经济史》，江苏古籍出版社 1993 年版，第 255—264 页；黄今言主编：《秦汉江南经济述略》，江西人民出版社 1999 年版，第 84—86 页。

② （汉）桓宽撰集，王利器校注：《盐铁论校注》卷六《水旱第三十六》，中华书局 1992 年版，第 429 页。

③ （汉）桓宽撰集，王利器校注：《盐铁论校注》卷一《禁耕第五》，中华书局 1992 年版，第 68 页。

④ （南朝宋）范晔撰，中华书局编辑部点校：《后汉书》卷四十一，中华书局 1965 年版，第 1397 页。

⑤ （南朝宋）范晔撰，中华书局编辑部点校：《后汉书》卷四十一，中华书局 1965 年版，第 1397 页。

的粮食不但自给,且承担起赈济他郡的任务。安帝永初元年(107)九月,"调扬州五郡租米,赡给东郡、济阴、陈留、梁国、下邳、山阳"[1]。永初七年(113)九月,"调零陵、桂阳、丹阳、豫章、会稽租米,赈给南阳、广陵、下邳、彭城、山阳、庐江、九江饥民"[2]。除粮食作物外,当时还栽培蔬菜瓜果及其他经济作物,主要有葵、韭、菱、蘑菇(土菌)、茭白、瓠(葫芦)等。[3]养殖业也十分发达,种类有猪、马、牛、羊、狗、鸡、鸭等。越人盛行"鸡卜"风俗,从侧面说明家禽豢养之盛。第五伦任会稽太守时,"虽为二千石,躬自斩刍养马"[4],且革除以牛祭神的淫祀风俗。宁波市鄞州区横溪丁湾汉墓出土有陶制猪圈、鸡笼、狗圈等明器。这些都说明当时猪、鸡、狗等饲养已相当普遍。猪、鸡、鸭是人们的肉食来源之一;养牛,经过东汉初年的风俗整治,主要用于耕地;养狗,主要用于防盗。

东汉思想家王充为会稽上虞人(今绍兴上虞),出身于"以农桑为业""以贾贩为事"家庭,在其著作《论衡》中曾总结农事经验:"夫肥沃硗埆,土地之本性也。肥而沃者性美,树稼丰茂。硗而埆者性恶,深耕细锄,厚加粪壤,勉致人功,以助地力,其树稼与彼肥沃者相似类也。地之高下,亦如此焉。以镶、锸凿地,以埤增下,则其下与高者齐。如复增镶、锸,则夫下者不徒齐者也,反更为高,而其高者反为下。"[5]表明此时浙东地区的耕种技术,已十分注重深耕细锄,学会了用粪沤肥及平整土地。此外,宁绍地区的人还对农作物病虫害的防治有了一定的经验积累。王充指出:"稻时有虫。"螟虫、蝗虫严重威胁水稻生产,据王充《论衡》

---

① (南朝宋)范晔撰,中华书局编辑部点校:《后汉书》卷五,中华书局1965年版,第208页。

② (南朝宋)范晔撰,中华书局编辑部点校:《后汉书》卷五,中华书局1965年版,第220页。

③ 王志邦:《浙江通史·秦汉六朝卷》,浙江人民出版社2005年版,第114页。

④ (南朝宋)范晔撰,中华书局编辑部点校:《后汉书》卷四十一,中华书局1965年版,第1397页。

⑤ 黄晖:《论衡校释》卷二,中华书局1990年版,第73页。

所述，当时用马屎汁浸种消毒防治螟虫，"令禾不虫"；采取驱蝗入沟坎的方法消灭蝗虫。

二、南北朝对峙的农业开发

东汉末年天下纷乱，孙策自兴平年间（194—195）由北而南进入江东后，驱逐了汉朝会稽太守王朗，建安元年（196）自领会稽太守，以此为根基，孙氏开拓疆土，新建郡县，成为东南霸主。此后除西晋短暂统一外，社会长期处于南北分裂状态，东晋、宋、齐、梁、陈先后以建康（今南京）为首都建立政权，史称魏晋南北朝。南朝政权始终将宁绍一带视为经济腹地大力开发，使土地得到空前的开垦。[①] 伴随着北方移民及其后裔大规模持续性南下，江南各地均出现了豪门或世族建立的庄园，[②] 而浙东是当时庄园经济最发达的地区之一。

南北朝时期，浙东各社会阶层都十分重视水利的兴修。鉴湖作为一个农田水利工程，基本上解决了稽北丘陵诸河对山会平原的洪水威胁，也替山会平原储备了大量灌溉用水。为使鉴湖的丰富蓄水合理而及时地供给北部需要，特别是那些远离湖边的耕地，魏晋南北朝时期在地方长官的主持下，各阶层共同努力，投下巨量劳动布置和整理内河网。[③] 公元300年前后，为灌溉需要，会稽内史贺循主持开凿了自郡城西郭至永兴县的河道。据《嘉泰会稽志》载："运河在府西一里，属山阴县，自会稽东流县界五十里，入萧山县。《旧经》云：晋司徒贺循临郡，凿此以溉田。"[④] 这条

---

① 蒋福亚：《论南齐永明年间的和市——兼论三吴在宋齐之交已成为我国封建时代新生的经济重心》，《首都师范大学学报（社会科学版）》1999年第6期。

② 吴存浩：《论六朝时期南方地主庄园经济》，《东岳论丛》2008年第1期。

③ 陈桥驿：《古代鉴湖兴废与山会平原农田水利》，《地理学报》1962年第3期。

④ （宋）沈作宾修，施宿纂：《嘉泰会稽志》卷十《水》，浙江省地方志编纂委员会编《宋元浙江方志集成》，杭州出版社2009年版，第1844页。

河道是六朝会稽郡兴建的规模最大、经济效益最好的一项水利工程，后来为浙东运河西段（山阴至钱塘江边西陵段），故也称西兴运河。它与镜湖西段湖堤上各涵闸相接，与山阴平原南北向的河流相接，由此山阴平原形成一片纵横交错、稠密有序的河湖网，从而改善了农田垦殖和灌溉、交通条件。它通过郡城东郭都赐埭，进入镜湖，既可与山阴平原任何一个山麓冲积扇的港埠通航，还可缘东而达曹娥江边，然后经上虞与余姚江连接，直达鄞、鄮等县，促进浙东经济流通。镜湖蓄积的大量淡水，通过这条河道输入整个河湖网，流通山阴平原各处，最终将大片泥泞的沼泽垦殖成沃壤，山阴县到南朝发展成有民户3万的大县，人口居全国诸县之冠。除了整理内河网以外，沿海海塘的修筑也是永和以后与鉴湖直接有关的水利工程。海塘在永和以前早已零星存在，此后随着镜湖水利工程的完善，沿海的堤塘涵闸也作过一番整修。[①]《南齐书》载"会土边带湖海，民丁无士庶，皆保塘役"[②]，据此推测，东晋南北朝时，北部海塘工程也作了进一步修整，并建立了相应的养护管理制度。否则，只有河网的疏凿，无系统的海塘挡潮拒咸，平原的边带湖海地域，是难以成为"亩值一金"的膏腴之地的。这种民丁不分贵贱按夫交直，修理塘埭，只有水利工程数量大为增加以及各工程在布局上比较系统化的情况下才可能出现。

此外，浙东地区官民还合力兴修陂塘，保证区域内农田灌溉。当时较大的堰埭有浦阳南津埭（后名梁湖堰）、浦阳北津埭（后名曹娥堰）、西陵堰（后名西兴堰）等。上虞县白马湖南面即江津所在，江南有上塘、阳中二里，隔在湖南，常有水患。南朝宋时，会稽太守孔灵符遏蜂山前湖以为埭，埭下开渎，直指南津；又作水楗两所，使这里免遭江水淹溃之害。句章县境，会稽内史孔愉修复汉朝旧陂，溉田200余顷，皆成良业。

① 陈雄：《论秦汉魏晋南北朝时期宁绍地区的农田水利》，《浙江师大学报》2000年第1期。

② （南梁）萧子显撰，中华书局编辑部点校：《南齐书》卷二十六，中华书局1972年版，第482页。

西晋永嘉之乱后，北人南下，像区种法等一些北方先进的生产技术随之传入，促进浙东地区从平原向丘陵山地的土地开发。之所以如此，除山阴平原人口增长需要向人烟稀少的地方迁徙和丘陵山地人口的自然增长外，还有一个重要的因素在起作用：平原沼泽地的垦殖是有限度的，后海（钱塘江）一日两度的潮汐，常使田地斥卤。丘陵山地的开发，一般都在两山夹峙之中比较开阔的河谷盆地。浙东丘陵，尤其是会稽山、四明山之间，即以剡溪—上虞江（今曹娥江）为轴心的两侧之地，海拔不高，土壤肥沃，适宜于耕耘种植，而这里又是北方名士迁移的主要居住区，自然成了人们垦殖的主要目标。曹娥江沿岸盆地的土地开发、土地使用及土地收益状况，以陈郡阳夏谢氏的开发最典型。①

南朝时期传统的火耕作业方式依然存在。火耕在六朝土地开垦，特别是丘陵开发中起了重要作用。它使大量的荒山野泽被垦为良田，变荒为熟。利用火耕开垦出来的土地称为胶田。如始宁、鄞、鄮等县都有胶田。牛是六朝时期宁绍一带使用的主要畜力，如世族出行往往用牛车，船只过堰用牛牵引，水田耕作中牛作为畜力。政府对牛耕的推广和耕牛的保护非常重视，即使老牛也不得随意屠宰。水利设施的兴修，湖田的开垦和丘陵山地的开发，先进生产技术的传入，使浙东地区成为东晋南朝政府的谷仓。东晋太和年间（366—371），会稽郡治山阴仓，据《晋书》载，一次火灾中烧毁的米就达数百万斛，"炎烟蔽天，不可扑灭"②。南朝沈约说："会土带海傍湖，良畴亦数十万顷，膏腴上地，亩直一金，鄠、杜之间，不能比也。"③

南北朝时期，浙东运河沿线仍以水稻种植为主。孙吴时期，水稻种植

---

① 章义和：《从谢灵运〈山居赋〉论六朝庄园的经营形式》，《许昌师专学报》1993年第1期。

② （唐）房玄龄等撰，中华书局编辑部点校：《晋书》卷二十七，中华书局1974年版，第806页。

③ （南梁）沈约撰，中华书局编辑部点校：《宋书》卷五十四，中华书局1974年版，第1540页。

面积随着许多地方水利的兴修有所增加。到东晋南朝，水利建设的勃兴，耕地面积的扩大，特别是山阴平原河湖网建设，句章、鄞、鄮等县湖田开垦以及丘陵河谷之地开垦为田，使得水稻栽培条件大为改观。正是如此，才使"从江以南，千斛为货，亦不患其难也"①。同时，由于北方人口流入，土著和侨人得以彼此交换农作物的品种和交流生产技术，加之侨人生活习俗上的一些差异，为这里农业生产的发展提供了新鲜血液。这一时期，江南由原来的水稻区开始向稻麦区逐渐过渡，是水田农业发展的一个突出标志。②麦、粟、菽等本是北方粮食作物，永嘉之乱后，随着北人南迁，东晋南朝统治者曾三令五申地责督引进麦种种麦。晋元帝大兴元年（318）下诏："徐、扬二州，土宜三麦，可督令燠地，投秋下种，至夏而熟，继新故之交，于以周济，所益甚大。"③旱田作物的南移，为南方水田带去了新的作物品种，推动了其作物品种的多元化，从而出现了稻麦兼营的新的种植结构。如谢灵运在其《山居赋》中自述道："送夏早秀，迎秋晚成。兼有陵陆，麻麦粟菽。"④这反映了当时南方地区作物品种的多元化及新的种植结构的形成，水田种稻，旱地种麦、粟、菽等杂粮。稻、麦、粟、菽等作物生长期不一，自种植到收割都互相交错；加之"诸山陵近邑、高危倾坂及丘城上，皆可为区田"，利于尽勤地利、各尽其方。这样的农田复种方式，提高了田地的单位面积产量。

以宁绍地区为核心的会稽郡，其开发的深度和广度在南北朝时期处于全国的前列，所谓"今之会稽，昔之关中"，确实是中肯的评价。东晋南

---

① （南梁）沈约撰，中华书局编辑部点校：《宋书》卷八十二，中华书局1974年版，第2093页。

② 杨乙丹：《魏晋南北朝时期农业科技文化的交流及其思考》，《古今农业》2006年第2期。

③ （唐）房玄龄等撰，中华书局编辑部点校：《晋书》卷二十六，中华书局1974年版，第791页。

④ （南梁）沈约撰，中华书局编辑部点校：《宋书》卷六十七，中华书局1974年版，第1760页。

朝，历朝财政收入主要依靠吴郡、吴兴郡、会稽郡等三吴地区。东晋王羲之说："以区区吴越经纬天下十分之九。"[1]南朝齐时，萧子良说："三吴奥区，地惟河辅，百度所资，罕不自出。"[2]陈武帝说："三吴奥壤，旧称饶沃，虽凶荒之余，犹为殷盛。"[3]这些都是当时经济面貌的真实写照。

第三节　唐宋经济重心南移与农业发展

隋唐时期，南北政权重新归于一统，中国走向了封建时代社会经济的高度繁荣期。浙东运河流域是当时全国重要的农业区和粮食生产基地。权德舆《论江淮水灾上疏》中即说："江东诸州，业在田亩，每一岁善熟，则旁资数道。"[4]历史上延续十几个世纪的南粮北运就是从这个时期、从这个地区开始的。安史之乱后，浙东地区更是成为物产所出、赋税所给的经济重镇。杜牧在《李讷除浙东观察使兼御史大夫制》说："机杼耕稼，提封七州，其间茧税鱼盐，衣食半天下。"[5]中晚唐时期，经济重心开始南移，到两宋时期已经彻底压过北方，时人称"国家根本，仰给东南"[6]。

---

① （唐）房玄龄等撰，中华书局编辑部点校：《晋书》卷八十，中华书局 1974 年版，第 2096 页。

② （南梁）萧子显撰，中华书局编辑部点校：《南齐书》卷四十，中华书局 1972 年版，第 696 页。

③ （唐）姚思廉撰，中华书局编辑部点校：《陈书》卷二十五，中华书局 1972 年版，第 318 页。

④ （唐）权德舆：《论江淮水灾尚疏》，收入董诰等编《全唐文》卷四八六，中华书局 1983 年版，第 4962 页。

⑤ （唐）杜牧：《李讷除浙东观察使兼御史大夫制》，收入董诰等编《全唐文》卷七四八，中华书局 1983 年版，第 7753 页。

⑥ （元）脱脱等撰，中华书局编辑部点校：《宋史》卷三三七，中华书局 1977 年版，第 10796 页。

而在此过程中，杭州的地位悄然上升，在整个浙江取得核心地位，进而在整个东南地区盛享"东南第一州"的殊荣。浙东运河所在的越州则稍稍后退。

一、隋唐的农业发展与浙东运河经济地位上升

公元 581 年，隋王杨坚自立为帝，改元开皇，建立了隋朝，开皇八年（588）下诏征讨陈朝，次年正月入建康，陈朝灭亡，在今绍兴设吴州总管府，隋炀帝大业初称越州，大业三年（607）改为会稽郡，领会稽、句章、剡、诸暨四县。隋炀帝荒淫无道，二世而亡，李渊建立唐朝，李孝恭于武德七年（624）讨平江南，在浙东置越州会稽郡，领会稽、山阴、诸暨、余姚、剡、萧山、上虞等县；明州余姚郡，领鄞、慈溪、奉化、象山等县。长期的社会安定，加之"劝课农桑"的统治方略，以及农田水利设施的建设，使得浙东农业经济取得了长足的发展。

隋唐时期是浙东古代史上水利建设大发展的时期，为增加浙东地区可利用的土地资源、缓解"人地矛盾"，浙东人民开展了众多堤、碶、湖、塘、渠、堰及斗门等水利工程。它山堰是宁波地区在唐宋时期重要的水利工程，在今宁波鄞州区鄞江镇西首，为唐文宗大和七年（833）鄞县县令王元暐创建。因工程所处地段江中有一小山突起，小山不与其他山脉相连，称为它山，堰亦因称它山堰。堰身为木石结构。堰面全部采用长 2—3 米、宽 0.5—1.4 米、厚 0.2—0.35 米的条石砌成。堰全长 134.4 米，宽 4.8 米，高约 10 米，横断面呈阶梯状，上下各 36 级。堰的作用主要是截断鄞江，将下游咸潮阻于堰下，将上游淡水引入内渠南塘河，灌溉鄞西平原农田；南塘河又东北流，经明州城南门进入城内，蓄为日、月二湖，作为城市居民用水。为了鄞江泄洪的需要，它山堰堰顶可以溢流。堰以上江水，平时七分入河，三分溢流仍入江；涝时则七分溢流入江，三分分流入河。同时又在外江和内河之间、南塘河下游修建了乌金（距堰 7 千米）、积渎（距

堰 9 千米）、行春（距堰 18 千米）三矸，涝时排泄鄞西河网多余之水，旱时则利用潮汐顶托，开闸纳淡水以补充鄞西灌溉用水。它山堰是一项集阻咸、蓄淡、引水、泄洪诸种功效于一体的水利工程，承担了全鄞西的灌溉任务。它山堰将原来的两个水利灌溉片连成一体，从而使原广德湖区遏止了农业生产水平的下降，维持了集约化程度相对较高的农业经济特色。[①]

镜湖在隋唐时期依然是山（阴）会（稽）平原的骨干水利工程。唐高宗时长史杨德裔在山阴修建的陂塘，贞元元年（785）观察使皇甫政修建的越王山堰、朱储斗门，大和七年（833）观察使陆亘修建的新泾斗门等，进一步完善了古老的镜湖工程。元和十年（815）观察使孟简重修了从越州州城至萧山的新河、运道塘，在保障农田水利的同时，还改善了镜湖水系浙东运河的航运条件。"新河"大约是对浙东运河绍兴以西一段的疏浚。"运道塘"在今绍兴与萧山间运河沿岸，当时尚为土塘。浙东运河西起杭州钱塘江南岸西兴，东经萧山、钱清、绍兴，抵达曹娥江，曹娥江以东又循余姚江到达宁波。前者为人工开凿，后者余姚江为自然河道。前者绍兴至曹娥段早在春秋战国时期就已经形成。东汉会稽太守马臻于会稽山北麓曹娥江、钱清江之间修镜湖以后，绍兴至曹娥段运河成了镜湖的一部分，而绍兴至钱清间镜湖又兼具了运河的功能。此后晋朝会稽内史贺循，在镜湖以北开凿了一条与湖堤平行的河道，并向西一直延伸到萧山境内，浙东运河自西兴经绍兴至曹娥段遂全线沟通。钱塘江边的西兴堰，萧山以东的凤堰、太末堰，绍兴城东的都泗堰，曹娥江边的曹娥堰等，或于唐前已相继建成，这在很大程度上提高了浙东运河的航运能力。唐朝时还在钱塘江南岸修建海塘，其始建年代已不可考，但知开元十年（722）、大历十年（775）和大和六年（832）三次增修。《新唐书·地理志》记载具体范围"自上虞江抵山阴百余里"，山会平原沿海海塘亦已全线完成。虽以土塘为主，但对于保障生命财产的安全、农业生产的发展和运河的通航无疑具有

---

① 张如安：《南宋宁波文化史》，浙江大学出版社 2013 年版，第 12 页。

重要意义。见表 1-1。

表 1-1　唐代浙东地区水利工程修建表①

州郡	工程名称	出处	相关记载
越州	越王山堰	《新唐书》卷41《地理志五》	（山阴县）北三十里有越王山堰，贞元元年（785），观察使皇甫政凿山以蓄泄水利。
	朱储斗门	《新唐书》卷41《地理志五》	皇甫政凿山以蓄泄水利，又东北二十里作朱储斗门。
	新径斗门	《新唐书》卷41《地理志五》	（山阴县）西北四十六里有新径斗门，大和七年（833）观察使陆亘置。
	新河、运道塘	《新唐书》卷41《地理志五》	（山阴县）北五里有新河，西北十里有运道塘，皆元和十年（815）观察使孟简开。
	防海塘	《新唐书》卷41《地理志五》	（会稽县）东北四十里有防海塘……开元十年（722）令李俊之增修，大历十年（775）观察使皇甫温、大和六年（832）令李左次又增修之。
	湖塘	《新唐书》卷41《地理志五》	（诸暨县）东二里有湖塘，天宝中令郭密之筑，溉田二十余顷。
	夏盖湖	雍正《浙江通志》卷64《海塘》	（上虞县）上虞之民捐筑土塘。
	任屿湖	《新唐书》卷41《地理志五》	（上虞县）西北二十七里有任屿湖，宝历二年（826）令金尧恭置，溉田二百顷。
	黎湖	《新唐书》卷41《地理志五》	北二十里有黎湖，亦尧恭所置。
	西溪湖	雍正《浙江通志》卷15《山川》	戴延兴筑塘七里，亦名七里湖。
明州	小江湖	《新唐书》卷41《地理志五》	（鄞县）南二里有小江湖，溉田八百顷，开元中令王元纬置。
	普济湖	《读史方舆纪要》卷92《浙江四》	开元中，（鄞）县令房绾凿以溉田，广百五十亩。

---

① 曹淑希：《唐代浙江东道经济研究专题》，扬州大学 2023 年硕士学位论文。

州郡	工程名称	出处	相关记载
明州	永明湖	《读史方舆纪要》卷92《浙江四》	在（鄞）县西南一里，亦房绾所置以溉田。
	西湖	《新唐书》卷41《地理志五》	（鄞县）东二十五里有西湖，溉田五百顷，天宝二年（713）令陆南金开广之。
	广德湖	《新唐书》卷41《地理志五》	（鄞县）西十二里有广德湖，溉田四百顷，贞元九年（793），刺史任侗因故迹增修。
	花屿湖	《读史方舆纪要》卷92《浙江四》	贞元十年（794），刺史任侗尝修筑之，周十七顷有奇，溉田六千余亩。
	杜湖	《读史方舆纪要》卷92《浙江四》	湖南为杜湖岭，旧有湖淤塞，唐刺史任侗复浚筑之，民赖其利。
	仲夏堰	《新唐书》卷41《地理志五》	（鄞县）西南四十里有仲夏堰，溉田数千顷，大和六年（832）刺史于季友筑。
	它山堰	《新唐书》卷41《地理志五》	大和七年（833）（鄞）县令王元暐，垒石为堰于两山间，阔四十二丈。级三十有六，冶铁灌之，渠与江截为二。
	积渎碶	《浙江通志》卷56《水利五》	（鄞县）西南三十五里曰积渎碶。
	行春碶	《浙江通志》卷56《水利五》	（鄞县）西南十五里曰行春碶。
	乌金碶	《浙江通志》卷56《水利五》	（鄞县）西南三十八里曰乌金碶，一名上水，皆初作堰时，虑暴流难泄，建此三碶。
	市河	《浙江通志》卷56《水利五》	唐陆明允导大溪水由资国堰注市桥河……灌田至数十万。
	赵河	《新唐书》卷41《地理志五》	元和十二年（817），令赵察开置，引溪流溉田八百余顷。
	白杜河	《新唐书》卷41《地理志五》	元和十四年（819）赵察开，引东境诸溪流以灌民田，凡四百余顷。

隋唐时期浙东农业耕作技术有较大提高。南方稻田一般面积较小，原来在北方旱地农业通用的步犁使用起来就显得不灵活，于是唐代出现了曲辕犁。曲辕犁，最早出现在唐代江南地区，因其首先在长江中下游地区得

到应用和推广，所以也被称为江东犁。据宋范成大《吴郡志》载："横于辕之前末曰槃，言可转也。左右系以樫乎轭辕之后，末曰梢，中在手，所以执耕者也"[①]，可见江东犁实际操纵极为灵敏自如，能适应小块土地耕作时经常拐弯、掉头的需要。同时江东犁也可曲之则箭下入土也深，退之则箭上入土也浅，以其上下类激射，可以灵活地调节耕地的深度，解决了浙东地区土壤黏性过重的问题，十分适合江南水田耕作。如此，曲辕犁既能减轻耕作者的体力消耗，又能提高耕地质量和效率。且用一牛挽犁，既节省畜力，又适应了浙东地区田块较小的地形特征，这有利于促进铁犁牛耕在浙东的进一步推广和普及。因此，曲辕犁在唐朝农业生产中极为普及，成为浙东地区民户劳作的主要工具。精耕细作的劳作方式、农田耕作工具的创新都极大地促进了浙东地区的农作物亩产量的增加。

在灌溉工具上，唐代浙东地区普遍使用了东汉以来的水车，创造出筒车、桔槔等新型灌溉汲水工具。筒车是在翻车的基础上创新而来的更为先进的提水工具，它利用人力或水转动带有成串木桶或竹筒的轮子，将水从低处提到地面，以倒入沟内。凭借以水力为动力的灌溉机械，节省了大量人力。据《册府元龟·邦计部·河渠二》载："时郑、白渠既役，又命江南征造水军匠，帝于禁中亲指准，乃分赐畿内诸县，令依样制造，以广溉种。"[②]唐朝政府从江南征集水车匠来制作水车并在关中推广，可见唐代江南地区翻车的使用不仅极为普遍，而且制作水平也很是高超。这些耕作、灌溉农具的使用及创新都大大地提高了农业劳动生产率，促进了浙东地区农业的发展。

作为重要的农业生产资料，耕牛的耕地能力决定着农户所能耕种的土地限度，故冻国栋先生指出："中古时代的农耕生产，耕牛为农民之重宝。

① （宋）范成大：《吴郡志》卷二《风俗》，江苏古籍出版社 1999 年版，第 10 页。
② （宋）王钦若等编纂，周勋初等校订：《册府元龟》卷四九七，凤凰出版社 2006 年版，第 5649 页。

甚至不妨说耕牛是古代农业生产率提高的重要条件之一。"①耕牛在南方的普及主要源于唐中央政府的扶持，唐政府积极倡导农户大量养牛，以此来提高其劳动生产能力。开元二十二年（734）玄宗敕文中有"定户口之时，百姓非商户郭外居宅及每丁一牛，不得将入货财数"②的规定，且唐中央政府将严禁杀牛纳入国家法令，《唐律疏议·厩库》载："诸故杀官私马牛者，徒一年半"③，又《唐语林·政事上》云："痛断屠牛者，皆暴尸连日。"④在制度层面保护了耕牛资源。

浙东地区六朝之前主要实行水田轮休制，即种植一年，闲置一年，任杂草生长，然后通过火耕水耨，变杂草为肥料，恢复土地肥力，以供作物生长所需的养分。唐代时产生和推广一年一作制，导致这一种植制度的改革，一是因为人口有了大幅度的增长，人口的大幅度增长，突破了原来的人地均衡关系，增加了单位面积耕地的人口负载，为了保障粮食供应，必须对原来的种植制度进行改革；二是由于诸如江东犁、水车等农机具的改进和推广，提高了劳动生产率，农民有可能运用同样的时间种植更多的庄稼；三是浙东地区气候适宜，土壤肥沃，农田水利建设已经达到相当高的水平，能保障更多作物的生长、发育、成熟。由于上述种种因素在唐朝均已成熟，于是一年一作的种植制度得以产生并推广。随着一年一作制的产生和推广，更为先进的种植制度即稻麦复种制和水稻复种制（即双季稻种植），也在长江流域特别是江南开始出现。李伯重《我国稻麦复种制产生于唐代长江流域考》一文认为，确切地说唐开元与建中之间（713—783）

---

① 冻国栋：《唐代的小农经济与经营方式管见》，收入《中国中古经济与社会史论稿》，湖北教育出版社 2005 年版，第 373 页。
② （后晋）刘昫等撰，中华书局编辑部点校：《旧唐书》卷四十八，中华书局 1975 年版，第 2090 页。
③ （唐）长孙无忌撰，岳纯之点校：《唐律疏议》卷十五《厩库》，上海古籍出版社 2013 年版，第 237 页。
④ （宋）王谠：《唐语林》卷一《政事上》，古典文学出版社 1957 年版，第 24 页。

为长江中下游流域麦稻复种制产生的时间。[①]白居易《和微之春日投简阳明洞天五十韵》诗，其中有"越国强仍大，稽城高且孤……绿科秧早稻，紫笋折新芦"等句，就是宁绍平原种植早晚稻的写照。唐朝诗人方干，隐于会稽，渔于镜湖，在其《鉴湖西岛言事》中有"欲著寒衣过麦秋"的诗句，说明唐朝镜湖灌区已种麦，稻、麦复种已十分清楚。

由于水利建设的发展、农具的改进、肥料的增加和耕作技术的提高，以及稻麦复种、水稻复种的推广，农业收成较以前有了提高，以浙东为代表的江南地区的粮食生产在国内的地位日益重要。从洛阳含嘉仓遗址出土的铭砖中，还可以看到由苏州、越州等地运去的漕租米的记载。初唐诗人陈子昂《上军国机要事》中也有"江南、淮南诸州租船数千艘已至巩洛，计有百余万斛，所司便勒往幽州，纳充军粮"[②]的史实。《旧唐书》记载：开元十五年（727）秋，"河北饥，转江淮之南租米百万石以赈给之"[③]。安史之乱以后，江南已经成了唐朝政府粮食的主要来源地。权德舆在贞元八年（792）的《论江淮水灾上疏》中说："然赋取所资，漕挽所出，军国大计，仰于江淮。"唐德宗（742—805）后期，浙江东西道每岁入运米75万石。贞元（785—805）初，以岁饥，更令两税折纳米100万石。韩愈曾说："赋出天下，而江南居十九。以今观之，浙东西又居江南十九……今国家都燕，岁漕江南米四百余万石，以实京师。"[④]

---

① 李伯重：《我国稻麦复种制产生于唐代长江流域考》，《农业考古》1982年第2期。

② （唐）陈子昂：《上军国机要事》，收入董诰等编《全唐文》卷二百十一，中华书局1983年版，第2136页。

③ （后晋）刘昫等撰，中华书局编辑部点校：《旧唐书》卷八，中华书局1975年版，第191页。

④ （唐）韩愈著，刘真伦、岳珍校注：《韩愈文集汇校笺注》卷九《送陆歙州参序并诗》，中华书局2010年版，第976页。

二、吴越国的农业进步

唐朝后期，封建统治阶级的内部矛盾和斗争一发而不可收，对广大人民的剥削压迫愈益加重，农民不得不或举义旗，或为"盗贼"，起而反抗。为了镇压起义，缉捕"盗贼"，唐朝政府一方面调集藩镇兵力，一方面下令各道征兵讨伐，进一步助长了藩镇势力的发展，吴越国也正是在这样的形势下建立的。钱镠从乾宁三年（896）消灭董昌，到天祐四年（907）夺取温州、处州，前后经过11年，基本统一了两浙，后梁开平二年（908）改元天宝，不久自称"吴越国王"。浙东地区为其东府（今绍兴）和奉国军节度使（今宁波）。

吴越国建立后，奉行发展生产、保障国用的政策，钱镠自称"吴越境内，绫绢绸绵，皆余教人广种桑麻；斗米十文，亦余教人开辟荒亩"[1]，其继位者同样也以发展生产为基本国策。后唐长兴三年（932），钱元瓘即位，"赦境内一应荒绝田产，尚隶租籍者，悉免之"。钱弘俶即位第二年，即明确下令规定"募民垦荒田，勿取租税"。吴越国农业耕作技术有了很大的提高，农业及各手工业、贸易的效益亦相当可观。粮食储备动辄数十万斛，对外贸易获利尤厚，《旧五代史》记载说吴越国"航海所入，岁贡百万，王人一至，所遗至广，故朝廷宠之，为群藩之冠"[2]。

吴越国进一步完善水利设施建设和河湖水道养护管理，增修了"界塘"和防海塘，逐步完善了河湖的蓄泄设施，使鉴湖流域的水利灌溉发挥了更大的作用；开凿了新河、修筑了运道塘和官塘，同时也修治了浙东运河，使水陆交通更为便捷；又通过开发山陂湖塘等小型灌溉工程，大大解决了地势较高的山陂地的灌溉问题。在镜湖周围修筑了数百里长堤，溉田9万余亩；在鄞县东钱湖周围修筑长堤80余里，溉田50万亩。

---

① 陈尚君辑校：《全唐文补编》卷一一三《遗训》，中华书局2005年版，第1418页。

② （宋）薛居正等撰，中华书局编辑部点校：《旧五代史》卷一三三《世袭列传二》，中华书局1976年版，第1774页。

吴越国还通过设立"撩浅军"（有的地方又称"撩清军""开江营"），在修筑堤防、浚治浦港的同时，承担屯田事务，越州、明州等屯田区内均设有营田军。[①]史载："越、鄮之地邑，跨江负海，水有所去，故人无水忧。而深山长谷之水，四面而出，沟渠浍川，十百相通。长老言钱氏时置营田吏卒，岁浚治之，人无旱忧，恃以丰足。"[②]圩田，属水乡平原低洼水田的一种。宋人杨万里曾描述云："江东水乡，堤河两涯而田其中谓之圩。农家云：圩者，围也。内以围田，外以围水，盖河高而田反在水下。"[③]越州镜湖水系，湖面广阔，河道密布，利用河湖之间低洼地区淤泥沉积深厚、淤泥中腐殖质含量丰富、土壤肥沃的特点，开垦成圩田，是一种较为常见的围田方法，既可以增加土地面积，又可以使种植粮食作物等获得较好的收成。故北宋曾巩在《序越州鉴湖图》中曾说："鉴湖……由汉历吴、晋以来，接于唐，又接于钱镠父子之有此邦，其利未尝废者，或以区区之地以当天下，或以数州为镇，或以一国自王，内有供养禄廪之须，外有贡输问馈之奉，非得晏然而已也。故强水土之政，以力本利农，亦皆有数，而钱镠之遗法最详，至今尚多传于人者，则其利之不废有以也。"[④]

吴越国还加强水土之政，不允许豪强随意围垦，影响水利。史称"富豪上户，美言不能乱其法，财货不能动其心"[⑤]。所以吴越时期鉴湖之利"未尝废"，发挥着良好的效益。农业生产技术在这一时期也有了一定的进步，如犁、铧、镰等铁制农具的广泛使用，曲辕犁与耕、耙、耖的配套使

---

① 钱运春：《移民、政府作为与吴越国经济发展》，《历史教学问题》2020年第6期。

② （宋）王安石撰，刘成国点校：《王安石文集》卷第七十五《上杜学士言开河书》，中华书局2021年版，第1312页。

③ （宋）杨万里，辛更儒笺校：《杨万里集笺校》卷第三十二《圩丁词十解》，中华书局2007年版，第1643页。

④ （宋）曾巩撰，陈杏珍、晁继周点校：《曾巩集》卷第十三《越州鉴湖图序》，中华书局1984年版，第207页。

⑤ （明）徐光启撰，石声汉校注，石定枌订补：《农政全书校注》卷十三《东南水利上》，中华书局2020年版，第383页。

用，使水田传统耕作技术基本形成；水稻移栽技术的出现，为粮食产量的提高提供了技术支持。加上水利的兴修以及圩田、屯田的发展，农业生产延续了唐代中后期发展的趋势，得到了较好的恢复和发展。

在增加水稻品种和扩大水稻种植面积的同时，吴越国也加强了旱粮作物的生产，间种麦、粟、菽等北方的旱粮品种已较为普遍。仅就粮食生产而言，宁绍平原一带很长时间里"斗米十文""岁岁丰盈"[①]。由于在吴越国统治的七八十年间，仅发生过一次较大规模的水灾，到吴越国统治后期，由于粮食连年丰收，粮价不断下降，所以范仲淹也说，吴越国"民间钱五十文，杂白米一石"[②]。在以后不断向中原王朝所纳的"土贡"中，粮食也是其中的进贡之物。如显德五年（958）二月壬申，钱俶在一次向后周进贡时，就有御衣、犀带、绫、绢、白金、香药等，"又进供军稻米二十万石"[③]。这样的进贡，可谓是贯穿吴越国始终。当然，在社会经济有了较快发展的同时，封建剥削也在日益加重。"昔钱氏据有吴越，其田税独重，而会稽（越州）尤甚。"[④]

三、国家经济重心南移与农业兴盛

宋代生产力发展水平的繁荣和高度在中国古代社会中是空前的，整体社会经济发展水平超过前代，[⑤]而"两浙之富，国用所恃，岁漕都下米

---

① 陈尚君辑校：《全唐文补编》卷一一三《遗训》，中华书局 2005 年版，第 1418 页。

② （宋）李焘撰，上海师范大学古籍整理研究所、华东师范大学古籍整理研究所点校：《续资治通鉴长编》卷一百四十三《仁宗庆历三年》，中华书局 2004 年版，第 3440 页。

③ （宋）王钦若等编纂，周勋初等校订：《册府元龟》卷一六九《帝王部·纳贡献》，凤凰出版社 2006 年版，第 1886 页。

④ 刘琳、刁忠民、舒大刚、尹波等校点：《宋会要辑稿·食货九》，上海古籍出版社 2014 年版，第 6185 页。

⑤ 姜锡东：《宋代生产力的发展水平》，《中国社会科学》2022 年第 7 期。

百五十万石，其它财富供馈不可悉数"①。"朝廷经费之源，实本于此。"②到南宋时，"高宗南渡，虽失旧物之半，犹席东南地产之饶，足以裕国"③。由于经济文化发展迅速，人口基数日益增大，且江南地区战乱相对较少，到北宋后期两浙路已有近20万户，在全国各路中位居第一，人口密度位居全国各路第二。靖康之难时，北方人口大量南迁，当时平江、常、润、湖、杭、明、越等七府州，"号为士大夫渊薮，天下贤俊多避地于此"④。从北宋元丰初年到南宋嘉泰元年，绍兴8县在籍人口由152922户增至273343户，百余年间增加了55.9%。

由于人口的持续增长，耕地的压力日益增大，促使人们想方设法拓垦田地。从北宋中期起，围湖垦田之风兴起，正是在这种背景下出现的。宋仁宗嘉祐五年（1060），有臣僚奏言："天下陂湖塘堰溪涧沟渠泉穴为强猾之人夺利，侵占作田者甚多，每至旱岁，无水浇救苗稼。"⑤宋神宗熙宁九年（1076）六月，中书省亦上言："诸州县古迹陂塘，异时皆蓄水溉田，民利数倍。近岁所在堙废，至无以防救旱灾。及濒江圩埠毁坏者众，坐视沃土民不得耕。"⑥宋室南渡后，开垦湖田之风愈盛，浙东各地的诸多湖泊也先后被垦殖为湖田。如鉴湖自北宋后期起遭到大规模围垦，到南宋绍兴二十八年（1158），垦湖为田的面积已有2300顷。⑦除围湖垦田外，浙东各地百姓还因地制宜，利用不同的地理环境，开展涂田、淤田、水田、沙

---

① （宋）苏轼撰，（明）茅维编，孔凡礼点校：《苏轼文集》卷三十二《进单锷吴中水利书状》，中华书局1986年版，第916—917页。

② （宋）李心传：《建炎以来系年要录》卷八十六，中华书局1988年版，第1414页。

③ （元）脱脱等撰，中华书局编辑部点校：《宋史》卷一七三《食货志》，中华书局1977年版，第4156页。

④ （宋）李心传：《建炎以来系年要录》卷二十，中华书局1988年版，第405页。

⑤ 刘琳、刁忠民、舒大刚、尹波等校点：《宋会要辑稿·食货七》，上海古籍出版社2014年版，第6123页。

⑥ 刘琳、刁忠民、舒大刚、尹波等校点：《宋会要辑稿·食货七》，上海古籍出版社2014年版，第6124页。

⑦ ［日］寺地遵：《南宋时期浙东的盗湖问题》，《浙江学刊》1990年第5期。

田、梯田的垦殖。如涂田是沿海地区农民利用海滩涂地开垦田地的一种形式，是两宋时期为应对人地矛盾的创新之法。[1]

然而，无论是围湖造田，还是涂田之类的开垦，耕地的增加毕竟有限。因此，在积极开展田地拓垦同时，农民在总结长期以来生产实践的基础上，不断改进耕作技术，努力提高生产效率，增加耕地单位面积的收益，特别是在农耕工具、耕作技术和方式等方面，取得明显进步。农耕工具的改进，主要表现为曲辕犁、犁刀、耖荡、秧马等耕作工具的推广和使用。曲辕犁在唐代就已出现，但入宋后才逐渐推广，尤其是浙东地区使用十分广泛。即便在土性黏重的水泽田中也能深浅宽窄运用自如，且节省人力、牛力，从而大大提高了耕垦功效。犁刀是一种新式的钢刃熟铁农具，"其制如短镰，而背则加厚"，其创制被称为我国古代农具史上的一项重大发明。秧马是江南水乡农民发明的一种扯秧工具，根据有关学者的考证，其制作和使用之法是：用二三条坚硬润滑的木条弯成弓形底部，上部用质地较轻的短横木拼接而成。使用者坐在上面，拔起稻秧，放在秧马底板上，再用脚踏地，向前滑行。南宋时人诗云："溪南与溪北，啸歌插新秧。抛掷不停手，左右无乱行。我将教秧马，代劳民莫忘。"[2]

在改进农耕工具的同时，耕作技术也较唐五代时有进一步发展，特别是注重翻土、施肥、耘田等环节。水乡稻田对土质的要求高，须深耕熟犁，保证土壤的松软，以利于水稻根系的发达和产量的提高。南宋农学家陈旉说，江南各地农民普遍进行多次翻耕，秋冬时"即再三深耕之，俾霜雪冻沍，土壤酥碎"，开春时又"再三耕耙，转以粪壅之"[3]。施肥对于保证田地的高产至关重要，尤其是有机肥的使用，可以有效地避免土壤的贫瘠

---

① 苏颂：《宋代两浙滨海地区土地开发探析》，《宋史研究论丛》2019 年第 2 期。

② （清）厉鹗撰，张剑点校：《南宋院画录》卷五《李嵩》，浙江古籍出版社 2019 年版，第 90 页。

③ （清）姚碧辑，李文海点校：《荒政辑要》卷六《区种稻法》，天津古籍出版社 2010 年版，第 2111 页。

化。北宋人秦观说，"天下之田称沃衍者为吴越、闽、蜀"，而其中一个重要原因是"培粪灌溉之功也"。南宋学者陈傅良也说："闽、浙之土，最是瘠薄，必有锄耙数番，加以粪溉，方为良田。"①耘田是为了除去杂草，以利于禾苗生长。南宋学者黄震说，两浙各地农民勤于田间管理，往往多次耘田，"浙间三遍耘田，次第转折，不曾停歇"②。在此基础上，精耕细作的生产方式趋于成熟。南宋初绍兴年间，鄞县人楼璹通过对今宁绍和杭州等地农耕生产的实地调查，撰成《耕织图》，"事之图，系以五言诗一章，章八句，农桑之务，曲尽情状"。其中，有关耕作过程的有 21 图，分别反映从浸种至入仓依次进行的各个环节，图中还反映了当时使用的农具约 30 种，包括筥篮、耒耜、犁、蓑、笠、耖、碌碡、秧马等。③所有这些都表明，当时的农耕技术已相当系统和完整，达到了很高的水平。

水稻一直是浙东地区粮食生产的主体。进入宋代，通过引进、改良和培育，水稻品种大幅度增加。北宋真宗大中祥符四年（1011），朝廷派人从福建取占城稻三万斛分给江、淮、两浙三路，并将占城稻的种法交付给三路的转运使张榜公布，指导各路的农民种在高处的田亩中。占城稻特别耐旱，生长期较短，两浙、福建、江西等路都有称为"百日黄"的占城稻品种，表明它的生长期为 100 天左右，比传统的粳稻成熟快，并且"不择地而生"，适合于普遍种植。占城稻在长期的种植中又得到不断的改良和更新，到南宋时种植更为普遍，成为早籼稻的主要品种。宋代从东南亚传入浙江的水稻品种还有金钗糯稻，因其自海外而来，被称为"海漂来糯"④。两宋时期，浙东地区精心改良、培育出许多新的水稻品种，从保存

① （宋）陈傅良著，周梦江点校：《陈傅良集》卷四十四《桂阳军劝农文》，浙江古籍出版社 2022 年版，第 588 页。
② （宋）黄震撰：《咸淳八年春劝农文》，曾枣庄、刘琳主编《全宋文》卷八〇八〇，上海辞书出版社、安徽教育出版社 2006 年版，第 75 页。
③ 丁晓蕾、王思明、庄桂平：《江南地区稻作农业工具文化遗产的类型、价值及其保护利用——兼述南宋楼璹〈耕织图〉摹本中的稻作农具》，《中国农史》2015 年第 3 期。
④ 曾雄生：《历史上中国和东南亚稻作文化的交流》，《古今农业》2016 年第 4 期。

至今的方志中可知，越州共有 56 个水稻品种，明州 25 个水稻品种，其中有不少是优良品种。

麦类作物是北方旱作农业的主要粮食品种，浙东地区麦的大面积播种始于南宋初。两宋之际，北方大乱，引发空前规模的北人南迁浪潮。随着大批北方移民蜂拥南下，对麦类粮食的需求大幅度增加，价格上扬，种植收益远高于种稻。南方各地农民受此利益驱动，开始大面积种麦。"建炎之后，江、浙、湖、湘、闽、广，西北流寓之人遍满。绍兴初，麦一斛至万二千钱，农获其利，倍于种稻。而佃户输租，只有秋课，而种麦之利独归客户。于是竞种春稼，极目不减淮北。"[①] 同时，由于麦的种植有助于解决每年青黄不接之时下层百姓的缺粮问题，避免饥荒的发生，故南宋朝廷也采取积极鼓励的态度，多次下诏要求有关部门和各地官府劝民种麦。如乾道七年（1171）十月，诏东南诸路"劝民种麦，为来春之计"[②]，官为借种，及谕大姓假贷农民广种，依赈济格推赏；淳熙七年（1180）七月，"复诏两浙、江、淮、湖南、京西路帅漕臣督守令劝民种麦，务要增广"[③]，此后，"每岁如之"；嘉定八年（1215），诏两浙等地"凡有耕种失时者，并令杂种，主毋分其地利，官毋取其秋苗，庶几农民得以续食，官免赈救之费"[④]。正是在上述环境下，宁绍各地麦的种植日趋广泛和普遍。据《嘉泰会稽志》卷一七载，当时绍兴府所种的麦类作物已有大麦、小麦、荞麦三类。大麦一般在立夏前成熟，"新谷未登，民屑麦作饭，赖以济饥"。但也有一种与小麦齐熟的品种，称晚大麦，"种长而子多"。此外，还有六陵麦、中早麦和"堪作酒"的红黏糯麦等。小麦在小满前成熟，主要有早白

---

① （宋）庄绰撰，夏广兴整理：《鸡肋编》卷上，大象出版社 2019 年版，第 77 页。

② （元）脱脱等撰，中华书局编辑部点校：《宋史》卷一七三，中华书局 1977 年版，第 4175 页。

③ （元）脱脱等撰，中华书局编辑部点校：《宋史》卷一七三，中华书局 1977 年版，第 4176 页。

④ （元）脱脱等撰，中华书局编辑部点校：《宋史》卷一七三，中华书局 1977 年版，第 4179 页。

麦、松蒲麦、娜麦三种，其中娜麦"穗如大麦，而米则小麦"。荞麦生长期短，一般七月下种，九月即可收获，故时人往往视之为救荒作物，"凶年民饥，有教以寄种荞者，于麦垄间杂下荞子，麦苗未长而荞已刈"。荞麦大多畏霜冻，"得霜辄枯"，但也有一种荞麦到九月时才种植，"故土人亦或刈荞而种麦"。

随着粮食种类和品种的增加，以及生产技术的进步，粮食复种指数不断提高。尤其是到南宋时期，基于稻麦轮作的一年两熟制已十分普遍，其中又有两种具体形式：一种是大麦或早小麦同早稻连种。宁绍地处江南水乡，气候相对暖和，水稻的种植时间相对较早。一般说来，早稻在二月初开始育种，四月就可以插秧种植。这方面，陆游诗中有明确的描述。如《记悔》云："我悔不学农，力耕泥水中。二月始稼事，十月毕农功。"[1]《夏四月渴雨恐害布种，代乡邻作插秧歌》云："浸种二月初，插秧四月中。小舟载秧把，往来疾于鸿。"[2]这里所说的四月插秧，应当是指种植早稻。另据《嘉泰会稽志》中说，大麦多于"立夏前熟"，属于小麦的早白麦于"小满前熟"。立夏、小满均在四月，则大麦、早白麦收获后，正可续种早稻。陆游《四月一日作》云："压车麦穗黄云重，食叶蚕声白雨来。"[3]《村居初夏》云："压车麦穗黄云卷"，"雨余闲看稻移秧"。[4]《五月一日作》云："处处稻分秧，家家麦上场。"[5]这些诗句正反映了大麦和早小麦与早稻连作的情况。

---

① （宋）陆游著，钱仲联、马亚中主编：《陆游全集校注》卷七十一《记悔》，浙江古籍出版社 2015 年版，第 402 页。

② （宋）陆游著，钱仲联、马亚中主编：《陆游全集校注》卷二十九《夏四月渴雨恐害布种，代乡邻作插秧歌》，浙江古籍出版社 2015 年版，第 40 页。

③ （宋）陆游著，钱仲联、马亚中主编：《陆游全集校注》卷二十九《四月一日作》，浙江古籍出版社 2015 年版，第 36 页。

④ （宋）陆游著，钱仲联、马亚中主编：《陆游全集校注》卷二十二《村居初夏》，浙江古籍出版社 2015 年版，第 81 页。

⑤ （宋）陆游著，钱仲联、马亚中主编：《陆游全集校注》卷二十七《五月一日作》，浙江古籍出版社 2015 年版，第 297 页。

另一种是晚小麦同晚稻连种。晚小麦的成熟较大麦要迟一些，一般在五月份。此时已过早稻种植期，所种的主要是中晚稻。如陆游《时雨》云："时雨及芒种，四野皆插秧。家家麦饭美，处处菱歌长。"[1]《尝食饮》云："八月黍可炊，五月麦可磨。"[2]所反映的正是晚小麦和晚稻连作的情况。及至九月和十月水稻收割后，又开始下一轮麦的播种，陆游《初冬》中的"锄犁满野及冬耕，时听儿童叱犊声"[3]；《书事寄良长老》中的"山色苍寒十月初，雨足四郊耕欲遍"[4]等诗句，都是对秋冬之际农户种麦景象的描述。

　　上述两种稻麦轮作形式在浙东各地是同时存在的，至于采用何种形式则是农户根据具体情况决定的。陆游《望霁》云："今年雨旸俱及时，麦已入仓云四垂。雨来不驶亦不迟，大点如菽细如丝。徐徐云开见杲日，晚禾吹花早禾实。"[5]这里提到，即便在同一地区也有采用不同轮作形式的情况。进一步来看，如果考虑到当时浙东地区种植的部分稻麦品种生长期较短的情况，则在稻麦轮作的基础上进而出现一年三熟的情况也是可能的。如早占城自插秧至成熟只需两个月，故又称"六十日"；荞麦从七月下种至九月收获，亦只有两个月。也就是说，如果条件适合，四月收获大麦和早小麦，种植早占城等早稻，形成麦稻连作；六月下旬至七月初收获早稻和种荞麦，到九月时收荞麦之类，再形成稻麦连作。前后结合，实现一年三熟。朱长文《吴郡图经续记》中说："吴中地沃而物夥，稼则刈麦种禾，

① （宋）陆游著，钱仲联、马亚中主编：《陆游全集校注》卷三十《时雨》，浙江古籍出版社 2015 年版，第 51 页。

② （宋）陆游著，钱仲联、马亚中主编：《陆游全集校注》卷二十三《尝食饮》，浙江古籍出版社 2015 年版，第 129 页。

③ （宋）陆游著，钱仲联、马亚中主编：《陆游全集校注》卷十三《初冬》，浙江古籍出版社 2015 年版，第 277 页。

④ （宋）陆游著，钱仲联、马亚中主编：《陆游全集校注》卷十三《书事寄良长老》，浙江古籍出版社 2015 年版，第 280 页。

⑤ （宋）陆游著，钱仲联、马亚中主编：《陆游全集校注》卷三十九《望霁》，浙江古籍出版社 2015 年版，第 135 页。

一岁再熟，稻有早、晚。"①所述虽是当时苏州地区的情况，从中亦可想见同为江南水乡的浙东地区应有类似现象。

复种指数的提高，意味着单位面积粮食产出的大幅度增加，在可开垦田地资源有限的情况下，显然有助于缓解日益突出的人多地少的矛盾。宋时浙东人口稠密，正是当地推广复种制的重要前提条件，而复种制的推广，反过来对解决因地狭人稠造成的吃饭问题，起着重大的作用。②

四、元代农业的缓慢发展

至元十三年（1276）正月，元朝三路征宋大军会师于临安北郊，南宋投降，"诏书到日，其各归附，庶几生民免遭荼毒"③。元朝设江浙行省管理浙江全境，浙东运河沿线为绍兴路，下辖余姚州、诸暨州2州，山阴、会稽、上虞、萧山、嵊县6县，录事司1司。庆元路，下辖奉化州、昌国州2州，鄞县、象山、慈溪、定海4县，录事司1司。

元朝是由逐水草而居的游牧民族建立的政权，对农业经济比较生疏，但随着对汉文化的了解和认识的不断深入，元朝统治者逐渐改变原有的轻农观念，接受了中原文明的农本思想。尤其是元世祖忽必烈即位后，从"国以民为本，民以衣食为本，衣食以农桑为本"的观念出发，采取了一系列发展农业的政策和措施。如设立劝农机构，加强对农业生产的管理。灭宋后，又将劝农机构推行到东南地区，由此形成了"天下守令皆以农事

---

① （宋）孟元老撰，伊永文笺注：《东京梦华录笺注》卷一《河道》，中华书局2007年版，第27页。

② 李根蟠：《长江下游稻麦复种制的形成和发展——以唐宋时代为中心的讨论》，《历史研究》2002年第5期。

③ （元）佚名撰，王瑞来笺证：《宋季三朝政要笺证》卷五《少弟丙子》，中华书局2010年版，第432页。

系衔"的独特制度。[1]史载："世祖始立各道劝农使，又用五事课守令，以劝农系其衔。"[2]中统二年（1261），元世祖诏令各地，"凡有开荒作熟地土，限五年验地科差"。至元二十五年（1288），再次下诏督促江南各路拓垦田地，宣布："募民能耕江南旷土及公田者，免其差役三年，其输租免三分之一。"[3]这些政策和措施，对于推动各地农业生产的发展起了积极的作用，也使浙东地区避免了元朝控制中原时所出现的毁农现象，延续了唐宋以来农业生产的发展势头。

唐宋以来，浙江境内人口密布，而田地却不多，且浙江的粮食作物又以水稻种植为主，在此背景下，加强农田水利建设和土地开发、利用，对于维持地方农业的持续发展、确立该地区在全国经济中的主导地位具有重要的意义。至元二十八年（1291），元朝政府设立都水监和河渠司，"以兴举水利、修理河堤为务"。绍兴路余姚州在北宋庆历年间（1041—1048）曾修海堤28千米，南宋庆元年间（1195—1200）又增筑42千米，但其中只有5.7千米为石堤，大多数的土堤因为不堪海潮冲蚀，常常崩坏。元代余姚州判叶恒积极筹措，前后筑成石堤2.4千米，从此潮患渐息。[4]叶恒的儿子叶晋后来编辑的《海堤录》，成为浙江最早的一部海塘专志。上虞县与余姚州相邻，成宗大德（1297—1307）以来，每遇潮水暴溢，辄冲溃原筑土堤，损坏堤内农田，地方政府采取和余姚州相似的办法，"以石易土"，修旧增新，保护了当地的农业生产。鄞县地区因东钱湖茭荇漫长，水势缓狭，沿江一带尤其是西面的农田灌溉，只能仰赖它山堰一水之源。为充分利用这有限的水资源，遂将河流引入城内，"潴蓄于日、月二

---

① 苏力：《劝农系衔——元代重农政策的制度体现》，《古代文明》2022年第3期。

② （明）宋濂等撰，中华书局编辑部点校：《元史》卷一九一，中华书局1976年版，第4355页。

③ （明）宋濂等撰，中华书局编辑部点校：《元史》卷十五，中华书局1976年版，第308页。

④ （元）黄溍著，王廷珍点校：《黄溍集》卷一〇《跋余姚海堤记》，浙江古籍出版社2013年版，第347页。

湖及蜃池、清澜池，防旱泻涝"，"内有气喉、食喉、水喉三闸，外有诸乡堰、硙、沿江堤岸为之防决"。仁宗延祐七年（1320），奉化州开浚新河，绵延六十余里，置立埭堰三处，潴水灌溉农田数十万亩，且可通舟楫以便利往来商贾。无论是组织兴筑海塘护田工程，还是开浚河湖、修闸置堰，都是指元代官方组织的规模较大的水利事业。至于民间自发修治的陂塘、沟洫、溪堑、水荡等更是难以计数，灌溉的田地从数十亩到数百顷不等。总体而言，因为江南农业经济在唐宋时已相当发达，农田水利建设也较为完善，所以元代的水利工程以修复已有设施为主。王祯曾经指出："天下农田灌溉之利，大抵多古人遗迹……但能修复故迹，足为兴利。"①

就浙东地区而言，农田水利建设还与当地的土地开发、利用过程紧密联系在一起。唐宋以后，在江南人口密集的重压之下，浙江境内的广大农民尽可能地开发地力，扩大土地利用范围，于是出现了"与水争田""辟山为地"的局面，通过长期不断的改造、改良工作，将江海湖泊、山林陡坡造化为万顷粮田。根据王祯的《农书》记载，江南各地的垦田按照开发方式的不同，可分为围田、架田、涂田、梯田、沙田等几类。其中，围田又称圩田，主要分布于地处低洼的水乡泽地，具体又有三种形式：一种是"筑土作堤，环而不断，内地率有千顷，旱则通水，涝则泄去，故名曰围田"；一种是"据水筑为堤岸，复叠外护，或高至数丈，或曲直不等，长至弥望。每遇霖潦，以捍水势，故名曰圩田"；一种是"筑土护田，似围而小，四面具置婆穴，如柜形制"，故称柜田，实际上是小型的围田。大规模的围田在浙西太湖流域较为常见，浙东地区更多的是圩田和柜田。这类垦田的突出特点是，抵御水旱灾害的能力强，产量较高，且相对稳定，往

---

① （明）徐光启撰，石声汉校注，石定枎订补：《农政全书校注》卷七《农事》，中华书局2020年版，第191页。

往"一熟之田，不唯本境足食，又可赡及邻郡"①。

架田又称葑田，是利用河湖水面人工架设的浮田，"以木缚为田丘，浮系水面，以葑泥附木架上而种艺之。其木架田丘，随水高下浮泛，自不淹没"。架田既无水旱之忧，又增加了耕种面积，可以说是水乡农民垦田方式的一个创举。王祯有诗赞云："只知地尽更无禾，不料葑田还可架。从人牵引或去留，任水深浅随上下……古今谁识有活田，浮种浮耘成此稼。"②

涂田是沿海地区的农民利用海滩涂地开垦的田地，其开垦过程分为两个环节：先是淡化，"初种水稗，斥卤既尽，可为稼田"；继而进行改良，"盈边海岸筑壁，或树立桩橛，以抵潮汛。田边开沟，以注雨潦，旱则灌溉，谓之甜水沟"。与一般田地相比，涂田的收益要高得多，"其稼收比常田利可十倍"③。孙元蒙的《余姚儒学核田记》说，当时该州西北的开元、孝义两乡，"有海涨涂田二百四十余亩"，主要用来种植菽、麦、瓜、蔬等作物。

梯田是开垦山地的一种形式。"山多地少之处，除磊石及峭壁，例同不毛，其余所在土山，下自横麓，上至危巅，一体之间，裁作重磴，即可种艺。如土石相半，则必叠石相次，包土成田。又有山势峻极，不可展足，播殖之际，人则佝偻蚁沿而上，耨土而种，蹑坎而耘。此山田不等，自下登陟，俱若梯磴，故总曰梯田。"④绍兴新昌、嵊县等，多山地丘陵，人多地少的现象尤为突出，开辟梯田也成为当地拓垦土地的一条重要途径。

---

① （明）徐光启撰，石声汉校注，石定枎订补：《农政全书校注》卷五《田制》，中华书局2020年版，第136页。

② 杨镰主编：《全元诗》第十八册《架田》，中华书局2013年版，第96页。

③ （明）徐光启撰，石声汉校注，石定枎订补：《农政全书校注》卷五《田制》，中华书局2020年版，第143页。

④ （明）徐光启撰，石声汉校注，石定枎订补：《农政全书校注》卷五《田制》，中华书局2020年版，第142页。

耕作工具是反映中国古代农业生产发展水平的一个重要标志。两宋以降，随着江南各地精耕细作生产方式日趋成熟，农耕工具也有很大改进。进入元代，这种趋势仍在延续。王祯的《农书》详细载录了当时全国各地的农器情况，共有20大类260余种，其中相当部分是江南地区广泛使用的。数量众多、分工精细的农耕工具，虽然大多是前代流传下来的，但经过广大农民在实践过程中不断地改进，逐渐趋于优化和定型。如，铁塔（又称铁搭）是一种人力型多用途的备耕工具，兼有耙与大锄的功用，可以用来翻土、碎土、平田，不仅很好地适应了精耕细作的要求，有利于深耕和熟土，而且大大提高了劳动效率。王祯在《农书》中说，铁塔"始见于江浙"；又说："尝见数家为朋，工力相助，日可斫地数亩。江南地少土润，多有此等人力，犹北方山田钁户也。"①耘荡是用以除草肥田的中耕工具，出现于南宋后期，元时又有新的改进，并为后代所沿用。王祯接着介绍说："耘荡，江浙之间新制之。形如木屐而实。长尺余，阔约三寸，底列短钉二十余枚。篾其上，以贯竹柄，柄长五尺余。"使用耘荡耘田，既可除草熟田，一举数得，又能省事省力，事半功倍。"耘田之际，农人执之，推荡禾垅间草泥，使之溷溺，则田可精熟。既胜耙锄，又代手足，况所耘田数，日复兼倍。"②长期以来，江南地区就非常重视水利灌溉工具的开发利用。到元朝时期，据文献所载，仅各种水车之制，就要比唐宋时期更加繁杂多样。王祯《农书·农器图谱》"灌溉门"一节，多方收摘，述旧增新，列举了翻车、筒车、水转翻车、牛转翻车、驴转筒车、高转筒车、水转高车、刮车等多种水车形制，或畜曳，或人踏，或凭借水力，"人无灌溉之劳，田有常熟之利"③。尽管王祯在介绍有关农具时，大多是基于整

① （明）徐光启撰，石声汉校注，石定枎订补：《农政全书校注》卷二十一《农器》，中华书局2020年版，第661—662页。

② （明）徐光启撰，石声汉校注，石定枎订补：《农政全书校注》卷二十二《农器》，中华书局2020年版，第680页。

③ （明）徐光启撰，石声汉校注，石定枎订补：《农政全书校注》卷十七《水利》，中华书局2020年版，第498页。

个江南的角度，但浙东作为当时江南农业生产的发达区域，在改进农耕工具方面显然也走在前列。

元代的浙江农民，从农时的把握到地利的识别，从选种、催芽、施肥、灌溉、耕耘，一直到收获、贮藏等各个环节都有一套完善而精细的操作流程。王祯《农书·农桑通诀》专门撰写了"授时""地利"两篇，其中说道："四时各有其务，十二月各有其宜。先时而种，则失之太早而不生；后时而艺，则失之太晚而不成。"又谓："九州之内，田各有等，土各有差。山川阻隔，风气不同。凡物之种，各有所宜。"①简单扼要地阐述了天时、地利与农业生产之间密不可分的关系。王祯还精心绘制了一幅"授时指掌活法之图"，根据时令之推移、节气之变迁，标出一年中的主要农事，以与授时日历彼此参照、相辅相成。

育种催芽技术方面，元人在总结前代经验的基础上也有新的认识。首先是要选择良种，王祯《农书》中说道："每岁收种，取其熟好坚栗，无秕不杂谷子，晒干蒢藏，置高爽处。"接着是浸种，待到清明时节将贮藏的良种取出，"以盆盎别贮，浸之三日，漉出纳草篅中。晴则暴暖，浥以水，日三数。遇阴寒，则浥以温汤，候芽白齐透，然后下种"②。通过人为努力，用浇灌凉水或者温汤的办法自觉调节不同气候条件下种子的温度。仁宗延祐初年，鲁明善通过所撰《农桑衣食撮要》一书指出，应该提前对秧田进行整治以培养土地的肥力。值得注意的是，正是通过这部月令体例的小书，元人在中国农学史上第一次对早稻与晚稻、粳籼稻与糯稻等浸种催芽的不同要求作出了区别。关于"浸稻种"载曰："浸稻，宜清明前，及是月上旬。用箩盛浸于塘内，不用长流水者，以其难芽也。凡浸三四日，待透白芽针尖大，然后取归家。开草包摊阴处荫干，密撒田内，

① （明）徐光启撰，石声汉校注，石定枎订补：《农政全书校注》卷二《农本》，中华书局2020年版，第50页。

② （明）徐光启撰，石声汉校注，石定枎订补：《农政全书校注》卷六《农事》，中华书局2020年版，第170页。

候八九日秧青，放水浸之。糯谷出芽迟，可浸八九日，方见白芽，如法撒之。或离水远，浸种不便，只浸于缸中，捞起，以草掩生芽，亦可。但下秧，宜谷雨前后，亦相天时冷暖，及节候迟早。"①这些内容未见于以前的任何一部农书，反映出元代稻作农业的发展及其农业技术的进步。

早在南宋时期，农学家陈旉在其所著的《农书》中就提出了"地力常新壮"的理论，认为过于肥沃的田地应添加自然土壤，贫瘠的田地应施肥滋养，耕种多年的田地要掺用客土，如此才能使地力常新。王祯的《农书》进一步发展了该理论，指出："田有良薄，土有肥硗，耕农之事，粪壤为急。粪壤者，所以变薄田为良田，化硗土为肥土也……为农者必储粪朽以粪之，则地力常新壮而收成不减。"②他认为，施肥不仅可以增加农作物所需的养分，也可以改良土壤，保持地力。要因地制宜，根据不同的土壤状况和农作物特点，有针对性地施肥，就像给人看病一样，因人因病而异，对症下药。如秧田施肥，"唯火粪与得猪毛及窖烂粗谷壳最佳"。火粪适合江南水田，因为"江南水多地冷，故用火粪，种麦种蔬尤佳"；下田水冷，"亦用石灰为粪，则土暖而苗易发"。积肥的方法很多，有踏粪、积粪、苗粪、草粪、火粪、泥粪、石灰及生活垃圾等。踏粪即厩肥；积粪是用稻谷皮屑堆积而成；苗粪即种植绿豆、小豆、胡麻，并耕翻压青；草粪是埋青草于禾苗根下使其腐烂而使土地肥美。

就农作物来说，元代浙江的水稻种类，若以品质分，主要有粳稻、籼稻和糯稻，"早熟而紧细者曰籼，晚熟而香润者曰粳，早晚适中、米白而黏者曰糯"；若以种获早晚区别，则又可以分为早稻、中稻和晚稻。除水稻外，麦属种类的推广也是宋元时期农业发展的一个重要特征。麦有大麦、小麦，以小麦为主。入元以后，浙东地区种麦依然较为普遍。如庆元路的

---

① （明）戴羲辑：《养余月令》卷五《春三月上》，农业出版社 1956 年版，第 50 页。
② （明）徐光启撰，石声汉校注，石定枎订补：《农政全书校注》卷七《农事》，中华书局 2020 年版，第 188 页。

四明山上就种有大小麦，"君不见四明山下寒无粮，九月种麦五月尝"①。在许多高田地带，甚至是一些低田里，都较多地实行了稻麦复种轮作的种植制度。稻麦复种，轮作换茬，合理而有效地利用了土地资源，并充分将用地与养地相结合，增加了农业生产产量，为明清时期浙东农业的持续发展奠定了有力的基础。

元代浙东地区已经较多地种植棉花。至元二十六年（1289）四月，浙东木棉提举司就设在绍兴路余姚（今属浙江宁波）。余姚的棉花栽培取得了相当的成果，为后来浙江的棉花生产提供了有利借鉴。明代全国形成"浙花""江花""北花"三大棉区，浙江沿海与长江下游一带为"浙花"产区，其中尤以余姚所出的"浙花"产量最高且最宜纺织。随着棉种的传入，"诸种艺、制作之法骎骎北来，江、淮、川、蜀既获其利，至南北混一之后，商贩于北，服被渐广"②，"从此木绵成利窟，主家儿婿定缠头"③。植棉业的推广普及，最终改变了广大人民的穿着习惯，丰富了我国耕织结合的农业家庭生产模式，使得棉纺织业与丝织业并列成为重要的家庭副业，促进了手工业和商业的发展。

第四节　明清时期的农业稳定

中国封建社会的晚期，浙江的政治地位因远离京都而一落千丈，浙东地区农业经济的发展水平在特定时段出现停滞乃至后退。但由于人口增长

---

① （元）戴表元著，陆晓东、黄天美点校：《剡源集》卷二八《采藤行》，浙江古籍出版社2014年版，第560页。

② （明）徐光启撰，石声汉校注，石定枎订补：《农政全书校注》卷三十五《蚕桑广类》，中华书局2020年版，第1245页。

③ 杨镰主编：《全元诗》第三十四册《峡江》，中华书局2013年版，第96页。

对粮食生产的需求加大，引起粮食作物排挤其他经济作物而畸形发展，浙东农业形成了以粮食生产（稻作生产）为中心，以畜牧业、农副产品加工业为辅助的生产结构。绍兴的淡水鱼外荡养殖开全国风气之先，达到了最高的技术水平；农副产品加工业则产生了众多的名特优产品。总体而言，浙东农业仍在缓步发展，并在清代达到顶峰。

一、明代农业种植的恢复与发展

元朝末年，政治腐败，民不聊生，民族矛盾空前激化，农民起义风起云涌，浙东地区原为军阀张士诚、方国珍所据。朱元璋以应天府（今南京）为基地，不断向东扩张，逐渐控制浙江全境。此后，朱元璋一面打击地方豪强富户，一面积极兴修水利，修筑海塘、湖堤、江堰，与民休养生息，恢复小农经济，使浙东迅速摆脱了元末的萧条气象。

明代浙东地区人口快速增长，据洪武二十四年（1391）统计，山阴县户53946，口204530；会稽县户39879，口59439，山阴、会稽两县合计口263969。到了明中后期，据嘉靖十年（1531）、隆庆二年（1568）、万历年间（1573—1620）的材料看，山阴、会稽两县的人口各在17万至18万。徐渭在《人口论》中却认为，会稽县的人口"按于籍口六万二千有奇"，且"不丁不籍者奚啻三倍之"。按照他的计算，会稽县的人口在20万左右，山阴县若以倍计之，则两县人口达60万之巨。而绍兴的耕地数量，若参照隆庆年间（1567—1572），会稽县有田437733亩、地35221亩，万历年间，山阴县有田621747亩、地52757亩，两县合计田地1147458亩。若设此时亩产平均420斤，人均占粮只有800斤左右。自南宋以后，绍兴酿酒业十分发达，酿酒用糯米量大增，价格上涨，酿酒用粮达人均占粮的40%，徐渭估计，会稽县出产的粮食仅能供一半人口食用。祁彪佳在《救荒杂议》中也说，绍兴"虽甚丰登，亦止供半年之食。是以每籍外贩，方可卒岁"①。

因此，宁绍地区粮食作物面积迅速扩大，逐渐排挤了蚕桑种植，平原桑地纷纷毁弃，移向南部山区，改成水田，失去了昔日"千里桑麻无旷土"的景象。到万历年间（1573—1620），浙东地区已"罗、绫、绉、缎，越中绝无，唯绢纱稍有焉"。除水稻以外，主要的作物还有麦、豆、玉米、番薯和油菜等。水稻分早、晚两季，以晚稻为主。弘治《会稽志》载，水稻品种共有19个，嘉靖《定海县志》卷八《物产》记载各类水稻品种有46个，嘉靖《象山县志》卷四《物产》中也录有"稻之属"31个。已形成了一整套栽培技术，主要有育秧和耘田，故有"秧好一半稻""一补浮株二拔稗，三次耘田只要爬"的农谚。农具亦有所改进提高。翻耕工具有犁、耙、耖、锄头；种耕工具有锄、麦锨；收割工具有镰、打稻桶、风箱、稻叉、充杠等；灌溉工具有水车（分牛力和人力两种）。人力"每日三人之力可灌田十五亩"，牛车"日可灌田二十五亩"。另外还有耘田工具"苗骑"。《越谚》注云："耘具，草为之，以御苗叶。"

二、清前期外来作物的传入与农业种植生产

明崇祯十七年（1644），也就是清顺治元年，腐朽的明朝统治被李自成率领的农民起义军推翻。一直在中国东北地区扩张的满族地方武装势力趁机进入山海关，攻占北京。由于南明政权在江南地区的负隅抵抗，清朝对包括浙东在内的江南地区的征服难度比其他一些地区更为困难，遭到的反抗也最为激烈。因此清朝统治者在浙东除加强军事镇压外，还实施了强制剃发易服、迁界禁海等惨绝人寰的强硬手段。清代在浙江设浙江巡抚管辖，浙东地区属宁绍台道，分为绍兴府、宁波府和定海直隶厅。

---

① （明）祁彪佳撰：《祁彪佳集》卷六《救荒杂议》，中华书局上海编辑所1960年版，第116页。

明清之际的战乱以及清初统治者的迁界禁海等政策，曾经严重影响浙江社会经济的发展。在全国局面基本控制之后，清统治者着力采取了一些有利社会经济恢复发展的措施，如停止圈地、鼓励垦荒、兴修水利、进行赋税政策的改革等等。战乱后的社会经济，经过广大劳动人民的辛勤努力，终于逐渐得到了恢复发展，并在康熙中期以后趋向繁荣，出现了所谓的"康乾盛世"。

首先，是农业生产得到了恢复发展，一个最显著的标志，就是耕地面积不断在扩大。顺治八年（1651），政府掌握的全国土地只有 290 万顷；到康熙二十四年（1685）激增至 607 万余顷；到乾隆三十一年（1766）增至 740 余万顷；嘉庆十七年（1812）达 791 万顷，还不计官田及地主隐瞒的土地和边疆地区垦辟的土地。据嘉庆《山阴县志》统计，康熙初年，山阴县原有田地 6744 顷余，到嘉庆初年共有田地（不含山、荡）6812 顷；会稽县原有田地 4776 顷，到嘉庆初年共有田地 4885 顷。两县合计，原有田地 11520 顷余，至嘉庆初年增至 11697 顷，净增田地 177 顷。

其次，粮食作物的单位面积产量也有所提高。据洪惠良等所著《绍兴农业发展史略》推算，明朝后期绍兴的耕地亩产约 420 斤，康熙至乾隆年间，由于水利和耕作技术的进步，粮食亩产在 450 斤以上。粮食作物以早稻为主，兼有晚稻。传统的稻麦生产稳步增长的前提下，番薯、玉米等粮食新品种在明代传入的基础上迅速推广，从而使传统粮食结构发生新变化，番薯、玉米成为民间的主食之一。

随着封建社会晚期商品经济的迅速发展，农作物生产的结构发生变化，在明代中后期就已出现了经济作物与传统的粮食作物争地的现象，"秋冬则在稻谷，春夏则在花利，蚕丝为仰事俯畜之籍"。农业生产的重心转移到了桑、棉、茶等经济作物的种植上，而水稻等粮食作物的生产则逐渐退居次要的地位。至清代康、乾以后，这种情况更加突出。明清之际山阴（今绍兴）人祁彪佳在所著《寓山注·幽圃》中，谈到他在家乡的土地，"以五之三种桑，其二种梨、橘、桃、李、杏、栗之属"[1]。又在树下栽种番薯、紫茄、白豆、甘瓜等。由于工商业发展，人民生活程度高，人口稠密，因此宁绍一带在清中期已成为全国最缺粮的地区之一，口粮严重依赖安徽、江西、湖广、四川等地的输入，"浙省民间粮食，虽极丰稔之年，仰借于上游客米不下二三百万石"[2]。

三、殖民主义冲击下的农业种植衰退

自 1840 年鸦片战争失利，清朝被迫签订《南京条约》，宁波被迫成为通商口岸，浙东社会经济的半殖民地化也就开始了。鸦片战争后的最初一段时间里，浙东社会基本上仍循着封建社会发展规律缓慢滑行。中国社会性质的变化、外国资本主义经济势力的侵入，没有立即给旧的阶级结构和阶级关系带来大的冲击，自乾隆时期以来的土地集中趋势还在继续。大部分土地集中在地主手中，自耕农和半自耕农不断沦为佃农或雇农，富者田连阡陌、贫者无立锥之地的状况日益严重。道光年间，诸暨农民对本县地主有如下描述："四象（各占万亩以上）、八头牛（各占 5000 亩以上）、三十六只癞灰狗（各占千亩以上）、七十二只陈阉鸡（各占 500 亩以上）。"[3]太平天国运动席卷浙东多年，带来了户口凋零、土地荒芜和农业衰退的严重后果。[4]同治三年六月二十七日（1864 年 7 月 30 日），左宗棠奏："浙省兵燹以后，人民稀少，田地荒芜。经臣谆饬各属招集流亡，劝谕耕

---

① （明）祁彪佳撰：《祁彪佳集》卷七《寓山注》，中华书局上海编辑所 1960 年版，第165 页。

② 赵靖、易梦虹主编：《中国近代经济思想资料选辑》上册《庚辰杂著》，中华书局 1982 年版，第 10 页。

③ 寿韶夫、秦永泰：《清代至民国时期绍兴农村的封建土地关系》，《浙江学刊》1992 年第1 期。

④ 刘晨：《太平天国辖境苏浙农村社会经济秩序探析》，《历史研究》2022 年第 5 期。

垦，并给发耕牛、籽种、农具，借资补助。"①通过募民开荒、围垦土地，稍稍缓解了农业凋敝的情况。

鸦片战争前，绍兴农业种植作物中经济作物不明显，鸦片战争后，随着农产品出口逐年上升，近代工业和交通运输业的兴起，外国在华的资本经营，直接刺激了绍兴农民种植经济作物，棉花、桑蚕、茶叶、烟草等经济作物产量增大。

（一）棉花生产

晚清时期，绍兴的棉花种植面积增加，品种增多，成为重要的经济作物。海塘外沙地以棉花为主要种植作物。根据《会稽劝业所报告册》记载推算，仅会稽海涂棉田达 11667 亩。棉花四月下旬种，八月成熟，每年采摘 2 到 4 次，丰年亩产百数十斤至 200 斤，歉年三四十斤或十数斤不等。清光绪《诸暨县志》载："邑人所种则草本也，熟则摘其花。"诸暨也广种棉花。

（二）烟叶和罂粟生产

雍正、乾隆年间烟草从福建引入绍兴，晚清时已广为种植。新昌、嵊县等地多属于有机质含量较低，土层不深，表土疏松的朱红沙土、黄沙土和白沙土的山地，适合于烟草的种植。尤其是新昌生产的烟叶"畅销国内外"，甚至远销捷克、斯洛伐克和德国等国，最高年收入约百万银圆，居当地经济作物收入之首。徐树兰所著《种烟叶法》，详细介绍了新昌烟叶种植法：富钾而微含氮磷者为上；富含石灰质者次之；若含盐化物质者断非所宜。土层较薄，沙性重，保肥力差，养分易于流失，有机质含量为1.1% ~ 1.51%，黄泥沙土多是山间小块盆地，土层较厚，肥量流失小，有机质含量均在 2% 以上。种烟宜轮种，若逐年种烟，即黄萎而死，土人呼之曰"瘟"。一般三年始可复种一次。即使气新力厚的黄山，可以夹年轮种，但必须将上年打下烟草纤毫不遗于地，否则必瘟。种烟山地的坡度，

---

① （清）左宗棠著：《左宗棠全集》奏稿一《浙江绍金衢等属水灾分别履勘安抚片》，岳麓书社 2009 年版，第 409 页。

一般在 15° 至 30°。

从第一次鸦片战争到第二次鸦片战争，鸦片的输入从公开化发展到合法化。为了抵制洋烟，清政府不得已允许民间栽种土烟，企图通过"内地之种日多"，使"夷人之利日减"，"迫至无利可牟，外洋之来者自不禁而绝"。然而，此禁一开，农户为追逐丰厚利润，纷纷弃谷改种罂粟，致使各处膏腴皆种烟叶。绍兴府一些山区，也多有种植罂粟的。

（三）竹木生产

晚清时期，稽北丘陵已无森林可言，砍伐殆尽。即使会稽东南山区也少有林木，部分依赖外贩。宣统三年《会稽县劝业所报告册》报告，会稽县贩入松杉杂木达 16 万银圆。只有毛竹一项，蓄养成林，间年掘笋，间年截竹，补助生计。会稽县产竹笋 169.20 万斤，并产笋干 2.43 万斤，为当地重要蔬菜，并销往外地。

为了子孙后代生计，晚清时期绍兴人对植树造林颇为重视。如 1871 年诸暨人从安徽太平县引入漆树种苗。1885 年，新昌大明市黄家山村民采取地埋法贮藏檫木种子，进行育苗。

（四）果蔬生产

晚清时期，绍兴普遍种植的水果是柿、梨、桃和李，产量排名前四位。宣统三年（1911）《会稽劝业所报告册》统计会稽县产柿 70800 斤、桃 44000 斤、李 40500 斤、梨 58000 斤。上虞二都所产水晶杨梅（又名白沙杨梅）和深红种杨梅（又名玫瑰种）享有盛名，被《上虞县志校续》称为"越中果品第一"。诸暨、上虞所产蟠桃也是味胜他桃。鉴湖一带桃、梅和杏都很不错。晚清绍兴水果不敷自给，输入果品种类多、数量巨。以会稽为例，宣统三年从外地运入的水果就有枇杷 8750 篮、桃子 2750 件、杨梅 1450 箩、樟梨 1250 件、衢橘 2750 箩、柿 2500 件、天津梨 500 件、苹果 350 件、福橘 350 桶、广橘 100 桶、香蕉 2000 斤。

晚清时期绍兴的蔬菜生产规模相当可观。据宣统三年《会稽县劝业所报告册》统计，仅会稽县生产的白菜、萝卜、韭菜、南瓜、紫茄、蒲、芥菜、菠菜、油菜 9 种蔬菜的年生产量就达 6154.06 万斤，其中，年产量超过1000万斤的蔬菜有白菜（3300万斤）、萝卜（1595万斤）、芥菜（1000万斤）。晚清绍兴蔬菜品种略有增加。清光绪《上虞县志》记载的蔬菜就增加了椿芽、马兰、蕈、冬瓜、黄芽韭、丝瓜等种类。蔬菜种植呈现区域化生产，形成了曹娥黄瓜、叶家埭黄芽菜、皂湖菱藕、小越茭白、丁宅茅荠、南湖小白菜、孔家泊莼菜、下管毛笋等产业区。

小 结

　　梳理浙东运河流域——宁绍地区农业发展的历史，可以发现以下特点：一是发展时间早，发展周期长。浙东运河流域的农业起源最早可以追溯到距今约一万年前后的旧石器时代晚期和新石器时代早期，与汹涌海侵对抗的先民在丘陵、台地间收集、驯化野生种子，从而开始了农业的发展史。以河姆渡遗址为代表的稻作文明，证明了宁绍地区是中国乃至世界农业起源地之一。自此之后浙东运河流域的农业发展步入了循序渐进、绵延不绝的发展历程，直至今日浙东运河沿线依然是不折不扣的农业发达地区。2022年绍兴市完成粮食生产功能区"非粮化"整治28.68万亩，新建高标准农田6.8万亩。2022年宁波市农业种植面积达172.5万亩，产量达14.3亿斤，均实现"七连增"，宁海成为全省唯一的国家级制种大县。二是政府民间同向发力，政策经验双向赋能。浙东运河沿线的农业开发始终离不开政府的大力投入，从修筑山阴水道到富中大塘，从镜湖到它山堰，各级政府组织下修建完善的农业水利设施保证了高产值农田的开垦。同时，浙东地区百姓认真总结农事经验，不断向海、向山要田要粮，体现了敢为天下先、战天斗地的精神力量。三是创新性足，思辨性强。传统社会的农业发展本质上具有看天吃饭的脆弱性。浙东运河流域不断吸收先进的农业生产经验，促进了生产工具、良种、生产方式的创新，并注意总结农业与政治经济社会的关联，早早意识到粮食安全的重要意义。浙东运河流域的农业是浙江乃至全国传统农业发展的一个缩影，具有极强的借鉴和启发价值。

第二章
制茶业

中国是世界茶叶的原产地，浙江又是中国茶叶的主要产地之一。而浙东运河流域，以其优越的自然条件和悠久的历史开发，在浙江乃至中国茶叶史上具有举足轻重的地位。[①]这里既是中国茶的起源地之一，并且在中华历代制茶史上一直扮演着重要角色。早在史前时期，当地先民就饮食原始茶叶。两汉至六朝，人工茶在这一地区逐渐种植，饮茶开始普及。到了唐代，浙东运河流域的产茶、制茶及烧造的茶具享誉海内。宋元时期，宁绍地区又不断革新制茶技术，奠定了后世民众的饮茶习惯。晚清民国时期，平水珠茶远销海外，驰名世界。作为交通要道的浙东运河，在当地制茶业的兴起、发展和繁盛过程中起到了重要作用。

首先，浙东运河及其纵横交错的支流水系，为当地茶叶的生长提供了重要的水源。从史前考古发现来看，余姚河姆渡新石器时代遗址中就发现了原始野生山茶科山茶属植物。这一遗址就位于余姚江畔，属于后来的浙东运河附近。到了两汉六朝时，随着这一地区山地丘陵的大面积开发，茶叶的种植范围更为广泛，特别是唐宋以降，茶叶的栽培、生产得到了空前发展，丘陵低山、湖畔平地，均能见到茶树的广泛栽种。浙东运河各水系对茶叶栽培的重要性愈加显著。一般而言，茶叶对水的需求量远不如粮食作物，浙东运河水源对茶叶生长的作用并不是直接体现在灌溉上，而是水源与周边山地形成了小气候，有助于增加空气的湿度，从而促进茶叶品质

---

① 《浙江通志》编纂委员会编：《浙江通志·茶叶专志》，浙江人民出版社 2020 年版，第19 页。

的提升。当然，如遇到旱灾之年，浙东运河水系在灌溉上也对缓解茶叶的旱情发挥了重要作用。

其实，相对于灌溉功能，浙东运河对当地制茶业的作用，更重要的还是体现在茶叶运输和茶文化传播的层面。浙东运河流域历来是茶叶生产区，茶叶大多属于输出品。从饮茶历史来看，六朝时饮茶之风主要集中在南方一带，宁绍地区的茶叶销售范围主要在浙东地区和太湖流域一带。而到了唐代，随着饮茶之风在全国的普及，浙东运河在茶叶运输的过程中扮演着越来越重要的地位，经常出现运茶船往来辐辏的景象。这些运输茶叶的船只中，既有运送茶叶贡品的官船，也包括大量的民间商船。值得注意的是，除了浙东运河主干水道运输繁忙之外，不少浙东运河支流也出现船只兴盛的景象。由于浙东运河众多支流是宁绍平原与会稽、四明山区的连通点，不少位于支流汇合处的市镇又是茶叶生产与销售的中转站。在茶叶贸易的带动下，浙东运河支流也承担了茶叶运输的重要作用。特别是随着晚清民国平水珠茶大批量远销海外，浙东运河在茶叶运输中的作用更加显著。

除了承担茶叶运输这一经济功能外，浙东运河也为茶文化的传播提供了重要的路径。早在六朝时期，一大批门阀士族聚居浙东。他们时常外出游览，并举办与饮茶相关的雅集，浙东运河自然成为他们出行的首选之路。与此同时，众多高僧在会稽郡弘扬佛法，并在寺院周边种茶、制茶，且引茶入佛，煎茶品茗，畅谈佛理，禅茶之风开始盛行。他们在当地各大寺院之间往来传法，也常借助于浙东运河。唐代以来，随着茶事文化活动的频繁，浙东运河在其中所发挥的传播作用也更加突出。特别是唐宋时来华的大批日本僧人，经常到天台山和宁波天童寺参禅学佛。他们在回国时，首选通过走浙东运河之路转明州港，再坐船返回日本。唐宋的茶文化也由这一水路传播到东亚地区。从这一意义上来说，浙东运河就是中国东南茶叶之路的纽带。

制茶业作为浙东运河最重要的传统产业之一，不仅是透视这一地区传统经济社会发展的重要窗口，也是解读宁绍地区何以在东南乃至全国地位卓绝的不可或缺的维度。

第一节　史前至唐代的茶叶生产与茶事活动

史前至唐代，是浙东运河流域茶叶从开始到发展、兴盛的重要阶段。这一地区是中国茶叶重要的发源地之一，在史前时期就存在原始山茶科属植物。到了汉代，人工茶已在这一地区逐渐种植，可以有力推翻浙江茶叶从外地传入的旧论。六朝以降，茶叶与士人的生活更为密切。而到了唐代，茶已成为民众的日常饮品，饮茶之风全面兴起。深入把握这一漫长时期浙东茶叶的历史脉络，有助于理解后世浙东运河茶叶为何能历经千年而繁盛不衰的"前因"密码。

一、史前至汉代的原始茶叶及人工茶

浙东运河流经的宁绍区域，濒临东海，属亚热带季风区，气候温暖，雨量充沛，处于浙西山地丘陵、浙东丘陵山地和浙北平原三大地貌单元的交界地带，地貌较为复杂。其南部以山地丘陵为主，有山峦起伏的会稽、四明两大山脉，植被茂盛，常年云蒸雾绕，其地表丰富的红壤、黄壤又适合茶叶的生长。这样的地理和气候，为茶叶提供了得天独厚的种植环境。从浙江茶区的范围来划分，这一带属浙东南茶区，植茶历史悠久，茶区广阔，茶叶种质资源丰富。据现代考古证实，早在远古时代，这里就有原始野生山茶科（Theaceae）山茶属（Camellia）植物的存在。

1973 年，在余姚河姆渡新石器时代遗址中，考古学家发现了距今约7000 年的大量野生植物的堆积，一些树叶甚至连第三、第四级微细网脉、着生绒毛都清晰可辨。有学者认为，这种樟科植物的叶片就是原始茶的遗存。[①]2001 年，在距今约 8000 年的杭州萧山跨湖桥遗址，出土了一颗"茶

---

① 《越地茶史》编委会编：《越地茶史》（第一卷），浙江古籍出版社 2018 年版，第 24 页。

树种子"，可以判断，当时这一带生长着野生茶树。2004 年，在距今约 6000 年的余姚田螺山遗址，考古学家发掘出两大片树根类植物遗存，树根呈条状、块状或球状。一片数量达 45 根，一片 30 余根，最粗直径 15 厘米左右，细的仅 1 厘米。2008 年，日本东北大学实验室对田螺山出土树根切片用显微镜观察，结果显示这些树木遗存均属山茶科山茶属植物，并认为有可能属于茶树。[①]这些树根位于远古人居住的干栏式木构房屋附近，周围有明显的人工开挖的浅土坑，并伴随一些碎陶片，说明树根不是野生的，而是由人工栽培的。[②]在原始茶被发现的同时，该流域内还出土了不少原始茶具。2005 年，距今约 9000 年的嵊州小黄山遗址，出土了大量文物。其中，多件陶器被认为是古代茶饮器具。[③]这些史前遗址出土的茶及茶具，一定程度可以证实浙东运河流域是中国原生茶的源头之一，从而推翻学界早先认为的"茶叶传入浙江，估计在三国时期以前"[④]（即浙江的茶叶由外地传入）的观点。

据东晋常璩《华阳国志》的记载，周武王伐纣时，巴蜀一带的部落首领已用所产"丹、漆、茶、蜜"作为"纳贡"珍品。[⑤]《周礼·地官之属》还记载，西周时在宫廷内还设有"掌茶"这一官职。虽然当时关于茶的记载颇为稀少，饮茶之风亦未盛行全国，但茶在南方作为种植对象应是不争的事实。

春秋战国以降，饮茶逐渐在全国流行起来。当时不少地方志、诗歌、辞赋、笔记中记述了大量与饮茶和茶事活动有关的内容。如成书于战国至

① 《浙江通志》编纂委员会编：《浙江通志·茶叶专志》，浙江人民出版社 2020 年版，第 35 页。
② 《越地茶史》编委会编：《越地茶史》（第一卷），浙江古籍出版社 2018 年版，第 28 页。
③ 《越地茶史》编委会编：《越地茶史》（第一卷），浙江古籍出版社 2018 年版，第 28 页。
④ 浙江省茶叶学会《浙江茶叶》编写组编写：《浙江茶叶·序言》，浙江科学技术出版社 1985 年版，第 3 页。
⑤ （东晋）常璩撰，刘琳校注：《华阳国志校注》（修订版），成都时代出版社 2007 年版，第 6 页。

西汉初期的《山海经》，书中的《南山经》载有"招摇之山，……而青华，其名曰祝余（或作桂茶），食之不饥"。其中，"茶"即"茶"的古字，这可能是关于茶最早的记载。虽然《山海经》中关于"茶"的记载不一定是浙东所产，但可以说明，当时在广大的南方地区，茶已为人所认识并作为重要的解饥食物。

同时期或稍后的《神农本草经》则记载了"神农尝百草，日遇七十二毒，得茶而解之"的传说，说明茶作为解毒的草药，很早被人掌握并加以利用。在相关文献中，早期越人与茶的渊源也甚为紧密。东汉初年，上虞人王充在《论衡》中记载了关于神茶兄弟的故事。其《乱龙篇》载"上古之人，有神茶、郁垒者，昆弟二人，性能执鬼，居东海度朔山上，立桃树下，简阅百鬼"①，点明神茶、郁垒兄弟二人生活在东海。《订鬼篇》又引《山海经》称："沧海之中，有度朔之山，上有大桃木，其屈蟠三千里。其枝间东北曰鬼门，万鬼所出入也。上有二神人，一曰神茶，一曰郁垒，主阅领万鬼。恶害之鬼，执以苇索，而以食虎。于是黄帝乃作礼以时驱之，立大桃人，门户画神茶、郁垒与虎，悬苇索以御。"②从王充的记载来看，居住越地附近的神茶、郁垒兄弟具有驱鬼、除毒的功能，在当时已被奉为神灵，其时代还略早于黄帝。又根据学者对於越民族将茶视为本氏族图腾的茶俗猜测，以及"舜母移茶"等传说，③可以判断茶在古越民族日常生活中具有不可替代的重要意义。

秦汉时期，我国茶叶的栽培区域逐渐扩大，茶已被作为饮品使用。其泡饮方法是将饼茶捣成碎末放入瓷壶，注入沸水，加葱、姜和橘子调味，而且饮茶已有简单的专用器皿。西汉王褒《僮约》中的"烹茶尽具，已而盖藏"，说明当时已有烹茶的茶具。而在东汉晚期，以绍兴、宁波为中心

① 黄晖：《论衡校释》卷十六《乱龙篇》，中华书局 1990 年版，第 699 页。
② 黄晖：《论衡校释》卷二十二《订鬼篇》，中华书局 1990 年版，第 939 页。
③ 《越地茶史》编委会编：《越地茶史》（第一卷），浙江古籍出版社 2018 年版，第 35—38 页；陈珲：《浙江茶文化史话》，宁波出版社 1999 年版，第 6—19 页。

的越窑就成功烧制出一批成熟瓷器。如1990年，上虞出土了一批东汉瓷器，里面有碗、壶、杯、茶盏、托盘等，经鉴定是世界上最早的瓷茶具。[①]这反映出在汉代浙东运河流域内，饮茶这一习俗已初步产生。

二、六朝的茶叶种植及饮茶之风

三国两晋时，关于茶叶的种植、采摘、制作、烹煮等环节已形成一整套的程序。西晋文学家杜育的《荈赋》是目前所见第一篇较完整地记载了茶叶从种植到品饮的文献，其内容涉及茶叶的环境（"灵山惟岳"）、种植、生长（"承丰壤之滋润"）、采摘（"结偶同旅，是采是求"），以及选水（"水则岷方之注，挹彼清流"）、烹茶（"沫成华浮，焕如积雪"）、茶具的选择等。其中，"器泽陶简，出自东隅"一句，按照清代蓝浦原著、郑廷桂补辑《景德镇陶录》的解释："器泽陶拣，出自东瓯者是也。"陈元龙《格致镜原》亦认为："器择陶拣，出自东瓯。瓯，越州也，瓯越上。"东瓯即今浙江南部一带，说明西晋时东瓯所产茶具在当时已颇负盛名，并且已传播到中原地区。与东瓯产茶器相对应的是，当时在浙江东北部的浙东运河流域，越瓷的制作在东汉基础上得到了空前发展。当地瓷窑林立，种类多样，而且造型丰满，纹饰繁缛，釉色青绿，精品迭出，里面也有大量饮茶器皿，从另一侧面印证了当地饮茶之风及茶叶的生产、制作相当广泛。

永嘉之乱后，随着大批士族和流民的南渡，浙东地区得到了进一步开发，包括茶叶在内的农业实现了稳步发展，当地民众的日常饮食结构也得以改善、提升。与於越先民不同，他们对茶的利用，逐渐从食物、药品转为饮品。《三国志·吴书·韦曜传》记载吴主孙皓宴请大臣，"坐席无能否率以七升为限，虽不悉入口，皆浇灌取尽"。韦曜因不胜酒力，孙皓"密赐

---

① 刘修明：《中国古代的饮茶与茶馆》，商务印书馆国际有限公司1995年版，第64页。

茶荈以当酒"①。《晋书·陆纳传》记载，东晋陆纳在吴兴郡太守任上宴请谢安，"所设唯茶果而已"，反映出茶已是士人宴请宾客的日常饮品。"以茶待客"成为当时江浙一带的社会风气。

唐代陆羽《茶经·七之事》引西晋王浮《神异记》："余姚人虞洪，入山采茗，遇一道士，牵三青牛，引洪至瀑布山，曰：'予，丹丘子也。闻子善具饮，常思见惠。山中有大茗，可以相给，祈子他日瓯牺之余，乞相遗也。'因立奠祀，后常令家人入山，获大茗焉。"②《茶经·四之器》又引杜育《荈赋》，指出虞洪为"（西晋）永嘉中"③人。瀑布山即瀑布泉岭，位于余姚，盛产"仙茗"，其茶后来被命名为"瀑布仙茗"。陆羽经过实地考证，判断瀑布仙茗"大者殊异，小者与襄州同"④，说明在越地分布的茶树，有乔木茶、灌木茶两种。《神异记》又称虞洪"善具饮""获大茗"，说明西晋时饮茶之风在浙东民间颇为流行。

三国两晋时期，江南地区玄学、道教和佛教盛行。由于茶具有解渴、提神、醒脑等功效，名医华佗《食论》即称"苦茶久食益意思"，因此，广受佛道及玄谈之士的青睐，将其作为助力修道或玄谈的重要饮品。如东汉末年，丹阳道士葛玄游会稽，在此学道修仙，并种茶于天台山华顶。《嘉定赤城志》称盖竹山，"有仙翁茶园，旧传葛玄植茗于此"⑤。唐代诗人卢仝引《天台记》"丹丘出大茗，服之生羽翼"，越州诗僧皎然《饮酒歌送郑客》中也有"丹丘羽人轻玉食，采茶饮之生羽翼"等句，均说明饮茶

---

① （西晋）陈寿：《三国志》卷六十五《韦曜》，中华书局 1982 年版，第 1462 页。

② （唐）陆羽著，于良子注释：《茶经》卷下《七之事》，浙江古籍出版社 2011 年版，第 20 页。

③ （唐）陆羽著，于良子注释：《茶经》卷中《四之器》，浙江古籍出版社 2011 年版，第 9 页。

④ （唐）陆羽著，于良子注释：《茶经》卷下《八之出》，浙江古籍出版社 2011 年版，第 30 页。

⑤ （宋）黄𤫩、齐硕等修，陈耆卿撰：《嘉定赤城志》卷十九《山水门一》，浙江省地方志编纂委员会编《宋元浙江方志集成》第 11 册，杭州出版社 2009 年版，第 5277 页。

与仙道活动有着紧密的关系。据文献记载，六朝时期，先后有众多高僧在会稽郡弘扬佛法。新昌隐岳寺（大佛寺前身）开山祖师昙光极好饮茶，常率领寺内僧众，在山后开辟茶园种茶、制茶。而且，他还引茶入佛，与竺潜、支遁、昙济等高僧，煎茶品茗，畅谈佛理，以茶证菩提，开创了"禅茶之风"，使佛茶修持在佛教界迅速传播。[1]寺院种茶、制茶和饮茶之风日渐盛行，后来一度出现"有寺院处就有茶香"的盛况。

由于茶的色、香、味悦人，且饮茶有益身心健康，"品茗""饮茶"也成为当时士族文人风雅文化生活的重要内容。如谢安隐居上虞东山时，与王羲之、许询、支遁等人，"出则渔弋山水，入则言咏属文，无处世意"。他们通过品"仙茗"让自己在隐居生活中清醒混浊心灵，放牧灵魂，抛掉烦恼。[2]

南朝时，随着江南的大规模开发和人口的繁衍，山地丘陵得到了较大幅度的利用，浙东地区的茶叶种植颇为普遍，民间饮茶之风更为广泛。刘宋时，刘敬叔的《异苑》记载了一则故事：

> 剡县陈务妻，少与二子寡居，好饮茶茗。以宅中有古冢，每饮，辄先祀之。二子患之，曰："古冢何知？徒以劳意！"欲掘去之。母苦禁而止。其夜梦一人云："吾止此冢三百余年，卿二子恒欲见毁，赖相保护，又享吾佳茗，虽潜壤朽骨，岂忘翳桑之报！"及晓，于庭中获钱十万，似久埋者，而贯新耳。母告二子，惭之，从是祷馈愈甚。[3]

从记载来看，剡县的陈务妻为普通百姓，其好饮茶，说明茶叶及饮茶

---

① 《越地茶史》编委会编：《越地茶史》（第一卷），浙江古籍出版社2018年版，第68页。

② 魏建钢：《从越瓷茶具变化看越地茶文化之发展》，《农业考古》2013年第2期。

③ （唐）陆羽著，于良子注释：《茶经》卷下《七之事》，浙江古籍出版社2011年版，第21—22页。

在民间生活中已非常普遍。陈务妻以茶祭祀古冢，一方面反映出茶与神灵之间的关系，另一方面折射出茶作为祭品在当时广泛流行。陆羽《茶经》亦载南齐高帝萧道成遗诏，其中一句是"我灵座上慎勿以牲为祭，但设饼果、茶饮、乾饭、酒脯而已"[①]，说明茶在南朝时无论对贵族还是平民而言，都是十分大众化的物品，而且是脱俗、俭朴的代表。

此外，陆羽《茶经》还记载了东晋初年广陵郡（今江苏扬州一带）一神秘老妇的故事，其引《广陵耆老传》云："晋元帝时，有老姥，每旦独提一器茗，往市鬻之。市人竞买，自旦至夕，其器不减。"所谓的"器茗"很可能是指盛茶叶的器具或是饮茶的茶具，这一故事本身甚为神秘，但也揭示出茶叶及与茶叶相关的器物在市场上售卖是十分普遍的现象。浙东与广陵郡距离不远，而且是当时重要的产茶区。揆之诸理，茶叶在当地应达到一定程度的商品化。

三、唐代茶叶产业的形成

唐代是中国茶叶变迁史上一个划时代的时期，有学者称："在唐一代，'荼'去一划，始有'茶'字；陆羽作经，才出现茶学；茶始收税，才建立茶政；茶始销边，才开始有边茶的生产和贸易。"[②]在唐代浙东运河流域，茶叶的栽种规模和范围不断扩大，并初步形成了茶叶贸易的草市，将茶运输到全国各地，饮茶风气在当地全面普及。

（一）茶叶的广泛种植及茶户、茶税的出现

唐代以前，饮茶之风虽然流行，但所饮多为野生茶，人工种植的还不

---

① （唐）陆羽著，于良子注释：《茶经》卷下《七之事》，浙江古籍出版社 2011 年版，第 22 页。

② 李斌城、韩金科：《中华茶史（唐代卷）》，陕西师范大学出版总社有限公司 2013 年版，第 184 页。

太普遍。直到中唐时，陆羽还认为茶叶"野者上，园者次"。到了唐后期，茶叶的栽培、生产得到了空前发展。在江南的丘陵山地、房前屋后，均能见到茶树的广泛栽种，呈现出"绿茗盖春山"的景象。唐代两浙地区，就有湖州、杭州、睦州、越州、明州、婺州、台州7州产茶，且产茶数量庞大。会昌年间（841—846），长兴顾渚茶的贡茶每年最高可达18400斤。而在浙东的会稽山和四明山一带，如日铸、云门、丁坑等丘陵地区出现了大片茶园，浙东茶区逐渐形成。孟郊《越中山水》诗中所称的"菱湖有余翠，茗圃无荒畴"，就是对这一带茶园繁盛景象的描绘。

唐代在浙东运河区域，还形成了一批越中名茶。陆羽《茶经·八之出》就称浙东之茶，"以越州上，明州、婺州次，台州下"。李肇在《唐国史补》中将余姚"仙茗茶"和"剡溪茶"列入名茶上品。"仙茗茶"即余姚瀑布仙茗，在唐代以前就闻名于世。"剡溪茶"则属于唐代新兴茶品，但也广受喜爱。宋代高似孙《剡录》就记载："剡茶声，唐已著。"诗僧皎然有多首诗称道剡茶，如《饮茶歌诮崔石使君》云："越人遗我剡溪茗，采得金芽爨金鼎。素瓷雪色缥沫香，何似诸仙琼蕊浆。"《送许丞还洛阳》称："剡茗情来亦好斟，空门一别肯沾襟。"《送李丞使宣州》曰："聊持剡山茗，以代宜城醑。"严维、方干等诗人也都有讴歌剡溪名茶的诗篇。在诗人们看来，当时的剡茶味道绝佳，比美酒还能吸引人。

江浙地区种茶、饮茶的历史虽较久远，但在相当长的时期内，人们饮用的基本是未经加工或只经粗略简单晒压的茶叶。唐代杨晔《膳夫经手录》载："茶，古不闻食之，近晋、宋以降，吴人采其叶煮，是为茗粥。"[①]陆羽《茶经》也称唐以前，饮茶主要采用生煮法，制茶的工艺也较为简单。到了唐代，茶叶的采制技术实现了较大转变。《茶经·三之造》专门叙述当时茶叶的加工流程："晴，采之。蒸之、捣之、焙之、穿之、封之，

---

① （唐）杨晔：《膳夫经手录》，清康熙顾氏秀野草堂刻间丘辩囿本，第3页。

茶之干矣。"①即经过采摘、蒸青、捣研、拍压、焙干等多道工序制成"团饼型茶",贮于纸囊中,饮时再取出捣碎成片茶煮而饮用。蒸青法制茶,彻底破坏了鲜叶中的酶活性,保持了较多的有效成分。捣烂又使有效成分在烹煮时容易浸出,因此在饮用时,茶的色、香、味俱佳,无疑是制茶工艺的一大改进。杨晔称:"至开元、天宝之间,稍稍有茶。至德、大历遂多,建中以后盛矣。"②他所谓的"茶"即专指碾压成团后的饼茶。制茶技术的突破,解决了茶叶的储藏问题,大大推动了茶叶的生产。

　　茶叶在江南地区的大量种植,推动了农业生产的分工,当时逐渐分化出一批专业的茶户。据《册府元龟》记载,唐开成五年(840),盐铁司奏称:"江南百姓营生,多以种茶为业。"③这些茶户以种茶为生,基本脱离了粮食生产,仰仗经营茶叶以维持生计,并以此缴纳赋役。一些规模较大的茶园由于需投入大量的劳动力,因此需要采取租佃或雇工的经营方式。如晚唐诗人陆龟蒙将位于湖州顾渚山下的茶园出租,"岁入茶租十许,簿为瓯舣之费"。而雇工经营的,即雇人来从事茶园管理、茶叶采摘加工,付给一定的报酬。④

　　随着饮茶之风的盛行,唐代统治者对茶的需求日益增多,除各地选送名茶上贡外,朝廷还在全国选定名茶产区,设置御茶苑,特制精品,专供皇帝及其皇室成员使用。当时贡茶,以湖州长兴顾渚山的紫笋茶最为著名。大历五年(770),在湖州专门设置了贡茶院,所造之茶名"顾渚贡焙"。建中二年(781),每岁进奉贡茶三千六百串。⑤贞元(785—805)以

---

① (唐)陆羽著,于良子注释:《茶经》卷上《三之造》,浙江古籍出版社 2011 年版,第5页。

② (唐)杨晔:《膳夫经手录》,清康熙顾氏秀野草堂刻间丘辩囿本,第3页。

③ (宋)王钦若等编纂,周勋初等校订:《册府元龟》卷四百九十四,凤凰出版社 2006 年版,第 5603 页。

④ 《越地茶史》编委会编:《越地茶史》(第一卷),浙江古籍出版社 2018 年版,第117页。

⑤ (宋)钱易撰,黄寿成点校:《南部新书》,中华书局 2002 年版,第 66 页。

后，每年因进奉紫笋茶"役工三万人，累月方毕"①。当时湖州刺史袁高在亲自督造贡茶之中，深深体会到茶农的疾苦，愤而写下著名的《茶山诗》，备述茶农造贡焙"选纳无昼夜，捣声昏继晨"的艰难困苦，但从另一个侧面反映了当时贡茶产量之高。浙东是当时著名产茶区，不少地方的茶叶被纳入贡品。如大历二年（767），陆羽就曾受越州刺史皇甫冉之邀，在浙东会稽、诸暨、上虞、余姚、剡县等地监制茶叶的制作。

由于茶叶的生产和销售大增，征收茶税也成为唐朝后期财政收入的重要来源。唐文宗开始，全国实行榷茶制。建中四年（783），判度支侍郎赵赞建议"税天下茶漆竹木，十取一"，作为常平仓的资金。后唐德宗因"泾原兵变"避难奉天（今陕西乾县），改元大赦天下，茶税暂时取消。贞元九年（793），盐铁使张滂以水灾赋税减税而国用不足，向德宗奏请"出茶州县及茶山外商人要路，委所由定三等时估，每十税一，价钱充所放两税。其明年已后所得，税外收贮。若诸州遭水旱，赋税不办，以此代之"②。奏议得到许可，每年得茶税四十万贯。茶税自此以后成为一种专税，为历代政府所承袭。虽然没有明确数据记载唐代浙东一带的茶税，鉴于这里是重要产茶区，茶税数额当不在少数。

（二）茶叶的市场化及贸易网的形成

在茶叶专门化生产和全社会饮茶需求激增的背景下，唐代茶叶的贸易也蒸蒸日上。与此同时，唐代的茶叶贸易较为自由，除有短暂的官收官卖的榷茶之外，政府只征收一定的茶税，允许茶商深入产区直接与茶户进行交易，民间贩茶之风逐步兴起，并开启了普遍的远距离、全国性的贸易活动。《太平广记》记载，鄱阳人吕用之的父亲吕璜"以货茗为业，来往于

---

① （唐）李吉甫撰，贺次君点校：《元和郡县图志》卷二十五，中华书局1983年版，第606页。

② （宋）王钦若等编纂，周勋初等校订：《册府元龟》卷四百九十三，凤凰出版社2006年版，第5592页。

浙、淮间"①。李肇《唐国史补》载，建中二年（781），常伯熊出使吐蕃，在赞普帐内曾见众多内地名茶，其中就有湖州顾渚茶。②各地也纷纷出现了产地市场、中转集散市场等不同类型的贸易网络。在当时浙东运河流域，也出现了不少规模较大的产地市场和中转集散市场。

中唐以来，越州和明州的南部山区是重要的产茶区，也是茶叶中转的集散地。而茶叶从会稽山、四明山产地运输到中转集散市场或者更广泛的消费者手中，很大程度是靠贩茶的茶商完成的。唐代宗时期（763—779），就有茶商不辞劳苦地深入会稽山的平水等茶产区，直接与茶园户进行交易。③茶商又有"行商"与"坐贾"之别。前者将各地的物品带到各处的周市（定期集市）贩卖，或走街串巷吆喝，谓"呼卖"。后者居住在市肆的店铺里。④当时，越州一带有不少茶市。王敷《茶酒论》称："越郡、余杭，金帛为囊。素紫天子，人间亦少。商客来求，船车塞绍。"长庆三年（823），元稹任浙东观察使，在会稽山阳明洞天祭祀后，撰有《春分投简阳明洞天作》，其中就提及"舟船通海峤，田种绕城隅。桴比千艘合，袈裟万顷铺。亥茶阗小市，渔父隔深芦"，描绘了当地茶市交易的景象。在唐代浙东运河流域的茶市中，最著名的是越州会稽县的平水茶市。

平水处于会稽山北麓，是会稽山区通往山会平原的交界点，平水江穿市而过。这里是越州茶叶最重要的产区，又位于交通航埠，因此也是茶叶运往外界的重要中转站和集散地。元末明初刘基《出越城至平水记》称："入南可四里，曰铸浦，是为赤堇之山。其东山曰日铸，有铅、锡，多美茶。又南行六七里，泊于云峰之下，曰平水市，即唐元微之所谓草市也。其地居镜湖上游，群小水至此入湖，于是始通舟楫，故竹木薪炭，凡货物

① （宋）李昉等编：《太平广记》卷二九〇《妖妄三》，中华书局 1961 年版，第 2304 页。
② （唐）李肇撰，聂清风校注：《唐国史补校注》卷下，中华书局 2021 年版，第 126 页。
③ 《浙江通志》编纂委员会编：《浙江通志·茶叶专志》，浙江人民出版社 2020 年版，第 308 页。
④ 《越地茶史》编委会编：《越地茶史》（第一卷），浙江古籍出版社 2018 年版，第 118 页。

之产于山者，皆于是乎会以输于城府，故其市为甚盛。"① 刘基所称的"唐元微之所谓草市"，典出元稹《白氏长庆集序》。在文中，元稹记叙自己任浙东观察使期间，在镜湖旁的平水市，"见村校诸童竞习诗，召而问之，皆对曰：'先生教我乐天、微之诗。'固亦不知予之为微之也"②。说明当时平水已形成相对固定的集市，而茶叶又是其中最重要的交易货物之一。

浙东运河在唐代得到了进一步的拓展和修缮。据载，开元十年（722）、大历十年（775）和大和六年（832），曾三次对浙东运河的山阴（萧山）至曹娥段进行疏通和挖深。贞元元年（785）又整治了山阴至杭州段，凿山开河，建造斗门。曹娥至明州段也修筑了一些堰、堤和斗门。③浙东运河航道的拓宽及顺畅，使越州、明州的水上航运更加发达，货物运输和商贸活动也更为便捷。长江沿线和京杭运河沿线广大地区的货物可以通过长江、运河运至杭州，再沿浙东运河输送至越州、明州。两州的货物也可以由运河被贩卖并运往全国各地。如晚唐时，明州就有杨宁、孙得言结伴业商，踪迹达于太湖流域。④与此同时，也有外地商人来到甬上采购货物。陆龟蒙《四明山诗·云南》诗云："药有巴賨卖"⑤，指远在四川的药商千里迢迢来四明山收购名为"云南"的药材。就茶叶而言，四方茶商将浙东运河流域的茶叶贩运至北方，舟楫之声昼夜不息，既大大刺激了本地的茶叶生产，也推动了饮茶之风由南到北的传播。

因为浙东运河与大运河航道相接，交通便利，明州港的腹地明显扩

① （明）刘基撰，林家骊点校：《刘伯温集》（上），浙江古籍出版社 2016 年版，第 139—140 页。

② （唐）元稹撰，冀勤点校：《元稹集》卷五十一《白氏长庆集序》，中华书局 2010 年版，第 642 页。

③ 虞浩旭：《浙东历史文化散论》，宁波出版社 2004 年版，第 202 页。

④ （清）戴枚修，徐时栋纂：《同治鄞县志》卷六十六《寺观上》引元僧昙噩《崇教寺伽蓝记》，浙江古籍出版社 2015 年版，第 17b 页。

⑤ （唐）陆龟蒙撰，何锡光校注：《唐甫里先生文集》卷六《四明山诗》，《陆龟蒙全集校注》，凤凰出版社 2015 年版，第 408 页。

大，其在唐代对外贸易中的地位得到大大提升，成为唐代海上丝绸之路的重要起点。越州、明州与日本、朝鲜及南洋等国家的贸易更加频繁。浙东运河流域的茶叶也通过明州港不断输往海外。唐贞元二十年（804），日本僧人最澄来浙江天台山学佛，次年至越州龙兴寺随顺晓大师学法。后顺晓大师将道场移至上虞峰山，最澄也随之前往。学成后，最澄携带陆羽《茶经》和峰山附近的茶种、茶叶回国，并在日本滋贺县种植，开始了日本最早的茶叶生产。[①]

1997年，在宁波公园路唐宋子城遗址考古发掘中出土了波斯釉陶残片9块。据检测，陶片所处时代约为9世纪，说明除东亚僧团及商人外，波斯商人也选择明州港登陆，继而进入中国内地。他们将大量越窑青瓷、茶叶及其他商品从明州出口，经广州绕马来半岛，过印度洋运抵波斯湾沿岸的希拉夫港、霍尔木兹岛、巴士拉港等，再从这些港口转运至西亚各地。[②]浙东所产的茶叶也很有可能由此被远程运至西亚，并在国际市场中占有一定的地位。

（三）茶具的精细化生产与茶事活动的多元化

唐代饮茶之风盛行，茶已成为民众的日常必需品。在茶叶消费带动下，与茶饮相匹配的茶具、茶器也获得了极大的发展。而当时浙东运河区域内，越窑瓷器是朝廷贡品，生产规模和工艺水准引领时代潮流。其所产瓷器种类丰富，茶具、茶瓷占了相当大的比例。

陆羽对唐代的茶碗有一排名，《茶经·四之器》评："碗，越州上，鼎州次，婺州次，岳州次，寿州、洪州次"，认为茶碗以越州青瓷最为上乘。有人认为北方邢窑所产优于越窑，陆羽又作了辩驳，并举出三条理由："若邢瓷类银，越瓷类玉，邢不如越一也；若邢瓷类雪，则越瓷类冰，邢不

---

① 《越地茶史》编委会编：《越地茶史》（第一卷），浙江古籍出版社2018年版，第138—139页。

② 张如安、刘恒武、唐燮军：《宁波通史·史前至唐五代卷》，宁波出版社2009年版，第207—210页。

如越二也；邢瓷白而茶色丹，越瓷青而茶色绿，邢不如越三也。"尽管陆羽是根据不同釉色使茶汤呈现出的色度差异进行判断，但他对越瓷的痴迷程度无疑是溢于言表的。

唐代越瓷茶碗的式样较为丰富，大致可分两类，一类以玉璧底碗为代表，即《茶经》中所云的"瓯，越州上，口唇不卷，底卷而浅，受半升已下"的器型；另一类为花口，通常作五瓣花形，腹部压印成五棱，圈足稍外撇，这种器型略晚于玉璧底型，一般在晚唐时期。茶碗下有托，越瓷茶托的造型也颇具特色，同样可分为两类：一类托盘下凹，中间不置托台，呈圆形，呈荷叶形；另一类由托台和托盘两部分组成，托盘一般呈圆形，托台高出盘面，有的微微高出盘面，托台一圈呈莲瓣形，也有的高出盘面很多，呈喇叭形。[①]

越瓷茶具造艺精美，釉色脱俗，获得了众多文人雅士的喜爱。他们留下了大量赞美的诗句。如孟郊《凭周况先辈于朝贤乞茶》："蒙茗玉花尽，越瓯荷叶空。"施肩吾《蜀茗词》："越碗初盛蜀茗新，薄烟轻处搅来匀。山僧问我将何比，欲道琼浆却畏嗔。"郑谷《题兴善寺》："茶助越瓯深。"又《送吏部曹郎中免南归》："茶新换越瓯。"特别是晚唐五代的秘色瓷，是越窑青瓷的精品，除了造型优美外，还增加了复杂的花纹装饰。从陆龟蒙《秘色越器》中的"九秋风露越窑开，夺得千峰翠色来"，可见其青翠之美，反映出当时越窑茶具深受社会的青睐。

除茶具之外，浙东运河流域还盛产茶叶包装、贮存的"剡囊"，即用剡县藤纸制作的囊袋。剡县产剡藤，以剡藤制作的剡纸在当时是最好的包装纸。陆羽称："纸囊，以剡藤纸白厚者夹缝之，以贮所炙茶，使不泄其香也。"[②]唐代不少著名人士均有对剡纸风靡全国的描写。如崔道融的《谢

---

① 《浙江通志》编纂委员会编：《浙江通志·茶叶专志》，浙江人民出版社 2020 年版，第750 页。

② （唐）陆羽著，于良子注释：《茶经》卷中《四之器》，浙江古籍出版社 2011 年版，第8 页。

朱常侍寄贶蜀茶纸二首》、舒元舆的《悲剡溪古藤文》。可以说，越瓷茶具和剡藤纸包装的出现，大大促进了茶叶的生产和销售，并将品饮技艺推向了一个新的高度。

随着茶与日常生活联系越来越紧密，品饮中的知觉、情趣和经验，深深感染着一代又一代的爱茶、事茶的士人。在聚集活动中，他们举行了一系列以茶事为主题的艺文雅集，甚至出现了以茶代酒的现象。吕温《三月三日茶宴序》："三月三日，上巳祓饮之日也。诸子议以茶酌而代焉，乃拨花砌，憩庭阴。……乃命酌香沫，浮素杯。殷凝琥珀之色，不令人醉，微觉清思。虽五云仙浆，无复加也。"[1]对茶事的描写、感受，是唐代士人诗文创作的重要题材。以茶会友也随之成为朋友聚集的重要方式。

如至德、上元年间，在湖州顾渚山下就集聚了以皎然、陆羽为首的一群文士僧家。他们彼此品茶唱和，交流茶事，创作了众多以茶为主题的诗文和著作。大历八年（773），颜真卿任湖州刺史，集聚法海、李萼、陆羽、萧存、陆士修等30余位文士，续编大型类书《韵海镜源》。在编书的过程中，他们也经常举行品茶等茶事活动。颜真卿著名的茶诗《月夜啜茶》就是在邀集诗友茶客品茗赏月之时，吟哦而成。诗中"醒酒宜华席，留僧想独园""不须攀月桂，何假树庭萱""流华净肌骨，疏瀹涤心源"诸句，堪称茶诗中的佳句。[2]大历年间（766—779），在浙东越州，同样活动着一批以吟咏茶事为重要内容的诗人。联句唱和活动，由浙东观察使行军司马鲍防组织，以严维为越州诗坛盟主，留下了《大历年浙东联唱集》二卷。《嘉泰会稽志》卷十记载："兰亭古池，在县西南二十五里，王右军修禊处。唐大历中鲍防、严维、吕渭列次三十七人联句于此。"同书卷十八云："松花坛，在云门。唐大历中，严维、吕渭茶宴于此。"云门即云门寺，以盛产茶而著称，说明茶宴联句的活动地点不止一处，规模蔚为

---

① （唐）吕温：《三月三日茶宴序》，周绍良主编《全唐文新编》第3册，上海古籍出版社2000年版，第7094页。

② 梅莉：《茶圣陆羽》，湖北人民出版社1998年版，第60页。

大观。在联句唱和集中，与咏茶相关的，有严维、吕渭等人《松花坛茶宴联句》"焚香忘世虑，啜茗长幽情"①，严维、郑概、鲍防等《云门寺小溪茶宴怀院中诸公》"黄粱谁共饭，香茗忆同煎"②，李聿《茗侣偈》"采采春渚，芳香天与。涤虑破烦，灵芝之侣"③等。这些文人墨客对茶事神韵的追求，继承了魏晋以来士人追慕自然、回归自我的传统，也推动了茶诗的兴起与繁荣，成为浙东茶文化的重要载体。

　　除士人举行的多种茶事活动外，茶事在唐代寺院中也非常兴盛。早在南朝时，浙江寺院就有饮茶的记载。到了唐代，饮茶逐渐融入了南北寺院僧众的生活。封演《封氏闻见记》载开元年间，山东泰山灵岩寺"有降魔师，大兴禅教，学禅务于不寐，又不夕食，皆许其饮茶。人自怀挟，到处煮饮。从此转相仿效，遂成风俗"。而在产茶的浙东，寺院饮茶早已成为日常习惯，而且行茶、喝茶还进入了寺院礼规，茶会成为佛事活动的内容。据《金峨寺志》载，唐大历年间，明州鄞县金峨寺住持怀海禅师制定的《百丈清规》中，就有寺院四节茶会、职事任免茶会以及祭祀丧葬、僧众活动行茶的规范。当时，浙东许多寺院还对祭祖供奉、接待客人以至种茶制茶，制定了本寺院的具体规约。日僧成寻的《参天台五台山记》，也记载了唐代越州、天台诸佛寺行茶的相关内容。④这些多元化的茶事活动，是唐代茶文化繁荣的直接体现，也进一步推动了当地茶叶生产、贸易、消费等环节的繁荣，有力促进了浙东运河流域社会经济的发展。

①　贾晋华：《唐代集会总集与诗人群研究》下编《唐代集会总集七种辑较·大历年浙东联唱集》，北京大学出版社 2001 年版，第 284 页。

②　贾晋华：《唐代集会总集与诗人群研究》下编《唐代集会总集七种辑较·大历年浙东联唱集》，北京大学出版社 2001 年版，第 284 页。

③　贾晋华：《唐代集会总集与诗人群研究》下编《唐代集会总集七种辑较·大历年浙东联唱集》，北京大学出版社 2001 年版，第 293 页。

④　《浙江通志》编纂委员会编：《浙江通志·茶叶专志》，浙江人民出版社 2020 年版，第 736 页。

第二节　宋元制茶业的演进与新变

与唐代相比，宋代的饮茶之风更为盛行。北宋李觏说："茶非古也，源于江左，流于天下，浸淫于近代。君子小人靡不嗜也，富贵贫贱靡不用也。"[①]王安石也说："夫茶之为民用，等于米盐，不可一日以无。"[②]社会各阶层对茶的全面需求，极大地刺激了茶叶各个环节的革新。宋元时期，浙东运河流域内的产茶、制茶、售茶也发生了重大的突破，形成了浙东运河茶叶史上的高峰。

一、茶叶产量的骤增和品类的繁多

唐代以来，浙东运河流域已是全国著名的产茶地。到了北宋，这一地区茶叶的种植范围进一步扩大。如明州人舒亶《游承天寺望广德湖》诗中有"华山逋客来何迟，隐隐茶林隔烟水"[③]，即是对明州广德湖边茶树成林的描写。其另一首《题天童》诗中的"晓润芝簜挑秀苗，午香茶灶煮苍芽"[④]，说明鄞县天童山一带也出产茶叶。南宋时，茶叶种植空前兴盛，几乎遍及绍兴、宁波两地。两地的丘陵地区，均出现连片的大面积的茶园。《嘉泰会稽志》卷十七载："会稽产茶极多"，较有名的产地有日铸岭、卧

---

① （宋）李觏撰，王国轩点校：《李觏集》卷十六《富国策第十》，中华书局 2011 年版，第 149 页。

② （宋）王安石撰，刘成国点校：《王安石文集》卷七十《议茶法》，中华书局 2021 年版，第 457 页。

③ （宋）张津等纂修：《乾道四明图经》卷八，浙江省地方志编纂委员会编《宋元浙江方志集成》，杭州出版社 2009 年版，第 2930 页。

④ （宋）张津等纂修：《乾道四明图经》卷八，浙江省地方志编纂委员会编《宋元浙江方志集成》，杭州出版社 2009 年版，第 2949 页。

龙山、天衣山、陶堰岭、秦望山、会稽山、东土乡、兰亭等。特别是日铸岭，"其阳坡名油车，朝暮常有日，产茶绝奇"，所产日铸茶，"为江南第一"。大诗人陆游晚年长期寓居绍兴，诗中有众多反映茶园的作品。如《石帆夏日》中的"短棹飘然信所之，茶园渔市到无时"，反映了会稽山脉石帆山中茶园遍布的情况。《游近村》中的"行历茶冈到药园"，也点出诗人居住的鉴湖边也有不少茶园。余姚、鄞县、奉化等县种植茶叶也非常普遍。

星罗棋布的茶园，自然带来茶叶的大量产出。据《宋会要辑稿》的记载，绍兴年间（1131—1162），绍兴府（会稽、山阴、余姚、上虞、萧山、新昌、诸暨、嵊州）产茶 385060 斤，明州（慈溪、定海、象山、昌国、奉化、鄞县）510435 斤。南宋初东南十路，绍兴年间（1131—1162）共产茶 17815202 斤，淳熙年间（1174—1189）17139494 斤。两浙东路、西路十府州，分别产茶 5535313 斤和 5573981 斤，各达 31%、33%。[1]而绍兴府茶有 333900 斤，明州有茶 346066 斤，[2]在两浙东路的产茶量中又占有绝对优势。据《嘉泰会稽志》卷五《课利·茶》的记载，越州八县官府额定年批发茶 46520 斤，住卖茶 26700 斤，说明当地产茶量之高。

在产量骤增的同时，浙东运河区域茶叶的品类也日益增多，并各具特色，享誉当时。如绍兴会稽山一带有日铸茶、卧龙山茶、丁坞茶、高坞茶、小朵茶、雁路茶、花坞茶，嵊县有瀑岭仙茶、五龙茶、真如茶、紫岩茶、鹿苑茶、大昆茶、小昆茶、焙坑茶、细坑茶，奉化有曲毫，诸暨有石笕茶，萧山有茗山茶，余姚有化安瀑布茶等，"其余尤不可殚举"。其中，尤以日铸茶和卧龙山茶最为著名。

日铸茶又称日注，因产于会稽县东南五十里的日铸岭而得名。主峰海拔近 600 米，四周古木参天，云雾缭绕，沟壑纵横，有着独特的种茶条

---

① 方健：《唐宋茶产地和产量考》，《中国经济史研究》1993 年第 2 期。

② 刘琳、刁忠民、舒大刚、尹波等校点：《宋会要辑稿·食货二九》，上海古籍出版社 2014 年版，第 6637 页。

件。《康熙会稽县志》引《黄氏青箱记》云："千载之远，佳气不泄，蒸于草芽，发为英荣，淳味幽香，为人资养也。"良好的地理条件，滋生出优异的茶品。《嘉泰会稽志》说："日铸芽纤白而长，其绝品长至三二寸，不过十数株。余虽不逮，亦非他产可望。甘味软而永，多啜宜人，无停滞酸噎之患。"早在北宋时，日铸茶就风靡全国。欧阳修《归田录》称："草茶盛于两浙，两浙之品，日注（即"日铸"）为第一。"①吴处厚《青箱杂记》亦云："越州日铸茶，为江南第一。"南宋时日铸茶被列入贡品，地方政府特在当地开辟御茶湾，专门派人种植，用于进贡。直到明代，许次纾的《茶疏》，仍将日铸茶列为全国名茶之一。

卧龙山茶之名，仅次于日铸茶。《嘉泰会稽志》卷十七载："今会稽产茶极多，佳品唯卧龙一种，得名亦盛，几与日铸相亚。"②卧龙茶因产于卧龙山而得名。有人认为卧龙山茶"茶种初亦出日铸"③，其实，卧龙茶与日铸茶有不同的特点，其"芽差短，色微紫黑，类蒙顶、紫笋，味颇森严，其涤烦破睡之功，则虽日铸有不能及"。与日铸茶一样，卧龙茶早在北宋就闻名于世。赵抃有《许少卿寄卧龙山茶》诗："越芽远寄入都时，酬唱珍夸互见诗。紫玉丛中观雨脚，翠峰顶上摘云旗。"范仲淹知越州时，在卧龙山麓筑白堂作议事之用，平时在堂品茗，就用西山泉泡日铸、卧龙、云门等茶，"甘液华滋，说人襟灵"④。南宋时，卧龙山茶亦被列入贡品，并改名瑞龙茶。

入元以后，浙东运河流域内的茶叶盛名依旧，仍作为进献朝廷的重要贡品。奎章阁鉴书博士柯九思《春直奎章阁》诗："旋拆黄封日铸茶，玉

① （宋）欧阳修撰，李伟国点校：《归田录》卷一，中华书局1981年版，第8页。
② （宋）沈作宾修，施宿纂：《嘉泰会稽志》卷十七《日铸茶》，浙江省地方志编纂委员会编《宋元浙江方志集成》，杭州出版社2009年版，第2070页。
③ （宋）沈作宾修，施宿纂：《嘉泰会稽志》卷十七《日铸茶》，浙江省地方志编纂委员会编《宋元浙江方志集成》，杭州出版社2009年版，第2070页。
④ （宋）沈作宾修，施宿纂：《嘉泰会稽志》卷九《山》，浙江省地方志编纂委员会编《宋元浙江方志集成》，杭州出版社2009年版，第1814页。

泉新汲味幽嘉。殿中今日无宣唤，闲卷珠帘看柳花。"①所谓"黄封"，即包装贡茶用的黄色物件。柯九思在宫中奎章阁轮值，能喝到进贡的日铸茶，说明此茶深得皇帝公卿的喜爱。此外，慈溪、鄞县等地在元代也有芽茶入贡。元至正《四明续志》卷五《土产》载："茶出慈溪县民山，在资国寺冈山者为第一，开寿寺侧者次之。每取化安寺水蒸造，精择如雀舌，细者入贡。"清代全祖望《十二雷茶灶赋》："吾乡（指鄞县）十二雷之茶，其名曰区茶，又曰白茶，首见于景迂先生之诗，而深宁居士述之，然未尝入贡也，元始贡之。"全氏又引元代王元恭之言，称"慈谿东厫吞中三女山资国寺旁所出称绝品，冈山开寿寺旁次之。"区茶，民间又称范殿帅茶，忽思慧《饮膳正要》载："范殿帅茶，系江浙庆元路造进茶芽，味色绝胜诸茶。"清同治《鄞县志·物产》载："区茶，元贡。范文虎进。"光绪《慈溪县志》还记载范文虎在慈溪冈山置茶局贡茶，"每岁清明前一日，县令入山监制茶芽，先祭史（指史嵩之）墓，乃开局制茶，至谷雨日回县"②。

　　浙东运河茶叶品类众多，在采摘时间上则有一定的差异。早在南宋，当地茶叶的采摘已有春、夏、秋之分。如陆游《春晴自云门归三山》所说的"人卖山茶先谷雨"，《暮春龟堂即事》中的"茶户初收谷雨茶"，是指三月谷雨前采摘的春茶；《示儿》中所说的"早茶采尽晚茶出"和《幽居初夏》说的"苍头摘晚茶"，是指夏月采摘的夏茶；《幽事绝句》所说的"秋深始采茶"，则显然是指深秋时节采摘的晚茶。③不同茶品采摘时间的不同，一方面反映出浙东运河流域内茶叶种植的精细化，另一方面适时满足了茶叶的常年需求，并保证了茶叶供应的均衡，显现出当时宋元浙东运河一带茶叶栽培技术的高度成熟和精湛水平。

① （元）顾瑛辑，杨镰、祁学明、张颐青整理：《草堂雅集》卷一《春直奎章阁二首》，中华书局 2008 年版，第 22 页。

② （清）杨泰亨等纂修：光绪《慈溪县志》卷六，民国三年刊本。

③ 李永鑫主编：《绍兴通史·第三卷》，浙江人民出版社 2012 年版，第 386—387 页。

二、制茶技术的革新和撮泡法的出现

唐代浙东运河流域盛行以蒸青研碾法来制作压型团饼茶的制茶方式。其主要步骤，即将新鲜的茶叶蒸后碎制，饼茶穿孔，贯串烘干，去其青气，又通过洗涤鲜叶，蒸青压榨，去汁制饼，使茶叶苦涩味大大降低。宋代团茶制法有两种：一种是鲜叶经蒸青后，直接在"棬模"中拍压成形，然后穿孔成串。与唐代饼茶制法相似，唯饼小而薄，故又称片茶；另一种是福建的建、剑制法，有采茶、拣茶、蒸茶、榨茶、研茶、造茶、过黄等诸多工序。①欧阳修《归田录》称："茶之品莫过于龙凤，谓之团茶，凡八饼重一斤。"宋代作为贡品的团茶，常在茶饼上印有龙、凤花纹，故名龙凤团茶，就是采用建、剑制法制作。

在片茶之外，宋代两浙地区又盛产散茶。欧阳修《归田录》载："腊茶出于剑、建，草茶盛于两浙。"草茶即是散茶。《宋史·食货志》也称："茶有二类，曰片茶，曰散茶。片茶蒸造，实棬模中串之，唯建、剑则既蒸而研，编竹为格，置焙室中，最为精洁，他处不能造。有龙凤、石乳、白乳之类十二等……两浙及宣、江、鼎州又以上中下或第一至第五为号。散茶出淮南、归州、江南、荆湖，有龙溪、雨前、雨后之类十一等；江、浙又有以上中下或第一至第五为号者。"②

在包装上，散茶多用器皿（尤其是密封瓶、罐）盛装，与团茶不同。如周必大《胡邦衡生日以诗送北苑八銙、日铸两瓶》有诗："贺客称觞满冠霞，悬知酒渴正思茶。尚书八饼分闽焙，主簿双瓶拣越芽。"诗中北苑茶称饼，被放在銙中，而日铸茶置于瓶内，当是散茶。陆游亦有诗："我是江南桑苎家，汲泉闲品故园茶。只应碧缶苍鹰爪，可压红囊白雪芽。"

---

① （宋）赵汝砺撰：《北苑别录》，阮浩耕、沈冬梅、于子良编《中国古代茶叶全书》，浙江摄影出版社1999年版，第117—118页。

② （元）脱脱等撰，中华书局编辑部点校：《宋史》卷一百八十三，中华书局1977年版，第4477—4478页。

并在诗末自注："日铸贮以小瓶，蜡纸丹印封之。顾渚贮以红蓝缣囊，皆有岁贡。"[1]可知形似鹰爪的芽叶散茶日铸茶，盛在青瓷茶瓶里，顾渚茶则用绢丝包装。

北宋时，散茶采用蒸青制作。而从南宋初期开始，浙东运河区域的茶叶制作工艺有了重要变化。其突出表现，就是茶叶杀青出现了炒青法。绍兴府率先用炒青法代替此前的蒸青研碾法。明代谢肇淛《五杂组》云："《文献通考》曰：'茗有片有散，片者即龙凤旧法；散者，不蒸而干之。'始知南渡之后，茶渐以不蒸为贵矣。"[2]当时盛名的日铸茶，就是采用炒青法制作，改蒸为炒，改碾为揉。

制茶方法的改进也推动了饮茶方式的转变，当时浙东地区逐渐出现"撮泡"的饮茶方式，而不只是碾碎煮茶。陆游在《安国院试茶》诗后自注云："日铸则越茶矣，不团不饼，而曰炒青，曰苍鹰爪，则撮泡矣。"清代绍兴人茹敦和《越言释》云撮泡茶"宋时有之，且自我越人始之"，可知"撮泡"法最早在浙东运河流域流行。的确，浙东茶叶在炒青后，形成形似苍鹰爪的条茶、散茶，其在冲泡后，色、香、味、形较以往的团茶更佳。可以说，宋代以日铸茶为代表的浙东运河区域制茶法，改蒸青为炒青、团茶为散茶，使茶叶形制为之一变，是我国古代茶叶史上的一大飞跃，由此奠定了后世制茶、饮茶的基本方式。

南宋浙东运河流域还出现花茶制法。赵希鹄《调燮类编》卷三详细记载了花茶加工窨制技术，"如莲花茶，于日未出时，将半含白莲花拨开，放细茶一撮，纳满蕊中，以麻皮略扎，令其经宿，次早摘花，倾出茶叶，用建纸包茶焙干。再如前法，又将茶叶入别蕊中。如此数次，取出焙干用，不胜香美"。他还指出，木樨、茉莉、玫瑰、兰蕙、橘花、栀子、木

① （宋）陆游撰，钱仲联校注：《剑南诗稿校注》卷三《过武连县北柳池安国院，煮泉试日铸、顾渚，茶院有二泉皆甘寒，传云唐僖宗幸蜀在道不豫，至此饮泉而愈，赐名报国灵泉云》，上海古籍出版社 1985 年版，第 272 页。

② （明）谢肇淛：《五杂组》卷十一《物部三》，中华书局 2021 年版，第 110 页。

香、梅花"皆可入茶",并记载具体方法:"诸花开时,摘其半含半放蕊其香气全者,量茶叶多少,摘花为伴。花多则太香,花少则欠香,而不尽美。三停茶一停花始称。如木樨花,须去其枝蒂及尘垢、虫蚁,用瓷罐,一层花一层茶,投间至满,纸箬扎固入锅,隔罐汤煮,取出待冷,用纸封裹,置火上焙干收用。诸花仿此。"在当时士人心中,"以花拌茶,终不脱俗"是玩茶文人重要的喜好。[①]

不过,需要指出的是,宋代浙东地区散茶法的盛行和炒青法的出现,并未能取代此前的团饼压碾法和蒸青法。南宋时两次来华的日本僧人荣西,曾在天台山万年寺和宁波天童寺学佛。他在《吃茶养生记》记载:"宋朝焙茶样,朝采即蒸即焙。懒倦怠慢之者,不为事也。其调火也,焙棚敷纸,纸不焦样。工夫焙之,不缓不急,竟夜不眠。夜内焙毕,即盛好瓶。以竹叶坚封瓶口,不令风入内,则经年岁而不损矣。"[②]荣西所记当是在浙东佛寺或附近农家所见,说明在浙东地区蒸青法仍有重要市场。陆游也有不少诗歌描述当时家居饮茶常有团茶。如《安国院试茶》末注:"日铸贮以小瓶,蜡纸丹印封之。"《饭罢碾茶戏书》:"江风吹雨暗衡门,手碾新茶破睡昏。小饼戏龙供玉食,今年也到浣花村。"

甚至到了元代,浙江散茶的制作加入"薄摊""略揉"工序,加工工艺日趋完备,但蒸青法的工艺仍然盛行。王祯《农书》记载:"采讫,以甑微蒸,生熟得所。蒸已,用筐箔薄摊,乘湿略揉之,入焙匀布,火烘令干,勿使焦,编竹为焙,裹箬覆之,以收火气。"说明炒青法到元代仍未完全取代蒸青法,并非学者认为的"元代开始,以日铸茶的炒青散茶法取代团饼茶"。换言之,宋元时期,浙东运河流域茶叶的日常制作和饮用方式不断变革创新,经历了从团饼茶到散茶,从单一的蒸青制茶到烘、炒、晒多种制法,从单一的绿茶到花茶等多茶类的演变发展过程。但这种演变并非此消彼长的完全取代,而是多元并存。而在茶叶制法的革新方面,浙

---

① 陈祖槼、朱自振编:《中国茶叶历史资料选辑》,农业出版社1981年版,第278页。
② [日]荣西禅师:《吃茶养生记》,作家出版社2015年版,第106页。

东运河地区无疑引领全国风气，在历次演变中都有开创性的贡献，并积淀了丰富而精微的技能文化。

三、榷茶山场的设置和海外贸易的拓展

宋代在全国实行茶叶官营专卖制度。官方在各地设立榷茶山场，任命官员负责。早在北宋乾德二年（964）八月，朝廷就在汴京、建安、汉阳、蕲口置场榷茶。其后相继在大江北岸共建6榷货务、13场，后来又在两浙、江南、福建、荆湖等路置买茶场。两浙路的杭、苏、明、越、婺、处、温、台、湖、常、衢、睦12州均设有买茶场。浙东运河区域向来为产茶重地，不少县亦有榷场。如北宋崇宁年间，"越之上虞、余姚、诸暨、新昌、剡县皆置场焉"。为榷场采茶的民众，称为园户。茶叶种植是宋代浙江山区经济的重要产业，茶园户的数量和规模相当可观。

按照官方规定，榷茶取"山场之制，领园户受其租，余悉官市之。又别有民户折税课者，其出鬻皆在本场。诸州所买茶，折税受租同山场，悉送六榷务鬻之"。言下之意，园户所采之茶，除一小部分用作茶园租税外，其余大部分"悉售于山场，不得私市"，"民之种茶者，领本钱于官而尽纳其茶，官自卖之，敢藏匿及私卖者有罪"。宋代两浙路榷茶岁课有定额。据《宋会要·食货类》的记载，北宋两浙路的总额为1280775斤。①十二州的定额，分别是：杭州428115斤，越州21653斤，苏州6500斤，湖州121910斤，明州66064斤，婺州52276斤，常州51261斤，温州78190斤，台州13100斤，衢州6809斤，睦州421073斤，处州13824斤。②两浙路诸

---

① 这与《宋史·食货志》及马端临《文献通考·征榷考》记载的定额1279000斤，略有出入。

② 刘琳、刁忠民、舒大刚、尹波等校点：《宋会要辑稿·食货二九》，上海古籍出版社2014年版，第6640页。

州的买茶场向园户买茶，然后运送到指定的海州榷货务交货。而海州榷货务受两浙茶，卖茶额为308703贯676文。越州、明州的定额在两浙路总额中虽不及杭州、睦州，但明显高于苏州、台州、衢州、处州，说明浙东运河流域的茶额也占据重要的比例，间接反映了这一区域茶叶产量的可观。

南宋定都临安（今杭州）后，两浙路以其地利之便，朝廷制定的茶叶官买定额较北宋有大幅增长。《宋会要辑稿·食货类》中保留了《中兴会要》和《乾道会要》关于两浙路茶额的两则记录，可以看出绍兴年间（1131—1162）和乾道年间（1165—1173）的数额。见表2-1。

表2-1 《中兴会要》和《乾道会要》两浙路茶额一览表[①]

		《中兴会要》记载额（斤）	《乾道会要》记载额（斤）			《中兴会要》记载额（斤）	《乾道会要》记载额（斤）
两浙东路	绍兴府	385060	333900	两浙西路	临安府	2190632	2083130
	明州	510435	346066		湖州	161501	79446
	台州	19258	20700		严州	2120160	2569640
	温州	56511	47850		平江府	6200	700
	衢州	9500	11424		常州	6122	6300
	婺州	63174	63714		合计	4484615	4739216
	处州	19082	18111				
	合计	1063020	841765				

根据表中所示，绍兴府和明州的茶额在绍兴、乾道年间大体保持一致，在两浙东、西路中，占额仅次于临安府和严州，在两浙路各州的茶额中位居前茅。如果说榷茶定额反映的是政府制定的数量，而"批发"与"住卖"则可以看出茶叶实际交易中的数量。《嘉泰会稽志》卷五《赋税》记录了绍兴府所属八县每岁茶叶批发（运销外地）、住卖（当地销售）的数额。见表2-2。

---

① 表格引自《浙江通志》编纂委员会编：《浙江通志·茶叶专志》，浙江人民出版社2020年版，第339页。

表2-2 《嘉泰会稽志》中绍兴府每岁茶叶售卖情况

	会稽	山阴	嵊县	诸暨	萧山	余姚	上虞	新昌	合计
批发（斤）	23320	7700	200	无	100	14600	600	无	46520
住卖（斤）	920	6410	5040	6130	6850	300	600	450	26700

从绍兴府八县每岁茶叶批发、住卖的总额来看，当地每年有六成多的茶叶转运至外地市场出售。在八县中，余姚、会稽两县的批发贸易占全府总批发量的81.5%。而诸暨、新昌两县无批发，所产茶叶基本在本地零售消费。但总体而言，南宋时期绍兴府的茶叶产量数额巨大，且基本属于外销。当然，上述茶额仅限于官方征课销售的范围，事实上，制茶户和茶商为躲避征课进行私下交易，私茶现象一直十分严重，其实际产茶量远远高于官府征榷额的数目。

元朝对茶也实行专卖政策，"随路盐、茶，即系立法榷货，难同其余买卖商税"①。在元代国家财政收入的钱钞部分中，盐课收入高达十分之七八。茶课收入虽然仅占百分之三，但在诸色课中，茶课仅次于盐课，仍占有重要地位。②如在元代庆元路每岁征收茶课40.14锭，这些茶课主要从产茶的鄞县、慈溪、奉化三州县所征。③这一数额，一方面说明茶课负担之重，另一方面也多少反映了茶叶产值在当地经济社会中的重要性。

宋代在长期推行茶叶禁榷的同时，在一段时期内，也曾允许茶园户和茶商之间进行交易。北宋嘉祐四年（1059）至崇宁二年（1103），国家对东南地区茶叶实行通商法，"罢官置场，商旅并即所在州县或京师请长短引，自买于园户"。在40多年时间里，茶商通过赴官买引，可直接向园户买茶。《文献通考》记载："商贾之欲贸易者，入钱若金帛京师榷货务，以

---

① 《元典章》卷二二《户部八·茶课·僧道私茶事》，中国书店1990年版，第166页。

② 陈高华、史卫民：《中国经济通史·元代经济卷》，经济日报出版社2000年版，第641—642页。

③ （元）冯福京修，郭荐纂：《大德昌国州图志》卷三《茶课》，中华书局1990年版，第85页。

射六务、十三场茶，给券随所射予之，谓之交引；愿就东南入钱若金帛者听，计直予茶如京师。凡茶入官以轻估，其出以重估，县官之利甚博，而商贾转致于西北，以致散于夷狄，其利又特厚。此鬻茶之法。"①商人贩茶，具体的操作是：先向榷货务缴纳钱帛，换取茶券（贩茶许可证），凭引前往指定的山场或榷货务提取茶叶，然后运往非禁榷之地出售。由于东南属榷茶区域，茶商只能将茶长途运输至不禁榷的西北地区，尽管距离遥远，却盈利甚厚。通过卖引法，推动了内地与边关地区茶叶贸易的繁华，大大开拓了茶叶的销售市场。

两浙地区历来是全国产茶重地，茶叶的销售与转运相当繁荣。特别是临安成为南宋都城后，两浙路成为全国茶业管理中枢和茶叶贸易中心。浙东运河流域逐渐形成了一批规模较大的产地集贸市场和产区中转市场。产地集贸市场是山区茶叶进入贸易流转的第一个环节，沟通茶叶产区与外部市场。早在唐代，两浙地区已有一批茶叶产量比较集中的小区域，涌现出定期或不定期的茶叶市集。如湖州的长兴水口、尧市，睦州的鸠坑、桐庐，越州的平水等。宋代浙东运河内茶叶产地市场比唐代进一步扩展，如南宋绍兴府除平水草市依旧繁华外，又新增兰亭、柯桥等新茶市，庆元府慈溪县的四郭也皆有卖茶的草市。从陆游《兰亭道上》诗"兰亭步口水如天，茶市纷纷趁雨前"和"兰亭美酒逢人醉，花坞茶新满市香"，可知兰亭茶市的盛况。

浙江茶叶的流通空间历来跨度较大。唐代湖州的顾渚紫笋茶已出现在吐蕃赞普帐中。宋代，大量浙东运河茶叶通过官买商销进入北方市场。在茶叶产地到销地的长途运销，又形成了一批多层次、递进式、网络状的中转集散市场。一般而言，宋代茶叶官买场所在州县，即是茶叶集散中心。《文献通考》记载，北宋越州及其所辖的上虞、余姚、诸暨、新昌、剡县均置榷场，无疑是浙东运河最主要的茶叶集散中心。通过这些集散中心，

---

① （元）马端临撰，上海师范大学古籍研究所、华东师范大学古籍研究所点校：《文献通考》卷十八《征榷考五》，中华书局 2011 年版，第 507 页。

浙东运河茶叶被贩运到全国各地，乃至远销至日本和朝鲜半岛。

唐代时，明州港就与海外形成了一定规模的货物贸易。宋元时期，政府在浙江沿海的杭州、明州、秀州、温州等地先后设置市舶机构，管理外贸事务。其中，以明州市舶司最为重要。明州港与日本、高丽的通商非常繁盛，在所出口的商品中，茶叶占有相当比例。宋代官员在记述外贸时曾指出："彼之所阙者，如瓷器、茗、醯之属，皆所愿得。"①北宋明州鄞县人舒亶《和马粹老四明杂诗聊记里俗耳》诗云："梯航纷绝徼，冠盖错中州。草市朝朝合（四郭皆有市），沙城岁岁修（邦人为郡城杂以沙，故易颓）。雨前茶更好，半属贾船收。"②就是对高丽使者在四明草市收运茶叶情状的描述。北宋中叶后，明州被定为宋朝与高丽贸易的唯一港口，明州与高丽的官方贸易更为繁荣。从宋、丽双方官方贸易的物品来看，高丽所贡多为价格昂贵的香油、松子、人参等土特产及金银宝物、兵器与高级工艺品。宋朝的回赐，除诏书奖谕、加册、官爵外，主要有礼服、金器、银器、漆器、乐器、礼器、绢、缎、绫、缯、锦、龙凤团茶、御酒和各种高档药材。③

除官方贸易外，宋、丽之间的民间贸易也相当活跃。据《宝庆四明志》卷六《叙赋下·市舶》载，高丽输入明州的以人参、药材为多。经明州输入高丽的物品，有中国出产的物品，如茶叶、丝织品、瓷器、书、文具等，其中，丝织品、茶叶是大宗。《宣和奉使高丽图经》载，高丽风俗颇喜饮茶，虽然也出产茶叶，然"味苦涩，不可入口，惟贵中国腊茶并龙凤赐团"；所用茶具，如金花鸟盏、翡色小瓯、银炉汤鼎，也"窃效中国制度"。这些茶叶、茶具虽可通过官方贸易获取，但远远不能满足消费需要，

---

① 刘琳、刁忠民、舒大刚、尹波等校点：《宋会要辑稿·刑法二》，上海古籍出版社2014年版，第8372页。

② （元）马泽修，袁桷纂：《延祐四明志》卷二十《集古考下》，《宋元方志丛刊》第6册，中华书局1990年版，第6437—6438页。

③ 张伟、张如安、邢舒绪：《宁波通史·宋代卷》，宁波出版社2009年版，第99页。

故"商贾亦通贩"。①

由于宋元政府大力鼓励海外贸易以及海道的拓展，因此除东亚的日本和朝鲜半岛外，明州与东南亚、非洲各国的贸易也有了较大的发展。浙东运河流域的茶叶经明州港，被远销至世界各地。而海外贸易范围的不断扩大，也为浙东运河茶叶开拓了广阔的国外市场，极大地推动了浙东运河茶叶的商品化进程，加速了其茶叶市场体系的形成。

第三节　明代至清中期制茶业的精细化发展

明代至清代中前期，是浙东运河流域茶叶进入传统制茶业的总结期，无论在茶叶的生产、管理环节方面，还是品种的培育方面，均达到了传统手工茶叶制作的最高峰。而且，在制茶技术上，浙东运河流域已完全推行炒青法，又因地制宜创造出圆形珠茶，不仅畅销全国，还开始外销欧美市场，逐渐孕育着制茶叶由传统向近代的转变。

一、茶园的精细化管理和茶品的进一步丰富

古人对茶树种植环境条件的认知历史颇为悠久，唐代陆羽《茶经》已多有涉及。如书中记录当时人已意识到种茶的土壤"上者生烂石，中者生砾壤，下者生黄土"，又指出茶树宜"阳崖阴林"等。唐末五代韩鄂《四时纂要》进一步指出，在种茶挖土时，要"熟，着粪和土"，又说："此物畏日，可种于桑下竹阴之地；二年以后耘治，用小便、稀粪和蚕沙浇壅"，

---

① 张伟、张如安、邢舒绪：《宁波通史·宋代卷》，宁波出版社 2009 年版，第 108 页。

还提出茶宜种在坡地，如位于平地"即须于两畔开沟垄泄水"等，①可以说对茶树的种植空间已有相当深入的掌握。

明清时期，在茶园生长空间的开发相对完成的状况下，茶农在茶叶生产环节，更加注重茶树的种植管理，以提高单位面积产量。从明代开始，江南地区的茶园管理技术较唐宋有了更大的进步。新都人程用宾在《茶录》中总结出："肥园沃土，锄溉以时，萌蘖丰腴"的观点。明清之际著名思想家方以智的《物理小识》还记载了育苗移栽（"种以多子，稍长即移"）的方法。而在同时期的浙东运河流域内，慈溪人罗廪的《茶解》一书，则对茶园的栽种管理有着更为详细的说明。

对于茶树种植的位置，罗廪指出茶园须"治地平正，行间疏密"，具体的操作方法，则是"纵横各二尺许。每一坑下子一掬，覆以焦土，不宜太厚，次年分植，三年便可摘取"。茶树是喜半阴植物，其环境不能过于潮湿，因此茶地以"斜坡为佳"，否则"聚水向阴之处，茶品遂劣"。对于茶园的松土、施肥环节，罗氏也有一套科学而具体的总结。其云："茶根土实，草木杂生则不茂。春时剃草，秋夏间锄掘三四遍，则次年抽茶更盛。茶地觉力薄，当培以焦土。治焦土法，下置乱草，上覆以土，用火烧过。每茶根傍掘一小坑，培以升许。须记方所，以便次年培壅。晴昼锄过，可用米泔浇之。"这一方法在今日栽茶施肥中，不少仍在沿用。书中还提倡一种茶园"立体"种植法。罗廪认为："茶园不宜杂以恶木，惟桂、梅、辛夷、玉兰、苍松、翠竹之类，与之间植，亦足以蔽覆霜雪，掩映秋阳。其下可莳芳兰、幽菊及诸清芬之品。最忌与菜畦相逼，不免秽污渗漉，滓厥清真。"在他看来，茶树不能与杂木混种，不过茶树上层可以栽种桂、梅、苍松等乔木形花果，下层可植种兰、菊一类草本花卉，既能让

---

① 《浙江通志》编纂委员会编：《浙江通志·茶叶专志》，浙江人民出版社 2020 年版，第 103 页。

茶园幽香常发，还可以抑制杂草生长。①

相对于士大夫的理论总结，明清浙东运河流域也流行许多与茶树栽种有关的俗语。如：

> 千茶万桐，一世不穷。千茶万桑，万事兴旺。正月栽茶用手捺。向阳好种茶，背阳好插杉。桑栽厚上扎根牢，茶种酸土呵呵笑。高山出名茶。槐树不开花，种茶不还家。
>
> 七挖金，八挖银，九冬十月了人情。三年不挖，茶树摘花。若要春茶好，春山开得早。若要茶树好，铺草不可少。若要茶树败，一季甘薯一季麦。茶山不用粪，一年三届钉。茶地晒得白，抵过小猪吃大麦。
>
> 茶树本是神仙草，只要肥多采不了。春山挖破皮，伏山挖见底。修茶臂，理茶脚。栏肥壅肥三年青。根底肥，芽上催。雪前冷，冻阴坡；雪后冷，冻阳坡。锄头底下三分水。熟地加生泥，胜似吃高丽。宁愿少施一次肥，不要多养一次草。有收无收在于水，多收少收在于肥。基肥足，春茶绿。②

这些盛行的俗语，生动地反映了浙东运河流域内茶农对茶树栽种的位置、时间、施肥等状况有了较为准确的经验总结，透露出明清时期茶园管理已达到相当精细的水平。

茶园的精细化管理，还体现在名茶采摘时间的严格把握。按照节气与茶叶品质的关系来说，清明前茶最佳，《会稽县志》载："早者为清明茶，香味特色。清明后采者曰雨前茶，谷雨后采曰早春茶……最后则曰夏

---

① 《越地茶史》编委会编：《越地茶史》（第一卷），浙江古籍出版社 2018 年版，第 184—185 页。
② 《越地茶史》编委会编：《越地茶史》（第一卷），浙江古籍出版社 2018 年版，第 185 页。

茶，其味减矣。"罗廪《茶解》对采茶的天气与茶品的关系也做了进一步的说明："雨中采摘，则茶不香。须晴昼采，当时焙。迟则色味香俱减矣。故谷雨前后，最怕阴雨，阴雨宁不采。久雨初霁，亦须隔一两日方可，不然，必不香美。采必期于谷雨者，以太早则气未足，稍迟则气散。入夏则气暴而味苦涩矣。采茶入箪，不宜见风日，恐耗其真液。亦不得置漆器及瓷器内。"著名的日铸茶就要求在早春时节及时采摘，清代山阴人吴寿昌的《日铸茶》就云："越茗饶佳品，名输此地传。根芽孤岭上，采焙早春前。"可见，对采摘时间的准确掌握是制作名茶的必备要求之一，也是茶叶生产、管理精细化的重要体现。

随着茶叶种植技术的提高和茶园管理的精细化，明清浙东运河产茶量也明显增加。据谈迁《枣林杂俎》记载，明代全国有 45 府县贡茶，浙江有 18 县，共 506 斤。在各县中，属于浙东运河流域的，有嵊县 18 斤、会稽 30 斤、慈溪 260 斤，占总数的 60.9%。清代全国有 37 府贡茶，浙江有 10 府，共 505 斤。各府中，浙东运河宁波 260 斤，绍兴 40 斤，[①]占总数59.4%，远超其他府的贡茶数量。

在产量增多的同时，浙东运河流域内的名茶也层出不穷，名茶种类比宋元时期更为丰富。这一流域在明清两代涌现出会稽的兰雪茶，上虞的后山茶、鹁鸪岩茶、覆卮山茶、雪水岭茶、隐地茶、布谷岩茶、凤鸣山茶，余姚的建岙岕茶，鄞县的太白茶，慈溪的童家岕茶，诸暨的五泄山茶、梓坞山茶、宣家山茶、圆茶、对乳茶，嵊县的仙家岗茶、油竹山茶、龙口岩茶、上坞山茶，新昌的红芽茶、对岕茶、起蕻茶等。在名茶数量增多的同时，各名茶的地域分布更为均衡。明清以前，宁波的象山、普陀较少有闻名于世的名茶。明清以来，象山也诞生出天峰茶、朱溪茶、珠山茶、五狮山茶、郑行山茶等佳茗。佛教名山普陀山在明清两代也盛产名茶。明代李日华《味水轩日记》卷一载："万历三十七年七月二十一日，海上僧量

---

① 《浙江通志》编纂委员会编：《浙江通志·茶叶专志》，浙江人民出版社 2020 年版，第554—555 页。

虚来，以普陀茶一裹贻余。余遣僮棹舟往湖心亭挹水之清澈者，得三缶瀹之，良佳。僧云：'普陀产茶不十数斤，此手焙者，尤难得。'余名之曰'观音灵芽'。"清代道光《重修南海普陀山寺》卷一《形胜》："茶山，在白华顶后，自北亘西，其地最广，中多溪涧。山上多产茶茗，僧于雨前采摘供用。"卷十二《方物》："普陀之茶，可愈肺痈、血痢，故虽少而可贵。又寺西南海中桃花山出者，亦佳。"反映出浙东运河流域内名茶遍地开花的盛况。

二、炒青法的全面普及和珠茶制法的出现

明清两代，茶叶加工技术更加完备，绿茶炒青技术得到大范围的普及，并创新出红茶、乌龙茶等新茶类。明洪武年间（1368—1398），当时进贡之茶仍沿袭旧法，"皆采而碾之，压以银板，为大小龙团"，明太祖"以其劳民，罢造，惟令采茶芽以进"[1]，下诏罢造建安的团茶，不再作为贡品。从此，团饼茶制造衰落，散茶获得全面发展。至清代，炒青制法成为芽叶散茶的主要加工技术。

浙东运河地区原本就是炒青法的重要发源地，明清时期这一制茶工艺又得以进一步完善，从而提高了茶叶品质。明代四明人闻龙《茶笺》对日铸茶采制技艺有详细论述：

> 茶初采时，须拣去硬枝老叶，唯取嫩叶，又须去尖与柄，恐其易焦，此松萝法也。炒时须一人从旁扇之，以祛热气，否则黄，色、香、味俱减，予所亲试。扇者色翠，不扇色黄。炒起出锅，置大瓷盘中，仍须急扇，待热气稍退，以手重揉之，再入锅

---

① （清）张廷玉等撰，中华书局编辑部点校：《明史》卷八十《食货四·茶法》，中华书局1974年版，第1955页。

文火炒干，入焙，并揉其津上浮，点时香味易出。[1]

可见炒茶技术已相当成熟精湛。明代后期，炒茶技术更趋精致，罗廪《茶解》中说：

> 炒茶，铛宜热；焙，铛宜温。凡炒止可一握，候铛微炙手，置茶铛中，札札有声，急手炒匀。出之箕上薄摊，用扇扇冷，略加揉按。再略炒，入文火铛焙干，色如翡翠。若出铛不扇，不免变色。茶叶新鲜，膏液具足。初用武火急炒，以发其香，然火亦不宜太烈。最忌炒制半干，不于铛中焙燥而厚罨笼内，慢火烘炙。茶炒熟后，必须揉按，揉按则脂膏熔液，少许入汤，味无不全。铛不嫌熟，摩擦光净，反觉滑脱。若新铛则铁气暴烈，茶易焦黑。又若年久锈蚀之铛，即加磋磨亦不堪用。炒茶用手，不惟匀适，亦足验铛之冷热。薪用巨秆，初不易燃，既不易熄，难于调适。易燃易熄，无逾松丝，冬日藏积，临时取用。茶叶不大苦涩，惟梗苦涩而黄，且带草气。去其梗，则味自清澈，此松萝、天池法也。余谓及时急采急焙，即连梗亦不甚为害。大都头茶可连梗，入夏便须泽去。[2]

不仅相关细节更为讲究，而且以前的一些常识也有了新的认识，如对于茶梗的去留，前后的观点不同，表明炒制技术及理念更加先进了。制茶技术也种类繁多，有松萝法、京茶式等，而且扚、掐、挪、扇、炒、焙、藏各个制茶环节均有一定程式。如张岱在《陶庵梦忆》里记叙了他试制"兰雪茶"的经过："遂募歙人入日铸。扚法、掐法、挪法、撒法、扇法、

---

① （明）闻龙撰，方健校证：《茶笺》，中州古籍出版社 2015 年版，第 23 页。

② 《越地茶史》编委会编：《越地茶史》（第一卷），浙江古籍出版社 2018 年版，第 188—189 页。

炒法、焙法、藏法，一如松萝。""杂入茉莉，再三较量，用敞口瓷瓯淡放之。候其冷，以施滚汤冲泻之，色如箨方解，绿粉初匀，又如山窗初曙，透纸黎光。取清妃白倾向素瓷，真如百茎素兰同雪涛并泻也。雪芽得其色矣，未得其气，余戏呼之'兰雪'。""四五年后，兰雪茶一哄如市焉。越之好事者，不食松萝，止食兰雪。"会稽山的平水茶农，也摸索出掬、挪、撒、扇、炒等制茶工艺，使日铸茶的内在品质得以充分发挥。王思仁在《开先寺》诗中赞："云雾仙芽亦并参，若苛茶品德犹惭。特向吾乡携日铸，扫将松叶试龙潭。"

在日铸茶炒青法基础上，清代平水茶农又独创圆形珠茶的加工技术，将"似长非长""似圆非圆"的茶形经重揉重压，揉炒结合为团，制成炒青圆茶，外形呈颗粒状，细圆紧结，宛如珍珠，故名"珠茶"。宣统《诸暨县志·物产》载："又有一种名圆茶，揉接一叶为丸，焙干，仿古龙团、凤团之制，售于外洋。"[1]此即珠茶的准确记载。但珠茶始于何时，学界尚未有明确的定论。有学者依据南宋鄞县人楼钥《次韵黄文叔正言送日铸茶》中"越山日铸名最高，种在阳坡性非冷""坡公殆未识吾真，真者如珠光自炯"[2]等句，认为珠茶的起源可追溯到南宋。也有认为珠茶始于明末清初，原名玉珠，谓由天台山寺僧精心创制。[3]楼钥所云是不是珠茶，珠茶是否由天台山寺僧所创，其实尚难定诹。不过，珠茶制作在清代会稽山一带颇为流行，当属可靠。据载，会稽县王化乡祝家村辟有御茶湾，每年采制珠茶，进贡朝廷，后以进贡康熙皇帝为由，用"贡熙""熙春"之名。此后，会稽山、四明山茶区各县，纷纷仿制。茶商则云集会稽平水，开设茶栈，专营圆毛茶收购、精制加工、包装出口。浙东各县毛茶，大都汇集

---

① 宣统《诸暨县志·物产》，转引自朱自振编《中国茶叶历史资料续辑》，东南大学出版社1991年版，第210页。

② （宋）楼钥：《攻媿集》卷五，载陈彬藩等主编《中国茶文化经典》，光明日报出版社1999年版，第185页。

③ 李永鑫主编：《绍兴通史·第四卷》，浙江人民出版社2012年版，第163页。

于此，经精制后统称平水珠茶，运往上海等口岸外销。[①]

凡供出口之茶叶须经过初制与精制两个加工阶段。初制工艺，因品种而异。珠茶初制需经杀青、揉捻、干燥三个流程。其中干燥，又有炒二青、炒三青、炒对锅、炒大锅四道工序。红茶则分萎凋、揉捻、发酵、干燥4道工序。日铸茶则有杀青、摊凉、整形理条、初烘、足火5道工序。所谓精制，即以初制茶为原料，拣梗、去杂、挑剔、分档、加工制作，原为外销所需，制作工序繁复，有筛、扇、拣等步骤，每一步骤又需多次反复。

三、国内外贸易的兴盛和珠茶初入欧美市场

由于浙东运河流域的茶叶一直以来种植广泛，质地佳美，广受喜爱，外销全国各地和海外。明清时期，随着社会需求的进一步增加，当地的茶叶贸易更为发达。万历《绍兴府志》载："山、会诸山往往产茶，总谓之绍兴茶。惟以细者为佳，不必卧龙、日铸，比地竞市之都门，牙家云：'越所贩茶，每岁盖计三万金也。'"可以看出，当时绍兴一带民间贩茶兴盛的状态。

如果说唐宋时期就出现了茶叶的代客买卖，那么这种贸易多由流动的茶贩来完成。他们深入茶叶产区，向茶园户零星收购毛茶，一般经营数量不大，收进百斤，即挑至城中茶行卖出。到了明清时期，茶叶代客买卖的规模逐渐扩大，逐渐出现了茶行、茶栈。特别是茶栈，规模较大，多有大茶商专营。有清一代，平水茶市形成后，每逢茶叶采制季节，各地茶商云集于青坛、王坛、双江溪、王化、宋家店等地，收购毛茶，然后加工成茶，运销各地。这些茶叶加工厂被称为"茶栈"。按资本拥有量多少，又

---

① 《越地茶史》编委会编：《越地茶史》（第一卷），浙江古籍出版社2018年版，第190—191页。

分成"洋庄"和"土庄",亦称"大栈"与"小栈"。一个茶季,大栈出茶五六百担,甚至上千担,小栈出茶也至少二三百担;一般有雇佣工近百人,外包工倍之。王坛的陶星桥茶栈最有名,雇工200余人,外包工近400人,在茶季光拣茶女工有时就有上百人,茶季过后固定工也经常保持在50人以上。该茶栈把珠茶分为丁、正、蚕、中、可副、禾、麻、头园、二园、三园10种。① 由于会稽山地长期盛产茶叶,而产量中的很大部分集中在稽北丘陵的水运码头平水镇加工外销,从明末清初起,平水镇茶市的茶叶加工范围进一步扩大,覆盖到山阴、会稽两县,后延及新昌、嵊县、诸暨、上虞、余姚等县,成了全国闻名的茶叶加工集散中心。所销售茶叶有珠茶、眉茶、旗枪等品种。

明清时期随着宁绍地区市镇数量增多和规模扩大,进一步推动商品流通和商品生产的范围。通过浙东运河,当地生产的丝、茶、棉、海产、药材等大宗货物一头运输到杭州,再转运至全国各地;另一头通过甬江和宁波港,运往海内外各地。清代通过宁波港进行国内的海上贸易也颇为发达。如乾隆年间的鄞县海商王世荣,每年将盐引30万包经天津贩往直隶大名府销售。闽、广等地商人也把各地货物运到宁波。乾隆五十年(1785)十月二十三日,受雇于福建兴化府莆田县的商人游华利等25人,至山东海丰县装枣子,运到宁波交卸。自乾隆四十九年(1784)闰三月二十二日至乾隆五十年(1785)十一月二十日,船户蒋隆顺一直从事海洋运输,往返于镇江、天津、登州、宁波等地。到嘉(庆)、道(光)年间,宁波港与国内沿海诸港间贸易取得了前所未有的发展,以内河为港口货物的集疏渠道而形成的转运贸易亦随之活跃起来。清廷在嘉庆年间开始放宽限制,商民置造船只,梁头丈尺,照前听民自便,免立禁限。道光初,宁波港的对外贸易又有新的发展。② 宁绍地区盛产的茶叶既有通过浙东运河经杭州中转至全国,亦有经宁波港销售到南北各港口。而在销售国内市场

---

① 李永鑫主编:《绍兴通史·第四卷》,浙江人民出版社2012年版,第350页。
② 乐承耀:《宁波通史·清代卷》,宁波出版社2009年版,第266页。

的同时，明清浙东运河茶叶依然远销海外。

明代，由于商品经济的繁荣，造船技术的发达和航海经验的积累，在市舶贸易的基础上，兴起了商舶，即私人海上贸易。在海禁未开之前，私人海上贸易属非法而被禁，但禁而不绝。至明隆庆（1567—1572）初海禁开放才为合法。自此一直到崇祯末年，不再有严厉的海禁政策。浙东运河区域濒临东海，在舟山群岛附近出现了许多私商云集的新商港，各种茶叶随之输出海外。

浙江茶叶经私人海上贸易输出海外，其主要市场是近邻日本。据日本木宫泰彦《日华文化交流史》的研究，清康熙年间（1662—1722）运抵日本的中国货物集结自中国的 15 个省份，由浙江船运来的贸易品中就有茶和茶碗。[①]不过，晚明时期，浙东茶叶已逐渐走向欧洲。万历三十五年（1607），荷兰东印度公司从中国澳门购买绿茶后转运欧洲，这是中国茶叶输出欧洲的开始。之后，英国东印度公司于崇祯十年（1637）从广州第一次运出中国茶叶，康熙三年（1664）在澳门设立办事处，康熙四十一年（1702）在舟山岛上设立贸易站。由于英国市场对茶叶的需求激增，该公司下令船载满茶叶。在满船茶叶中，其中圆茶占 1/6，[②]此"圆茶"即浙东运河区域所产的平水珠茶。在 18 世纪中叶，伦敦市场上售卖的中国茶叶，除了武夷茶，以平水茶售价最高，每磅高达 10 先令 6 便士，可与珍珠比价，故被誉为"绿色的珍珠"[③]，可见珠茶的受欢迎程度。

康熙二十三年（1684），清政府开放广州、厦门、宁波和松江 4 口岸对外通商，准许民间出海贸易。当时开放给中外商人进行贸易的大大小小港口计有 100 多处，浙江就有 15 处，贸易相当活跃，史载浙江沿海"江

---

① [日]木宫泰彦：《日华文化交流史》，富山房出版社 1987 年版，第 678 页。

② 陈椽编著：《茶业通史》，农业出版社 1984 年版，第 472—473 页。

③ 李永鑫主编：《绍兴通史·第四卷》，浙江人民出版社 2012 年版，第 346 页。

海风情，梯航云集，从未有如斯之盛者也"①。浙江外销的茶叶早在雍正七年（1729）就沟通商路，清政府"准浙江洋船视福建例与南洋贸易"。乾隆七年（1742），浙江、江南两省的绿茶对外通商范围，包括菲律宾群岛、日本、安南、柬埔寨和暹罗各国。②乾隆二十二年（1757），朝廷取消厦门、宁波、松江3口岸贸易，只许广州一口通商，实行"公行"制度，即规定外商在中国的一切贸易和其他事务均须通过清政府特许的"公行"来进行，外商不得与中国其他商人直接进行买卖。宁波港的海外贸易急剧减少，浙东运河流域商品的国际市场也受到挫折。

公行垄断出口期间，原本只需通过宁波港即可对外出口的浙东运河茶叶，只能通过远途运输至广州，才能销往海外。如相关记载云："1803年，宁波慈溪沐土方贩茶来广州出卖。1804年报捐布政司经历职衔。1806年承充万成行洋商。"③嘉庆二十二年（1817）七月二十六日，清廷以商人由海道贩运茶叶日益增多，难保不夹带违禁货物、私运出洋故，谕令严禁茶叶海运，规定茶叶赴粤须由内河过岭，永禁出洋贩运，违者治罪，并将茶叶入官。④由于长途运输之不便及运输成本的剧增，浙东运河流域茶叶的外销量自然受到较大影响，但仍然有可观的销量。平水珠茶仍源源不断被辗转运贩进入欧美市场，有资料记载："1789年美国政府开始分类收税，红茶每磅课15分，圆茶22分，雨茶55分。"⑤此"圆茶"是平水珠茶，因其特色明显而在美国市场被单独归为一个茶类，说明运至美国的数量颇为巨大。这些外销通道及销售市场的存在，为鸦片战争后上海开埠、平水茶的外销高峰准备了客观条件。

① （清）嵇曾筠修，陆奎勋纂：《雍正浙江通志》卷八六《榷税》，中华书局2001年版，第1025页。
② 陈椽：《中国茶叶外销史》，碧山岩出版公司1993年版，第41页。
③ 陈椽：《中国茶叶外销史》，碧山岩出版公司1993年版，第294页。
④ 《清实录·仁宗睿皇帝实录》卷三百三十二，中华书局1986年版，第387页。
⑤ 陈椽：《中国茶叶外销史》，碧山岩出版公司1993年版，第161页。

第四节　晚清至民国制茶业的现代转型

　　晚清至民国时期，是浙东运河流域制茶业从传统到现代的转型期。在此期间，以平水茶为代表的浙东茶叶远销海外，在国际市场上风生水起，推动了浙东运河流域经济社会的繁盛。但在印度、锡兰、日本等茶叶的冲击下也历经起伏。为促进平水茶的重生，地方政府和茶叶界积极开展了一系列的改进措施，这一地区茶叶的生产、管理、制作也迎来革新，进入科学化的模式，为当地茶叶的现代化转型，奠定了重要基础。

一、平水茶在晚清民国外销中的兴衰起伏

　　平水茶在晚清民国不仅是浙东运河流域最著名的农产品之一，也是当时外销茶的大宗，在国际上享有盛誉。平水茶产于浙东旧绍兴府所属的会稽、山阴、萧山、诸暨、余姚、上虞、新昌、嵊县八县，只是因为集中于绍兴县平水镇加工精制后再输出国外，同时平水制造最早、输出最早，所以因"平水"而著称。其他各处所产，都模仿平水制法与包装，也以平水茶之名出售。[1]

　　鸦片战争前，中国的茶叶出口主要集中于广州，由十三行垄断经营。而在鸦片战争后，上海正式开埠。原先在广州从事茶叶的英国洋行纷纷在上海设立分行。上海以其地域优势，很快成为中国出口茶叶的集散中心。而位于浙东运河出海口的宁波，其开港时间虽与上海相同，但出口贸易并不繁荣。在开埠通商的前十多年间，宁绍地区的茶叶均直运上海而不走宁波港。1860 年后，由于上海港与内地的茶叶运输通道被太平军阻断，不

---

[1] 《越地茶史》编委会编：《越地茶史》（第二卷），浙江古籍出版社 2018 年版，第 326—327 页。

少上海洋行在宁波设立分行收购茶叶，宁波港的茶叶出口逐年增加。据统计，1859 年有 1600 担，1860 年增至 1.6 万担，1861 年多达 5.2 万担，1862 年因美国内战数量减少，1863 年降至 36428 担，1864 年又增为 59117 担。[1]而宁波输出的茶叶以绿茶为主，产区均在浙江省内，所输出绿茶又以绍兴的平水茶为主。也正是从 19 世纪 70 年代开始，平水茶之名逐渐兴起。1875 年，绍兴丝茶商在上海设丝茶行，与英商怡和洋行共同经营出口美、英、法等国。绍兴丝茶商走出平水茶区，标志着平水茶进入了新的时期。

平水茶外销的兴盛，可从三组对比数据得到反映：一是平水茶曾占宁波口岸茶叶输出量的大多数。宁波港输出茶叶开始于光绪二十一年（1895）。这一年，从宁波出口外销的茶叶有 19 万（关）担，温州有 2.1 万（关）担。而从宁波出口外销的绿茶中，来自平水茶区的占了绝大多数。二是平水茶的出口量一度占全省茶叶外销的一半。据庄晚芳《珠茶史话》的记载，1869 年至 1879 年，平水珠茶年均出口 1 万吨，占全省茶叶总数的一半。《浙江省茶叶志》也记载，1875 年至 1897 年，平水珠茶最高出口额 20 万担，同样占全省茶叶出口量的半数。[2]三是在同时期上海绿茶出口额中，平水茶也占了一半。据 1888 年度上海贸易报告，在当年的上海绿茶出口额中，平水茶"几乎构成了总产量的一半"。这一年，上海出口绿茶 12462 吨，其中英国 3728 吨、美国 6941 吨、印度 1540 吨、日本 136 吨，其他国家 117 吨。按照英国总领事记述的几乎"一半"计算，平水茶有 6230 吨。平水茶在 19 世纪 70 年代只占上海绿茶出口的 3/20，而到了 1888 年几乎占了一半。[3]正如王旭烽说："清同治光绪年间，华茶曾经几乎

---

① 《越地茶史》编委会编：《越地茶史》（第二卷），浙江古籍出版社 2018 年版，第 269 页。

② 《越地茶史》编委会编：《越地茶史》（第二卷），浙江古籍出版社 2018 年版，第 307 页。

③ 《越地茶史》编委会编：《越地茶史》（第二卷），浙江古籍出版社 2018 年版，第 307—308 页。

独占了美俄法英的茶叶市场，而平水珠茶，又占了其中的绝大多数。"[1]

平水茶早期外销的国家，有英国、美国、俄国、德国、日本等国，其中美国是最重要的出口国。如果说1864年，中国对美的茶销仅占上海出口绿茶的三分之一，而到了1875年以后，每年对美国的绿茶出口均在50%以上。1869年至1897年，中国销美绿茶中，约半数以上为平水珠茶。[2]

然而，在平水茶外销繁盛时，危机已经悄然潜伏。平水珠茶的兴盛，遭到各产茶国仿制。在鸦片战争前，英国的茶叶贸易基本来自中国。而在鸦片战争后，英国派出植物学家福琼（Robert Fortune）到中国，采集包括茶叶在内的中国植物资源。他们在殖民地印度和锡兰（今斯里兰卡）开辟茶园，培植茶树，并通过大资本、机械化、集团管理等手段，短期内使无茶的印度和锡兰一跃成为产茶大国。与此同时，荷兰殖民地印度尼西亚也迅速成为茶叶生产和出口国。印度、锡兰等国还仿造平水珠茶的外形特色，机械制造出"玉绿茶"，严重挤压了平水绿茶的出口。据调查，印度茶在1839年仅有8箱茶叶出口，至1859年出口量已达673吨，1894年增至57755吨，在36年的时间里，年均增长1585.6吨。[3]日本从1860年开始，也仿照中国平水珠茶的外形特色，机制了日式"玉绿茶"。日式"玉绿茶"初进美国茶叶市场时，无法与平水茶匹敌，但到了1875年，日式"玉绿茶"的外销量首次超过中国。平水茶在国际市场的领先地位逐渐被打破，并持续走下坡路。尤其是平水茶的外销输入大国——美国的茶叶市场，也被日茶所取代。

由于日本"玉绿茶"为无着色茶，而平水珠茶是着色茶。所谓着色茶，是指在烘焙时，掺杂着色剂（如钴或靛青，并混合陶土和铁粉）。

---

① 王旭峰：《茶者圣：吴觉农传》，浙江人民出版社2003年版，第66页。
② 《越地茶史》编委会编：《越地茶史》（第二卷），浙江古籍出版社2018年版，第311页。
③ 《越地茶史》编委会编：《越地茶史》（第二卷），浙江古籍出版社2018年版，第315页。

1873 年以后，英国市场拒收着色茶，平水茶在英国的销量自然骤降，但仍能畅销美国市场。然而，美国政府在 1897 年颁布《掺杂不卫生茶禁止条例》，规定自 1897 年 3 月 30 日起，凡运销美国的茶叶，均须检验合格才得以进入美国。但在实际执行中对中国茶叶往往带有偏见，不公平现象屡有发生。在中国外销美国的绿茶中，平水珠茶首当其冲。《浙江茶叶志》称："1897 年美国议会第二次通过茶叶法，禁止掺杂及劣等茶输入。上海输美茶叶受到较大影响，由于美国海关检查人员对茶叶品质不甚了解，对一些完全纯净的茶，说是不符合美国进口标准，不准进口。由于这些原因，平水珠茶被大量积压，不能进入美国市场。"[1]特别是 1910 年，美国又颁布《着色茶禁止条例》，禁止人工着色茶输入，要求清政府改制无色的平茶。而日本利用这一机会，对内改良日茶，对外扩大宣传，且诋毁华茶。美国市场纷纷选用日本绿茶，平水茶在美国难与日茶竞争，从而失去了市场。从 1898 年至 1911 年，平水茶外销出口美国的数额明显衰退。到 1908 年左右，日本绿茶以绝对优势压倒了中国绿茶。

在丧失美国这一大市场后，平水茶商又积极寻求新的外销之路。当时欧洲正发生第一次世界大战，为避开战区，平水茶商向俄国及俄属地运销茶叶。1915 年和 1916 年销俄形势颇佳，外销数额有所增加。但在 1917 年俄国爆发十月革命后，北洋政府与苏俄断交，同时苏俄受西方各国经济制裁，购买力下降，平水茶销俄量骤然滑落，"1918 年平水茶竟至无人过问"，后来两国恢复交往，"至 1921 年始稍复苏"。[2]对于平水茶外销的困境，尽管清末至北洋政府期间，地方政府曾开展了救济茶业、减免茶税等措施，但效果并不理想。1935 年，吕允福在调研平水茶业后忧心忡忡地感叹："近十年来，平水茶外受日本绿茶之倾销排挤，内因载制运销之不合理化，成本加高，品质降低，一再受挫于海外市场：初则被摒于美国，继则被逐于俄法，目前非洲摩洛哥虽尚有销路，但价格低廉，且为关税壁垒

① 阮浩耕主编：《浙江省茶叶志》，浙江人民出版社 2005 年版，第 21 页。
② 范葆生、孙芸生：《平水茶产销兴衰纪要》，《浙江经济》1948 年第 1 期。

所限制，前年该地进口关税每担二十五元，去年增至五十元，平茶前途甚是悲观，恐不久将绝迹于海外市场矣！"①吕氏的描述似有夸张之嫌，但也说明平水茶在当时国际市场上的外销状况并不景气。

南京国民政府统治的前期，尤其是1927年至1937年，国民经济得到了较稳定的发展。平水茶也在这一时期迎来了中兴，其最重要的表现：一是创制出平水红茶，二是平水茶的外销达到了高峰。据记载，1930年，绍兴县首次产出红茶2万余担，出口红绿茶24万箱；1932年，绍兴县产绿茶9万担、红茶3万担，占全省茶叶总产26.8%。1933年平水茶区产精茶13.87万箱，约8.6万担，80%供外销。1934年，平水茶区各县外销箱茶约18.4万箱，折合11.38万担。1935年，平水茶区各县外销箱茶153257箱，折合9.57万担。其中，红茶产量在浙江全省产红茶县中，以绍兴最多，年产约3万担，在全省63个产绿茶县中，仍以绍兴最多，年产约9万担。红、绿茶总共12万担，外销则有9.57万担。而到了1936年，平水茶外销迎来最高值，外销绿茶177397担，占全省茶叶总产量24.5万担的73%，外销红茶3万担，合计2074万担，首超历史最高水平的20万担。②1938至1939年，日军尚未东渡钱塘江，平水绿茶和红茶的外销状况尚算不错。而至1940年后，萧山、绍兴等浙东诸县相继沦陷，当地茶叶的生产、外销损失惨重。抗战胜利后，浙东运河流域的制茶业恢复生产，但因通货膨胀等诸多因素，茶叶外销停滞不前，逐渐走向没落。

二、生产、管理的科学化和茶叶合作社的组建

晚清时期，浙东运河流域的茶叶大体延续传统的管理方式，在经验方

---

① 吕允福：《绍兴平水之茶业》，《浙江省建设月刊》1934年第8期。
② 《越地茶史》编委会编：《越地茶史》（第二卷），浙江古籍出版社2018年版，第392页。

面虽积累了大量知识技术，但仍存在不少弊端。特别是农民种茶规模零星分散，素以种茶为副业，一向疏于管理。以平水茶区为例，据吕允福《浙江之平水茶业》的调查，当时平水茶区"茶园之管理，多采放任主义，既不施肥，又不中耕除草，至于剪枝防害等等，则更无论矣"。而造成这种情况的原因，一是茶叶价格不稳定，茶农不敢多投资金，以免亏损过甚；二是人工肥料之不易得，只靠天然的地力肥沃；三是手工制造每季产茶有限，"鲜叶过剩亦为无益"[1]。而在茶叶外销方面，由于传统的制作方法守旧，运销制度腐败，在国际市场上又受印度、锡兰、日本茶叶的挤占以及消费国家的保护关税影响，19世纪末20世纪初以来，平水茶的外销日渐衰落，因此如何改革茶业，推动平水茶的振兴，成为地方政府和茶叶界的重要任务。

民国时期，浙江省茶业改良主管机构先是浙江省建设厅，后改为浙江省农业改进所。鉴于平水茶区是全省产茶的中心，茶叶产量最高时占全省产量的一半，在晚清民国外销商品中有着重要的地位，茶叶改良率先从绍兴平水区开始。1930年5月，国民政府工商部为改良茶叶种植，派技正周敬天来浙调查，筹划改革办法。1934年春，由绍兴县政府设茶业指导员，指导改良茶叶，以取缔掺杂着色为主。1935年春，浙江省第五区农场会同绍兴县政府合办平水茶叶指导所，指导改良绍兴属七县的茶叶。由绍兴县县长与第五区农场场长兼任正、副主任，聘请茶叶专家为指导员。指导所设在绍兴县平水镇东岳庙。同年，浙江省建设厅在平水茶区的上虞蒿坝狮子冈辟茶园千余亩，改进采制技术，用资示范。1936年，全国经济建设委员会举行茶叶技术讨论会，通过浙江省建议，筹设浙江省茶业改良场，旋由部、省合资于嵊县三界龙藏寺辟场筑舍，购置机械，次年春正式成立，直属浙江省建设厅，由吴觉农任场长。该场研究与指导并进，着重茶树栽培、茶叶制造的研究改进，第一次向日本引进制茶机械，并训练茶

---

[1] 吕允福：《浙江之平水茶业》，实业部上海商品检验局1934年版，第5页。

业人才，举办茶业技术人员训练班两期，为浙江省培养了一批茶业技术骨干力量。

随着民国新式教育、技术的推广，茶叶界对茶树管理的科学认识已大大提高，涌现了一批既有理论素养又有实践经验的茶叶专业科技人才。对于茶区的生产和管理，他们提出了诸多改进栽培的建议与设想。如扩充栽茶面积，改变茶树多栽于高山瘠地的状况，设法提高茶价，使栽茶利益较优于栽培其他作物，以扩充茶地面积，将散漫茶地集中起来；取缔间作，茶地以不间作为原则，如必须间作，则间作物之种类，须加以限制；施行中耕除草；注意施肥剪枝；防治茶树病虫害；采摘茶叶者需要训练；减轻栽培成本等等。他们还身体力行，亲自推广茶树管理技术，在产茶中心地区，设立特约茶园，由茶叶指导员为茶农指导整枝栽种技术。起初，一般茶农对于整枝甚为怀疑，多不愿在自己茶园试验，免致无谓损失。后来成立的茶业指导所，在保证茶农最低收获量的条件下，代行剪枝。茶农目睹茶树整枝之功效，便纷纷向茶业指导所请求办理特约茶园。[①]现代科学化的生产和管理模式得到了广大茶农的支持，并在浙东运河流域逐渐推广起来。

传统茶叶用肥基本是天然的植物烂叶或动物的粪便，茶叶的生产产量较为低下。在现代农业广泛运用化学肥料的影响下，化肥也逐渐被使用到茶叶的增肥上。在浙江茶区，嵊县的浙江省农业改进所三界茶场最早施用化肥。1947 年的年度工作总结中，三界茶场提到辅导合作社申请借贷化学肥料，三界区茶叶生产合作社向嵊县农民银行申请借贷化学肥料，有过磷酸钙 2 万斤、硝酸铵 4000 斤，分配给外大山、王舍岗、祝岙、芝山、茶园头合作社和示范茶园（5 个合作社各得硝酸铵 400 斤、过磷酸钙 3600斤，示范茶园两种化肥各 2000 斤）。从申请化肥的数量来看，当时化肥用于茶叶栽培种植已颇为广泛。

---

① 《浙江通志》编纂委员会编：《浙江通志·茶叶专志》，浙江人民出版社 2020 年版，第 104 页。

1948年，浙江省建设厅还成立了浙江省茶叶改进设计委员会，由浙江省政府聘派有关茶业机关团体主管及热心茶业人员为委员。该委员会经过讨论，提出了四方面的改进措施：（1）拟具举办茶贷意见，建议中央迅予核定施行；（2）运用三界茶场制茶机械设备，辅导茶农合作社精制改良绿茶，运美销售，挽回平绿在美国市场之信誉；（3）督促茶厂依照工厂登记规则呈请登记，并从调查督导着手，筹办茶厂管理；（4）建议中央核拨美援一部分，以助本省茶业之复兴。[①]可惜这些决议最终并未实施。

地方政府和茶叶界对茶叶生产的管理和茶农的扶持，除了指导茶树栽培采制、改良茶叶外，还有一项重要措施——兴办茶业合作社。针对茶农分散经营、产量低下的现状，地方政府积极开展茶叶生产基地建设，发展名优茶生产，取得了较为显著的成效。浙江省茶业改良场成立后，为推广改良平水茶，于1937年春，在嵊县外大山、王舍冈、祝岙、陈村等地，派员指导组织4个茶叶生产合作社，将各社毛茶集交茶业改良场茶厂，由各合作社派员学习加工精制方法。至1939年，合作社数量增加，业务达到一定的水平。各合作社均有能力单独设厂自营茶叶产制运销合作业务。以茶叶为重要经济来源的浙东运河一带的农村，地方社会经济日渐复苏。茶叶合作社还规定，贫苦社员遇婚丧大事，可无息借用合作社的公益金，因此社员对合作社反响积极，参与人员日多。[②]据1941年的统计，当时平水茶区的五个县就有合作社235个，社员多达19768人，毛茶产量20224担，可见合作社的产量明显比此前的零散栽培效果显著。经过合作社改良的平水珠茶，曾运往美国试销，反响良好，被评为当时近30年来未有的优良华茶，说明平水茶改良的成功。见表2-3。

---

① 《浙江通志》编纂委员会编：《浙江通志·茶叶专志》，浙江人民出版社2020年版，第576—577页。

② 《浙江通志》编纂委员会编：《浙江通志·茶叶专志》，浙江人民出版社2020年版，第578页。

表 2-3　1941 年平水茶区的合作社概况[1]

县别	社数	社员人数	毛茶产量（担）
嵊县	124	13083	11954
新昌县	57	3245	4049
上虞县	20	788	1225
绍兴县	12	1440	1994
诸暨县	22	1212	1002
总数	235	19768	20224

太平洋战争爆发后，海运受阻，浙东茶叶外销暂停，后来宁绍各地又相继沦陷，浙东运河流域内众多合作社茶厂，因敌伪破坏遭受损失。抗战胜利后，茶叶合作社逐渐恢复，迎来复兴期。当时全省合作社茶厂 4 家，其中的 3 家（绍兴县稽东乡合作社茶厂、绍兴县安仁合作社茶厂、嵊县外大山茶叶生产合作社）就位于浙东运河流域。而且，绍兴安仁合作社茶厂还被评为示范合作茶厂，并专门派有人员督导办理业务与技术。据 1947 年的统计，3 家合作茶厂有社员 463 人，毛茶产量共 727.58 担，其中加工成精茶 485.86 担。1948 年，浙东运河一带的农村除已成立的 12 个茶叶专营社外，其余合作社均以乡保合作社暂时兼营，绍兴有 9 个社、嵊县有 7 个社、诸暨有 4 个社、上虞有 8 个社、新昌有 2 个社、奉化有 1 个社，共计 31 个社。嵊县的王舍冈、外大山、芝山、茶园头 4 个茶叶生产合作社经合并成立三界联合社。各社办理毛茶初制，由联合社运用三界茶场设备精制加工，并制订辅导改良平水茶合作产销计划，分别派员指导改良制茶。此外，茶叶设计委员会组织诸暨县茶叶生产合作社成立联合社，又组织绍兴、嵊县、诸暨、新昌、上虞 5 县茶叶合作社联合办事处，作为联系策划改进茶叶产制运销之机构。[2]从茶叶合作社兴办的踊跃程度来看，浙

① 《浙江通志》编纂委员会编：《浙江通志·茶叶专志》，浙江人民出版社 2020 年版，第 578 页。

② 《浙江通志》编纂委员会编：《浙江通志·茶叶专志》，浙江人民出版社 2020 年版，第 579 页。

东运河流域的制茶业有了一定的复兴。

三、茶厂的出现和茶叶的机械化生产

明清两代，茶叶商品化的程度已达到较高水平。清代以来，各地茶号、茶庄兴盛。近代五口通商后，茶叶出口激增，逐渐形成和发展了一批茶叶加工企业，初为茶栈，随后成立了茶厂、焙茶公司、制茶公司等。浙江是东南茶叶的集散地，浙东运河区域又是浙江茶叶的重要产区，各类茶叶企业比较齐全，数量亦多。

茶栈最早出现在大宗出口珠茶产地——绍兴平水茶区。清道光二十五年（1845），会稽县王化人宋周瑞开设瑞泰茶栈，收购王化日铸岭附近圆毛茶，加工精制后售于上海外商洋行出口。瑞泰茶栈以其毛茶品质优良，加工精细，质量上乘，受外商青睐。其子孙继承家业，在平水、宋家店、寺前、上灶等地，先后开设瑞隆、瑞丰、瑞康、瑞元、瑞兴、瑞记、瑞升等25家分支茶栈。"瑞"字牌号每年出口的箱茶，盛年时要以万数计算，成为当地最大的茶商。同治元年（1862），会稽县董庆章与上海吴南皋在会稽县渔家渡村（今属上虞）合办久大茶栈，精制后的成品珠茶，专供怡和洋行外销。绍兴黄坛镇的万成茶栈规模庞大，据说镇上的经济势力集中在万成一家，大部分的街房都属于万成所有。其栈主陶星樵，与渔家渡董久大、瑞隆宋济川、青坛董裕隆小老板董寿潜，有平水帮"四巨头"之称。

平水茶区的茶栈，除绍兴县之外，在嵊县、上虞、奉化都有一批。如清同治初年，嵊县竹溪人钱登选创设茶厂于平水镇，收嵊茶精制，舶销海外。同治末年，谷来人黄林源设"利记""祥记"茶栈于双江溪，收购北山、南山、长乐等地毛茶，精制后销欧美。全禄甫所设的"昌"字牌号自成一家，有泰昌、鸿昌、润昌等6个茶栈。"昌"字茶栈在平水帮中曾跃居领导地位，历史悠久，同四明茶的联系最早。在相当长的一段时期内，四明茶大部分由他一家采购。上虞章家埠的悦昌茶栈，是上虞当地规模最大的一家。奉化溪口的得泰茶栈，由毛寿南和蒋周泰（蒋介石谱名）、蒋周康合伙创设，在当地也是资产雄厚。[①]

　　民国前期，浙江茶叶市场消费增长，茶庄、茶号生意兴盛，每年都有新店开设。茶栈得到较大发展，并出现更多新型的茶厂。当时全省茶区有茶栈、茶厂 400 多家，主要分布在平水、遂淳、温州、杭湖和四明茶区，其中尤以平水区为最多。如绍兴王坛生产的"星桥"牌平水绿茶一度享誉海内外，据说当时"上海洋行里的洋商（系美商，俗称'小花旗'）只认'星桥'作为收购对象，他们一见到这种牌子的茶就立即成交订购"[②]。至 20 世纪 30 年代，以绍兴为中心的平水茶栈已形成较大规模。而在四明茶区，当地的茶栈也蓬勃发展。在抗战全面爆发前的 20 年中，四明茶区先后有新新、亨利、同兴、永兴、同福祥、天生（均在大皎），永安、三益、天成（在鄞江桥），三友（在密岩），振兴、复茂（在梁弄），裕大（在下管）。从栈主来源来看，四明地区茶栈除同福祥由赣籍商人开办外，其余的均是当地人开办。[③]1934—1935 年，吕允福、傅宏镇等人对浙东运河区域的茶栈有过深入调查，绍兴县 103 家、嵊县 35 家、上虞 18 家、新昌 2 家、余姚 1 家、奉化 5 家、鄞县 2 家、诸暨 1 家。其中，绍兴县各茶栈产茶总量在 1934 年达到 114641 箱、1935 年达到 91043 箱，而嵊县茶栈总产量 1934 年达到 39426 箱、1935 年达到 33698 箱。[④]即使到了抗战全面爆发的初期，浙东运河茶厂也有相当的规模。据浙江省油茶棉丝管理处茶叶部 1939 年编印的《浙江省之茶厂管理》统计，这一年全省共有茶厂 292 家，

---

① 《浙江通志》编纂委员会编：《浙江通志·茶叶专志》，浙江人民出版社 2020 年版，第 487—488 页。

② 陶承祚：《绍兴山区的茶栈》，载《绍兴文史资料选辑》第 3 辑，内部印刷 1985 年版，第 111—114 页。

③ 陈一鸥：《浙东茶业剥削简史》，载《浙江文史资料选辑》第 11 辑，浙江人民出版社 1979 年版，第 46 页。

④ 根据《浙江通志·茶叶专志》"1934—1935 年平水区茶栈一览表"（第 497—503 页）作出的统计。

其中，属于浙东运河流域的有，绍兴县 69 家、嵊县 35 家、上虞县 15 家、新昌县 6 家、奉化县 13 家、鄞县 6 家、余姚县 3 家、诸暨县 9 家。但随着浙东相继被日军占领，浙东运河区域内众多茶号、茶庄及茶栈、茶厂经营遭受重创，抗战胜利后，虽勉力复业，但也无法恢复到抗战前的规模。

上述茶栈、茶厂基本是传统一家一户的分散经营，而随着茶叶制作、销售的进一步发展，国营茶厂逐渐成立。1939—1940 年，浙江油茶棉丝管理处和中国茶叶公司将茶叶产销经营作为对敌经济作战的主要一环。两家单位除继续由浙江省农业改进所积极培植推广指导改进茶叶外，还协助中央办理收购工作，在绍兴、平阳、遂安设立公营茶厂各 1 所，展开对敌经济斗争。后来中国茶叶公司又在平水、遂淳两区合办大中、大华、大德、大生、大成 5 家茶厂，及民生第一、第二、第三茶厂，以期建立全国精制厂网，奠定了国茶复兴基础。[①]抗战胜利后，为重振国茶在外销贸易中的国际地位，1946 年 1 月，兴华制茶股份有限公司在上海成立，并在杭州、绍兴、遂安各设有办事处。公司经营外销茶叶产制运销业务，并以加工制造为中心，目的是建立自产自制自销的近代茶叶企业。公司总公司设在上海，总经理吴觉农，副总经理孙晓村。公司有精制茶厂 38 家，其经营性质分自营、合营及特约经营 3 种，计自营厂 6 家、合营厂 29 家、特约厂 3 家。其经营范围广及浙、闽、皖、赣四省，产茶种类亦繁多。[②]在浙东运河区域内，该公司亦设有多家分厂，绍兴县有 4 家，嵊县有 5 家，上虞、新昌各有 1 家，其中绍兴 4 家茶厂和嵊县 1 家茶厂均有机械设备，其余均手工制茶。[③]民国国营茶厂的出现，尽管数量及规模还非常有限，但足以反映茶叶在国家经济产业中的地位愈发重要，也为新中国成立后国营茶厂的运营积累了一定的经验。

---

① 蒋师琦：《复员以来浙江特产之发展》，《浙江经济》1947 年第 5 期。

② 《兴华制茶股份有限公司》，《国际贸易》1946 年第 9 期。

③ 《浙江通志》编纂委员会编：《浙江通志·茶叶专志》，浙江人民出版社 2020 年版，第 506 页。

传统时期，茶叶一般多为初制，多以毛茶销售。五口通商后，平水珠茶逐渐采用精制。道光二十五年（1845），瑞泰茶栈收购圆毛茶，加工精制后售于上海外商洋行出口。珠茶精制工艺流程，各栈、厂因原料产地不同和销路各异而不尽相同，一般圆形茶工艺流程为：毛茶→分筛→砻→关砂→手拣→单灶炒茶（吃糊）→分筛→风扇→割末→磨头→匀堆。而长形茶工艺流程主要有筛底茶炒→风扇→关砂→分筛→风扇→割末→磨头→匀堆。但这些茶叶精制，在晚清民初的茶栈加工期间，均是手工操作，器具都为手工用具。随着外销的增加，传统手工制作成本高，效率普遍低下，制茶机械开始出现。光绪二十年（1894），温州创办了一家新式焙茶公司。光绪二十三年（1897），温州乾丰茶栈朱六琴购得茶叶碾压机，替代手足揉搓，试制红茶。

民国初年，为振兴国茶的地位，不少浙江制茶机构开始注意茶叶初、精制加工机械的研制，并引进、吸收和仿制国外机械设备。1925年，余杭林牧公司首次引进日本茶叶揉捻机和粗揉机，用于绿茶的加工。1936年，吴觉农任浙江省茶业改良场场长，购置引进一套日本蒸青茶机械，用以改良杀青等工艺技术与方法，并根据中国绿茶加工特点开始研制制茶机械。在此时期，木质人力畜力茶叶揉捻机、手摇茶叶杀青机、脚踏木质茶叶筛分机、滚筒炒茶机等简易制茶机具在浙江茶区相继出现。浙江省农业改进所研制的手推揉捻机、发酵器、干燥器、烘笼等机具，在红茶加工中推广试用。该所《二十八年（1939）度工作报告》中称："温州茶区各茶厂与合作社制茶用具，经本所平阳推广区指导后，收效颇宏，其在本年新成立者，及大多由本所人员直接指导制就。"[1]1944年，嵊县农业推广区吕允福设计研制出一套珠茶制造机械，包括初炒机、揉捻机、再干机、中炒机、复炒机、干燥机、筛分机。[2]但因时局所限，未能普及推广使用。

---

① 《浙江通志》编纂委员会编：《浙江通志·茶叶专志》，浙江人民出版社2020年版，第687页。

② 吕允福：《珠茶机械制造法研究》，《茶叶研究》1944年第1、2、3期合刊。

在茶叶生产加工企业化的同时，茶叶种植的现代产业化也开始出现。早在1923年，吴觉农在上虞乡绅王佐、实业家范高平、好友胡愈之等资助下，选定上虞岭南泰岳寺附近山地，开辟茶场，试验机制加工，后因资金不足，经验不够，最终失败。1935年，浙江省建设厅鉴于茶叶出口额锐减，价格日跌，农工业茶者惨淡经营，农村经济因遂凋敝，决定筹设茶叶改良机构，同时协建茶场，试验有效方法实施推广。此后数年间，先后建起嵩坝茶场、浙江省茶业改良场等。嵩坝茶场于1935年建立，位于上虞、绍兴交界的嵩坝狮子山，茶园面积1000亩，种植茶树50万株。次年8月，扩充为平水茶业改良场茶场，隶属省农林改良场，由吴觉农任场长。[①]浙江省茶业改良场于1936年由国民政府实业部全国经济建设委员会和浙江省建设厅在嵊县三界龙藏寺联合创办，场地近400亩。茶场收用嵊县已停办的芝山小学房屋地产，及民山、民地300余亩，改良茶叶机器，向英国购买制茶机械10余部。1938年初，茶场改为嵊县农业推广区，1941年又改为浙江省第三农业推广区，兼管宁绍地区粮农推广工作。抗日战争胜利后，更名为浙江省农业改进所三界茶场，1946年改称为浙江省茶场。[②]

浙江省茶业改良场除了规模化生产茶叶外，还进行茶树品种和制茶方法的调研及改良，指导茶农垦辟荒芜茶园等工作。特别是在场长吴觉农的主持下，改良场开办的茶业技术人员训练班，茶业课程涉及栽茶学、制茶学、制茶机械、制茶化学、茶业概论、茶树育种、茶树病虫害、茶业合作、茶叶检验，还有各种实习和军事训练，[③]对培养制茶技术人才、普及改良制茶技术起到了重要作用。

---

① 《浙江省茶叶改良场三年事业计划纲要》，《浙江建设月刊》1937年第8期《浙江茶叶专号》。

② 《浙江通志》编纂委员会编：《浙江通志·茶叶专志》，浙江人民出版社2020年版，第508页。

③ 《浙江通志》编纂委员会编：《浙江通志·茶叶专志》，浙江人民出版社2020年版，第576—577页。

小　结

　　通过对浙东运河区域千年制茶史的梳理，可以发现这一流域的茶叶种植、栽培历史相当悠久。早在史前时期，这里就存在原始山茶科属植物，当地於越先民很早就饮食原始茶叶，并将其视为图腾进行崇拜。浙东运河区域无疑是中国茶叶重要的发源地之一。到了汉代，人工栽培茶叶逐渐在这一地区出现，且被记载入相关图书，可以有力地推翻学界此前常认为的浙江茶叶从外地传入的观点。在玄学、道教、佛教盛行的东汉至六朝时期，茶叶与道士修仙、僧人禅坐、儒生玄谈也有着密切渊源。某种程度而言，茶叶充当了人与神之间的媒介，因而常被视为有一定法力的"神药""仙丹"。饮茶在士大夫群体中逐渐成为日常风气。而到了唐代，茶叶成为普通民众的日常饮品，饮茶之风全面兴起。与之相应的是，茶事活动频繁，其程度不亚于兰亭雅集中的"曲水流觞"。饮茶之风的盛行，也有力推动了浙东运河流域茶具、茶包等产业的兴起。

　　除了茶叶生产、种植历史悠久之外，浙东运河制茶业在不同的历史时期均独领时代之先。如果说唐代以前，浙东运河的茶叶享誉全国，更多是当地独特的自然环境培育出品质上乘的茶叶。而在唐代以降，在自然环境和便利的水运交通之外，浙东运河制茶业能够引领全国，则更多是源于当地茶人不断探索新的技术和适时把握市场的需求。宋元时期，当全国制茶形式还为团茶时，这一地区已率先发明出炒青法，又研制出形式多样的花茶，从而奠定了明清以来民众的饮茶习惯。晚清民国时期，当其他区域茶叶主要供内销之时，平水茶商又敏锐地利用上海开埠通商的机会，并根据欧美国家的市场口味，将平水茶区的毛茶精制加工，远销海外，在国际市场上推动中国茶叶享誉世界。虽然浙东运河制茶业在近代遭受了一定的挫折，但当地茶人能在传统与现代之间保持平衡。在延续传统手工制茶的同时，他们也不断吸收茶种改良技术、尝试采用机械生产，为当地茶叶突破危机而殚精竭虑。可以说，浙东运河制茶业能传续千年、引领时代，除了独特的天时、地利等自然因素外，更与当地茶人合作抱团、很早就形成集聚型产业紧密相连，也与他们不断进取的创新精神和敏锐的市场判断力息息相关。

第三章
蚕桑丝织业

　　浙东运河流域是中国丝绸的重要发祥地。在距今六七千年前的余姚河姆渡文化，这里已透露出蚕织的相关信息。两汉六朝时期，蚕织业开始遍及城乡。唐宋时这一地区的蚕桑与丝织业获得了空前发展，特别在南宋进入鼎盛期。通过浙东运河和明州港，当地生产的越绫、越罗等丝织珍品名扬海内外。南宋以降，由于江南蚕丝业的中心转移到太湖流域，浙东运河区域蚕桑丝织业的发展相对滞缓。到了晚清民国时期，这一产业逐渐开始从传统向近代转型，为后来绍兴在全国丝织业中崭露头角、成为东亚最大的丝绸轻纺市场奠定了基础。其中，浙东运河在蚕桑种植、丝织技术传播、丝织品贸易等方面均具有不可替代的作用。

　　宁绍地区大规模的蚕桑种植，首先得益于宁绍平原密布的水网和肥沃的土地。而浙东运河既汇集了会稽山区的各大支流，也沟通了曹娥江、余姚江、奉化江等当地水量较大的干流，使得当地能够长期保持充沛的水量，以满足包括蚕桑在内的农作物的生长。而浙东运河两岸的广袤平原经过漫长时期的河水滋润，加上海潮携带大量的有机物质，促使这一地区的土地更加肥沃，蚕桑栽培的地理条件自然较其他地区更具优势。历史上，当世人谈到越州、明州或宁绍地区蚕桑的发达时，基本是将其与沃土相提并论。如北宋学者李觏称该地"平原沃土，桑柘甚盛"。清初谢绪彦的诗句"最喜桑麻滋雨露，绿阴深处系渔舟"等等。可以说，浙东运河流域蚕茧粒大色白，种类丰富，所产丝织品质量上佳，即与当地得天独厚的水环境密切相关。而元代以后，由于鉴湖淤塞严重，水量大幅度减少，一定程度导致了该地区蚕桑种植产量的下降。

浙东运河这一水运要道，也为各地丝织技术的融合作出了重要贡献。无论是六朝时，北方人口的大批南渡，给会稽郡输入了中原先进的丝织生产技术，还是隋末唐初，北方商贩将优良蚕种携至浙东销售，以及越州民众在蚕种培育方面大力吸纳外地蚕种，浙东运河无疑是蚕种培育、丝织技术交流与传播的最重要通道。特别是中唐时期，常被人提及的越州刺史薛兼训让浙东军卒迎娶北方织妇，极大地促进了越地的丝织技术，丝绸产品因而名著江东。毋庸置疑的是，这些数量众多的织妇从北方被迎娶到越州的路线，自然是从京杭运河南下，再转浙东运河。当然，越地丝织技术东传日本，也基本是从浙东运河经明州港再渡海至日本的线路。

相对于灌溉蚕桑、技术传播，浙东运河在蚕丝、丝织品贸易方面更加体现出其黄金水道的重要性。一方面，越地生产的蚕茧、丝织品经浙东运河西运至杭州，再由杭州输送到全国各地。另一方面，包括越地在内的东南一带丝织品，通过浙东运河水运到宁波港，再海运至东亚乃至其他各地。尽管东南内陆沟通海路的纽带有多条，但由于浙东运河地处经济富庶的江南地区，其流域内的商品贸易程度远非其他地区可比。因此，浙东运河在东南乃至全国的生丝、丝织品贸易网中占据极为重要的地位。当然，浙东运河流域丝绸贸易的兴盛，又有力推动了宁绍地区经济社会的发展。货物交易输送的频繁与人口往来的辐辏，自然又促使当地民众不断疏浚、拓宽浙东运河。二者之间的双向助力，既长期推动了浙东运河流域社会经济的高速发展，也使得这一千年古运河一直保存至今，并焕发出新的生机。

本章考察、梳理浙东运河流域蚕丝业的盛衰历史，并解读背后的产业密码，不仅有助于把握传统浙东地区的经济社会发展，对当前绍兴、宁波地区产业结构的发展形态也有重要的启示价值。

第一节　从新石器晚期的萌发到六朝时期的初步繁荣

浙东运河流域蚕丝业的历史相当悠久，早在史前文化遗址中就有相关遗迹的存在。春秋末年，在越国统治者的大力鼓励下，当地蚕丝业逐步发展，此后典籍中关于越地丝织品的记载也日益增多。秦汉时期，会稽郡的蚕桑种植和丝绸纺织得到进一步发展，逐渐成为家庭手工业的重要内容。而到了六朝，随着浙东运河流域的大规模开发和经济的繁荣，这一地区的蚕丝业已受到全国的关注，所产丝绸在全国市场中颇有竞争力，甚至销售到海外。

一、史前至春秋时期的丝织业

早在新石器时代，浙东运河流域就发现了与蚕织相关的痕迹。在距今七八千年的萧山跨湖桥文化遗址中，曾出土有纺轮和线轮。纺轮大多以陶片打制成圆形，边缘稍加打磨。线轮呈圆扣状，外缘有凹槽，有的线轮出土时槽间还缠绕着纤维质线圈。[1]虽然无法判断这些织品为何物，但从工具来看，应该已达到一定的编织水平。而在距今六七千年的余姚河姆渡文化遗址中出土了不少珍贵的纺织工具以及有纺织纹装饰图案的器物。

1973年第一期发掘时，出土有数量众多的骨质打纬刀、梭子、梭形器物，以及木质绞纱棒、打纬刀、经轴和陶质纺轮。这些文物经中国科学院考古研究所用C14测定，确定为距今 6725±140 年前的遗物。[2]而且这批

---

① 李永鑫主编：《绍兴通史·第一卷》，浙江人民出版社 2012 年版，第 75 页。
② 浙江省文管会、浙江博物馆：《河姆渡发现原始社会重要遗址》，《文物》1976 年第8 期。

文物的数量颇为惊人，仅第四文化层就出土陶纺轮近 70 件。根据这些出土的纺织工具，专家分析当时河姆渡先民已发明了原始的水平腰机——踞织机。其操作程序是：织工席地而坐，双脚分置于织机两侧，依次立刀引纬→用机刀打纬→提综开刀→立刀引纬，再以机刀打纬→放综立刀→引刀打纬，如此反复操作，持续不断，便可交织成布帛。[1] 踞织机的出现，在中国纺织发展史上具有里程碑意义。而浙东运河流域的先民在其中无疑作出了重要贡献。

1977 年第二期发掘时，在第三文化层中发现了一件牙雕小盅。该文物平面呈椭圆形，制作精细。中空呈长方形，口沿处钻有对称的两个小圆孔，孔壁有清晰可见的罗纹。外壁雕刻编织纹和蚕纹图案一圈。[2] 从盅形器的蚕纹图案，可以证明蚕及蚕丝已进入河姆渡先民的日常生活，且对蚕能吐丝已有了一定认识。研究者结合河姆渡人能够驯化水牛、狗、猪等动物，推测盅形器上的蚕很可能是已经驯化了的家蚕。[3] 1958 年在湖州钱山漾新石器晚期文化遗址中，出土了家蚕丝织品——绸片，以及丝带、丝线等遗物。而钱山漾文化在许多方面是对河姆渡文化的继承，根据这一特点可以推测河姆渡人在驯养野蚕的历史中占有重要的地位。总之，这些数量众多的纺织工具与精美的蚕纹图案，一定程度上说明了浙东运河流域在中国丝织起源史上的标志性意义。

进入青铜及铁器时代，浙东运河流域的丝织业开始有了初步发展。西周时，麻纤维和蚕丝已经成为衣料的主要纤维。官方专门设置典丝、染人等部门，前者负责蚕丝验收、贮藏和分配，后者专管蚕、帛的染色，说明制丝、丝织生产有了进一步的发展。《尚书·禹贡》在记载天下九州的风土

---

① 李永鑫主编：《绍兴通史·第一卷》，浙江人民出版社 2012 年版，第 75—76 页。

② 河姆渡遗址考古队：《浙江河姆渡遗址第二期发掘的主要收获》，《文物》1980 年第 5 期。

③ 李永鑫主编：《绍兴通史·第一卷》，浙江人民出版社 2012 年版，第 76 页。

物产时，介绍扬州"厥篚织贝，厥包橘柚锡贡"①，说明织物是扬州的重要特产。结合江南地区的史前文明，可推测扬州进贡的织物中很可能包括丝织品。而到了春秋末年，关于越地的丝织品的记载在文献中逐渐增多，反映了此地丝织业的繁荣程度。越王句践在吴越争霸中一度失败，被迫向吴国求和称臣，并在吴三年。期满返越后，他"十年生聚，十年教训"，致力于兴邦强国，向手下谋臣咨询复仇之策。范蠡建议他"必先省赋敛，劝农桑"②；文种提出"破吴九术"，第二条就是"重财币以遗其君"③，此处的"币"乃帛的一种；计倪也主张"兴师者，必先蓄积食、钱、布、帛"④。句践采纳了他们的意见，将"劝农桑"定为国策，并"身自耕作，夫人自织"⑤，以此引导、推动百姓发展农业和蚕桑业。

在大力发展经济的同时，句践君臣还积极推行外交策略，不断向当时的大国进贡人力、物力。《国语·吴语》载："南则楚，西则晋，北则齐，春秋皮币、玉帛、子女以宾服焉，未尝敢绝，求以报吴。"由于统治者的大量需求，官方"使女工织细布献之"，"以作黄丝之布，欲献之"，越国的丝织业得到了巨大发展。与此同时，丝织生产和丝织物也逐渐广泛地进入民众的日常生活。《吴越春秋》记载越国农妇常用绸缎绫罗来比喻葛布的轻盈，"尝胆不苦甘若饴，令我采葛以作丝，女工织兮不敢迟，弱于罗兮轻霏霏"⑥，说明丝织品在当时日常生活中颇为常见。在与中原国家交流的过程中，北方不少先进丝织技术也传入越国。如《韩非子·说林上》载：

---

① 王世舜、王翠叶译注：《尚书·禹贡》，中华书局 2012 年版，第 64 页。

② （汉）袁康、吴平著，徐儒宗注释：《越绝书》卷四，浙江古籍出版社 2013 年版，第 28 页。

③ 崔冶译注：《吴越春秋·句践阴谋外传第九》，中华书局 2019 年版，第 226 页。

④ （汉）袁康、吴平著，徐儒宗注释：《越绝书》卷四，浙江古籍出版社 2013 年版，第 27 页。

⑤ （汉）司马迁撰，中华书局编辑部点校：《史记》卷四十一，中华书局 1982 年版，第 1739 页。

⑥ 崔冶译注：《吴越春秋·句践归国外传第八》，中华书局 2019 年版，第 210 页。

"鲁人身善织屦，妻善织缟，而欲徙于越。"①据此可推测，当时有不少北方织工南下越地的史实。这也大大促进了越国丝织技术的提升，很重要的体现就是丝织品除数量增加之外，品类也日渐繁多。当时除传统的采、罗、纱、缔、缟之外，越国民众还新创了"縠"。《吴越春秋》载："（西施、郑旦）饰以罗、縠。"②罗、縠均是工艺较为复杂的丝织物，质地轻薄，外观似平纹绸，反映出越国丝织业已具备较高的工艺水平。

越地丝织品的状况，不仅见于文献记载，还有出土实物为佐证。1965年湖北江陵望山1号墓出土的越王句践剑辅剑、1973年湖北江陵藤名楚墓出土的越王州句剑、1986年湖北江陵官坪楚墓出土的越王者旨於赐剑和1995浙江省博物馆入藏的越王者旨於赐剑、1998年在绍兴印山越王陵出土的青铜剑、台湾收藏家陈氏所藏越王不寿剑的木质剑鞘均发现有丝织物。其中，越王不寿剑剑鞘外包缠丝织物，除剑鞘口沿露出一段空白外，整件剑鞘均用丝织物作狭条状斜行叠缠。剑鞘前段中间，用一纽形长方形物片（外包丝织物）嵌入两端丝织带，外加丝绳缠绕，形成桥形纽孔。丝织缠缑保存完整，其缠绕方式除近首部作平缠外，其余均作菱形交叉缠缚，缠缑所用的丝绳用人字纹编结。③而越王者旨於赐剑，其剑柄上亦缠裹有丝织品：一是丝带，虽已呈黑色，但仍富有弹性，共卷绕约40圈，以剑柄平均直径为1.5厘米计，丝带长约190厘米；二是平纹丝织品，在靠近剑柄顶端约宽2.5厘米处有数层丝织品包缠。④尤其是后者的纬线相对较粗，非常平直，密度约为25根/厘米，经线较细，密度为60根/厘米。至于丝带的编织技术，则用四根股线由手工拉斜编法编织而成，与今日所能见到的四股辫编法完全一致。有专家还将这两件织品与钱山漾出土的绢片、丝带

---

① （清）王先慎：《韩非子集解》卷七《说林上第二十二》，中华书局1998年版，第180页。

② 崔冶译注：《吴越春秋·句践阴谋外传第九》，中华书局2019年版，第233页。

③ 曹锦炎：《记新发现的越王不寿剑》，《文物》2002年第2期。

④ 赵丰：《浙江省博物馆新入藏越王者旨於赐剑笔谈》，《文物》1996年第4期。

相比较，认为其工艺技术乃是一脉相承。①这些丝织实物不仅展示出当时相当高超的生产水平，还呈现了浙江蚕桑丝织生产技术传承有序的过程，一定程度上可以证明钱山漾丝织品和越王剑上丝织品均产于浙江本土的历史。此外，专家们还从越王剑丝织品的丝线极细平滑的特征，判断这是由极为纤细的蚕丝制成，进而推测越国所饲养的蚕种一般为多化性蚕，蚕体小，单丝细，因此缫出的丝较匀，织出的丝织品较薄，对后世江南丝绸生产的风格产生了重要影响。②

二、秦汉至六朝时期的渐进

秦汉时，越地的蚕丝生产与编织技术在此前的基础上有了进一步的发展与提升。日本学者内田氏在《日本纺织技术的历史》一书中记载："在秦始皇时代，吴地有两兄弟东渡日本，传去了养蚕制丝技术。"这一记载究竟是传说还是事实，虽无法确证，但也透露出吴越地区的养蚕制丝技术在当时已有一定的水平。到了汉代，关于浙东运河流域桑蚕丝织的记载明显增多，而且颇为详细。东汉初年上虞人王充在《论衡·自纪篇》中自述，其先祖"尝从军有功，封会稽阳亭。一岁仓卒国绝，因家焉，以农桑为业"，说明农桑是当地普通民众较为普遍的生产对象。他还记录了蚕从茧到蝉的生长蜕变过程："蚕食桑老，绩而为茧，茧又化而为蛾，蛾有两翼，变去蚕形；蛴蟠化为复育，复育转而为蝉，蝉生两翼，不类蛴蟠"③，并指出"桑有蝎"是"灾变之情"④。《论衡》中又记载"虫茧重厚，称其出丝，孰为多者？"反映出当时民众已重视茧质与出丝量的关系，具备了一定的桑

---

① 李永鑫主编：《绍兴通史·第二卷》，浙江人民出版社 2012 年版，第 112—113 页。
② 李永鑫主编：《绍兴通史·第二卷》，浙江人民出版社 2012 年版，第 112 页。
③ 黄晖：《论衡校释》卷二，中华书局 1990 年版，第 63 页。
④ 黄晖：《论衡校释》卷十六，中华书局 1990 年版，第 717 页。

蚕丝织知识。此外，王充还记载越地丝织女"纺绩织经，如或奇能，织锦刺绣，名曰卓殊，不复与恒女科矣"①。这说明了当地蚕丝生产的普遍和丝织技术水平之高超。

东汉后期，丝绸贸易在会稽郡内也日渐兴隆，并且规模相当庞大。《后汉书·朱儁传》载上虞人朱儁"少孤，母尝贩缯为业……时同郡周规辟公府，当行，假郡库钱百万，以为冠帻费，而后仓卒督责，规家贫无以备，儁乃窃母缯帛，为规解对。母既失产业，深恚责之"②。从朱儁帮助周规偿还"郡库钱百万"的史实，足以证明朱儁之母经营丝绸产业之巨，反映出丝织物品在当时日常生活中已相当普遍，而且蚕丝的生产、交易十分繁盛。

孙吴立国江东后，浙东运河流域得到了进一步的开发，并成为当时最重要的统治区域之一。当地的农业、手工业、商业进入蓬勃发展阶段。蚕桑丝织在这一时期也得到了进一步的发展。官方非常重视农桑生产，曾屡次颁布诏令："惟务农桑，以广军资。""当农桑时，以役事扰民者，举正以闻。"③地方官吏也必须践行"劝督农桑"④的职责。由于朝廷对丝织品的需求日益增多，大量织工被征召到京城，以充实官营作坊。《三国志·吴书》记载，孙权时"诸织络，数不满百"，而到后来幼帝、景帝时，"织络及诸徒坐，乃有数千"⑤。而在大量的织工中，有不少来自浙东运河区域。《三国志·吴书·妃嫔传》云："吴主权潘夫人，会稽句章人也。父为吏，坐法死。夫人与姊俱输织室，权见而异之，召充后宫。"⑥潘氏姊妹被没入"织室"，一方面说明国家专门设有官营纺织作坊，另一方面也指出来自会

① 黄晖：《论衡校释》卷十二，中华书局 1990 年版，第 546—547 页。
② （南朝宋）范晔撰，中华书局编辑部点校：《后汉书》卷七十一，中华书局 1965 年版，第 2308 页。
③ （晋）陈寿撰，陈乃乾校点：《三国志》卷四七，中华书局 1982 年版，第 1144 页。
④ （晋）陈寿撰，陈乃乾校点：《三国志》卷五八，中华书局 1982 年版，第 1343 页。
⑤ （晋）陈寿撰，陈乃乾校点：《三国志》卷六一，中华书局 1982 年版，第 1402 页。
⑥ （晋）陈寿撰，陈乃乾校点：《三国志》卷五〇，中华书局 1982 年版，第 1199 页。

稽郡的潘氏姊妹擅长织作。所云"织室"虽未点明管理何种织物，不过可以判断，肯定是包括蚕丝在内的。特别是到了孙吴中后期，江东一带屡出蚕丝特产，如吴地出产"八蚕之绵"，被列入"乡贡"[1]，会稽郡也有上等蚕丝。《太平御览》卷八一四载："陆凯奏事曰：诸暨、永安出御丝。"[2]陆凯生活于孙吴中后期，说明当时诸暨、永安等地的蚕丝品质优良，成为专门满足宫廷需要的丝织原料产地。

这一时期对浙东运河流域养蚕过程和蚕织技术的描写，以杨泉的《蚕赋》和《织机赋》最为淋漓尽致。杨泉生活于孙吴末至西晋初，大部分时间隐居于会稽郡。在《蚕赋》中，他记载了当时会稽郡一带养蚕的全过程。当地民众对养蚕的时节、温度等均有严格的掌握："温室既调，蚕母入处。陈布说种，柔和得所。晞用清明，浴用谷雨。爰求柔桑，切若细缕。起止得时，燥湿是候。……昏明相推，日时不居。"蚕农对养蚕的居室、养料十分讲究，如蚕房选址"在庭之东。东爱日景，西望余阳"。所挑养料，"既酌以酒，又抱以浆，壶飧在侧，敷修在旁"。正是由于饲养的精细、科学，孵化出的蚕也特别健壮："逍遥偃仰，进止自如。仰似龙腾，伏似虎跃。员身方腹，列足双俱。"产出的丝自然质量上乘，杨泉赞美它"尔乃丝如凝膏，其白伊雪"。会稽郡所生产的生丝还大批量上贡朝廷，"以为衣裳，冠冕服饰"，有的还被用于制作皇家冠服，"成天子之衮冕，著皇后之盛服"。[3]

而在《织机赋》中，杨泉则描绘了会稽郡织女巧夺天工的高超技艺。她们对制作织机的选材非常重视，"取彼椅梓，贞干修枝"，而整个丝织过程宛如仙女歌舞，所谓"足闲蹈蹑，手习槛匡。节奏相应，五声激扬。浊者含宫，清者应商。和声成柔，慷慨成刚。屈申舒缩，沈浮抑扬。开以厌

---

[1] （宋）李昉等撰：《太平御览》卷八三九，中华书局1960年版，第3751页

[2] （宋）李昉等撰：《太平御览》卷八一四，中华书局1960年版，第3617页。

[3] （唐）欧阳询撰，汪绍楹校：《艺文类聚》卷六十五《产业部上》，上海古籍出版社1982年版，第1166页。

间，阖以高梁。进以悬鱼，退以侠强。气变相应，阴感乎阳。亹勉不及，进却颉颃"。在杨泉看来，织女们熟练的织制技艺，完全达到了"法天之常""得道之方"的境界。① 两赋虽是文学作品，却反映出汉晋时期浙东运河流域养蚕丝织业的兴旺。

东晋以来，北方人口的大批南迁给浙东运河流域输入了中原先进的生产技术和充沛的劳动力，同时大量丘陵山地得到了进一步开发，社会经济相对富足。晋元帝司马睿就说："今之会稽，昔之关中，足食足兵，在于良守。"② 到了刘宋时，会稽郡已是"带海傍湖，良畴亦数十万顷，膏腴上地，亩直一金"③。而在大面积的新开发土地中，有不少是用于蚕桑种植的。如大诗人谢灵运在隐居会稽始宁别墅期间所撰《山居赋》，其中提及自己"既耕以饭，亦桑贸衣"④，说明蚕桑种植在当时贵族庄园经济中相当普遍，且占有重要的比重。与此同时，浙东一带培育蚕种的技术也大幅提升，蚕丝年产量大大增加。北朝贾思勰《齐民要术》引郑缉之《永嘉记》称："永嘉有八辈蚕。"⑤ 所谓"八辈蚕"是指一年内八次出茧，即一年八熟。虽然郑缉之所记为永嘉郡的状况，不过可以猜测，与之不远的会稽郡的蚕丝年产量也蔚为可观。

两晋南朝浙东地区蚕丝的产量，还可从国家征收丝绸的数量及绢丝价格方面得到反映。《晋书·食货》载当时国家实行的户调制度："丁男之户，

---

① （唐）欧阳询撰，汪绍楹校：《艺文类聚》卷六十五《产业部上》，上海古籍出版社1982年版，第1169页。

② （唐）房玄龄等撰，中华书局编辑部点校：《晋书》卷七十七，中华书局1974年版，第2422页。

③ （南梁）沈约撰，中华书局编辑部点校：《宋书》卷五四，中华书局1974年版，第1540页。

④ （南梁）沈约撰，中华书局编辑部点校：《宋书》卷六七，中华书局1974年版，第1768页。

⑤ 石声汉译注，石定枎、谭光万补注：《齐民要术》卷五，中华书局2015年版，第529页。

岁输绢三匹，绵三斤。女及次丁男为户者，半输。"①虽然赋税较重，但也折射出地方绢丝产量颇丰。晋、宋时绢价较高，到了萧齐以后绢价大减。永明六年（488），朝廷曾令沿江各州出库钱收购绢、布、粮米诸物，这虽然和钱贬值有关，但也反映了丝织品产量的增长。②

这一时期，浙东运河流域的蚕茧保存和丝织品技术也取得了长足的提升。当时，包括会稽郡在内的浙江地区，其制丝生产已经发明用盐藏茧以延长贮茧时间的蚕茧保存技术。③其丝织的技术也更趋精妙，蚕丝品的组织和图案也更为丰富。梁武帝时，毗邻会稽郡的义乌双林寺有一藕丝灯，"其所织纹，……有天、人、鬼、神、龙、象、宫、殿之属，穷极幻妙，奇特不可名"④。这一时期，会稽郡的丝织品继续作为贡品大量地进入宫廷，以致梁简文帝发出"蜘蛛弄巧""越女调枢"⑤的赞叹，这也说明越地丝织品工艺的精美绝伦。

在蚕丝产量大幅提升的同时，由于众多名门巨族避居会稽郡一带，对丝绸的需求急剧增加，丝绸贸易也更加发达。当时，会稽郡治山阴是著名的商业都会，市场交易多系"绵、绢、纸、席之属"⑥，成为两浙地区的绢、米交易中心之一。不仅如此，会稽郡还形成常年营销的市场，士族和平民可随时购取。如晋末宋初隐士朱百年"携妻孔氏入会稽南山，以伐樵采箬

---

① （唐）房玄龄等撰，中华书局编辑部点校：《晋书》卷二十六，中华书局 1974 年版，第790 页。

② 李永鑫主编：《绍兴通史·第二卷》，浙江人民出版社 2012 年版，第 428 页。

③ 《浙江通志》编纂委员会编：《浙江通志·蚕桑丝绸专志》，浙江人民出版社 2018 年版，第 198 页。

④ （宋）陈与义著，白敦仁校笺：《陈与义集校笺》，浙江古籍出版社 2014 年版，第191 页。

⑤ （清）严可均辑：《全梁文》卷十一《七励》，《全上古三代秦汉三国六朝文》，中华书局1958 年版，第 3014 页。

⑥ （南梁）沈约撰，中华书局编辑部点校：《宋书》卷八十四，中华书局 1974 年版，第2155 页。

为业……有时出山阴，为妻买缯彩三五尺"[1]。面对日益严峻的生存困境，不少出身寒素的士人也常从事各种家庭副业以辅生计，而贩卖丝织品也往往成为最重要的选择之一。如刘宋文章名家戴法兴，早年"家贫，父硕子贩纻为业"[2]，从中多少可看出丝织贸易在当时经济社会中的普遍。

东汉以降至六朝，许多浙东沿海的城市是海路交通的中转站，海上贸易颇为繁荣，"北接青徐，东洞交广，海物惟错，不可称名"[3]。因此，浙东运河流域的丝织品除在国内交易外，还可能远销日本。《后汉书·东夷列传》载："会稽海外有东鳀人，分为二十余国。又有夷洲及澶洲。……人民时至会稽市。"[4]《太平御览》引《吴志》亦云："其上人民，时有至会稽货市。"[5]虽然未明确记载"货市"何物，但作为日常生活用品的丝织物，应是颇常见的贸易物资。日本人佐藤真撰写的《杭州之丝织业》还记载："在日本机织业发达之前，所称的吴国的服地，就是由杭州输入的丝织物。现今日本还有吴服店的名称，其起源就在于此。故杭州实为日本丝织物之始祖。"[6]考虑到当时杭州与日本之间首选的交通方式为海运，如果佐藤所云属实，则杭州丝织品的东渡，极有可能经会稽郡内的浙东运河，再航运至日本。

---

① （南梁）沈约撰，中华书局编辑部点校：《宋书》卷九十三，中华书局 1974 年版，第 2294 页。

② （南梁）沈约撰，中华书局编辑部点校：《宋书》卷九十四，中华书局 1974 年版，第 2302 页。

③ （清）严可均辑：《全晋文》卷一〇三引陆云《答车茂安书》，《全上古三代秦汉三国六朝文》，中华书局 1958 年版，第 2049 页。

④ （南朝宋）范晔撰，中华书局编辑部点校：《后汉书》卷八五，中华书局 1965 年版，第 2822 页。

⑤ （宋）李昉等撰：《太平御览》卷六九，中华书局 1960 年版，第 327 页。

⑥ [日]佐藤真：《杭州之丝织业》，转引自李仁溥《中国古代纺织史稿》，岳麓书社 1983 年版，第 72—73 页。

第二节　隋唐至吴越国时期蚕桑丝织业的飞跃式发展

隋唐时期，随着全国大一统局面的再度形成，特别是京杭大运河的全线开通，南北经济交流更为密切，大大促进了运河沿线城市及区域的发展。地处江南的宁绍地区，也通过浙东运河连接京杭大运河，构筑出覆盖东南、融入全国的经济贸易网络，农业、手工业均实现了新的突破，并开始助推中国经济重心的南移。吴越国钱氏推行保境安民政策，也有力促进了两浙经济社会的发展。这一时期浙东运河流域涌现出众多闻名全国的经济产业，丝织业即是当时最为显著的经济产业之一。

一、隋唐初期的推进

隋朝初年，江南社会虽遭受一定的兵燹动荡，但很快得以恢复，经济水平在六朝的丰厚基础上得到进一步提升。《隋书·地理志》称，宣城、毗陵、吴郡、会稽、余杭、东阳等郡"川泽沃衍，有海陆之饶，珍异所聚，故商贾并凑"[1]。东南地区的蚕桑丝织业，也有相当不俗的表现。如江西一带，当时已出现"一年蚕四五熟"的养殖增产技术。[2]而在浙东运河流域，越州生产的贡品"耀光绫"，深受隋炀帝喜爱。《嘉泰会稽志》引《南部烟花录》载："隋炀帝幸汴，时越土进耀花绫，有纹突起，特有光彩。丝

---

[1] （唐）魏征等撰，中华书局编辑部点校：《隋书》卷三十一，中华书局1973年版，第887页。

[2] （唐）魏征等撰，中华书局编辑部点校：《隋书》卷三十一，中华书局1973年版，第887页。

女乘樵风于石帆山下，收野蚕茧缫之。"①雍正《浙江通志》引《姬侍类偶》云："炀帝以越州所进花绫，独赐司花女袁宝儿及绛真，他妃莫得。"②虽然这两个故事有一定的文学色彩，但多少也反映出当时越州已能采用较为先进的纺织技术，生产出花纹突起、光泽艳丽的名贵丝绸，可与中原地区丝缎相与争锋。

隋末唐初，越州民众在蚕种培育方面也大力吸纳外地蚕种。当时北方的一些商贩经常将优良蚕种携至浙东一带销售。据唐代何延之《兰亭记》载，唐太宗派萧翼到山阴永欣寺探觅王羲之《兰亭序》手迹时，他为消除藏者戒备之心，乔装成蚕种贩子的模样，对辩才禅师称："弟子是北人，将少许蚕种来卖。"③萧翼扮成蚕种客商，一定程度可以反映唐初越州引进北方优良蚕种较为普遍的历史事实。这些生产技术及蚕种的改进，进一步推动了越州丝织业生产规模的扩大。《旧唐书·韦坚传》载，天宝二年（743），唐玄宗登望春楼，观看各地运载贡品的漕船在广运潭中缓缓行驶，其中会稽郡的漕船中就装满罗、吴绫、绛纱等丝织物。④《太平广记》则记载天宝末年，余姚参军李惟燕秩满北归时，舟中就携带吴绫数百匹。⑤此处的吴绫乃越州丝织物中的名品，非指吴地所产的绫罗。同时期杜甫有诗歌盛赞越罗："越罗蜀锦金粟尺""越罗与楚练，照耀舆台枢"，将越罗与当时最负盛名的蜀锦、楚练相提并论。这些记载不仅反映出越州丝织业产量之高，也说明当地织造工艺技术的精湛。许多越地丝织物如吴绫、越罗等名牌产品名扬天下，深受社会各阶层的喜爱。当然，正如赵丰所说，就

---

① （宋）沈作宾修，施宿纂：《嘉泰会稽志》卷十九，浙江省地方志编纂委员会编《宋元浙江方志集成》，杭州出版社 2009 年版，第 2093 页。

② （清）嵇曾筠修，陆奎勋纂：雍正《浙江通志》卷一百四《物产四》，方志出版社 2010 年版，第 919 页。

③ （唐）张彦远撰：《书法要录》卷三，人民美术出版社 1984 年版，第 104 页。

④ （后晋）刘昫等撰，中华书局编辑部点校：《旧唐书》卷一〇五，中华书局 1975 年版，第 3222 页。

⑤ （宋）李昉等编：《太平广记》卷一百五，中华书局 1961 年版，第 707 页。

其总体水平来说，唐前期浙东运河流域的丝织业还是不如黄河流域和巴蜀地区。① 而到了唐代中后期，随着中国经济重心的逐渐南移，浙东运河流域的丝织业得到了突破性的发展，不仅产量进一步飙升，而且丝织技术更为成熟，丝织品的种类也更为丰富。

二、中晚唐丝织业的繁荣

安史之乱后，中原"农桑井邑靡获安居，不能相保"，社会经济遭受严重破坏。而南方地区因少受兵燹的破坏，社会发展较为稳定。由于唐代推行的"均田制"规定，农家以永业田种植桑、麻等经济林木的比例，要占所属土地的20%。因此，蚕桑业基础较好的江南地区逐渐成为全国的桑蚕业中心。② 据《元和郡县图志》和《新唐书》中关于贡赋的记载，全国上贡丝物的100多个州郡中，江南道占其中的五分之一。而在江南东道19个州（江苏4个州、浙江10个州、福建5个州）中，上贡丝绸的共14个州，浙江占其中的七分之四，仅一两个州免贡丝绸。③ 在江南地区，浙东运河流域桑蚕业的发展较为迅速，开始成为江南丝绸主产区之一。大诗人杜牧就指出，当时浙东已是"机杼耕稼，提封七州，其间茧税鱼盐，衣食半天下"④。与唐前期相比，唐代中后期浙东运河流域的丝织业呈现出以下三大特点。

一是丝织品产量的显著增加。

① 赵丰：《寻找缭绫——白居易〈缭绫〉诗与唐代丝绸》，浙江古籍出版社2023年版，第118页。

② 李永鑫主编：《绍兴通史·第三卷》，浙江人民出版社2012年版，第84—85页。

③ 《浙江通志》编纂委员会编：《浙江通志·蚕桑丝绸专志》，浙江人民出版社2018年版，第256页。

④ （唐）杜牧：《李讷除浙东观察使兼御史大夫制》，（清）董诰等编《全唐文》卷七百四十八，中华书局1983年版，第7753页。

从当时的农业产业结构来看，以水稻为主的粮食生产，虽仍是种植业乃至农业的主体。然而，与此前有所不同的是，包括桑麻在内的经济作物的种植面积大大增加，逐渐形成了产业化、规模化的特点，农业产业结构有了一定的调整。[1]白居易在《和微之春日投简阳明洞天五十韵》诗中提到越州"产业论蚁蚕"，说明蚕织业在越州经济结构中的重要地位。从越州进贡的丝织品数量，也可以反映当时产量之大。如唐敬宗登位后，即下诏浙西观察使李德裕进献"盘绦缭绫千匹"[2]。所云虽是浙西，但多少能反映浙东丝织的总量不在少数。李贺有《感讽》诗五首，其中一首描写越州蚕农的生活："越妇未织作，吴蚕始蠕蠕。县官骑马来，狞色虬紫须。怀中一方板，板上数行书。不因使君怒，焉得诣尔庐。越妇拜县官，桑芽今尚小。会待春日晏，丝车方掷掉。越妇通言语，小姑具黄粱。县官踏飧去，簿吏复登堂。"诗歌充分反映了越州蚕妇饱受贡赋繁重而生活穷苦的事实，但也能看出当地蚕桑丝织业的发达。唐代末年，韩偓《锡宴日作》一诗的小注云："是岁大稔，内出金币赐百官，充观稼宴，学士院别赐越绫百匹。"[3]以及董昌在义胜军节度使任上，"于常赋之外，加敛数倍，以充贡献。及中外馈遗，每旬发一纲，金万两、银五千铤、越绫万五千匹"[4]。从一次赏赐越绫就多达百匹、征调越绫一万五千匹，足可推断当时越州丝织品产量之丰。

二是丝织技术的飞跃式进步。

关于中唐以降浙东地区的丝织技术，世人常会引用李肇《国史补》的记载：

---

[1] 李永鑫主编：《绍兴通史·第三卷》，浙江人民出版社 2012 年版，第 89 页。

[2] （宋）欧阳修、宋祁撰，中华书局编辑部点校：《新唐书》卷一百八十，中华书局 1975 年版，第 5327 页。

[3] （唐）韩偓：《锡宴日作》，（清）彭定求等编：《全唐诗》卷六百八十，中华书局 1960 年版，第 7788 页。

[4] （宋）司马光编著，标点资治通鉴小组校点：《资治通鉴》卷二百五十九，中华书局 1956 年版，第 8460 页。

初，越人不工机杼。薛兼训为江东节制，乃募军中未有室者，厚给货币，密令北地娶织妇以归，岁得数百人。由是越俗大化，竞添花样，绫纱妙称江左矣。[1]

所谓"江东节制"即浙东节度使。按薛兼训担任越州刺史、浙东节度使的时间，为宝应二年（763）至大历五年（770）[2]。根据上述记载，浙东军卒娶北地织妇，同时将北方的丝织技术南传，极大地促进了越地的丝织技术，丝绸产品因而"竞添花样""妙称江东"。当然，李肇所说的"初，越人不工机杼"与事实不符。其所云的应该是，越州蚕织技术在薛兼训任职以后，由于南北丝织技术的多元交融更显丰富，丝织工艺比此前更为高超。与此相类似的，还有西蜀丝织技术传入浙东的说法。《嘉泰会稽志》卷九在介绍"蜀阜山"时，称："《旧经》云：自蜀飞来，带儿妇二十余人，随山而至。善织美锦，自言家在西蜀，今忽至此。"[3]此外，还有一种说法，传言刘备之妻孙尚香返吴，带来侍女若干，善蜀锦，故绍兴华舍一带善丝织。[4]这些故事的真实性自然有待商榷，但也反映出当时越州积极吸收、融汇各地精湛的丝织技术的事实。据学者研究，中晚唐越州在缫丝上已能缫制极其匀称、纤细的原料，用以织成的"轻容纱"，纯净轻盈，风行一时；在织造上，已能以复杂的提花工艺生产各种花纹的织物，异文奇章，名目繁多。在印染上，除传统的染色外，已采用"镂版印花"和

① （唐）李肇：《国史补》卷上，见陈寅恪《元白诗笺证稿》，商务印书馆 2015 年版，第 253 页；赵振华：《唐薛兼训残志考索》，见荣新江主编《唐研究》第九卷，北京大学出版社 2003 年版，第 477—490 页。

② 吴廷燮：《唐方镇年表》，中华书局 1980 年版，第 771—773 页；郁贤皓：《唐刺史考全编》，安徽大学出版社 2000 年版，第 1763 页。

③ （宋）沈作宾修，施宿纂：《嘉泰会稽志》卷九《山》，浙江省地方志编纂委员会编《宋元浙江方志集成》，杭州出版社 2009 年版，第 1825 页。

④ 李永鑫主编：《绍兴通史·第三卷》，浙江人民出版社 2012 年版，第 108 页。

"夹缬印染"等法，产品艳丽多彩。[①]说明中唐以后，浙东运河流域的蚕丝技术，与此前相比的确有了突破性的发展。

三是丝织品质量的进一步提升和种类的愈加丰富。

唐代中期以后，伴随蚕桑产量的提升及精妙的缫丝、织造、印染技术，浙东运河流域丝织品的质量、花色和品类得到了显著提高。当时一大批诗人纷纷赞誉越地丝织品的质量上乘，如刘禹锡的"舞衣偏尚越罗轻"[②]，张籍的"越地缯纱纹样新"[③]，白居易的"异彩奇文相隐映……缭绫织成费功绩，莫比寻常缯与帛"[④]，元稹的"越縠缭绫织一端，十匹素缣功未到"[⑤]，韩偓的"口脂易印吴绫薄"[⑥]等等，均指出越罗、缭绫、吴绫的织造技术不同于普通的平纹织物，其质量和密度相当高超。

而丝织品的品种多样，可从安史之乱前后东南地区上贡的高档丝织品对比表中得到反映，见表3-1。

表3-1　安史之乱前后东南地区上贡的高档丝织品对比

州名	今名	唐前期贡品	唐后期贡品
扬州	江苏扬州	蕃客锦袍、锦被、半臂锦、独窠细绫	锦、蕃客袍锦、锦被、独窠绫、半臂锦
润州	江苏镇江	方棋绫、水纹绫	衫罗、方纹、水纹、鱼口、绣叶、花纹绫
苏州	江苏苏州	红纶巾	绯绫
常州	江苏常州	紫纶巾	红紫绵巾、紧纱
杭州	浙江杭州	白编绫、绯绫、纹纱	白编绫、绯绫

---

① 孙可为：《绍兴丝绸史话》，中国戏剧出版社2011年版，第102页。

② （唐）刘禹锡：《酬乐天衫酒见寄》，（清）彭定求等编《全唐诗》，中华书局1960年版，第4070页。

③ （唐）张籍：《酬浙东元尚书见寄绫素》，（清）董诰等编《全唐文》卷七四八，中华书局1983年版，第7753页。

④ （唐）白居易：《缭绫》，（清）彭定求等编《全唐诗》，中华书局1960年版，第4704页。

⑤ （唐）元稹：《和李校书新题乐府十二首·阴山道》，（清）彭定求等编《全唐诗》，中华书局1960年版，第4620页。

⑥ （唐）韩偓：《意绪》，（清）彭定求等编《全唐诗》，中华书局1960年版，第7837页。

州名	今名	唐前期贡品	唐后期贡品
湖州	浙江湖州		御服乌眼绫
睦州	浙江建德	交梭绫	交梭绫
越州	浙江绍兴	白编绫、吴绫、白纱、文纱	异文吴绫、花鼓歇单纱吴绫、吴朱纱、白纱、宝花花纹等罗、白编绫、交梭绫、十样花纹等绫、轻容、生縠、吴绢、花纱（文纱）、缭绫
明州	浙江宁波		吴绫、交梭绫
处（括）州	浙江丽水		小绫
宣州	安徽宣城		绫绮、红头丝毯

注：凡绵、丝、绢、绅、丝布、丝葛等贡品皆不属高档品。其中，唐代前期资料主要来自《唐六典》和《元和郡县图志》所载开元贡及《通典》所载天宝贡，唐代后期的资料则是《元和郡县图志》所载元和贡和《新唐书·地理志》所载长庆贡的综合。[1]

通过表 3-1 可以清晰看出，上述江南地区 10 个州在唐前期进贡的高档丝织品总共有 15 种，而到了唐后期则增加到 30 多种。属于浙东运河流域的越州和明州，唐前期仅上贡较为一般的绫纱四种，而在贞元之后除常贡外，又新增数十种新型的绫、纱、縠、罗、绢等品种。[2] 而同一时期，全国其他地方，无论江南江北，能作为进贡之物的丝织品一般仅一两种，多的也仅三四种。越州俨然是当时江南东道进贡丝绸品种最多的地区。而且，结合表 3-1 以及白居易《缭绫》诗中的"天上取样人间织"，可以看出此时越州还创新出许多未见于其他地区的新图案、新品种，并承制生产由朝廷设计的诸多新样式。

---

① 赵丰：《寻找缭绫——白居易〈缭绫〉诗与唐代丝绸》，浙江古籍出版社 2023 年版，第 119 页。

② 赵丰：《寻找缭绫——白居易〈缭绫〉诗与唐代丝绸》，浙江古籍出版社 2023 年版，第 120 页。

三、吴越国时期的持续发展

中晚唐浙东运河丝织业的兴盛发达，在五代吴越国时期得到了延续。相对于北方政权的纷争战乱，吴越国历代君主实行"保境安民"的基本国策。"世方喋血以事干戈，我且闭关而修蚕织"[①]，大致反映了吴越国统治者重视蚕桑的生产发展。当时在吴越国占据的两浙地区，农村桑麻蔽野，城镇也呈现出"春巷摘桑喧姹女"[②]的繁忙景象。许多寺院也种植了大面积的桑树，蚕桑生产量增长迅速。

从进贡中原王朝的丝织品数量，也可反映吴越国蚕丝产量的惊人。根据学者的梳理，从钱镠受封为吴越国王至钱弘俶"纳土"归宋的70余年中，吴越国向中原王朝进贡丝织品的有21年，有的一年之中几次进贡。最多的如后周显德五年（958）进贡的丝绸就达六次之多：二月进贡御衣、绫绢等物；四月进贡绫、绢各二万匹；闰七月进贡绢二万匹、细衣缎两千匹及御衣等；八月进贡绢一万匹；十一月进贡绵五万两；十二月又进贡绢三万一千匹、绵十万两。北宋开宝九年（976）进贡更多：二月二十一日，贡绢五万匹；二十二日，贡绢三万匹；二十五日，贡绵八十万两；三月初二日，贡绢五万匹；三月初三日，献绢六万匹；六月，所贡绢、绵以万计；十一月贺宋太宗即帝位，贡御衣，绢万匹。前后进贡七次。在太平兴国三年（978）五月吴越国归宋之前两个月，还贡绫绵一万两、绢十万匹、绫二万匹、绵十万屯。[③]由于越州是丝织业重要产地，故这些贡物之中，越州所出丝织品当占有相当大的比例。

吴越国浙江丝织业的一个显著特点，就是官营手工业的产生与发展。

---

① （清）袁枚撰，王英志校点：《小仓山房外集》卷八《重修钱武肃王庙记》，《袁枚全集新编》，浙江古籍出版社2015年版，第160页。

② （唐）罗邺：《自遣》，（清）彭定求等编《全唐诗》，中华书局1960年版，第7510页。

③ 参见李志庭：《浙江通史·隋唐五代卷》，浙江人民出版社2005年版，第334—335页。

早在钱镠时，杭州西府就设有官办手工业作坊，史载"精缣皆制于官"①，技艺高超的织锦工有300余人。②而且，从吴越国进贡中原王朝的丝织物种类中，有数量惊人的越绫、吴绫、越绢、吴越异纹绫、罗、金条纱、绵、罗绮、色绫、衣缎、绸、江罗縠袍袄彩缎、五色长连衣缎绫绢、御衣、红地龙凤锦被等等。③从中也可看出包括越、明两州在内的两浙丝织业技术水平之高。整体而言，吴越国浙东运河流域的丝织业延续了中晚唐以来的盛况，并在产量、质量上均都有了新的发展，这与当时北方经济破坏严重、丝绸生产萎缩形成了鲜明对比。

在蚕桑产量和丝织技术大幅提升的同时，中晚唐至吴越国时期，这一地区丝织业的贸易也相当活跃。京杭大运河的贯通，使得杭州居江、河、海三水之会，形成"东眄巨浸，辏闽粤之舟橹；北倚郭邑，通商旅之宝货"④的繁荣景象。而越、明两州的丝织品经浙东运河，中转杭州贩运至全国各地，甚至有吴绫到达西北边陲敦煌的记载。当时浙东运河流域普通民众经营丝绸贸易的不在少数，有的甚至形成家族产业。如吴越国明州潘超性"善邸贸业，染彩于阛阓间，鸠博资利"，其子潘承福继承父业，"娶刘氏，乃蛊干先业，经之营之，以丰其财，以广其宇。自染丝加置鬻帛、质赎之务，而为三焉"⑤。质赎，相当于典当。一个地方普通之家所经营的丝织产业，已扩展成集染丝、鬻帛、典当为一体，可以想象当地丝织贸易的繁荣程度。

① （清）吴任臣撰，徐敏霞、周莹点校：《十国春秋》卷八十一《吴越五》，中华书局 2010 年版，第 1159 页。

② 《浙江通志》编纂委员会编：《浙江通志·蚕桑丝绸专志》，浙江人民出版社 2018 年版，第 360 页。

③ 参见李志庭：《浙江通史·隋唐五代卷》，浙江人民出版社 2005 年版，第 343—349 页。

④ （唐）罗隐：《杭州罗城记》，罗隐著，潘慧惠校注《罗隐集校注》，浙江人民出版社 1995 年版，第 597 页。

⑤ （宋）邵浩：《荥阳潘六郎府君墓志铭》，马兆祥主编《碑铭撷英：鄞州碑碣精品集》，人民美术出版社 2003 年版，第 8 页。

从唐代中后期开始，浙东海上贸易逐渐走向兴盛，明州更是唐代对外贸易的重要港口。当时明州与日本之间的东海新航路开辟，从明州起航，横渡东海，到日本九州西北的值嘉岛登陆，据说顺风时只需十天左右即可到达，省时且安全。而这条航线并可自然延伸至朝鲜半岛。[①]这一航线的开辟，极大地促进了浙江与日本、朝鲜之间的贸易。江南地区的大量物品经浙东运河运抵明州，再由海路销往日本与朝鲜。这些大批物资中，自然也包括浙东运河流域所产的吴绫、越罗等丝织品。

吴越国的国内外丝绸贸易，延续了中晚唐以来的繁华盛况。一方面，由于江淮地区陆路不通，吴越国向中原王朝频繁进贡，以海路为主，即从明州出海，沿途经山东的登州、莱州等傍海州县，再辗转到京师。当然，这条海上贡道同时也是一条航海贸易路线，吴越国统治者还特别在"滨海诸州皆置博易务，与民贸易"[②]。

另一方面，吴越国与日本、朝鲜半岛的货物贸易，仍延续唐后期开辟的由明州出东海的航线。据日本学者木宫泰彦研究，自909至959年，中日之间的商船往返可考的有15次，且都是中国船，没有记载的应该更多。吴越国输出的物品主要有丝织品、瓷器，这些中国货极受日本人喜爱，不仅供天皇之需，大臣们也竞相争购。此外，吴越国与中东的大食等国家也有丝绸贸易往来。[③]《旧五代史》说吴越国"航海所入，岁贡百万"[④]，结合上述吴越国航海贸易的记载，均可看出当时包括丝绸在内的航海贸易之繁荣程度。而无论是丝绸生产，还是丝绸运转，浙东运河区域在其中无疑占有极其重要的地位。

---

① 袁宣萍、徐铮：《浙江丝绸文化史》，杭州出版社2008年版，第48页。

② （宋）欧阳修撰，（宋）徐无党注：《新五代史》卷三〇，中华书局1974年版，第335页。

③ 袁宣萍、徐铮：《浙江丝绸文化史》，杭州出版社2008年版，第49页。

④ （宋）薛居正等撰，中华书局编辑部点校：《旧五代史》卷一百三十三，中华书局1976年版，第1774页。

第三节　两宋蚕桑丝织业的成熟与鼎盛

两宋时期是浙东运河流域丝织业继续蓬勃发展，并达到全面鼎盛的历史阶段。北宋时，越、明两州依旧是全国最重要的蚕丝中心之一。宋室南渡后，随着政治、经济、文化重心的南移，浙东运河流域一跃成为京畿重地。因此，无论是丝织品的产量、质量，还是丝织技术，抑或海外贸易的程度，均步入历史的鼎盛期。浙东运河流域逐渐位居全国丝织业之冠，对后世的丝织业产生了重要影响。

一、北宋浙丝织业的方兴未艾

北宋初年，由于钱氏政权的"纳土"归宋，使得两浙地区避免了兵燹之苦。两浙地区延续了吴越国经济社会的深厚积淀，其蚕丝生产得以保持良好的发展势头。北宋学者李觏称当时东南诸郡："平原沃土，桑柘甚盛。蚕女勤苦，罔畏饥渴，急采疾食，如避盗贼。茧簿山立，缫车之声，连甍相闻，非贵非骄，靡不务此，是丝非不多也。"[①]指出包括两浙路在内的东南地区蚕桑种植的普遍，以及缫丝生产规模之大。两浙地区丝织产量之丰，还可从丝织品的岁赋上得到印证。

宋代官方丝织品岁赋收入主要来自三部分：一是以田赋收入为主的基本税收，其中包括一定数量的帛；二是以商业性收入为主的特别税收，部分也以丝帛形式折纳，其数额亦颇可观。如元丰以后，此类税收中丝绵收入量一年就超过911万两；三是和买，又名"预买绢"，即在初春时官府预先将本钱交给农民，等蚕期结束后农民再向官府交纳绢帛。但后来随着政府财政的恶化，逐渐给钱少而输绢多。景祐年间，全国预买绢190万匹，

---

① （宋）李觏撰，王国轩点校：《李觏集》，中华书局2011年版，第137页。

到庆历七年（1047）增到 300 万匹，在北宋政府的官方丝织品收入总额中占了不小的比重。[1]据学者统计，在北宋各路丝织品岁赋收入中，两浙路的锦、罗、绫、绢、绸等织品的数额为 190 万匹，这一数字与京东东、西路与河北东、西路四路的总和不相上下，丝绵数额也以 209 万两遥遥领先于其他同级行政区。丝织品上供数，两浙一路独占全国的 35.4%，超过河北东西路、京东东西路之总和。[2]可以看出，两浙地区已成为全国最重要的丝织生产中心之一。北宋朝廷在京城以及丝绸业比较发达的地区设立官营织造机构。其中，在浙江境内设有湖州织绫务和杭州织室，中间虽一度罢停，但规模甚大，"雕刻织绣之工，曲尽其巧。诸色匠日役数千"[3]，为朝廷承造、输送了大批精美的丝织品。

整体而言，尽管当时两浙东路的丝织发展势头不如两浙西路，但其在全国蚕桑丝绸产量中仍居高位，下属各州蚕桑种植相当普遍。如处州"耕桑甚广，民少惰游"[4]，严州"谷食不足，仰给它州，惟蚕桑是务"[5]。此前蚕桑生产在当地经济中所占比重较小的明州，在北宋时的蚕桑种植也逐渐扩大。如当地人舒亶称"耕桑遗俗在"[6]"桑麻被野禾连畴"[7]，以及王安石在任鄞县令期间所写的"村村桑柘绿浮空，春日莺鸣谷口风"[8]诗句，均反映了

① 袁宣萍、徐铮：《浙江丝绸文化史》，杭州出版社 2008 年版，第 51 页。

② 吴承明、陈争平主编：《中国市场通史》第 1 卷，东方出版中心 2021 年版，第 363—364 页。

③ （明）陈邦瞻：《宋史纪事本末》卷五〇，中华书局 2015 年版，第 505 页。

④ （宋）杨亿：《武夷新集》卷十二，福建人民出版社 2007 年版，第 192 页。

⑤ （宋）陈公亮修，刘文富纂：《淳熙严州图经》卷一《严州·风俗》，浙江省地方志编纂委员会编《宋元浙江方志集成》，杭州出版社 2009 年版，第 5591 页。

⑥ （宋）张津等纂修：《乾道四明图经》卷八，浙江省地方志编纂委员会编《宋元浙江方志集成》，杭州出版社 2009 年版，第 2942 页。

⑦ （宋）张津等纂修：《乾道四明图经》卷八，浙江省地方志编纂委员会编《宋元浙江方志集成》，杭州出版社 2009 年版，第 4827 页。

⑧ （明）杨明：《天童寺集·附录》，《四库全书存目丛书》第 244 册，庄严文化事业有限公司 1996 年版，第 783 页。

明州地区普遍植桑的历史。而在两浙东路中，越州的蚕桑业位居首位，与浙西的杭州、湖州不相伯仲。知州沈立在《越州图序》中说，越州各地"习俗务农桑，事机织，纱、绫、缯、帛，岁出不啻百万"[1]，从中可以反映浙东运河区域蚕织业的兴盛。

蚕桑业的蓬勃发展，为两浙丝织业的发展提供了充足的原料。从《宋史·地理志》《宋会要辑稿》《元丰九域志》和《太平寰宇记》等记载各地上贡的丝织品来看，浙江地区皆有出产绢布、丝绵等物。杭州、睦州贡绫，婺州所产的婺罗颇为知名。浙东运河流域的越州贡越绫、茜绯纱、轻容纱等高档品种，且上贡数量最多。明州也进贡了数量不少的绫。[2]

从全国丝织业布局来看，中晚唐以来全国逐渐形成三大丝绸产区，即黄河流域的中原地区、西南的川蜀地区和长江下游的江南地区，至北宋已形成并驾齐驱、不分伯仲的格局。如果说中原、川蜀地区的丝织品以质量和档次取胜，尤其是锦、绮、绫、鹿胎、透背等高档丝织品的生产仍然具有优势。而罗、绢、绸、绫、丝绵等丝织品则以江南地区遥遥领先，特别是两浙地区的产量在全国的比例已经迅速上升。某种意义而言，两浙地区虽然在某些高档丝织品的生产技术上还逊色于中原、川蜀，但表现出的蓬勃发展势头锐不可当。与此相比，中原地区的发展势头却明显减慢了。[3]而浙东运河的丝织业，在全国丝绸格局重心南移的大趋势中也愈发显现出其重要性。

---

① （宋）沈立：《越州图序》，曾枣庄、刘琳主编《全宋文》卷六四〇，上海辞书出版社、安徽教育出版社 2006 年版，第 117 页。

② 袁宣萍、徐铮：《浙江丝绸文化史》，杭州出版社 2008 年版，第 53 页。

③ 袁宣萍、徐铮：《浙江丝绸文化史》，杭州出版社 2008 年版，第 52 页。

二、南宋丝织业的全面繁盛

靖康之乱后，宋室南渡，最终选择临安为行在。北方大批人口纷纷南迁，其中大部分安居在两浙、福建等地，出现了"民云集两浙，百倍于常"①的状况。人口的大幅度剧增，使原本物阜民丰、自然环境优越的浙江更趋繁荣，农业、手工业、城市经济、文化艺术等诸方面均得以迅速发展。都城临安一跃成为全国的政治、经济、文化中心，成为享誉世界的繁华大都市。毗邻临安的浙东运河流域，随之成为京畿地区，越州、明州又先后升格为绍兴府、庆元府。在都城经济圈的辐射下，浙东运河区域消费市场的繁荣和商品贸易的发展，自然极大地促进了丝织业的繁盛，其数量和规模达到了历史的最高值。

（一）蚕桑种植全面普及与专门蚕桑户的出现

南宋浙东运河区域蚕桑种植的规模，可从山阴人陆游的《剑南诗稿》得到印证。陆游晚年长期乡居，对浙东地区有相当熟悉的了解。在他的笔下，浙东运河流域几乎是处处植桑养蚕的景象。如《还县》中的"郁郁桑麻风露香"，《春晚书斋壁》中的"郁郁桑连村"，《晚春》中的"千里桑麻无旷土"，《初夏》中的"夹路桑麻行不尽"，《秋日遣怀》中的"郁郁桑麻区"，《孤村》中的"桑麻郁千里"，《西村》中的"桑麻满野陂"，《喜雨》中的"桑麻郁千里"，《题野人壁》中的"桑麻无际岁时丰"，《春夏雨旸调适颇有丰岁之望喜而有作》中的"人间何地不耕桑"。显然，当时浙东运河的平原、丘陵地区已随处可见大面积的桑田麻地。

除了丘陵、平原地带桑麻遍野，在陆游笔下还可看到村落隙地、农舍前后桑麻成荫的盛况。如《闲行至西山民家》中的"绕舍栽桑麻"，《秋思绝句》中的"枳棘编篱书掩门，桑麻遮路不知春"，《春晚即事》的"桑麻夹道蔽行人"，《醉题埭西酒家》中的"桑麻蒙翳不通邻"，《村舍》中的

---

① （宋）李心传：《建炎以来系年要录》卷一百五十八，中华书局1988年版，第2573页。

"门巷桑麻暗"，《秋晚村舍杂咏》中的"村巷翳桑麻"，《秋思》中的"桑竹成荫不见门"，《小园》中的"小园烟草接邻家，桑柘阴阴一径斜"等等。与绍兴相邻的慈溪在当时也是"田桑之美，有以自足"[1]。而且，当时两浙地区的桑树品种也颇丰富，如杭州有青桑、白桑、拳桑、大小梅、红鸡爪、睦州青等，吴兴有青桑、白桑、黄藤桑、鸡桑，台州有黄桑、青桑、花桑、水桑、过海桑，而绍兴则有鸡桑、临安桑等品种。[2]说明蚕桑种植技术进一步改进，培育出的桑种更为优良。

在蚕桑种植大面积扩展的同时，养蚕丝织也成为浙东运河流域农村最为普及的家庭副业之一，而妇女又是其中的重要主力，这在陆游的诗歌中也能时常看到。如《泛湖至东泾》中的"儿童牧鹅鸭，妇女治桑麻"，《初春》中的"桑眼绽来蚕事兴"，《农桑》中的"蚕生女手摘桑黄"，《春老》中的"蚕妾采桑忙"，《春晚即事》中的"幼妇忧蚕采叶忙"，《初夏幽居》中的"日长巷陌晒线香"。特别在蚕忙期，农村遍地出现"蚕收户户缫丝白"（《初夏闲居》）"村落家家煮茧忙"（《春夏雨旸调适颇有丰岁之望喜而有作》）"蚕家忌客门门闭"（《自上灶过陶山》）的繁忙现象。连陆游一家也选择蚕桑丝织作为重要的治生产业。在《村舍杂书》一组诗中，其自述："我本杞菊家，桑苎亦吾宗。种艺日成列，喜过万户封。""中春农在野，蚕事亦随作。手种临安青，可饲蚕百箔。"在《晚秋农家》中又说："筋力幸可勉，扶衰业耕桑。"宋末大儒王应麟也记载四明一带"其下桑土，蚕繭茧纯，红女织韭，交梭吴绫"[3]的社会风俗。这些均反映了养蚕丝织在浙东运河流域已非常普遍。结合这些以及陆游诗中的"稻陂方渴雨，蚕箔却忧寒"（《春早得雨》），又足以说明蚕织业在当地经济产业中占有相

① （宋）王安石：《临川先生文集》卷八十三《慈溪县学记》，王水照主编《王安石全集》，复旦大学出版社 2016 年版，第 1467 页。

② 《浙江通志》编纂委员会编：《浙江通志·蚕桑丝绸专志》，浙江人民出版社 2018 年版，第 40 页。

③ （宋）王应麟撰，（明）郑真、陈明辅辑：《四明文献集·深宁先生文钞摭余编》卷三，《四明丛书》约园刊本，第 12 页。

当高的比例。

南宋两浙地区高度发达的经济活动，以及数量惊人的丝织品需求，进一步推动了蚕桑业的商品化，在生产领域还逐渐出现了专门的蚕桑户。《嘉泰吴兴志》记载湖州"山乡以蚕桑为岁计，富室有蚕至数百箔"。洪迈提及湖州某些村落已不乏"递年以蚕桑为业"①的专业户。两宋之交的农学家陈敷也说，湖州安吉县农户"惟籍蚕办生事"②。毗邻绍兴的严州，"惟陆耕是力，惟蚕桑是务"③。而且，农村地区还形成了一定规模的蚕桑市场。如生活于於潜的诗僧文珦感慨蚕妇"家贫无钱买桑喂"④。与此同时，浙东运河流域也出现了数量不少的蚕桑户。这些蚕桑户多半不再从事粮食种植，而是以蚕桑为生计，他们的口粮基本从商贩处购买，所谓"糊口之物，尽仰商贩"⑤。这说明，蚕桑业已逐渐从粮食种植业中分离出来，产业分工进一步细化。陆游的《丰年行》还记载了绍兴地区"前年谷与金同价，家家涕泣伐桑柘"（《丰年行》）的现象，反映出当地粮食耕种减少，纺织品却一度供过于求。这也反向说明当时专业养蚕户众多以及蚕桑丝织品的高度商品化。

（二）丝织品高产与名品迭出

自绍兴八年（1138）正式定都临安后，杭州成为全国丝绸生产和贸易中心。当时临安城出产的丝织品种类达数十几种，产量丰富。这些产品，一部分由官机所织，如少府监属下就设有绫锦院、染院、文思院、裁造院、文绣院等官营丝绸生产作坊，规模宏大，仅绫锦院就有织机300余

---

① （宋）洪迈撰，何卓点校：《夷坚志·夷坚丙志》卷第十五《朱氏蚕异》，中华书局1981年版，第496页。

② （宋）陈敷撰，万国鼎校注：《陈敷农书校注》，农业出版社1965年版，第55页。

③ （宋）詹亢宗：《均减严州丁税记》，董棻编纂《严陵集》卷九，中华书局1985年版，第600页。

④ （宋）释文珦：《蚕妇叹》，北京大学古文献研究所编《全宋诗》第63册，北京大学出版社1998年版，第39561页。

⑤ 葛金芳：《两宋社会经济研究》，天津古籍出版社2010年版，第94页。

张，人数达 1000 人；一部分则出自街坊，即私营丝织作坊。

浙东运河流域丝织生产亦有官、私两种形式，丝织场景随处可见。南宋初期王十朋《会稽三赋·风俗赋》说绍兴"靡桑之奇，号为第一，龙精衋衋，吐丝满室。万草千华，机轴中出，绫纱缯縠，雪积缣匹"①。从"绫纱缯縠，雪积缣匹"的描述，可看出丝织品产量之丰硕。庄绰《鸡肋篇》还记载绍兴庵院中的女尼"皆善织，谓之'寺绫'者，乃北方'隔织'耳，名著天下"。可知丝织产业在当地颇为发达，并在农村经济结构中占有重要地位。《嘉泰会稽志》也记载绍兴府下属的嵊县、萧山、诸暨等县生产的绫、縠、绢闻名天下。②庆元府的丝织生产虽不如绍兴府，但奉化县所产的绅"密而轻如蝉翼，独异他地"③。与北宋相比，南宋浙东运河流域的丝织业可谓更加普遍。

南宋时，随着朝廷对丝织品需求的进一步增加，浙东运河的丝织品岁贡也与之飙升。据《嘉泰会稽志》记载，嘉泰初年，绍兴府每年夏秋两税和以和买名目征收的绸、绢、绫等丝织品合计高达 20 余万匹，另有丝绵征额 41 万余两。这还是经过多次减免后的征额，原来的征额数量更为庞大。建炎元年（1127），越州知州翟汝文上奏："浙东和预买绢岁九十七万六千匹，而越乃六十万五百匹，以一路计之，当十之三"④，即越州和买绢的征额有 60 多万匹。建炎三年（1129）九月，宋高宗下诏包括越州在内的州县减免四分之一的征额。绍兴二年（1132）九月，越州知州朱胜非奏请蠲免十分之一，获得批准。绍兴八年（1138）二月，宋廷又

① （宋）王十朋：《会稽三赋·风俗赋》，曾枣庄、刘琳主编《全宋文》卷四六一四，上海辞书出版社、安徽教育出版社，2006 年版，第 127 页。

② （宋）沈作宾修，施宿纂：《嘉泰会稽志》卷一七《布帛》，浙江省地方志编纂委员会编《宋元浙江方志集成》，杭州出版社 2009 年版，第 2072—2073 页。

③ （宋）胡榘修、方万里、罗濬撰：《宝庆四明志》卷四《叙产·布帛之品》，浙江省地方志编纂委员会编《宋元浙江方志集成》，杭州出版社 2009 年版，第 3175 页。

④ （元）脱脱等撰，中华书局编辑部点校：《宋史》卷一百七十五，中华书局 1977 年版，第 4239 页。

以绍兴府"和买太重",再减免1万匹,但存额仍有146938匹。淳熙八年(1181)闰三月,又诏减2653匹。淳熙十六年(1189)八月,朝廷再次下诏减免44284匹,遂以10万匹为定额。[①]与越州(绍兴元年升为绍兴府)同属浙东运河流域的明州(庆元元年升为庆元府),其丝绸征额量同样庞大。如乾道五年(1169)夏税中的正税加和买额,分别为绢49624匹、绸14044匹、绵110000两。至宝庆年间为绢57866匹、绸16877匹、绵137943两,比乾道五年(1169)分别增加了8242匹、2833匹和27943两。另据《宝庆四明志》载,除常赋外,明州还需岁贡绢14057匹、绸2724匹、绵18053两、绫(大花绫)10匹。[②]这些巨额数字,一方面反映朝廷征额赋税之繁重,但也从侧面表明浙东运河流域庞大的丝织产量,特别是四明地区丝织业产量的显著增加。

与产量提高相对应的是,这一时期两浙地区丝绸名品的种类也甚为繁多。早在北宋,晁补之就说杭州的丝织业:"俗上工巧。……衣则纨、绫、绮、绨、罗、绣、縠、絺,轻明柔纤,如玉如肌。竹窗轧轧,寒丝手拨,春风一夜,百花尽发。"[③]到了南宋,临安城出产的丝织品种类更是琳琅满目,千姿百态,美不胜收。如绫有官告、度牒用绫及各种服饰用绫,锦有金红捻金锦、绒背锦等,缎有销金线缎、混织杂色线的花缎,纱有素纱、天净纱、三法纱、暗花纱、粟地纱、茸纱等,纶丝有织金、闪褐、间道等花色,罗有素罗、花罗、熟罗、暗金罗、博生罗等,绢有官机绢、杜村唐绢等等。与临安府一水之隔的浙东运河流域也是如此。如绍兴府生产的丝绸名品,仅当时《图经》记载就有越贡花纱、白编绫、轻交棱绫、轻容生

---

① (宋)张淏纂修:《宝庆会稽续志》卷三,《宋元方志丛刊》第7册,中华书局1990年版,第7124页。

② (宋)胡榘修、方万里、罗濬撰:《宝庆四明志》卷六《叙赋下·朝廷窠名》,浙江省地方志编纂委员会编《宋元浙江方志集成》,杭州出版社2009年版,第3208—3209页。

③ (宋)晁补之:《鸡肋集》卷二八《七述》,曾枣庄、刘琳主编《全宋文》卷二七一二,上海辞书出版社、安徽教育出版社2006年版,第313页。

縠、吴绢、十样绫、大花绫、编文纱、花罗等十余种。[1]

其中，除继承唐代的传统名品外，不少是南宋生产出的新品种，其品质甚至超过了原来的品种。如绍兴女尼院新生产的越贡宝花罗，"近时翻出新制，如万寿藤、七宝火齐珠、双凤绶带，纹皆隐起，而肤理尤莹洁精致，宝街（指尼院所产的宝街罗）不足言矣"。女尼织成的寺绫"乃北方'隔织'耳，名著天下"。绍兴府下属的嵊县、萧山、诸暨等也涌现出诸多丝绸名品。如嵊县所出的"樗蒲绫最盛"，绉纱尤为精致，"其绝品以为暑中燕服，如生冰雪，虽刬之居人亦不能常得"。萧山生产的纱，因纺织季节不同而品质各异，"以暑伏织者为上，秋织者为下，冬为尤下。盖霜燥风烈则丝脆，帛地不坚，为衣易弊，故卖纱者必曰此夏纱也"。诸暨所产的绢以花山、同山、板桥等品种最为有名，"其轻匀最宜春服，邦人珍之。或贩鬻颇至杭州而止，以故声价亦不远也"。此外，诸暨产的茧布是一种利用绵丝织成的绵绸，"盖状似绝而密缜过之，虽名为布，其实帛也"[2]。由于绍兴一带丝织品优质精美，在全国享有极高的声誉，以致一些地方出现模仿越地丝织品的行为。陆游在《老学庵笔记》中记载，当时四川"遂宁出罗，谓之越罗，亦似会稽尼罗而过之"[3]。总而言之，南宋时浙东运河流域内，无论是官方织造还是民间生产，丝织品的产量、质地、品类均超越了前代，且产地分布较为均匀，说明丝织业的全面发展和繁荣。

（三）养蚕、丝织技术的高度成熟

南宋时期，江南地区蚕桑产量的惊人和丝绸制品的精美，与栽桑养蚕、缫丝织造技术所达到的前所未有的水平密切相关。南宋初年真州（今江苏仪征）人陈旉的《农书》，就详细论述了江南地区栽桑、养蚕、上蔟

---

[1] （宋）沈作宾修，施宿纂：《嘉泰会稽志》卷十七《布帛》，浙江省地方志编纂委员会编《宋元浙江方志集成》，杭州出版社 2009 年版，第 2072—2073 页。

[2] 以上引文均见《嘉泰会稽志》卷十七《布帛》，浙江省地方志编纂委员会编《宋元浙江方志集成》，杭州出版社 2009 年版，第 2072 页。

[3] （宋）陆游撰，李剑雄、刘德权点校：《老学庵笔记》卷二，中华书局 1979 年版，第 23 页。

和缫丝的技术。而四明鄞县人楼璹（1090—1162）在於潜县令任上绘制的《耕织图》，其中的《蚕织图》以写实手法全景式地记录了从育蚕到纺织生产的过程，在中国农业科技史上具有极其重要的地位。《蚕织图》共24幅，包括"腊月浴蚕""清明日暖种""摘叶""谷雨前第一眠""第二眠""第三眠""暖蚕""大眠""忙采叶""眠起喂大叶""拾巧上山""箔蔟、装山""爁茧""下茧、约茧""剥茧""秤茧、盐茧瓮藏""生缲""蚕蛾出种""谢神供丝""络垛、纺绩""经靷、籰子""挽花""做纬、织作""下机、入箱"等流程。[1]通过图绘及其题注，可以看出当时包括浙东运河区域在内的两浙丝织生产技术所达到的新高度。

如在"浴种养蚕"环节，该图对养蚕的每一步骤均作了详细描绘。养蚕前需要浴蚕，即将布满蚕种的纸入浴消毒，以保证孵化出来的蚕品质优良。一般分两次进行，一次在寒冬腊月，一次在谷雨前后，蚕孵化（催青）以前，陈旉《农书》称"细研朱砂，调温水浴之……以辟其不祥也"[2]。《蚕织图》所绘的应是催青以前的浴种场面。而养蚕开始后，先要暖种，以一定的温湿度让蚕孵化，再下蚕（收蚁蚕）、喂蚕，蚕渐渐长大，经过一眠、二眠、三眠，成为大蚕，这时要为蚕分箔，并急采桑，等大蚕眠起后喂以大叶，然后将熟蚕上蔟（装山）结茧，蚕蔟上很快就会布满了白色的蚕茧，最后下茧，整个养蚕过程才算告一段落。由于浙江地区养蚕季节潮湿多雨，在整个过程中必须以人工用火来控制蚕室的温湿度。这在《蚕织图》中也有明确的图示。蚕茧下蔟后，不多久就会出蛾，因此必须采取措施，延迟出蛾时间。《蚕织图》中标注的"盐沮法"，即记录了这一处理方法。[3]

---

① 林桂英：《我国最早记录蚕织生产技术和以劳动妇女为主的画卷——介绍八百年前宋人绘制的〈蚕织图〉》，《农业考古》1986 年第 1 期。
② （宋）陈旉著，万国鼎校注：《陈旉农书校注》，农业出版社 1965 年版，第 56 页。
③ 赵丰、尚刚、龙博编著：《中国古代物质文化史·纺织（下）》，开明出版社 2014 年版，第 350 页。

蚕茧下蔟后就要进行贮茧缫丝，从《蚕织图·生缫图》来看，当时浙江使用的是南缫车和生缫工艺，生缫即缫鲜茧。北宋秦观《蚕书》虽对缫丝车有大段的描述，但缺乏形象的佐证，而《蚕织图》却将其结构与操作方法形象准确地表达出来。从图可直观看出，缫车有架，架上承箦，或由一脚踏曲柄连杆机构带动，并装有络绞机构，使丝线不会固定地绕于一直线上。[①]脚踏缫车是中国古代传统手工缫丝机革新的最高成就，使用这种工具，一个人就能完成缫丝的全过程，从而大大提高了丝织生产效率。而这种缫车直至明清均无大的变化，可见其基本形制早在南宋就已定型。

缫好的蚕丝还不能直接上机，织造之前要对丝线进行准备加工。《蚕织图》中描绘了络丝、并捻和摇纬的工序和纺车，以及对丝线进行过糊的场景。所谓过糊，即浆丝，目的是提高经丝的抱合力和强度，以承受织作时产生的各种张力，保证丝织的均匀和顺利进行。过糊工具的出现，说明当时印架工序已经形成。[②]而《蚕织图》中的南宋过糊工具与明代宋应星《天工开物》记载的完全一致，亦可说明过糊用具与技术在南宋已臻于成熟完善。

而在织造环节，《蚕织图》描绘了一台高楼式束综提花机，由于图中的绫机只画了两片地综，因此专家推测这是一台典型的提花绫机。[③]而中国国家博物馆藏的另一幅宋人《耕织图》，则描绘了一张大花楼的花罗机，其形制与绫机基本相似，但装置了双经轴，机前装有四片综（两片素综和两片绞综）。机身中有花楼，提花综丝从机顶垂至衢坑，提花小厮在花楼上提花，织工脚踩踏杆，一手推筘，一手引梭。织造时机前的素综和绞综起绞纱孔眼的地组织，而花楼的提花束综提织各种花纹。机后使用双经

---

① 袁宣萍、徐铮：《浙江丝绸文化史》，杭州出版社 2008 年版，第 62—63 页。

② 袁宣萍、徐铮：《浙江丝绸文化史》，杭州出版社 2008 年版，第 64 页。

③ 赵丰、尚刚、龙博编著：《中国古代物质文化史·纺织（下）》，开明出版社 2014 年版，第 350 页。

轴，是为避免绞经和地经因张力不同引起织缩不同而特意设置的。①提花绫机、提花罗机的出现，标志着中国古代丝织技术的高度发达。这种提花纺织机自南宋以来一直沿用至清末，其基本结构与操作原理千百年来始终未变。②结合南宋两浙几大丝绸业发达的地区均以织绫、贡罗闻名，说明两种《蚕织图》《耕织图》描绘的提花绫机、提花罗机在两浙地区使用相当普遍。浙东运河流域的蚕桑丝织技术在南宋也趋于成熟，基本达到定型阶段。

（四）海外贸易的空前兴盛

丝绸素来是中国古代最重要的出口物资之一，早在六朝时期，浙江的丝织品就销往日本、朝鲜半岛一带。两宋时期，两浙地区的丝绸海外贸易更为兴盛。一方面，由于北方丝绸之路被辽、西夏等政权阻隔，因此北宋的对外贸易绝大部分改走海道；另一方面，随着社会经济的繁荣和商品流通的发达，宋朝大力鼓励官方、民间与外国的海上贸易往来。与此同时，浙江又是全国丝绸生产和贸易中心，所产丝绸以其柔软的质地和绚丽的色彩，一直以来深受外国人的喜爱，所谓"丝绵缣帛，蕃商所欲之货"③。丝帛品甚至还被作为等价物用于宋朝与外国的贸易。如元丰五年（1082），三佛齐国（今印度尼西亚）船长向广州市舶司赠送龙脑、布匹，广州市舶司向朝廷报告，诏令按价收入官库，"悉市帛以还"。可以说，与前代相比，两宋的丝绸海外贸易获得了空前繁盛。

由于海上丝绸之路的繁忙，宋朝政府为加强对海外贸易的管理，专门在沿海重要港口城市设置市舶司。早在端拱二年（989），朝廷就在吴越国博易务的基础上，于杭州设置了两浙路市舶司，并规定："自今商旅

---

① 赵丰、尚刚、龙博编著：《中国古代物质文化史·纺织（下）》，开明出版社 2014 年版，第 350 页。

② 袁宣萍、徐铮：《浙江丝绸文化史》，杭州出版社 2008 年版，第 62—63 页。

③ （宋）李焘撰，上海师范大学古籍整理研究所、华东师范大学古籍整理研究所点校：《续资治通鉴长编》卷四百九《哲宗元祐三年》，中华书局 2004 年版，第 9956 页。

出海外藩国贩易者，须于两浙市舶司陈牒，请官给券以行，违者没入其宝货。"①淳化年间，明州港海外贸易渐兴，朝廷又下令在杭州、明州分设市舶司，归属两浙市舶司管辖。淳化三年（992），两浙路市舶司由杭州迁至明州定海（今宁波镇海），至道二年（996），又迁回杭州。元丰三年（1080），诏令明州为宋与高丽的贸易口岸。从此，明州正式成为宋、高丽两国贸易的主要口岸。②宋室南渡后，浙江成为京畿重地，朝廷为支付巨额的财政支出，进一步采取了推动与奖励海外贸易的政策。临安与明州两大港口更加繁荣，成为"海上丝绸之路"东海起航线的重要港口。

宋代浙江丝绸的海上贸易，主要有三条通道：一是从明州港出发东向到日本；二是北向经辽东半岛转输到朝鲜，自熙宁七年（1074）以后，为避开辽国，也改从明州下海；三是经明州、温州等港口中转到泉州、广州港，再往南至南洋诸国。③两宋蚕丝与丝织物的大量输出，对日本、朝鲜等国丝绸生产的发展产生了重要影响。徐兢《宣和奉使高丽图经》称，宋时朝鲜"不善蚕桑，其丝线织纮，皆仰贾人自山东、闽浙来。颇善织文罗花绫、紧丝锦罽"④，说明朝鲜丝织业所需的原料相当一部分从中国的山东、福建、浙江等地获取。日本也是大量进口中国丝绸的输入国。虽然其本土也产丝蚕，但远远不能满足国内市场的消费需求，故"得中国绫绢则珍之"⑤。这刺激了商人纷纷将丝织品运往日本以牟取巨利。如日籍《小右记》"长元二年（1029）三月二日"条记载，台州商人周文裔航海至日本，带去的货物中就有翠纹花锦、小纹丝殊锦、大纹白绫、丝鞋等丝织品。崇宁

---

① 刘琳、刁忠民、舒大刚、尹波等校点：《宋会要辑稿·职官四四》，上海古籍出版社 2014 年版，第 4204 页。

② 袁宣萍、徐铮：《浙江丝绸文化史》，杭州出版社 2008 年版，第 66 页。

③ 袁宣萍、徐铮：《浙江丝绸文化史》，杭州出版社 2008 年版，第 67 页。

④ （宋）徐兢撰，虞云国、孙旭整理：《宣和奉使高丽图经》卷二十三《杂俗二·土产》，大象出版社 2019 年版，第 254 页。

⑤ （宋）周密撰，吴企明点校：《癸辛杂识·续集下》，中华书局 1988 年版，第 176 页。

四年（1105），泉州商人李充由明州港赴日贸易，携带的货物中有象眼 40 匹、生绢 10 匹、白绫 20 匹等。[1]当然，日本、朝鲜一些有特色的丝织品亦通过商舶运至浙江。

东南亚、南亚诸国也是宋代两浙丝绸外销的重要地。据赵汝适《诸蕃志》记载，宋代中国丝绸外销的国家、地区多达 11 个，不仅包括中国的周边地区，如占城（今越南）、真里富（今柬埔寨）、三佛齐等，还远至印度、斯里兰卡。其交易的产品也非常丰富，有绢伞、绢扇、缬绢、白绢、假锦、建阳锦、锦绫、皂绫、五色绢、丝帛等。[2]而这些外销的丝绸主要是东南沿海生产的。[3]

前文已述，宋代浙东运河流域的丝绸生产，在量和质上均远超前代。与此同时，由于杭州、明州两地设有市舶司的独特优势，浙东运河又是沟通杭州至明州的必经通道。因此，宋代的浙东运河流域，无论是外销丝绸的重要产地，还是往来运输的必经区域，都在海外丝织贸易中发挥了无与伦比的功能。这些丝绸贸易的兴盛，又反过来有力推动了浙东运河流域丝织生产的繁荣。

第四节　元代至清中期丝织业的衰退与恢复

相对于唐宋时期的迅猛发展，元代至清中期浙东运河流域的蚕桑丝织业发展势头逐渐衰退，进入相对滞缓阶段。全国的蚕桑丝绸业中心，逐渐由浙东、浙西齐头并进转变为杭嘉湖平原一枝独秀的局面，浙东运河流域

---

① 张伟、张如安、邢舒绪：《宁波通史·宋代卷》，宁波出版社 2009 年版，第 121 页。
② （宋）赵汝适撰，杨博文校释：《诸蕃志校释》卷上，中华书局 2000 年版，第 136 页。
③ 黎海波、熊燕军：《宋代东南沿海地区丝织业发展状况》，《华南农业大学学报（社会科学版）》2004 年第 3 期。

的丝织业也被浙西的杭州、湖州、平江（今苏州）等地超越。不过，在官营丝织品生产方面也有一定的知名度。

一、元代丝织业发展的相对滞缓

元代绍兴地区丝绸业的衰退，与全国植棉业、棉织业的普及，导致蚕桑丝绸产区的集中密切相关。自棉花从海外输入后，在宋代只限于闽、广及陕西地区，由于其栽培容易，成本低廉，逐渐受到统治者的提倡和民间的重视。入元后，棉花种植区域不断在全国扩大，特别在江南地区普遍栽培。从衣料品质来看，棉具有种种蚕丝所不具备的优势：第一，棉花又轻又暖，适于御寒，可作为动物皮、毛的代用品，这一点是丝无法实现的；第二，棉花柔软胜于麻布，结实耐用胜于绸缎，且价格较低；第三，从生产速度来说，棉纺要比丝织快若干倍。[①]因以上种种优越性，棉很自然地成为普通民众做衣服用的首选原料，民间市场对棉布的需求也远远大于较为昂贵的丝绸织物。因此，蚕桑生产区域和市场相对收缩，集中到特定区域。

而且，从土地肥沃程度来看，棉花种植对土地的要求远比桑低。浙东运河与杭州湾的大片滨海沙地，正适宜棉花的生长。因此，在这场全国性纤维结构变化的大潮中，浙东运河区域的棉织业发展蓬勃。至元二十六年（1289），元廷在浙东、江东、江西、湖广、福建等地设木棉提举司，浙东木棉提举司就设在绍兴路的余姚县。相较而言，杭嘉湖地区发达的蚕桑业因各种因素基本未受冲击，反而随着其他区域蚕桑业的衰落，其地位进一步提高，成为全国丝绸业发展最兴旺的地区。当时湖州路"土膏稻粱，岁

---

① 李幹：《元代民族经济史》（下），民族出版社2010年版，第706页。

无乏食，树墙下桑，志足衣食。蒸哉人民，各安一业"①。而绍兴地区的蚕桑丝织业，已明显逊色于杭嘉湖地区。

以往学术界认为元代绍兴地区丝织业的受挫，还与鉴湖自然生态环境破坏有重要关系。②此说虽有一定道理，但不可过分夸大鉴湖淤塞对蚕桑种植的影响。学者们认为南宋后期，当地百姓大规模废湖为田，旱涝灾害频发，还以陆游的"山阴泆湖二百岁，坐使膏腴成瘠卤"（《甲申雨》）"十年水旱食半菽，民伐桑柘卖黄犊"（《喜雨歌》）诗句为据，称生计艰难的农民不惜伐桑代柴，使丝绸业备受摧残。入元后，统治者"不善兴修水利"，以及"税收上又一味征收粮食和蚕丝，少收绸帛，使绍兴地区的丝绸业未能在新朝得到重新恢复和发展的机遇"。③按此说法，鉴湖淤塞问题在陆游时代已凸显，但结合前文所述，陆游诗文中随处可见绍兴平原桑麻遍野的景象，鉴湖淤塞一说显然自相矛盾。而且，从农作物生长来看，蚕桑对水的需求量远比粮食作物少得多，鉴湖淤塞对稻作物生产自然有重要影响，但对桑的破坏至少没有那么严重。总的来说，元代绍兴地区蚕桑业发展的滞缓有多种原因，其中最主要的，恐怕还是棉花普遍种植与棉织业蓬勃发展造成的巨大冲击。

当然，元代浙东运河丝织业发展的滞缓，是相对于唐宋的迅速发展以及同时期浙北地区的态势而言的。从记载来看，当时浙东运河流域特别是庆元路桑树种植的数量仍然不少。如在奉化诗文名家戴表元笔下，庆元路

---

① （元）孛兰肹等：《元一统志》，《永乐大典》卷二二七七，中华书局1986年版，第884页。

② 袁宣萍、徐铮：《浙江丝绸文化史》，杭州出版社2008年版，第75页；孙可为：《绍兴丝绸史话》，中国戏剧出版社2011年版，第105页。

③ 袁宣萍、徐铮：《浙江丝绸文化史》，杭州出版社2008年版，第75页。

的农家景色是"宿麦青已郁，稚桑黄亦稠"①"旋摘桑叶饲原蚕"②。他还专门撰有《耕桑》诗，其中"耕桑本是闲居事，学得耕桑事转多。失晒麦丛忧出蝶，迟缫蚕茧怕生蛾"③几句，描绘当地农民在农忙时节还从事蚕桑等副业的忙碌场景，说明蚕桑种植的规模不小。奉化知州马称德大力推广经济作物的种植，其中桑有3900畦。④邓牧在游览雪窦山时，见山中有连片的桑树，"桑畦麦陇，高下联络，田家隐翳竹树"⑤。处于海中的昌国州民众，在地势较高之地也种植一定的桑树，并出产绢、苎布等。⑥宁海县也多有种植桑、麻，这从宋末元初宁海人舒岳祥《种麦后栽补桑柘至田家憩息》中的"桑柘疏时补"⑦，和《夏日山居好》中的"润叶桑藏井，新梢笋过墙""夏日山居好，鸡鸣桑柘烟"⑧等句均可得到印证。

值得一提的是，元代浙东运河蚕桑种植减少，但官营丝织业的生产规模和丝绸质地均颇可观。元代官办丝织业较多，除专设"纳石失"（织金锦）局外，在各地设有绫锦局、织染局、罗局、绣局等。如杭州设有文锦局和织染局。至元二十七年（1290），庆元路（今宁波）也设立了规模不小的织染局。泰定二年（1325），鄞县知县阮申之改建后，其规模相当

① （元）戴表元撰，李军、辛梦霞校点：《剡源集》卷二七《丙午二月十五日以府檄出宿了岩》，《戴表元集》，吉林文史出版社2008年版，第373页。

② （元）戴表元撰，李军、辛梦霞校点：《剡源佚诗》卷六《村庄杂诗》，《戴表元集》，吉林文史出版社2008年版，第568页。

③ （元）戴表元撰，李军、辛梦霞校点：《剡源集》卷三〇《耕桑》，《戴表元集》，吉林文史出版社2008年版，第458页。

④ （清）钱开震修，陈文焯纂：光绪《奉化县志》卷十八《名宦》，光绪三十四年刊本。

⑤ （元）邓牧：《雪窦游志》，见张如安主编《宁波历代文选·散文卷》，宁波出版社2010年版，第128页。

⑥ （元）冯福京修，郭荐纂：《大德昌国州图志》卷四《叙物产·布帛》，中华书局1990年版，第113页。

⑦ （元）舒岳祥：《阆风集》卷三《种麦后栽补桑柘至田家憩息》，杨镰主编《全元诗》第三册，中华书局2013年版，第275页。

⑧ （元）舒岳祥：《阆风集》卷四《夏日山居好十首》，杨镰主编《全元诗》第三册，中华书局2013年版，第302页。

大，共有土库 3 间、库前轩屋 3 间、门楼 3 间、厅屋 3 间、前轩厅后屋 1 间、染房屋 4 间、吏舍 3 间、络丝堂 14 间、机房 25 间、打线场屋 41 间，另有吏舍 3 间、土祠 1 间。[①] 由于官营织造有上等丝料的充裕供给，汇聚了众多的能工巧匠，且不计成本，确实也产出了大量高品质的精美织物。《延祐四明志》记载了庆元路的织染周岁额办数量与织物品种，总计：

> 段匹三千二百九十一段，俱系陆托；纻丝一千七百二十六段；暗花八百六十二段；素八百六十四段；枯竹褐四百八十四段；捍草褐一百八十九段；驼褐二百五十二段；蓝青一百二十八段；枣红二百二十四段；鸦青二百二十四段；明绿二百二十五段；丝细一千五百六十段；胸背三百一十三段；斜纹一千二百五十二段；枯竹褐一百一十七段；驼褐一百六十段；枣红六百一十五段；鸦青三百九十六段；明绿一百一十八段；橡子竹褐一百五十九段。[②]

从这一记载来看，庆元路织染局每年生产的丝织品共 3291 段，主要有纻丝 1726 段、丝绸 1565 段。其中纻丝分暗花、素色两类，而丝绸则有胸背与斜纹两种。花色品种非常繁多，有枯竹褐、捍草褐、驼褐、蓝青、枣红、鸦青、明绿、橡子竹褐等等。参照当时集庆路（今南京）东织染局每年造段匹 4527 段的规模[③]，庆元路织染局的岁造规模也不小。

此外，元代积极发展海外贸易，当时浙江沿海有市舶司、市舶都转运司等海外贸易机构。至元十四年（1277），在澉浦、庆元设两个市舶司，二十一年（1284）在杭州设市舶都转运司，后来又在温州设市舶司，"每

① （元）王元恭修，王厚孙、徐亮纂：《至正四明续志》卷三《城邑》，浙江省地方志编纂委员会编《宋元浙江方志集成》，杭州出版社 2009 年版，第 4524 页。
② （元）马泽修，袁桷纂：《延祐四明志》卷十二《赋役考》，《宋元方志丛刊》第 6 册，中华书局 1990 年版，第 6294—6295 页。
③ （元）张铉纂修：《至正金陵新志》卷六《官守志》，《宋元方志丛刊》第 6 册，中华书局 1990 年版，第 5592 页。

岁招集舶商，于蕃邦博易珠翠香货等物"①。其具体办法是"官自具船、给本，选人入蕃，贸易诸货。其所获之息，以十分为率，官取其七，所易人得其三"②。大量浙江产出的生丝、丝织品，通过浙东运河转庆元港出口日本、高丽及其他各地。

从整体区域来说，元代江南蚕桑丝织业已聚集到太湖流域，浙东运河区域明显呈衰退之势。而从浙东运河流域内部而言，蚕桑种植区域则由平原向山丘地带转移，与宋代相比，其规模、数量确实收缩不少，但丝织工艺特别是官营丝织水平并未明显下降，仍产出不少精美的丝织品。概言之，元代浙东运河的丝织业逐渐呈现出原料地与产品地的分离，这一格局在明清时得到了延续。

二、蚕丝生产重心转移后明代至清中期的丝织业

明朝初年，统治者为恢复社会经济的发展，曾采取一些鼓励桑麻种植的农业措施。《明史·食货志》载，洪武初年，朱元璋颁令全国："凡民田五亩至十亩者，载桑、麻、木棉各半亩，十亩以上倍之。……不种麻及木棉，出麻布、棉布各一匹。"二十七年（1394），又令"天下百姓务要多栽桑枣，每一里种二亩（桑）秧"。③这些政令对推动蚕桑丝绸业的生产发展起到了一定的作用，故绍兴地区的蚕桑生产有一定的扩大。当时，山阴县仅纳入课赋的桑树就有 7157 株，诸暨县夏税丝 534 两。④这种因国家的

---

① （明）宋濂等撰，中华书局编辑部点校：《元史》卷九十四《食货志》，中华书局 1976 年版，第 2401 页。

② （明）宋濂等撰，中华书局编辑部点校：《元史》卷九十四《食货志》，中华书局 1976 年版，第 2402 页。

③ （明）申时行等修：《明会典》卷十七《农桑》，中华书局 1989 年版，第 116 页。

④ （明）萧良幹修，张元忭、孙鑛纂：万历《绍兴府志》卷一四《田赋志一》，台湾成文出版社 1983 年版，第 1090 页。

政令而一定程度推动蚕桑种植的现象，在明后期也曾出现。隆庆、万历年间，全国实行"一条鞭法"，扩大了赋税征收货币所占的比重，农民为缴纳繁重赋税而不得不种植棉桑，以所织布帛换取货币纳赋税。绍兴不少地方也出现了"以蚕代耕者十之七"的状况。

但这毕竟是国家的行政手段，并非市场的自发导向，很难持续影响经济产业。总体而言，整个明代绍兴地区的蚕桑业并不景气，远远落后于太湖流域。明中后期的郭子章说："今天下蚕事疏阔矣！东南之机，三吴、越、闽最夥，取给于湖茧。……吾道湖、阆，女桑梗桑，参差墙下，未尝不羡二郡女红之勤，而病四远之惰也。"①可知当时越中一带虽有丝织，但生丝原料却来自湖州，说明当地已疏于蚕桑生产。其实，郭子章所言"东南之机"亦有所夸张，当时绍兴地区的丝织业并不发达。万历《绍兴府志》纂修者就感慨："今罗、绫、绉、縠，越中绝无，唯绢纱稍有焉。"而在外人的叙述中，当时全国的蚕织中心在杭嘉湖地区。如张瀚称："余尝总览市利，大都东南之利，莫大于罗绮绢纻，而三吴为最。"②徐光启在论及浙江丝绸对于国家赋税之重要时，亦只提"苏杭常镇之币帛枲纻，嘉湖之丝纩"③，而不见绍兴的踪迹。

明代绍兴地区蚕桑丝织业的衰退，很可能与绍兴地区人口增长迅猛，导致粮食作物种植扩大相关。据学者初步统计，洪武二十四年（1391）绍兴府总人口约133.537万，列全省第二，人口密度每平方千米约142.39人。到了隆庆、万历之交，人口在193.9万左右，人口密度约为每平方千米206.75人。到了崇祯三年（1630），绍兴府人口持续增长，达到300.5

---

① （明）徐光启撰，石声汉校注、石定枎订补：《农政全书校注》卷三十一《蚕桑》，中华书局2020年版，第1084页。

② （明）张瀚：《松窗梦语》卷四《商贾纪》，浙江古籍出版社2019年版，第75页。

③ （明）徐光启撰，石声汉校注、石定枎订补：《农政全书校注》卷三十五《蚕桑广类》，中华书局2020年版，第1239页。

万人，人口密度高达每平方千米 320.47 人。[1] 由于人口的飞速增长，绍兴地区的粮食紧缺问题非常突出。如崇祯十四年（1641），山阴人祁彪佳鉴于饥荒蔓延全国，曾撰《救荒杂议》，第一款就是建议绍兴官民节食："越中依山阻海，地窄民稠，即以山阴一县计之，田止六十二万余亩，民庶之稠，何止一百二十四万。以二人食一亩之粟，虽甚丰登，亦止供半年之食。"[2] 粮食问题的紧张，自然刺激农民纷纷从事粮食作物的种植。明代绍兴地区的农业，形成了以粮食生产为中心，以畜牧业、农副产品加工业为辅助的生产结构。[3] 蚕桑等经济作物种植进一步缩减，只有在南部山区、北部滩涂，及上虞、嵊县、诸暨等县才能见到零星的种植。如绍兴城西南的徐山、海山"多桑竹"[4]，新昌县"每岁育蚕，惟有桑柘者量为养育，亦不甚多，叶少者，聊备绵线而已"[5]。钱塘江南岸的瓜沥（塘头）、南洋、西洋夏、白洋、沥海等滩涂地一带植有桑麻，[6] 但总体植桑育蚕并不兴盛。

尽管蚕桑业不兴，但由于晚明绍兴地区商业的繁荣，个别农村形成了以丝织交易为特色的市镇，其中尤以绍兴的下方桥、华舍两地最为著名。华舍镇以交易蚕丝和纺绸（以生丝织绸）为主，世称"生货"；下方桥则以交易素缎、花缎（以炼染后的熟丝织缎）出名，世称"熟货"。这两个集镇素有丝织制造的产业传统，这一时期丝织交易非常兴盛，有"华舍日出万丈绸"之誉。[7]

明代宁波地区的蚕丝业虽有一定发展，但多为零散的家庭手工业。如

---

① 潘承玉：《明清绍兴的人口规模与"士多"现象——韩国崔溥〈漂海录〉有关绍兴记载解读》，《浙江社会科学》2011 年第 2 期。

② （明）祁彪佳撰，中华书局上海编辑所编辑：《祁彪佳集》卷六，中华书局 1960 年版，第 116 页。

③ 李永鑫主编：《绍兴通史·第四卷》，浙江人民出版社 2012 年版，第 153 页。

④ （明）萧良幹修，张元忭、孙鑛纂：万历《绍兴府志》卷四《山川志一》，台湾成文出版社 1983 年版，第 307 页。

⑤ 《新昌县志》编纂委员会编：《新昌县志》，上海书店出版社 1994 年版，第 213 页。

⑥ 李永鑫主编：《绍兴通史·第四卷》，浙江人民出版社 2012 年版，第 155 页。

⑦ 李永鑫主编：《绍兴通史·第四卷》，浙江人民出版社 2012 年版，第 155 页。

成化年间，杨自惩家贫，夫人张素纶"纺绩为布帛鬻之，又缀白华草为帽鬻之，又取其珠翠金银、绮缟组绣之物鬻之，赀用日裕，园田日增"。嘉靖、万历年间，余姚妇女冯氏"纺织聊可资生"。寡妇钱氏"日夕纺织，赡养两姑"。宁海妇人王梅枝与婢女"缲丝、麻，不窥外户"。崇祯时，宁海妇女吴氏"自晨昏进膳外，鸣机恤纬，机无停咎，以供缓急之需"。① 从生产者来看，多为家庭妇女，其目的主要是交换生活物资，丝绸的商品化水平有限。当然也有个别丝织品质量颇佳，如宁波生产的一种画绢"色白丝匀"，宜于作画。② 慈溪的绸薄而软，光泽鲜艳，可与杭纺相比。③

三、清中前期的蚕桑丝织业

清中前期浙东运河流域的蚕桑种植，大体延续了明代蚕桑分布的地理格局。绍兴平原一带基本没有大面积的蚕桑，而宁波地区倒有不小规模的桑树。如明末清初李邺嗣的《东竹枝词》写道："相逢邻叟归何处，新种东田五亩桑。"康熙年间谢绪彦的《舟泊钱湖阻雨》也有"最喜桑麻滋雨露，绿阴深处系渔舟"④ 等诗句，表明包括东钱湖在内的鄞县东部地区栽有不少桑树。鄞县西部的鄞江桥、桃源乡、林村一带也是遍植桑树，万斯同《西竹枝词》云："独喜林村蚕事修，一村妇女几家休。"万氏注释曰："明时蚕利大兴，今唯林村不废。"⑤ 周臣《李斯年先生园居》载："寻壑风

---

① 相关情况，参见钱茂伟、毛阳光：《宁波通史·元明卷》，宁波出版社 2009 年版，第 257 页。

② （明）胡宗宪修，薛应旂纂：嘉靖《浙江通志》卷七十《杂志》，嘉靖四十年刊本，第 2964 页。

③ 钱茂伟、毛阳光：《宁波通史·元明卷》，宁波出版社 2009 年版，第 257 页。

④ （清）谢绪彦：《舟泊钱湖阻雨》，（清）董沛、忻江明辑《四明清诗略》卷五，宁波出版社 2015 年版，第 368 页。

⑤ （清）万斯同：《石园文集》卷二《西竹枝词》，《四明丛书》第 14 册，广陵书社 2006 年版，第 8383 页。

光好，桃源即此乡。有田惟种秫，余地便栽桑。"① 此外，慈溪、奉化、镇海等地在康熙年间也各有桑树 13302 株左右。② 当然，此时蚕桑规模毕竟不复南宋之盛况。所以，慈溪、余姚在康熙五十八年（1719）一度发生桑价飞涨，贫不能买叶者，甚至弃蚕满地的现象。③ 桑叶价格的昂贵，一定程度刺激了种桑的风气。谢秀岚在《周行杂咏》中说："种得桑秧赛种鱼，三春活计赖柔纾。明年要娶新新妇，屋后添栽五十株。"④ 一方面说明当地养蚕业与种桑业的分工，另一方面也反映蚕桑产量并不高。

与蚕桑种植的规模相一致，浙东运河流域的丝织业也未有特别的表现。据统计，鸦片战争以前，绍兴地区有丝织机 1600 台，捻丝车 205 部，但绝大多数的机坊户仍是以家庭为单位的小手工业者，也有以农带副的，且主要集中在城区、华舍、下方桥这三个区域。⑤ 只有几种丝绸略有名气，如绍兴城区产的榨酒绢，山阴县的绉纱，"薄而不重，花样甚巧"⑥，上虞西黎岙的纱筛纱，细如蛛丝蝉翼，"阖县从无第二家"⑦。

而宁波的丝织业规模、水平与绍兴大致相当。乾隆年间宁波有丝织机 850 台，产丝、绫、绸、缎、绢等，主要集中于两个区域：城区在月湖纺丝巷，主要生产纱、帛，全祖望《再叠双湖竹枝词》云："新纱织就过吴绫，缓带桥东百练轻。"⑧ 农村则主要在鄞县的林村、小溪、鄞江桥一

---

① （清）周臣：《李斯年先生园居》，（清）董沛、忻江明辑《四明清诗略》卷四，宁波出版社 2015 年版，第 339 页。

② 乐承耀：《宁波通史·清代卷》，宁波出版社 2009 年版，第 158 页。

③ 乐承耀：《宁波通史·清代卷》，宁波出版社 2009 年版，第 159 页。

④ （清）谢秀岚：《周行杂咏》，余姚市政协文史委员会等编著《余姚历代风物诗选》，内部印刷品，1998 年，第 357 页。

⑤ 李永鑫主编：《绍兴通史·第四卷》，浙江人民出版社 2012 年版，第 345 页。

⑥ （清）高登先修撰，（清）沈麟趾、单国骥编纂：康熙《山阴县志》卷七，清康熙二十二年增刻本。

⑦ 朱新予主编：《浙江丝绸史》，浙江人民出版社 1985 年版，第 111 页。

⑧ （清）徐兆昺：《四明谈助》卷二五《南城诸迹》，宁波出版社 2000 年版，第 802 页。

带。从万斯同歌咏林村"织成广幅生丝绢，不数嘉禾濮院绸"①来看，当地妇女所织生丝及其成品绢的质量颇高。所属县的丝织水平则参差不一，如鄞县产绢，奉化、镇海两县产丝，而象山县"少蚕绩"②。概而言之，清代宁波丝织业的发展特征也是分工进一步扩大，并向少数蚕桑业发达的地方集中。

第五节　晚清至民国现代化进程中蚕丝业的兴衰

晚清以降，中国手工业逐渐开始从传统向近现代化的转型。浙东运河流域的蚕丝业也开始由家庭手工作坊逐步转向机械化的工厂生产，不仅蚕种得到了进一步改良，国外先进的缫丝、纺织等设备与技术也纷纷引进并投入生产。19世纪后期至20世纪初，由于国际市场的大量需求，一度刺激了浙东运河流域蚕丝业的繁荣。但随着全面抗战的爆发，浙东丝织业遭受毁灭性的劫难，损失惨重，尽管在战后有了初步恢复，但无法与繁荣时期相提并论。晚清民国时期浙东运河流域蚕丝业的盛衰，是近代浙东手工业命运沉浮的缩影。

一、晚清蚕丝业的渐兴与机械化生产的开始

鸦片战争以来，清政府与西方列强签订了系列不平等的条约。西方列

---

① （清）万斯同：《石园文集》卷二《鄞西竹枝词》，《四明丛书》第14册，广陵书社2006年版，第8383页。
② 乐承耀：《宁波通史·清代卷》，宁波出版社2009年版，第174页。

强利用条约中"协定关税"等特权，大肆掠夺包括茧丝在内的中国原材料资源，以满足本国的工业大生产，因此大幅压低中国的进出口关税，其中生丝的出口税率从9.43%降到3.97%。与此同时，从19世纪50年代开始，微粒子蚕病在欧洲蔓延，法国、意大利等主要产丝国的生丝产量锐减。而同一时期欧美各国对丝绸的消费却增长十余倍，造成生丝极度短缺，致使中国生丝出口急剧增长。据《中国近代手工业史资料》第一卷等书的记载，1843年中国的生丝出口仅1430担，至1910年时达到132030担，60余年间上涨近百倍。[1]生丝出口量的剧增，以及价格的飞涨，极大地刺激了浙江农村的蚕桑业生产，诚如当时民谣所唱："番舶来银百万计，中国商人皆若狂。""遂使家家置纺车，无复有心种菽粟。"浙东运河流域的蚕桑种植也迎来了大规模的扩展和蚕茧产量的提升。

从相关记载来看，1870年后，新昌县西乡一带农民，因桑蚕"其利乃五倍于谷麦"，逐年将上等粮田改为桑田，至19世纪末，累计达四五千亩之多。光绪二年（1876）的《农学报》载："绍兴一郡，丝绸之利，以新昌为最厚，与嘉、湖可并驾，且各地蚕种多出自该处。"诸暨县农民每年饲养春蚕、夏蚕、秋蚕多茬，最多的达五茬。光绪中后期，绍兴全府每年鲜茧的产量有72000担以上，约占浙江全省产量的12%，高于安徽、湖南、山东等全省的年产量。会稽县的平水还于宣统年间试养柞蚕，以"奉天、河南蚕子各四筐，合计十万粒，仍雇河南蚕工，加意培养，质亦极佳"[2]。这一时期，宁波的蚕桑种植也日渐扩大。光绪《鄞县志》记载："养蚕纺丝，向惟小溪、鄞江桥一带为盛。"[3]光绪《慈溪县志》云："近日种桑者多，诸村妇女咸事蚕织。"[4]

当时浙东运河流域所养的蚕种不仅产量大，而且品质较为优良。新

---

① 孙可为:《绍兴丝绸史话》，中国戏剧出版社2011年版，第109页。

② 《会稽养柞蚕获利》，《工业杂志》1911年第5期。

③ （清）戴枚修，张恕纂:光绪《鄞县志》卷二《风俗志》，光绪三年刊本。

④ （清）杨泰亨等纂修:光绪《慈溪县志》卷五十五，民国三年刊本。

昌、嵊县、诸暨等地的蚕种色白，粒大，椭圆略束腰，纤度较粗，宜缫肥丝。尤其是"烘折"和"缫折"，不亚于杭、嘉、湖地区。[①]由于绍兴茧的出丝率高，许多外商、华商直接在绍兴各县开设茧行收购。如光绪二十一年（1895），嵊县有茧行39家，设灶419乘；新昌有茧行7家，设灶64乘；会稽、上虞等县有灶上百乘。[②]蚕桑的扩展，也直接带动了缫丝产量的增加。光绪四年（1878），仅绍兴一府销往外地的生丝总量就多达131663斤，次年高达195429斤，增长48.43%。[③]光绪元年（1875），宁波的生丝出口为717担，次年出口为1321担，比上年增加604担。[④]不少县的生丝产量也颇为可观。如光绪四年（1878），诸暨县年产丝23730斤，次年多达78378斤，一年内增长230.29%。[⑤]

生丝产量的剧增，一定程度上推动了丝织品生产规模的扩大。光绪六年（1880），宁波城乡有织绸机848具，大部分在夏季开工，年产绸约8400匹。[⑥]同一年，绍兴也有织机1600余台，年产量3.25万匹，光绪二十九年（1903）增至2140台，宣统三年（1911）又增至3400台。[⑦]仅绍兴的华舍、下方桥两地，在光绪二十一年（1895）就有机坊（户）824户，织机1128台，至清末已有机坊1639户，织机3400台。[⑧]

晚清浙东运河流域蚕丝业发展的另一个突出表现，是出现了缫丝、丝

---

① 浙江省一轻局、浙江丝绸工学院等编：《浙江丝绸史料》下编，1979年版油印本，第59—61页。

② 孙可为：《绍兴丝绸史话》，中国戏剧出版社2011年版，第111页。

③ 参见浙江省一轻局、浙江丝绸工学院等编：《浙江丝绸史料》下编，1979年油印本，第16页。

④ 乐承耀：《宁波通史·清代卷》，宁波出版社2009年版，第175页。

⑤ 孙可为：《绍兴丝绸史话》，中国戏剧出版社2011年版，第111页。

⑥ [英]裴式楷：《光绪元年浙海关贸易报告》，中华人民共和国杭州海关译编《近代浙江通商口岸经济社会概况》，浙江人民出版社2002年版，第164页。

⑦ 浙江省一轻局、浙江丝绸工学院等编：《浙江丝绸史料》下编，1979年版油印本，第88页。

⑧ 孙可为：《绍兴丝绸史话》，中国戏剧出版社2011年版，第112—113页。

绸的机械化生产。传统中国所产的生丝，一般由农家以简单工具用土法缫制，俗称土丝。随着外国丝织生产技术的传入，浙东运河流域开始用机器从事缫丝、丝织。从光绪二十一年（1895）开始，除土丝继续大量生产外，绍兴府在全省率先开办起五家机械缫丝厂，开始了厂丝的生产，最著名的是开永源丝厂和合义和丝厂。

开永源丝厂：光绪二十一年（1895），由9个宁波商人合伙创办于会稽县东的白米堰（今上虞中塘乡），其资金来源除股东出资外，又"由政府司库拨款存放生息"，两次一共拨银1万两，银圆1.5万元。厂内设有铁制六绪直缫式（坐）缫丝车208台，日产厂丝百斤，是浙江省首批（共十余家）机器缫丝厂之一。由于厂址的茧源丰富，水质优良，交通便捷，工价低廉，较上海等大城市的丝厂有独特优势，获利丰厚，但至光绪二十七年（1901）因开支浩繁，无法顺利经营而停业。[①]

合义和丝厂：光绪二十一年（1895），由嵊县富商楼景晖和萧山官绅合资筹办，次年十一月建成，厂址在萧山转坝。资金24万两银，置缫车208台，并在南沙、嵊县等地广设茧灶。营业尚称顺利，后来还在上海北京路设有办事处，办理生丝出口业务。民国时期改称庆云丝厂，生产的"和合"牌厂丝，行销国外数十年，颇获好评。

在部分生丝由机器缫制的同时，浙东运河流域的丝织也出现了机械化生产。光绪二十六年（1900），宁波华泰绸厂在博文记弄（今博文巷）创立，从业人员200余人，织机120余台，年产塔夫绸、花素缎10000余担，价值五六十万元。[②]光绪二十九年（1903），绍兴成立了丝织企业"瑞云祥"绸厂，资金10余万元，织机55台，职工150余人，几年后又陆续出现了元泰韩绸厂（1904）、吴顺兴绸厂（1910）。当时绍兴华舍镇上的泰昌、钱昌、广昌、益昌佩等绸厂，还从国外引进提花龙头织机，用于绸缎

---

① 《民国浙江通志·厘金门稿》卷上，转引自《浙江通志》编纂委员会编《浙江通志·蚕桑丝绸专志》，浙江人民出版社2018年版，第199页。

② 乐承耀：《宁波通史·清代卷》，宁波出版社2009年版，第175页。

的生产。

但是，这一时期浙东运河流域的丝织业，始终受到国内外各种因素的挤压。一方面，西方列强掠夺茧丝，倾销洋绸，并且控制茧丝价格，垄断进出口市场。另一方面，清政府为应付巨额赔款，不断通过横征暴敛和"放银生息"（高利贷）加紧盘剥。因此稍有复兴的丝织业总体上陷入了"土丝没落，厂丝早衰，绸业难振"的困境，繁荣程度可谓昙花一现。如素有全省"第一缫"之称的开永源丝厂因开支浩繁造成亏损而于1901年倒闭。绍兴华舍、下方桥、城区及全县二千余家机户的四五千台织机，至清末因苛捐杂税的重压和洋绸的倾销而纷纷停业，维持开工的仅四百余户，年产绸缎四万余匹，不到实有生产能力的20%。[1]

二、民国前二十年蚕茧、蚕丝的改良与丝织业的短暂繁荣

辛亥革命后，在全国实业救国的浪潮中，中国民族资本主义有了初步发展。与此同时，西方各国因第一次世界大战而暂时放松对中国经济的掠夺，民族丝绸工业迎来了短暂兴盛。这一时期，浙东运河流域的蚕丝业无论在桑苗培育、蚕茧改进还是丝绸产量等方面，均表现出较好的发展势头。

第一次世界大战后，由于美国生丝进口量剧增，促进了对原料茧需求大量增加，蚕茧价格昂贵，农民积极从事蚕桑生产。据统计，1923年浙江桑园面积达到265.82万亩，是浙江蚕桑史上有记载的最大桑园面积。[2]其中位于浙东运河流域的，萧山57280亩，嵊县74660亩，新昌28500亩，

---

① 孙可为：《绍兴丝绸史话》，中国戏剧出版社2011年版，第115页。
② 《浙江通志》编纂委员会编：《浙江通志·蚕桑丝绸专志》，浙江人民出版社2018年版，第10页。

绍兴 9400 亩，上虞 8400 亩，诸暨 94000 亩，余姚 3400 亩，奉化 3200 亩。[①]特别是嵊县，在民国初年是全省四大桑苗栽培和产销地之一（其他三地为海宁、桐乡、崇德），年产桑苗 30 万株，品种有火桑、湖桑、望海桑等。宁波地区的桑苗种植也有不小规模，据国民政府实业部的调查资料显示，1933 年奉化和余姚两地种桑面积为 6600 亩。[②]

由于传统蚕茧土种产量低，浙东运河流域又是土茧培育的重要基地，因此，这一时期浙江省相关蚕业单位在绍兴地区逐步开展蚕种改良的工作。1918 年，江浙皖丝茧总公所联合法、英、日等外国驻华商会共同成立"中国合众蚕桑改良会"，在诸暨设立制种场。1926 年，浙江省立甲种蚕桑学校在诸暨创办改良养蚕场。1928 年，浙江省蚕业试验场在嵊县建立原蚕种制造场分场。1932 年，浙江省建设厅确定绍兴、萧山两县所属的南沙为全省第一改良蚕桑模范区。1933 年，浙江省管理改良蚕桑事业委员会确定嵊县、诸暨为改良蚕桑模范区，1934 年，又增设新昌、上虞、绍兴三县为蚕业改良区。当时的改良区内，从国外引进了不少培育蚕种的先进技术与设备。如 1933 年春，萧山、临安改良蚕桑模范区首创共同催青，即将蚕户组织成养蚕合作社，建立共同催青室，在技术员指导下集中催青。[③]1934 年春，萧山第一模范区建造模范蚕室 9 处，专用小蚕室共 31 间，其中瓦屋 24 间，草舍 7 间。建造的房屋上有灰幔，下为地板，前后有窗。[④]与传统普遍采用人体暖种法相比，模范蚕室的育种更加科学和高效。

这些蚕茧改良（模范）区成立后，积极开展统配改良蚕种、指导地方养蚕、并统制茧行、规定茧价、改良烘茧等运动，极大地提升了当地蚕

<hr />

① 蒋猷龙、钱竹亭：《浙江蚕业史》，浙江省农科院蚕桑研究所、浙江省农业厅经济作物局 1987 年版，第 161 页。

② 王慕民、沈松平、王万盈：《宁波通史·民国卷》，宁波出版社 2009 年版，第 266 页。

③ 《浙江通志》编纂委员会编：《浙江通志·蚕桑丝绸专志》，浙江人民出版社 2018 年版，第 142 页。

④ 《浙江通志》编纂委员会编：《浙江通志·蚕桑丝绸专志》，浙江人民出版社 2018 年版，第 133 页。

茧的质量，促使绍兴的产茧量在全省占据"半壁江山"的地位。如1932年，萧山、嵊县、诸暨、新昌等4个县的产茧均在1万担以上。① 当地开设的茧行数量也能反映这一局面。1917年，诸暨一县就设有茧行7家，茧灶270乘，共收鲜茧1000万斤。至1932年，全省实际开业的茧行161家，各类茧灶1156乘。其中绍兴实际开业的茧行90家，各类茧灶595乘，分别占全省的55.97%和51.47%。②

与蚕茧改良的同时，这一时期浙东运河流域的土丝缫丝也逐步采用机械化的生产方式，效率大为提升。民国以前，绍兴地区的缫丝除少量机械缫丝厂以外，绝大部分的作坊和蚕户仍沿用老旧的生产方法，即以脚踏木车、铁锅等简单设备，以鲜茧或半干茧为原料，用手工生产土丝。由于缫丝技术低下，改良势在必行。1914年，浙江省立甲种蚕桑学校在诸暨开办改良土丝传习所，传授缫丝新方法，次年又在嵊县筹办"模范丝厂"，设脚踏丝车40台，扬返车8台。此后，新昌、嵊州、诸暨等地采用机械化生产的缫丝厂进一步增多。这些"土丝改良"的推广以及缫丝厂的开办，使绍兴的土丝产量相对较多。据《中国实业志》统计，1931年至1932年，浙江全省平均年产土丝42630担，比1879年减少28.26%，而绍兴地区平均年产4149担，反而比半个世纪前增加2.72倍。

传统中国的织机基本为木机，织布主要靠腰部的力量和手的动作。普通的腰机只能织简单的"素织物"，而制作有图纹的"花织物"，则需要使用"花机"。无论腰机还是花机，全靠织匠的体力推动，每天（10—12小时）只能织缎四五尺，织绸七八尺，工效颇为低下。这一时期，浙东运河流域的丝织业逐渐向工业化发展，大批丝绸厂纷纷创办。当时宁波有经纶丝织厂、华经丝织厂、华泰织绸厂，绍兴下方桥有益新木机绸厂、光昌织

---

① 《浙江通志》编纂委员会编：《浙江通志·蚕桑丝绸专志》，浙江人民出版社2018年版，第17页。
② 孙可为：《绍兴丝绸史话》，中国戏剧出版社2011年版，第117页。

绸厂，萧山有庆云织绸厂。[1]新式机械化生产的织布机也从外国引入浙东运河区域，实现了丝织设备的革命性进步，丝绸产量迅速提高。

早在1916年，绍兴下方桥一带就率先在浙东运河区域使用新式拉机，此后绍兴其他地区也相继效仿，数年间增至五六千台（多采用人力和蒸汽动力）。1922年，华舍等地也开始使用日本进口的全铁拉机。[2]1924年，宁波已有织机600余台，其中手拉铁机近百台。先后开办绸厂的甬昌诚、经大、华泰、华经等丝绸厂都设置手拉织机生产。[3]1929年，下方桥的瑞云祥绸厂还自备发电机，首次使用电力织机。20世纪30年代，绍兴城乡开始通电，使得电力织机进一步普及，生产率相当于人力拉机的8倍，织造效率空前提高。当时，电力织机主要织造大绸、湖绉、素纺等，产量比手拉织机高2倍。

随着蚕茧的改进、设备的革新，绍兴地区在这一时期迎来了绸缎生产的黄金期。如绍兴传统丝织业的重镇——下方桥和华舍，在这20年中生产绸缎甚为可观。下方桥在1929年生产缎子20.21万匹，所织"熟货"的品类丰富，有素缎、玄色缎、大红缎、品兰缎、天青缎、绛色缎、藏青缎、大灰缎等，畅销全国。尤其是大昌绸庄经销的"三闪缎"在1929年西湖博览会上获得二等奖。华舍一带1933年年产绸323万匹，织造的"生货"也是种类繁多，有绸（花大绸、素大绸）、纺（阔纺、狭纺、二二纺、九串纺、四八纺、尖纺、单串纺等，统称经纺）、罗（横罗、雪青罗等）等，产品远销上海、汉口、广东、天津以及南洋等地。除机户（绸厂）以外，当时下方桥、华舍还有丝行十余家、绸庄六十余家、染坊数十家、摇坊数百家，有的还在杭州、上海等外埠开设分店，丝绸生产与交易

---

① 《浙江通志》编纂委员会编：《浙江通志·蚕桑丝绸专志》，浙江人民出版社2018年版，第259—260页。

② 孙可为：《绍兴丝绸史话》，中国戏剧出版社2011年版，第120页。

③ 《浙江通志》编纂委员会编：《浙江通志·蚕桑丝绸专志》，浙江人民出版社2018年版，第267页。

一派繁荣。[1]

但是，这一时期绍兴的丝织业发展很快被战乱阻断。1924年以后，北方接连发生军阀混战，1931年日本发动九一八事变，致使销路受到严重影响，北方蚕丝市场不振，包括绍兴在内的江浙蚕织业产量一度下跌。据统计，1935年，曾繁华一时的华舍仅产绸81.6万匹，为最高年份的25%；下方桥仅产缎2.09万匹，为最高年份的10%。[2]在此背景下，大批绸厂、绸庄也相继闭歇，绍兴丝织业再度陷入困境。

值得一提的是，清末民初浙江创办的蚕学馆、蚕业学校对浙东运河流域蚕丝业的发展起到了重要的推动作用。早在光绪二十四年（1898），杭州知府林启就创办了蚕学馆，聘请日本蚕学家轰本长等人为副教习。浙江蚕丝人才正式进入正规的培养模式。光绪二十六年（1900），第一期学生8名毕业，次年分派至余杭、嘉兴、湖州、宁波和绍兴等地筹办蚕学分馆。自蚕学馆成立至宣统二年（1910）底，共毕业学生11期164名。1926年，蚕学馆发展为浙江省立蚕桑科职业学校。学校增设推广部，新办杭县、余杭、临安、长兴、吴兴、德清、桐乡、海盐、海宁、嘉兴、萧山等县改良养蚕场17所，并派毕业生分赴各地巡回指导。[3]这些蚕校培养的毕业生，运用现代化科学的蚕学知识与技术，参与指导浙江各地的蚕丝业，有效提升了蚕种改良与丝织效率。

据学者研究，绍兴丝织业的兴盛，离不开当时杭州机织传授所培养的绍兴织工的贡献。浙江省立中等工业学校在杭州开办机织传授所，向各地织工传授新式织机的操作技能。这种新式织机从日本引进，仿照法国式织机制造，改进了开口机构，"提花"不再由人工提升，而是由一套花机笼头控制，织造效率是手工织机的4倍。从机织传授所毕业的织工近两千

① 孙可为：《绍兴丝绸史话》，中国戏剧出版社2011年版，第121页。
② 孙可为：《绍兴丝绸史话》，中国戏剧出版社2011年版，第122页。
③ 《浙江通志》编纂委员会编：《浙江通志·蚕桑丝绸专志》，浙江人民出版社2018年版，第399页。

人，其中绍兴籍的织工人数仅次于杭州本地人。这些毕业生回到各地，又帮带一批人使用新式织机，对于推动丝织技术的进步起了显著作用。[①]宁波奉化溪口镇由蒋介石创办的武岭学校，在1931年还专门设立武岭农业职业学校，内设蚕桑科，并有农场和农职部，以校内农事试验场（武岭农场）为实习场所，教师由农场各部（股）主任兼任，教材采用自编讲义。其中教师戴礼澄编的《养蚕学》和《蚕丝业泛论》，由商务印书馆出版，被列为中等职业学校统一教材。蚕桑科后来还受省农业改进所蚕丝股委托，制造普通蚕种供给蚕农，[②]对奉化等地蚕种的改良也发挥了重要贡献。

三、全面抗战至战后丝织业的灾难与复苏

1937年7月7日，日军发动震惊中外的卢沟桥事变，抗日战争全面爆发。8月13日，日军又大举进攻上海。上海不少丝绸厂家和经营商撤走，其中一部分迁至绍兴等地。此后，杭嘉湖地区也相继沦陷，丝绸企业大量闭歇，部分产业和资产涌入浙东。如日军侵占杭州后，浙江省丝绸业务机构及部分资产转入绍兴和嵊县一带。诸多在外经商的绍籍人士回乡，在嵊县、新昌、诸暨等县创办了11家缫丝厂，而当时浙江只有15家缫丝厂。[③]绍兴地区一度成为浙江省蚕丝生产的主要产地，迎来了短暂的战时蚕织热。

全面抗战初期，浙江的养蚕区主要集中在绍兴的萧山、嵊县、新昌、诸暨四县。浙江省建设厅在嵊县设有桑苗繁殖场、蚕种管理处、蚕种检验处、蚕种冷藏库。1938年，全省设嵊县、诸暨、萧山、於潜等四个收茧区，

---

① 孙可为：《绍兴丝绸史话》，中国戏剧出版社2011年版，第120页。

② 《浙江通志》编纂委员会编：《浙江通志·蚕桑丝绸专志》，浙江人民出版社2018年版，第407页。

③ 李永鑫主编：《绍兴通史·第五卷》，浙江人民出版社2012年版，第429页。

共烘干茧 4820 担，合鲜茧 15000 担。1939 年，省建设厅又在嵊县、诸暨、萧山三地分设丝茧办事处，春秋两季共收鲜茧 63404 担。1940 年，改设嵊新、诸暨、萧绍三个办事处，收春茧 50435 担、夏茧 159 担、秋茧 1014 担，全年共 51608 担。这些蚕茧几乎成为当时全省茧丝的全部来源。[①]

从 1940 年底到 1941 年初，日军进一步加紧"南进"军事准备。1941 年 4 月 19 日，日军在浙东沿海的镇海、石浦等地实施登陆，发动宁绍战役持续一月之久，宁波、绍兴等重要城市相继沦陷，浙东运河流域遭受了空前的浩劫，蚕织丝绸业遭到直接破坏。大批缫丝厂、丝绸厂或毁于战火，或因交通阻塞而停产。到 1943 年，绍兴全境几乎已无茧可收，无绸可售。据 1948 年浙江银行经济研究室所编的《浙江经济年鉴》记载："抗日战争时期浙江蚕丝损失为：桑园面积减少 65.35%；收茧量减少 73.21%；茧行减少 50%；缫丝机由战前 8595 台，减少到 4474 台；产丝量由 2.4 万担减少到 1.75 万担。"[②]浙东运河流域短暂的蚕织热遽而熄灭。

抗战胜利后的 1946 年，国民政府针对衰颓的蚕织业制定"蚕丝复兴计划"，专门成立中国蚕丝公司，对桑蚕丝绸业实行"统制"。浙江省也成立了"蚕丝统制委员会"。1947 年，统制委员会在全省设蚕业推广区十个，诸暨、萧山为第九区，嵊县、新昌、上虞、绍兴为第十区。但效果并不明显，蚕桑生产恢复缓慢。1947 年，全省植桑 99.34 万亩，其中绍兴地区 4.48 万亩，比 1932 年的 22.74 万亩减少 80.31%。1948 年，全省桑园面积 127.72 万亩，萧山 1100 亩、绍兴 2200 亩、上虞 750 亩、新昌 8700 亩、嵊县 58000 亩、诸暨 37685 亩。[③]

与此同时，蚕种的生产与改良也得到一定程度的恢复。1946—1947 年，全省设蚕种场四十余家，其中绍兴地区有 7 家（诸暨 6 家、嵊县 1 家），

---

① 孙可为：《绍兴丝绸史话》，中国戏剧出版社 2011 年版，第 123 页。

② 《浙江通志》编纂委员会编：《浙江通志·蚕桑丝绸专志》，浙江人民出版社 2018 年版，第 201 页。

③ 蒋猷龙：《浙江省蚕桑志》，浙江大学出版社 2004 年版，第 63 页。

全年共制春种35451张、秋种23144张，合计58595张，占全省制种数（454830张）的12.88%。中蚕公司及浙江蚕业行政机构又向各地配发改良蚕种，1947年全省共配发763344张，绍兴地区49236张，占全省的6.45%。同时，蚕茧的收购规模也有了一定的复苏。1947年，诸暨开秤的茧行春、秋共15家，烘灶72乘，收鲜茧4721担；嵊县开秤茧行7家，烘灶33乘，收鲜茧3422担；新昌开秤茧行4家，烘灶18乘，收鲜茧2343担。三地合计收茧10486担，占全省的9.63%。[①]从蚕种的制造、配发及茧行的数量来看，当时绍兴的主要产茧地是诸暨，其次是嵊县、新昌，与历史上的蚕丝产业布局较为一致。

缫丝厂和丝绸厂在战后也有零星的复工复产，如战后嵊县开元乡的开元丝厂（1941年创办）有缫车100台，复摇车80台，煮茧机和锅炉各一台，嵊县崇仁的锦源丝厂（1940年创办）设缫车120台，复摇车116台，煮茧和锅炉各一台，新昌也有零星缫丝户开业。抗战初期曾繁华一时的绍兴县华舍镇在战后复业的机坊有30余家，年产绸类织物0.27万匹。齐贤镇在战后有织机150台，年产缎类织物0.23万匹。绍兴全境在1948年生产厂丝297担，只有高峰期的5.26%；绸缎20万米，为高峰期的10%。[②]蚕丝基础相较绍兴薄弱的宁波地区，在战后的发展状况也是不如人意。特别是从1947年下半年起，由于厂丝和人造丝的价格迅速上涨，而国民党政府对丝织业征税之多、数量之大，更是创了历史新纪录。每匹丝绸开支总计上涨41500倍，而收入仅合支出的1/5。在这一背景下，浙江绸厂的亏损越来越大，大多数工厂都停止了生产。[③]总体而言，浙东运河流域的缫丝和丝织业虽略有复苏，但起色不大，远没有恢复到抗战前的水平。加上当时内战再起，时局动荡，国民党统治腐败，经济濒临崩溃，物价猛涨。浙东运河流域的丝绸业与全国其他地方一样，每况愈下，奄奄一息。

---

① 孙可为：《绍兴丝绸史话》，中国戏剧出版社2011年版，第126页。

② 孙可为：《绍兴丝绸史话》，中国戏剧出版社2011年版，第127页。

③ 袁宣萍、徐铮：《浙江丝绸文化史》，杭州出版社2008年版，第148页。

小　结

与制茶业、酿酒业、制瓷业等传统产业一致，浙东运河流域的蚕丝业同样历史悠久。在南宋及以前，这一地区的蚕桑种植、丝织技术以及生产规模均走在全国前列，特别是越绫、越罗等丝织精品享誉海内。究其原因，除了得天独厚的自然地理条件外，也与越地不断积极引入外地先进技术有重要关系。南宋以降，随着棉花种植的不断推广以及棉纺技术的成熟，浙东运河流域的经济作物结构发生了重大变化，蚕桑种植的规模日渐减缩，江南蚕丝中心逐渐集聚到太湖流域。与此同时，绍兴、宁波地区人口的剧增，粮食问题进一步紧张，也加速了蚕桑种植的衰退，说明蚕丝业的盛衰始终与人地矛盾密切关联。

尽管元明清时期这一地区的蚕丝业发展相对滞缓，蚕桑、生丝产地与丝绸产地发生了分离，但并未一蹶不振，而是形成了一些如华舍、下方桥等以纺织产业为特色的市镇群，产出不少丝绸锦缎，在全国仍有一定的知名度。晚清以降浙东运河流域蚕丝业的兴衰起伏，折射出西方经济侵略下近代民族工业的步履蹒跚，尚未形成独立自主的经济产业。不过，这一时期越地的蚕丝业不仅继承了明清以来的蚕丝业传统，还开启了蚕丝业的工业化进程，为后来浙东运河地区蚕丝业的发展奠定了良好的基础。虽然其一次次遭受外国经济侵略、战争硝烟的摧毁，但在盛衰起伏中演绎着浙东人民顽强不屈的精神。

第四章
黄酒酿造业

　　浙东运河流域内各种自然禀赋的机缘巧合，为黄酒的酿制提供了得天独厚的条件。黄酒诞生在这块土地后，随着社会更迭演变，其酿造技艺也不断推陈出新，尤其是浙东地区的水文变迁，对黄酒的产销起到了决定性的推动作用。静静的鉴湖水、滚滚的大运河，点缀滋养着浙东大地，也酝酿承载着黄酒的发展繁荣。

　　首先是为黄酒酿造提供不可或缺的原料。浙东地区地处亚热带季风气候区，原本是河汊纵横、湖泊遍布的沼泽之地。绍兴境内的山会平原，南靠会稽山，北濒后海，自南而北地势逐渐降低，形成"山—原—海"的台阶式格局。滨海的北部平原，毫无屏障地向大海延伸，经常遭到海潮的侵蚀，如此地理构造，本不是发展农业及农副业的理想场所。但是，随着人口的增加，人类生存发展的需求推动着人们去战天斗地，改造自然，东汉时，这一自发的生存冲动终于汇聚成政府统一组织的治水行动，会稽太守马臻巧妙利用"山—原—海"格局形成的贯穿南北的数十条溪流，连接湖堤，汇聚"三十六源"之水筑成鉴湖，将海潮拦于湖塘之外，北部平原因此得灌溉之利，终于开垦成沃野农田。马臻也许不会想到，他的这一善举，更是促进了浙东地区黄酒酿造业的发展，并奠定了其独特的口味和格调。

　　好的酿造用水应含有丰富的矿物质元素，适合微生物的生长、酶的形成，有利于醪液的发酵，还能形成所酿黄酒特有的风味。鉴湖水源来自会稽山的山泉，汇聚大小溪流，清澈透明，甘冽稳定，氧溶量高，硬度适中，矿物质含量恰到好处，鉴湖水很好地满足了黄酒酿造的条件，是酿酒的不二之选，无论浸米、洗涤、发酵，都仰赖它。鉴湖水质尤以三曲为最好：湖塘、古城口为第一曲，蔡山桥、型塘口、阮社、双梅为第二曲，杏卖桥、漓渚江口、钟堰庙转入青甸湖直至东浦大树港为第三曲。这三曲流经之地，都是现今黄酒的著名产地，可以说鉴湖水是绍兴黄酒得以最终酿成的秘密所在。

其次是为黄酒酿造业提供走向全国乃至世界的保障。中国大运河纵贯南北，自隋朝完全开通以来一直是中国南北经济、文化交流的大动脉，其沟通了沿线的人才与货物，无数产业因其而兴旺发达，进而走向全国乃至世界。一般意义上的大运河虽南起杭州，但现在作为世界文化遗产的中国大运河，也包括了浙东运河。浙东运河虽为一条区域性运河，与全国交通网络连接在一起，其通江达海的能力毫不逊色。浙东运河往北，跨过钱塘江，可以与隋唐大运河紧密连接，沿中国东部沿海地区，直达北京；往西，沿钱塘江溯流而上，通过支流可以连通到上游新安江的徽州地区、衢江的衢州地区、金华江的婺州地区等；往南，可以通过浦阳江跨过山脉，通达金衢盆地一带；往东，也存在着多条交通线，一是通过曹娥江上溯，可以到达台州、温州地区，一是经过甬江入海，经海路，近可以到闽粤，远可以通向朝鲜、日本，乃至东南亚、南亚、西亚、欧美。在铁路等现代化交通开通以前，浙东运河的通达能力已经达到非常出色的程度，无数浙东的物产，沿着浙东运河走向全国。

明清以后，浙东地区的商品经济逐渐繁荣，黄酒作为其中的典型代表，酿造技艺在此时最终定型，在浙东运河通达运力的加持下，其醇厚的口感、巨大的产量，使得黄酒，尤其是绍兴黄酒，风靡全国，甚至海外，博得了"越酒行天下"的美誉。可以想象，无数载满黄酒的车马舟船，从散布农村、市镇的酒坊运出，汇集于运河沿线的码头，在统一地装船调度后，沿着运河，运向远方的市场，成为达官贵人、市井百姓的餐桌佳酿，流向远方的运河，成为流进万家的美酒。晚清以来，西学东渐，西方现代酿酒技术传入我国，一些有经验的黄酒酿酒师用西方科学的方法重新总结研究黄酒传统酿造技艺，提出改进办法，使黄酒的酿造技术更上一层楼，最终于 1915 年在美国旧金山举办的"巴拿马太平洋万国博览会"上，绍兴黄酒一举夺得金牌，得到世界的认可，成为中国的一张响亮名片。产自浙东的黄酒，终于沿着运河出江达海，完全走向世界，享誉全球。

第一节　中国酿酒的起源与酒文化的形成

一、传说中关于酿酒起源的故事

酒已经成为人们日常生活不可缺少的饮品，在习以为常的觥筹交错间，若突然被问及酒是如何起源的，估计大多数人都会茫然不知答案。其实，严格的从科学角度为酒的起源给出界定和阐述，目前尚无定论。千百年来，关于酿酒起源的传说在文人墨客和市井乡间广泛流传，可大致归纳为四种说法：酒星造酒说、猿猴造酒说、杜康酿酒说、仪狄酿酒说。

这四种酿酒传说体现了人们对酒从自然酿造到人工酿造的认识演变。

酒星造酒说：酒星又名酒旗星，是古人对某星的特定称呼。《晋书·天文志》描述酒星："轩辕右角南三星曰酒旗，酒官之旗也，主宴飨饮食。五星守酒旗，天下大酺。"[1]依据现在的天文学知识，轩辕星共有十七颗，其中十二颗属于狮子星座，酒旗三星在它的东南方，其实就是狮子星座的"ψ、ε、ω"三颗星。这三颗星呈">"排列，南边紧傍二十八宿中的柳宿八星。在晴朗的夜晚，如果我们仰望星空，比较容易看到的是狮子星座的"α"星（轩辕十四）和长蛇星座的"α"星（柳宿星一）。古人关于酒旗星的记载，最早可追溯到《周礼》一书，距今已有近三千年的历史。从古至

---

① （唐）房玄龄等撰，中华书局编辑部点校：《晋书》卷十一，中华书局 1974 年版，第299 页。

今，酒星造酒的传说在民间广为流传，大意是酒星为天上的神，酒是由酒星酿造发明的。因其充满浪漫色彩，经常成为古人诗文唱和的吟咏对象。

猿猴造酒说：猿猴活跃在山林峡谷间，多为杂食性，野果、野菜是其食物的重要组成部分，且有储藏蔬果的习性。我国猿猴多分布在南方山林中，它们或将一时吃不完的野果储藏于岩洞、树洞或石洼中，久而久之果实腐烂发酵，野果中的糖分转化生成了酒精。古人偶然得之，因此有了猿猴酿酒的传说。相关记述散见于历代的典籍中。兹举一例，《后汉书·南蛮西南夷列传》注引《南中志》云："猩猩在山谷中，行无常路，百数为群，土人以酒若糟设于路；又喜屩子，土人织草为屩，数十量相连结。猩猩在山谷见酒及屩，知其设张者，即知张者先祖名字，乃呼其名而骂云：'奴欲张我。'舍之而去，去而又还，相呼试共尝酒。初尝少许，又取屩子著之，若进两三升，便大醉，人出收之，屩子相连不得去，执还内牢中。"① 这段将猿猴拟人化的描述生动展现了猿猴嗜酒的天性，也为猿猴酿酒提供了些许注解和佐证。

杜康酿酒说：在我国古籍中对杜康酿酒的记载颇多，上至春秋时的《左传》，下至清代的地方县志，各种记载不绝于书，有的记载对杜康酿酒的过程进行了详细的描述，也有的提出了质疑。杜康造酒说在民间特别流行，旧时代的训蒙读本、唱本、宝卷、劝善书等广为引用。在流传过程中，杜康造酒的不同版本内容相互交织渗透，甚至与当地文化资源结合，演绎出全国各地大同小异的众多杜康故事。

仪狄酿酒说：仪狄相传是夏禹时代的女性酿酒官，史籍中多次提到她酿酒的史实，甚至断定她为我国最早的酿酒人。关于仪狄酿酒的记载是我国有关酿酒起源的最早文字材料之一。秦时吕不韦《吕氏春秋》中有"仪狄作酒"② 的记载；西汉刘向《战国策》曰："昔者帝女令仪狄作酒而美，

---

① （南朝宋）范晔撰，中华书局编辑部点校：《后汉书》卷八十六，中华书局1965年版，第2850页。

② 陆玖译注：《吕氏春秋》卷十七，中华书局2011年版，第594页。

进之禹，禹饮而甘之，遂疏仪狄，绝旨酒，曰：'后世必有以酒亡其国者'。"①旨酒就是美酒之意。可见仪狄不仅酿成了美酒，还令有圣王之称的夏禹作出了后世一定会有君王因饮酒无度而误国的道德评判。

历代关于杜康造酒的记载大多与仪狄并举，如陶渊明说"仪狄造酒，杜康润色之"②，成书于北宋时期的《北山酒经》认为"酒之作尚矣，仪狄作酒醪，杜康作秫酒"③。他们都认为仪狄是酒的发明者，杜康则更进一步，对酒进行了改良和更新。"秫"指高粱，杜康大概是以高粱酿酒的创始人，可能所酿之酒味道比之前更好，因此杜康酿酒渐渐声名鹊起，当曹操吟出"何以解忧，唯有杜康"时，杜康便成了酒的代名词，获得了更广泛的传播。

西晋江统所著《酒诰》写道："酒之所兴，肇自上皇；或云仪狄，一曰杜康。有饭不尽，委之空桑，积郁成味，久蓄气芳，本出于此，不由奇方。"④不论仪狄还是杜康，他们把酿酒变成了一种人人可为的日常生产活动，即吃不完的剩饭经人为创造条件发酵可酿为酒。经过仪狄和杜康的总结、革新，酿酒可以说完成了从神造、猿造向人造的转变，成为人工可实现的生产门类。

究竟何为酒之源？宋代窦苹说："予谓智者作之，天下后世循之而莫能废。"⑤劳动人民在经年累月的劳动实践中，积累了丰富的酿酒经验，经过类似于仪狄、杜康之类的智者和官员归纳总结，形成一套可操作的流程方法，再一代一代流传因循。这是一条对酿酒的较为理性的认知路径。

---

① 缪文远、缪伟、罗永莲译注：《战国策》卷二十三，中华书局 2012 年版，第 736 页。

② 《中华大典》工作委员会、《中华大典》编纂委员会编纂：《中华大典·工业典·食品工业分典·曲酒部·传记》，上海古籍出版社 2015 年版，第 734 页。

③ （宋）朱肱等著，任仁仁整理校点：《北山酒经·卷上》，上海书店出版社 2016 年版，第 12 页。

④ （明）李日华：《六研斋三笔》卷二，清文渊阁四库全书本。

⑤ （宋）窦苹著，任仁仁整理校点：《酒谱·酒之源一》，《北山酒经（外十种）》，上海书店出版社 2016 年版，第 45 页。

二、科学家关于酿酒起源的观点

现代科学认为，酿酒就是谷物中的淀粉转化为酒的过程，分为糖化和酒化两个阶段。糖化是谷物在预处理和各种生物酶作用下转化为可发酵的糖类，酒化则是糖化阶段产生的糖类在微生物作用下代谢产生酒精，进而形成芳香浓郁的酒。当然，含糖量非常高的野果，无须经过糖化也可直接发酵成酒。

首先，果酒和乳酒可能是最早的饮料酒。人类最早的有意识酿酒，当是从模仿大自然的自发酿造开始。"酒龄万岁"所指就是果酒，古籍中有不少关于水果自然发酵成酒的记载。金代元好问《蒲桃酒赋》记载："安邑多蒲桃，而人不知有酿酒法……摘其实并米炊之，酿虽成而古人所谓甘而不饴、冷而不寒者固已失之矣。贞祐中，邻里一民家避寇自山中归，见竹器所贮蒲桃在空盎上者，枝蒂已干而汁流盎中，熏然有酒气，饮之，良酒也。盖久而腐败，自然成酒耳。不传之秘，一朝而发之。"①元好问记载了一个偶然酿成葡萄酒，并重新发现了失传已久的酿制方法的故事。乳酒是用兽乳或家畜的乳汁，经过酵母菌和乳酸菌发酵酿成的酒，主要在草原游牧部落间流行，古代文献中还称之为重酪、乳醅、七葛等。清代赵学敏在《本草纲目拾遗》中写道："出伊犁西番一带，用马乳装皮袋内，以绳缯口，手捉袋提压半时许，放于热处，一夜即成，名之曰七葛。饮之热而补人，若日日服之，有返老还少之功云。"②从描述看，七葛也是一种天然发酵酒，制作方式非常简单。因此，极易酿制的果酒和乳酒可能最先由先民习得和掌握。

其次，科学家对先民以谷物酿酒的起源作出推测。一种观点认为，酿酒是农业发展到能满足基本的温饱且有余粮后，才开始进行的附加式生产

---

① （金）元好问：《元遗山诗集笺注》卷一，清道光二年南浔瑞松堂蒋氏刻本。
② （清）赵学敏：《本草纲目拾遗》卷九，清同治十年吉心堂刻本。

活动。汉代淮南王刘安在《淮南子》中所说"清醴之美，始于耒耜"①，即是这种观点。另一种观点则完全相反，认为酿酒先于农耕。他们认为原始人因模仿酿制自然界采集到的果酒而试种野生谷物，进而积累起栽培农作物的经验，催生出原始农业。谷物酿酒的起源问题，还需要更进一步的深入研究。

三、先秦酒的礼制化

《礼记·礼运》云："夫礼之初，始诸饮食。其燔黍捭豚，污尊而抔饮，蒉桴而土鼓，犹可以致其敬于鬼神。"②礼仪始于餐饮，随着文明的发展，一些饮食行为逐渐被赋予祭祀礼乐的功能，饮酒也不例外。在文明早期，饮酒是一项神圣的事，往往伴随着重大的祭祀或典礼。饮必先鬼神，饮酒还是沟通鬼神的方式，具有一定的宗教神秘性。《左传》云："酒以成礼，不继以淫，义也。以君成礼，弗纳于淫，仁也。"③饮酒要在礼的规范下，理性地、有节制地进行，不能过度，否则就不符合义和仁的道德规范。由于酒与这些附加功用的捆绑，便有了"酒为祭不主饮"的说法。

西周建立后，周公行文教、制礼作乐，对饮酒也进行了礼的规范。酒与礼发展成相互制约、相互依存的关系，不但"酒以成礼"，而且要以礼行酒。为吸取商纣王沉迷酒色以致亡国的教训，周公甚至在殷商旧地卫颁布《酒诰》，以行政命令的方式规范饮酒。《酒诰》中禁酒之教基本上可归结为无彝酒、执群饮、戒缅酒三部分，并认为酒是大乱丧德、败国亡家的根源。这构成了中国禁酒的主导思想之一。《酒诰》也因此被认为是中国最早的禁酒令，成为后世人们引经据典的典范。

---

① （汉）刘安撰，许慎注：《淮南鸿烈解》卷十七，四部丛刊景钞北宋本。
② 胡平生、张萌译注：《礼记·礼运第九》，中华书局 2017 年版，第 423 页。
③ 郭丹等译注：《左传·庄公二十二年》，中华书局 2018 年版，第 253 页。

周代严格规定了饮酒礼仪的"时、序、数、令"。"时"即必须严格掌握饮酒的时间，只有天子、诸侯在加冕、婚丧、祭祀或其他喜庆大典时才可饮酒；"序"即必须严格遵守等级秩序，遵循先天地神鬼，后长幼尊卑之序；"数"即必须严格控制饮酒的数量，每次不超过三爵；"令"即必须服从酒官的酒令，不可随心所欲。周代还设立了以大酋为首的负责管理和酿酒的官僚机构。《周礼·天官冢宰》中又有酒正、酒人、浆人的记载，分别在朝廷中掌酒之政令、五齐三酒（"五齐"指泛齐、醴齐、盎齐、缇齐、沉齐五个等级的酒；"三酒"指事酒、昔酒和清酒不同酿造时间的酒）和王之六饮（水、浆、醴、凉、医、酏），职责分工明确；此外，还严格规定了酒正、酒人、浆人的人数，以便执行好从制酒、供酒到行酒令、酒礼等的各项任务。在饮酒礼仪和相关机构的规范下，酒成为展示特权、维持秩序的媒介。

在社会风俗方面，酒礼也对世道人心产生了潜移默化的影响，有度不乱和尊老尚贤成为公认的规范饮酒的价值尺度。

《诗经·小雅·宾之初筵》写道："既醉而出，并受其福。醉而不出，是谓伐德。饮酒孔嘉，维其令仪。……三爵不识，矧敢多又？"喝酒知进退是一种美德，喝到一定程度就要适可而止，千万不能再喝了。这里提出的"三爵"即止的概念也演变成了饮酒的规矩。成书于西汉的《礼记·玉藻》由前朝的礼仪著作辑录、编纂而成，其中记载："君子之饮酒也，受一爵而色洒如也，二爵而言言斯，礼已三爵而油油以退。退则坐取屦，隐辟而后屦，坐左纳右，坐右纳左。"[①]这里详细介绍了君子饮酒应有的风度和表现，喝一杯要脸色庄重，第二杯要意气和悦，喝完第三杯就要恭敬地退席，然后穿鞋，悠然离去。不过度、不滥饮成为从礼仪书本到世俗风尚公认的饮酒规范。

在先秦时期，社会上就形成了尊老、敬老的礼节，尤其体现在饮酒的

---

① 胡平生、张萌译注：《礼记·玉藻第十三》，中华书局 2017 年版，第 571 页。

过程中。《礼记·曲礼》云："侍饮于长者，酒进则起，拜受于尊所；长者辞，少者反席而饮。长者举未釂，少者不敢饮。长者赐，少者贱者不敢辞。"陪侍尊长喝酒时，尊长进酒，年少者要起身拜受，待尊长饮干后再喝，尊长离开后，年少者才能返席。这些礼仪一直流传到今天，成为各地理所当然的风俗。除此之外，在《礼记·乡饮酒义》中关于尊卑长幼的饮酒礼仪有更详细的记述。

酒的礼制化是先秦时期的一件大事，春秋以后，礼崩乐坏，严格的礼制不存在了，但酒以成礼、以礼行酒的传统却在朝廷宴请、祭祀等盛典中继承了下来，而在民间则逐步走向风俗化，于是形成了各地和各族众多的酒俗，这些酒俗无不体现一定的礼制。明州（宁波）地区长期存在一种仿古乡饮酒礼的岁末会拜之习，较完整地保存了酒的礼制化程式，在宋代成功引起朝廷的关注，经过提炼完善，颁布推行至全国。可以说，浙东地区对酒礼的保存和传承作出了不可磨灭的贡献。

黄酒作为创自华夏的古老酒种，与礼制文化一脉相承，有着异曲同工之妙。黄酒酒性温和、醇厚绵长、风格雅致，以其独有的温润柔和受国人称道。黄酒集甜、酸、苦、辛、鲜、涩六味于一体，自然融合形成兼备协调、醇正、柔和、幽雅、爽口的格调，恰如儒家中庸调和的秉性。黄酒文化古朴厚重，传承人间真善之美、忠孝之德，表达人们释放精神、惠泽健康、激发睿智、进退得宜的需求，始终以"敬老爱友、古朴厚道"为主题，承载礼制的教化作用。黄酒与黄酒文化源远流长，从无间断，体现着鲜明浓厚的中华民族特色。

第二节　黄酒酿造的萌芽

一、浙东运河酿酒起始猜想

距今约 1 万年前，浙江地区进入新石器时代，以上山遗址命名的上山文化是浙江迄今发现的最早的新石器文化。同属上山文化的小黄山遗址距今约 10000—9000 年，其中出土了大量的栽培水稻遗存和陶器遗存，它们的出现，为酒的酿制提供了最基本的原料与器具。距今 9000 年的桥头遗址也属上山文化范畴，桥头遗址出土了迄今发现的世界上最早的酿酒残留遗存。斯坦福大学的研究人员对出土陶壶里的残余物进行了检测化验，其中发现了大量霉菌和酵母。国内研究人员也在多件陶器中发现米酒的残迹。专家综合陶器残留物的分析结果后认为："桥头遗址陶器内所储存的可能是一种原始的曲酒。上山人利用发霉的谷物与草本植物的茎叶谷物，培养出有益的发酵菌群，再加之稻谷、薏米和块根作物进行发酵酿造。"[①]

1973 年，在宁波余姚河姆渡镇发现了大量新石器时代文化遗存，引起世界瞩目，并以首次发现地的地名命名为河姆渡文化。后经多次考古发掘，确定河姆渡文化主要分布在杭州湾南岸的宁绍平原和舟山岛，跨越年代大约为公元前 5000 年至公元前 3300 年。河姆渡文化是我国南方地区新石器时代文化的代表，是中华文明多元一体发展格局的重要组成部分。

河姆渡文化考古的一项重要内容是稻田考古，目前在施岙和田螺山遗址附近已发现总面积近 90 万平方米的古稻田，并且施岙遗址古稻田是目前世界上发现的年代最早、面积最大、文化系列最完整、证据最充分的稻作农耕遗迹。考古发掘出大片平整的古稻田、大量的稻作农耕工具（骨制

---

① 王永磊、郑建明、谢西营、王宁远：《新时代浙江考古重大成果巡礼》，《中国文物报》2022 年 8 月 12 日第 6—7 版。

和木制耜、铲等）、大量的炭化稻壳和粒形较成熟的炭化稻米，以及刻画于部分特殊陶器表面的水稻纹样等等，这些考古资料都充分证明在遥远的6000 多年前，浙东地区的稻作农业已经高度成熟。

河姆渡遗址还出土了大量生活用品，其中陶器占了其中的大部分。出土陶器以夹砂灰红陶的数量最多，质地较粗，砂粒不匀，器壁厚重，少数质地较细，器表光洁，制法基本上是手制，少数器物可能用慢轮修整。值得注意的是，在第二文化层中出土了盉。据《河姆渡遗址第一期发掘报告》："盉，数量很少，夹砂灰红陶，砂粒匀细，胎壁较薄，器表似经刮削、打磨处理，表面光洁，有的施红色陶衣。"其中一出土标本"敞口束颈，前有粗短的冲天嘴，圆腹，小平底，形如皮囊，器口与冲天嘴之间连接一个半环形带状钮，高 13.8 厘米、口径 8 厘米"[1]。一般认为盉是古代的盛酒器，用来温酒或调和酒水的浓淡，用法是将酒和水以不同比例混合于酒器，以调和出浓度不同的酒。此外，河姆渡遗址还出土有杯形器，具体用途尚不明确。

"清醠之美，始于耒耜。"尽管考古尚没有发现河姆渡时期酿酒的直接证据，但是成熟的稻作农业、饮酒器皿这些间接证明酿酒存在的必要条件在同一遗址现场被发现，似乎暗示我们：6000 多年前，散落于浙东平原上的村落里已经出现了酿酒的萌芽，人们在劳作之余，开始享受酒这种奇妙饮品带来的味蕾和精神的双重刺激。综合上山遗址的科学研究和河姆渡遗址的酿酒猜想，似乎可证明前述谷物酿酒的起源不晚于新石器时代。

二、先秦酒业与越地酒事

先秦时期，酿酒发酵主要有单发酵和复发酵两种。单发酵即糖类发酵

---

① 牟永抗、魏正谨、吴玉贤、梅福根：《河姆渡遗址第一期发掘报告》，《考古学报》1978年第 1 期。

以成酒，如以果实、蜂蜜等富含糖类的原料酿酒即是单发酵。复发酵即利用菌类，在适宜的条件下，先使原料糖化，再发酵成酒，如以谷物为原料酿酒即是复发酵。唐代释道世撰《法苑珠林》中说："饮酒有二种，谷酒、木酒。谷酒者以诸五谷杂米作酒者是；木酒者或用根茎叶果，用种种子果草杂作酒者是。"[1]便是很好的概括。

先秦古籍中出现了许许多多酒的名称，如《说文》中的类举："醪，汁滓酒也；酎，三重之酒也；醨，薄酒也；醑，旨酒也。"[2]除此之外仍有好多在今天已经不知其所指，但我们可以想象当时已经出现了种类繁多的酒。它们或许原料不同，酿造方法和发酵时间不同，又或许只是储存时间或用途不同，这给后人的研究造成了许多困难。一般认为，这些名目繁多的酒归纳起来主要有醴、酪、醪、鬯四类，主要根据酿造过程中发酵微生物种类和酿造原料的不同来划分。

醴是一种酒味较薄而甜的酒，俗称酒酿。《礼记·明堂位》云："夏后氏尚明水，殷尚醴，周尚酒。"[3]似乎说明醴比"酒"更早被酿制和广泛使用。《尚书·说命》云："若作酒醴，尔惟曲糵。"[4]糵即发芽的谷物。可见在先秦时期，先用谷物制成糵，然后以糖化发酵而酿成醴。《释名》云："醴，礼也。酿之一宿而成，醴有酒味而已也。"[5]《说文》亦云："醴，酒，一宿熟也。"[6]由此可见，醴的酿制时间非常短，略有酒味罢了。

酪有果酪、乳酪、米酪三种。前二者为单发酵酒，后者为复发酵酒。《礼记》云："功衰，食菜果，饮水浆，无盐、酪，不能食食，盐、酪可

---

① （唐）释道世著，周叔迦、苏晋仁校注：《法苑珠林校注》卷八十八，中华书局 2003 年版，第 2528 页。

② （宋）祝穆：《事文类聚·续集》卷十三燕饮部引《说文》，清文渊阁四库全书本。

③ 胡平生、张萌译注：《礼记·明堂位第十四》，中华书局 2017 年版，第 616 页。

④ 王世舜、王翠叶译注：《尚书·说命下》，中华书局 2018 年版，第 422 页。

⑤ （汉）刘熙：《释名》卷四，四部丛刊景明翻宋书棚本。

⑥ （宋）祝穆：《事文类聚·续集》卷十三燕饮部引《说文》，清文渊阁四库全书本。

也。"①此处应该指用蔬菜、果实为原料酿造的果酪。《礼记疏》云:"以为醴酪。疏曰:'酪,酢截。'"②"酢截"即为酸米汁,又称酸浆,此处当指米酪。

醪是一种浊酒。《说文》曰:"醪,汁滓酒也。"汁是白酒,滓是糟,因此醪是汁滓混合的浊酒。醪可由剩饭发酵而成。在古籍中,醪和醴经常连用,如《庄子·盗跖》曰:"今富人,耳营钟鼓管籥之声,口嗛于刍豢醪醴之味,以感其意,遗忘其业,可谓乱矣。"③足见醪醴是一种使人口感快意的美酒。

鬯是祭神时用的酒,在甲骨文、商彝金文中均有"鬯"字出现,是一种历史久远的古酒。《诗经·大雅·江汉》:"釐尔圭瓒,秬鬯一卣。"秬即黑黍,鬯即郁金草,两者酿成香酒,用于祭祀降神及赏赐有功的诸侯。《周易·震》:"震惊百里,不丧匕鬯。"疏曰:"鬯,香酒也,奉宗庙之盛者也。"因为鬯具有祀神和赏赐的功能,所以《周礼》中有"鬯人",谓"鬯人,掌共秬鬯而饰之"④。

酒具是酒的盛饮之器,一般包括盛酒器和饮酒器,可从侧面反映酿酒业的兴盛和酒文化的繁荣。前文已述先秦时期酒已充分礼制化,再加上我国幅员辽阔,制造业的渐次兴起,各地的文化差异、交流相对滞后,先秦时期便出现了种类繁多的酒具。在《中国酒文化辞典》中收入的各类酒具有 500 多种,⑤其中不少在先秦时期就已经出现。先秦时期,浙东制陶业非常发达,青铜冶炼业亦有所发展,故浙东古代的酒具量富、质好,形式众多。试举例说明。

卣,是先秦时期的高级酒器。甲骨刻辞中有"鬯一卣""鬯三卣"等

---

① 胡平生、张萌译注:《礼记·杂记下第二十一》,中华书局 2017 年版,第 814 页。

② (唐)孔颖达:《礼记疏》附释音礼记注疏卷第二十一。

③ 方勇译注:《庄子·盗跖》卷九,中华书局 2015 年版,第 523 页。

④ 徐正英、常佩雨译注:《周礼·鬯人》,中华书局 2018 年版,第 435 页。

⑤ 朱世英、季家宏主编:《中国酒文化辞典》,黄山书社 1990 年版。

第四章　黄酒酿造业 ｜ **181**

记载，与前文提到《诗经·江汉》诗句"厘尔圭瓒，秬鬯一卣"一致。作为盛放祭神之酒"鬯"的酒器，其地位自然尊贵，《左传·僖公二十八年》孔颖达疏引李巡曰："卣，鬯之尊也。"其地位可见一斑。但是通常被认为卣的壶状容器，从宋朝才被定名；存世的所谓卣，铭文中从未自名为"卣"。故先秦卣的具体形状至今还是一个谜。

觚，先秦时期执以就饮的酒器。觚多为青铜制，上口形如喇叭，细腰，足似倒喇叭形。觚有细高型和粗矮型两类，细高型显得典雅尊贵，粗矮型似乎更实用方便。

觯，先秦饮酒用的器皿，多为青铜制。形似尊而小，圆腹，侈口，圈足，多有盖。觯有两类，一类是扁体的，一类是圆体的。《礼记·礼器》云："尊者举觯。"郑玄注曰："爵三升曰觯。"

爵，祭祀时盛酒的重要礼器，多为青铜材质。爵前有流（倾酒的流槽），后有尖状尾，杯身下有三足，花纹图案多而精美。爵本用以盛鬯酒，《礼记·礼器》云："宗庙之祭，贵者献以爵。"需要特别指出的是，爵只是祭祀时盛酒的礼器，今人多认为是温酒器，不是饮器，文献中所谓受几爵的表述，不过是取量的概念。《仪礼·大射仪》胡培翚正义引韦氏曰："爵者，觚、觯之通称。"所以古文中的爵，可能其实指别的酒具，但这也提示我们，爵已经超越了它的器形，成为饮酒器的代表。绍兴酒在清时有金爵商标，为绍兴酒最早、最著名之商标，商标所绘就是一只"金爵"酒具。

酒具之名，也有其背后的含义。清代唐秉钧《文房肆考图说》云："觞，酒卮总名，凡诸觞形皆同而升数则异。一升曰爵，取其能飞，不溺于酒，亦取其鸣节，以戒荒淫；二升曰觚，觚者寡也，饮当寡少；三升曰觯，觯者适也，饮当自适之意；四升曰角，类彝无柱，《礼》云'卑者举角'也；五升曰散，《礼》云'贱者献以散'，无饰漆尊也。又虚曰觯，实曰觯也。"①饮酒之道，从饮酒器物上体现出来，其警示和教化的功用，值得深思。

总之，酒具是酒礼制化的集中体现，它品种多样，形制不同，又集冶炼、烧铸、雕刻和书法等多种工艺于一体，是酒史的见证和酒文化的载体。上述酒具在浙东地区的考古发掘中时有发现，陈列于各地博物馆中，如浙江省博物馆藏商史觚、西周至春秋时期原始瓷尊等等，它们是极为宝贵的历史财富、艺术瑰宝。

从吴越争霸大幕的拉开，到越国的最终获胜，越王句践成为春秋霸主，一系列重大事件将越地逐步拉入中国历史舞台的中央。而先秦酿酒业的迅猛发展，也必然推动着越地酿造技术的进步和酒风的盛行，这体现在一些历史事件的记载中。

公元前496年越王允常之子句践继承王位。《国语》云："先人就世，不谷即位，吾年既少，未有恒常，出则禽荒，入则酒荒。"②可见在越王句践即位之初，王公贵族饮酒成风。稻作农业发达的越地当为酿酒业的兴盛提供了充足的条件。公元前494年，句践在吴越战争中兵败，被迫入质于吴。《吴越春秋》记载当时情景云："群臣皆送至浙江之上，临水祖道，军阵固陵。大夫文种前为祝其词，曰：'皇天佑助，前沉后扬……臣请荐脯，行酒二觞。'越王仰天太息，举杯垂泣，默无所言。种复前祝曰：'……觞酒既升，请称万岁。'"③酒是这一悲壮时刻的参与者和见证者，它为重大礼仪场合增色添彩，不可或缺。公元前490年，句践返国，为实行"生聚教训"大计，酒成了奖励生育的用品。《国语·越语下》记载："生丈夫，二壶酒一犬；生女子，二壶酒一豚。"同时，为了麻痹吴王，范蠡建议应故意沉溺于游猎宴饮，表现出不以吴为念的消极态度。范蠡说："王其且驰骋弋猎，无至禽荒；宫中之乐，无至酒荒；肆与大夫觞饮，无忘国常。"经过

---

① （清）唐秉钧：《文房肆考图说》卷四，清乾隆刻本。
② 陈桐生译注：《国语·越语下》，中华书局2013年版，第721页。
③ 崔冶译注：《吴越春秋·句践入臣外传第七》，中华书局2019年版，第169页。

"十年生聚，十年教训"的韬光养晦之后，公元前482年，句践统军大举伐吴，誓师之日，越中父老敬献壶浆以壮行色，祝大军旗开得胜，早日凯旋。但因酒的数量有限，不能遍饮三军，于是句践下令将酒投之于河水上游，与将士迎流共饮。《嘉泰会稽志》"箪醪河"条记载："句践谋霸，拊存国人，与共甘苦。师行之日，有献壶浆，跪受之，覆流水上，士卒承流而饮之，人百其勇，一战而有吴国。"相传投酒之河便取名为投醪河（又名箪醪河），至今仍默默流淌在绍兴市区，无声诉说着那段慷慨悲壮的历史。句践破吴后引兵北渡江淮，与齐晋诸侯会盟于舒州，向周王室进贡受命，成为春秋一霸。越王还兵于吴，置酒文台，文种上前敬酒，口颂祝词："觞酒二升，万福无极……觞酒二升，万岁难极。"可以说一部越国史酒香四溢。酒渗透进历史的肌理，见证了越国从战败、忍辱，到复兴、灭吴、称霸的全过程。

这段酒事是中国酒史上的荣耀，更是浙东酒史上的光辉。绍兴酒有文字记载的历史从此开始，一部绚烂的酒文化篇章开篇即高潮，并将在后世演绎成意味隽永的历史长卷。

第三节　汉晋至隋唐的探索发展

一、汉代酿酒技术的探索

西汉初期，经过连年战争，社会生产遭到严重破坏，民生凋敝，行业萎缩。为恢复生产，走出困境，朝廷行黄老之术，推行与民休息、轻徭薄赋等政策，百姓生活渐渐改善，酒的消费量也逐渐增长。经过一百多年的稳定发展，酿酒业初具规模，为防止私人垄断酒业，增加国库收入，武帝天汉三年（前98），朝廷推行榷酒酤制度，官府开始控制酒的生产和流通，独占酒利。武帝死后，榷酒酤在昭帝始元六年（前 81）的盐铁会议上遭到反对，遂被取消，改征酒税。此后，榷酤和征税交替反复，或在一代中只行一法，或在一代中也交替施行，一直到清代，前后绵延两千年，深刻影响了我国酿酒业的发展。

西汉酿酒在先秦的基础上，取得长足进步，在原料配比和出酒数量上有了较为明确的规定。按酿酒原料不同，分酒为上尊、中尊、下尊三种等级。《汉书·平当传》载："使尚书令谭赐君（指平当）养牛一，上尊酒十石。"关于这段记载还有注解如下："如淳曰：'律：稻米一斗得酒一斗为上尊；稷米一斗得酒一斗为中尊，粟米一斗得酒一斗为下尊。'师古曰：'稷即粟也，中尊者宜为黍米，不当言稷。且作酒自有浇醇之异，为上、中、下耳，非必系之米。'"①原料不同，酒的品质便不同，自古而然。由此可知，汉时上尊酒以稻米为原料，中尊酒以黍米为原料，下尊酒以粟米为原料，浙东地区种稻为主，不产黍粟，酿酒以稻米为原料，所酿之酒属上尊无疑。

以稻米为原料酿制酒，成酒即今天的黄酒，其出酒率和酿成后的作价营收情况在《汉书·食货志第四下》上有明确记载："请法古，令官作酒，以二千五百石为一均，率开一垆以卖，售五十酿为准。一酿用粗米二斛，曲一斛，得成酒六斛六斗。各以其市月朔米曲三斛，并计其贾而参分之，以其一为酒一斛之平。除米曲本贾，计其利而什分之，以其七入官，其三及醋籴灰炭，给工器薪樵之费。"②此处非常精确地记载了汉代酿酒时粗米、酒曲和出酒的比例为 2∶1∶6.6，与今日绍兴淋饭酒的用料与成酒比例基本相当，说明西汉黄酒酿造技术已达到了相当高的程度。

前文述及，《周礼》将酒分为"五齐三酒"，在那个时代，人们首次

---

① （汉）班固著，中华书局编辑部点校：《汉书》卷七十一，中华书局 1962 年版，第 3051 页。
② （汉）班固著，中华书局编辑部点校：《汉书》卷二十四下，中华书局 1962 年版，第 1182 页。

使用了酒曲，与新石器时代相比，酿酒工艺实现了突破式进步，从"口嚼法"酿酒转为利用酿酒微生物进行酿制。秦汉时期，人们继续对"曲酒"工艺进行探索，逐步淘汰了以"蘖"（发酵的谷物）酿酒，继承延续了以"曲"（发霉的谷物）酿酒。酿酒工艺又一次取得了长足进步。当时，人们设置了专门制曲的"曲房"，过去使用的散曲进一步发展为团状的块曲，但是还无法精确控制微生物的纯净度。如此一来，酒如果酿制时间过长，酒曲中的霉菌会使酒呈绿色，酿制时间若不足，酒则呈现白色。虽然还存在一些不足，但当时所酿酒的酒精度已经提高到 4%vol 左右，酒的口感得到很大的提升。

除了一般意义上的酿造工艺之外，在酿酒技术和细节上，汉代人也形成了独到的见解，通过传世文献只言片语的记载，今人可以大致窥见当日情形。其中上虞人王充所著《论衡》中有记载："蒸谷为饭，酿饭为酒。酒之成也，甘苦异味；饭之熟也，刚柔殊和。非庖厨酒人有意异也，手指之调有偶适也。调饭也殊筐而居，甘酒也异器而处。虫堕一器，酒弃不饮；鼠涉一筐，饭捐不食。"[1]酒的好坏，与酿酒者酿酒时手指的协调度有很大关系。"酿酒于罂，烹肉于鼎，皆欲其气味调得也。时或咸苦酸淡不应口者，犹人勺药失其和也。"[2]器皿对酒酿成的气味和品质有很大影响。这些细致入微的见解，更说明当时浙东地区对于酿酒已经形成了一整套的理论体系和技术规范。

这一时期，酒渐渐融入百姓的生活日常，成为节庆佳日不可或缺的助兴饮品；酿酒也成为四季节令约定俗成的生产活动。东汉崔寔在《四民月令》中记载："正月之朔是谓正旦，躬率妻孥洁祀祖祢，及祀日，进酒降神毕，乃室家尊卑无大无小以次列于先祖之前，子妇曾孙各上椒柏酒于家长，称觞举寿，欣欣如也。注：正日进椒酒、柏酒，椒是玉衡星精，服

---

[1] 黄晖：《论衡校释》卷二，中华书局 1990 年版，第 42 页。
[2] 黄晖：《论衡校释》卷十四，中华书局 1990 年版，第 635 页。

之令人身轻耐老，柏亦是仙药，进酒次第当从小起，以年少者为先。"①
《四民月令》是东汉时期记述普通百姓一年到头例行农事活动的专书，由
此可证明新年饮酒已经成为普罗大众共同遵守的民俗。该书还记载："辛
日……属命女工趣织布，典馈酿春酒。""六月……六日可收葵，可作曲。
注：其曲糵多少与春酒曲同，但不中为春酒，喜动。以春酒曲作颐酒弥佳
也。""七月四日，命置曲室，具箔槌，取净艾，六日馈治五谷磨具，七日
遂作曲。""十月……上辛，命典馈渍曲，酿冬酒。""冬十一月……冬至
之日，荐黍羔，先荐玄冥，以及祖祢，其进酒肴，及谒贺君师耆老，如
正旦……可酿醢，籴粳稻，粟、豆麻子。"②书中详细记载了一年十二月中
每月的农事安排，其中讲到酿酒制曲诸事的有正月、六月、七月、十月、
十一月，这一时令安排也为千百年来各地酿制黄酒所大致遵循；除此之外，
书中也明确记载了制曲的方法和过程，今天看来依然具有可操作性。可见
晚至东汉时期酿酒已成为农家一年到头非常普遍的生产活动，酿酒技术已
发展到相当高的程度。

　　东汉末年，曹操的《奏上九酝春酒法》，为今人完整了解当时的酿酒
技术提供了范例，其文曰："臣县故令南阳郭芝有九酝春酒法：用曲三十
斤，流水五石，腊月二日清曲，正月冻解，用好稻米，漉去曲滓，便酿法
饮。曰譬诸虫，虽久多完。三日一酿，满九石米止。臣得法酿之，常善，
其上清滓亦可饮。若以九酝，苦难饮，增为十酿，差甘易饮，不病。今谨
上献。"③本文为曹操向汉献帝上的奏章，介绍了已故汝南县令郭芝的家酿
经验。九酝春酒法的精髓是多次投料，类似现代浙东地区酿造黄酒的喂
饭法，是一种科学的酿酒方法，突出反映了汉代先进的酿酒工艺。几百年

---

① （清）严可均编：《全上古三代秦汉三国六朝文》全后汉文卷四十七，中华书局 1958 年
　　版，第 729a 页。
② （清）严可均编：《全上古三代秦汉三国六朝文》全后汉文卷四十七，中华书局 1958 年
　　版，第 732a 页。
③ （明）张溥编：《汉魏六朝一百三家集》卷二十三，清文渊阁四库全书本。

后,《齐民要术》在引上文后又有断语云："九酝用米九斛，十酝用米十斛，俱用曲三十斤，但米有多少耳。治曲淘米，一如春酒法。"[1]该断语是对九酝春酒法的量化补充，也在一定程度上证明此法在几百年间一直被沿用流传，是被广泛认可的酿酒法。

东汉时，浙东地区诞生了一项对后世酿酒业影响深远的水利工程，那便是鉴湖的修筑。浙东地区的山会平原曾是一片沼泽平原，它南为会稽山，北濒后海（杭州湾），东临曹娥江，西濒浦阳江。会稽山在平原以南，其水顺流而下，形成众多自然河流，分别注入曹娥江和后海。后海钱塘江主槽出南大门，紧逼山会平原北缘掠三江口而过。钱塘涌潮声势浩大，沿曹娥江等河流上溯，会稽山形成的自然河流顶托，难以下泄，在山脚下平原处潴成无数湖泊。这些湖泊在河流丰水期或大潮上溯，往往泛滥漫溢，成为一片泽国。春秋时期虽兴修了一些堤塘蓄水工程，但不足以满足整个平原社会发展的水利保障要求。顺帝永和五年（140），马臻受命为会稽太守。当时会稽水旱频仍，民众饱受其苦。马臻经过艰辛考察，巧妙利用山会平原自南而北的"山—原—海"台阶式特有地形，借助发源于会稽山的数十条溪流与越国时的山阴水道，并连接山会平原上一些零散湖堤，汇聚"三十六源"之水筑成鉴湖。马臻可能不会料到，这一杰出的水利工程在发挥灌溉等功能之外竟意外促进了绍兴地区酿酒业的发展，成为绍兴黄酒酿制的主要水源，造福了后世。

二、六朝时期酿酒技术的发展

魏晋时期，社会动乱不断，统治集团在权力斗争中勾心斗角、尔虞我诈，士大夫因言获罪，乃至遭到杀身之祸者不在少数，因此佯狂避世、特

---

[1] 石声汉译注，石定枎、谭光万补注：《齐民要术》卷七，中华书局 2015 年版，第871 页。

立独行成为士大夫阶层的价值取向，他们引吭高歌、纵情山水，酒便成为不可或缺的精神寄托。彭大翼《山堂肆考》中说："晋人多言饮酒，有至沉醉者，其意未必真在于酒。盖时方艰难，人各惧祸，推托于醉，可以疏远世故……以酒杜人，是亦一术。"[①]"竹林七贤"即是他们的典型代表，阮籍、刘伶等人"止则操卮执觚，动则挈榼提壶，惟酒是务，焉知其余"[②]，醉看世间万物。在这种世风的影响下，一些富家大族以酿酒为能事，乐而不疲，民间饮酒之风亦随之大盛。《晋书》记载山阴人孔群"性嗜酒……尝与亲友书云：'今年田得七百石秫米，不足了曲糵事。'"[③]足见当时浙东地区富户酿酒规模之巨。东晋永和九年（353），王羲之兰亭雅集，曲水流觞，一气书就《兰亭集序》，为后世无数文人雅客所仰慕，成为不断追忆的饮酒美谈。

东汉时期修筑的鉴湖持续发挥着巨大的社会经济效益，为浙东地区的农业丰收提供了坚实的保障。南朝宋会稽太守孔灵符记载："筑塘蓄水，高丈余田，又高海丈余。若水少则泄湖灌田。如水多则闭湖泄田中水入海。所以无凶年……都溉田九千余顷。"[④]可以想见，当时山会平原年年丰收，稻谷盈余。充足的粮食生产无疑是酿酒业兴盛的重要助力。此外，甘洌清澈的鉴湖水成为绍兴酒酿制的优质水源，酒的质量得到极大提升，同时酿酒工艺也有了新的进展，出现了一些新品种，其中最著名的是女儿红。晋代上虞人嵇含所著《南方草木状》一书中，对女儿红酒描述道："草曲：南海多美酒，不用曲糵，但杵米粉杂以众草叶，冶葛汁滫溲之，大如卵，置蓬蒿中，荫蔽之，经月而成。用此合糯为酒，故剧饮之，既醒，犹头热涔涔，以其有毒草故也。南人有女数岁，即大酿酒，既漉，候冬陂

---

① （明）彭大翼编：《山堂肆考》卷一百九十二饮食"以酒杜人"，清文渊阁四库全书本。

② （唐）房玄龄等撰，中华书局编辑部点校：《晋书》卷四十九《刘伶传》，中华书局1974年版，第1376页。

③ （唐）房玄龄等撰，中华书局编辑部点校：《晋书》卷七八《孔群传》，中华书局1974年版，第2061页。

④ （宋）李昉等撰：《太平御览》卷六十六，中华书局1960年版，第315a页。

池竭时，置酒罂中，密固其上，瘗陂中，至春潴水满，亦不复发矣。女将嫁，乃发陂取酒，以供贺客，谓之女酒，其味绝美。"①书中提到制酒所用草曲精致讲究，制作流程简洁清晰，足见酿酒工艺的进步。

北魏时，著名政治家崔浩著《食经》，其中记载了当时的酿酒法。《齐民要术》"笨曲并酒第六十六"引载："《食经》作白醪酒法：生秫米一石；方曲二斤，细锉，以泉水渍曲，密盖。再宿，曲浮起。炊米三斗酘之，使和调。盖满五日，乃好，酒甘如乳。九月半后可作也。"②该书"法酒第六十七"引载："《食经》七月七日作法酒方：一石曲作燠饼，编竹瓮，下罗饼竹，上密泥瓮头。二七日出饼，曝令燥，还内瓮中。一石米合得三石酒也。"③这两段详细记载了作曲法和酿酒法，精准叙述了酒与曲的关系，包括制曲的具体方法和酿酒过程中曲的作用与表现，米、曲的配比和成酒的比例，并指出了酿制时令和器具等具体操作细节。《魏书》记载《食经序》曰："余自少及长，耳目闻见，诸母诸姑所修妇功，无不蕴习酒食。朝夕养舅姑，四时祭祀，虽有功力，不任僮使，常手自亲焉。昔遭丧乱，饥馑仍臻，馇蔬糊口，不能具其物用，十余年间，不复备设。先姑虑久废忘，后生无知见而少不习业书，乃占授为九篇。文辞约举，婉而成章，聪辩强记，皆此类也。"④可见崔浩《食经》所载为其家族丰富酿制经验的总结，是其母辈们在艰苦生活环境中智慧和经验的结晶，展现了南北朝时期农事活动和饮食的诸多风貌。崔浩虽为北方人，《食经》所载酿酒方法却是一个时代的代表和总结，能够反映南北朝时期全国酿酒的大致水平。

北魏时，贾思勰著《齐民要术》，这是一部百科全书式的农书经典。

---

① （晋）嵇含：《南方草木状》卷上，宋百川学海本。

② 石声汉译注，石定枌、谭光万补注：《齐民要术》卷七，中华书局 2015 年版，第875 页。

③ 石声汉译注，石定枌、谭光万补注：《齐民要术》卷七，中华书局 2015 年版，第888 页。

④ （北齐）魏收撰，中华书局编辑部点校：《魏书》卷三十五，中华书局 1974 年版，第827 页。

该书系统总结了 6 世纪以前我国黄河中下游地区农业生产的经验，是我国现存最早、最系统完整的农学著作。在全书 92 篇中，涉及酿酒的有四篇，分别为"造神曲并酒等第六十四""白醪曲第六十五""笨曲并酒第六十六""法酒第六十七"，共记载了近 50 种酿酒方法，系统呈现了当时北方地区的各种酿酒工艺，其详细程度涉及原料配比、作曲、浸米蒸饭、落缸制醪、察曲势投料、尝酒等等，对每个步骤的用量、时机等作了严格的限定描述，可操作性很强，足见当时的酿酒技术已发展到相当高的水平。

《齐民要术》的记述标志着我国黄酒酿造水平提高到了一个新的历史阶段。虽然它总结的是北方地区的酿酒技术，但毫无疑问相关技术流布并影响了全国。南朝梁时，元帝在《金缕子》中有"银瓯贮山阴甜酒"之说，清人梁章钜认为："彼时即名为甜酒，其醇美可知。"[①]不知山阴甜酒的酿制是否受到《齐民要术》的影响，但可以肯定的是隋唐一统南北后，北方酿酒工艺传到了南方，南方以糯米为主的酿酒优势逐渐体现了出来，尤其在浙东地区，发挥出了更显著的成效，到唐代时终于给越州（绍兴地区）带来了"醉乡"的雅称。

三、隋唐五代时期的酿酒和酒事

唐代是中国历史的巅峰时期，它的恢宏壮阔为无数后人景仰和追慕。唐代也是诗歌的时代，诗体完备，流派众多，名家辈出，作品丰富，流传至今的大概有 5 万多首。从古至今，诗酒一体，似乎无酒不成诗，酒不但是诗歌吟咏的对象，也是诱发诗兴的媒介，这在唐代诗人身上体现得尤为明显，甚至酿酒工艺的进步都能从唐诗中得到佐证。

有"酒仙"和"诗仙"之称的李白与越人贺知章是忘年交，在贺知章

---

① （清）梁章钜撰，陈铁民点校：《浪迹三谈》卷五，中华书局 1981 年版，第 481 页。

告老还乡即将离开长安时，特地赋《送贺宾客归越》相送："镜湖流水漾清波，狂客归舟逸兴多。山阴道士如相见，应写《黄庭》换白鹅。"表达依依惜别之情。几年后，李白南下越州寻友，惊闻贺知章已经逝世，他睹物思人、怀念旧友，作诗感怀："欲向江东去，定将谁举杯？稽山无贺老，却棹酒船回。"（《重忆一首》）"昔好杯中物，翻为松下尘。金龟换酒处，却忆泪沾巾。"（《对酒忆贺监》）从贺李之交中，可以深刻感受到酒对文人酬唱的重要作用，对酒忆旧识，无限往事和感怀在酒杯中荡漾回旋。

越中山水奇绝，不少著名诗人沿着"唐诗之路"畅游越地，他们访踪寻迹，唱和应酬，在浙东地区留下了许多诗酒之作，除了贺知章、李白，还有白居易、元稹、方干等人，他们有的是本地人，有的曾在越州任职，还有的是慕名造访，不一而足。元稹在越州任浙东观察使，白居易时任杭州刺史，两人书信往来，酬唱不绝。元稹在《酬乐天喜邻郡》中写道："老大那能更争竞？任君投募醉乡人。"前已述及，"醉乡"即是越州，足见唐中后期浙东地区的酿酒盛事。

唐代酿酒工艺进步的显著标志便是榨酒、煎酒工艺的发明。榨酒即是使用木质"糟床"对初酿的酒进行压榨，将酒糟过滤掉，从而得到更加纯净的酒液。榨酒工艺的出现，让白居易诗中的"绿蚁新醅酒"逐渐退出历史舞台。煎酒是用"火迫法"将酒缓慢加热至63℃左右，在低温加热过程中，会杀死大多数使酒变酸的细菌，杀菌使酒的颜色由绿色转变为琥珀色。白居易诗中"烧酒初开琥珀香"便是形容此时期的美酒。

唐开元二十六年（738），朝廷将越州东部析出，增设明州府，今天的宁波地区从此开始独立建制，浙东地区的行政划分进入了一个新时期。值得一提的是，唐长庆年间（821—824），安澜灌溉山会平原约700年的鉴湖南周渐淤，大面积葑田出现，虽然没有证据表明这对酿酒业产生了多大的影响，但是作为绍兴黄酒酿制水源的变迁，有必要稍作提及。由于史料湮没，今人只能从一些散见于文人笔记的故事中去窥见当时酿酒的大致情形。比如，史载唐代流寓明州的华亭（今上海）人王可交所酿之酒甘冽醇美，"世间不及"①，他在明州地区卖药卖酒，药效和酒质俱佳，时人称为"王仙人药酒"，被当地人所称道。

这一时期的饮酒，虽不限饮者的身份地位，但由于政府实行严格的"榷酒"制度，酒令森严，寻常百姓家酿酒、买酒和饮酒并不普及，一年之中，大概只有在重大的节庆日才有大量饮酒的机会。这体现在一些节日的民俗上，如春社日，民间大都歇业，村村户户祭祀土地神，结社共饮，祈求丰年。诗人王驾在《社日》中描绘这一场景："桑柘影斜春社散，家家扶得醉人归"，足见春社日民间饮酒之盛。此外，政府也有意在一些重大节日上增设饮酒环节，以为人神沟通的媒介和礼俗。史载，贞元四年（788）唐德宗想在二月创置一个节日，召集群臣商议。德宗问："前世上巳、九日，皆大宴集，而寒食多与上巳同时，欲以二月名节，自我为古，若何而可？"②宰相李泌对曰："废正月晦，以二月朔为中和节，因赐大臣威里尺，谓之裁度。民间以青囊盛百谷瓜果种相问遗，号为献生子。里闾酿宜春酒，以祭勾芒神，祈丰年。百官进农书，以示务本。"③德宗于是下令，以中和、上巳、九日为三令节，中外皆赐缯钱，摆宴会。自此，用宜春酒祭祀勾芒神成为中和节的民间定例。节日之外，民间在儿女婚嫁、庆贺丰收、官职升迁、送别钱行等重要时刻都要宴请宾客，饮酒自是其中的重要环节。

五代时，浙东地区为吴越国统治，吴越国钱氏子孙多善饮。据《十国春秋》记载，钱俨"善饮酒，百卮不醉，居外郡，常患无敌，或言一军校差可伦比，俨问其状，曰：'饮益多，手益恭。'俨曰：'此亦变常，非善

---

① （宋）马永易撰，文彪续注：《实宾录》卷九，影印文渊阁《四库全书》第920册，台湾商务印书馆1987年版，第386页。

② （宋）欧阳修、宋祁撰，中华书局编辑部点校：《新唐书》卷一三九，中华书局1975年版，第4637页。

③ （宋）欧阳修、宋祁撰，中华书局编辑部点校：《新唐书》卷一三九，中华书局1975年版，第4637页。

饮也。'"① 钱文奉"饮酒兼数人，时时乘白骡，披鹤氅，缓步花径，或泛舟池中，远近闻宾客笑语声，则就饮为乐"②。钱昱"饮酒至斗余不乱③"。常言道，上有所好，下必甚焉。统治者如此好酒，民间饮酒之风是否有过之而无不及？

隋唐五代时期，也出现了很多有关酿酒技术的专著，《隋书·经籍志》著录有《仙人水玉酒经》《四时酒要方》《白酒方》《杂酒食要法》《杂藏酿法》等书。唐代"斗酒学士"王绩撰有《酒经》《酒谱》，汝阳王李琎著有《甘露经》《酒谱》，刘炫著有《酒孝经》《贞元饮略》，唐末五代时人郑遨著有《续酒谱》等等。可惜上述著作大都已经亡佚，只在一些古籍书目中载有书名，今人已很难了解其中所记载的酿酒技术和方法。

第四节　宋元明酿酒技术的日臻成熟

一、两宋时期酿酒技术走向成熟

经过唐末五代长时期的战乱，中国终于在宋代又迎来了承平之世。这一时期，国家基本稳定，文化昌盛，社会经济繁荣，相应地，作为手工业代表的酿酒业也走向复苏与繁荣。

宋初承袭前代旧制，对酒实行专卖制度，朝廷对酒的生产、收购、运

① （清）吴任臣撰，徐敏霞、周莹点校：《十国春秋》卷八三，中华书局 2010 年版，第 1207 页。

② （清）吴任臣撰，徐敏霞、周莹点校：《十国春秋》卷八三，中华书局 2010 年版，第 1197 页。

③ （清）吴任臣撰，徐敏霞、周莹点校：《十国春秋》卷八三，中华书局 2010 年版，第 1210 页。

输和销售实行垄断经营，各地的酒务和榷场既是酿酒作坊，又是卖酒店铺，兼作税收机构。酒税的多寡大致能从侧面反映出地区酿酒业的发达程度。宋廷按每年的酒课额将各地划分为八等。据《文献通考》记载，宋神宗熙宁十年（1077），越州的课额属于第四等，在全国处于中游水平。榷酒制度施行一段时间后，由于官营作坊经营不善，官府获利不多而民间又怨声不断，朝廷于是在一些地区推行买扑制，将酒坊经营权承包给私人。明州经营酿酒业务的买扑坊场就遍布于府城和乡野村落。同样在熙宁十年，据《宝庆四明志》，明州的买扑钱收入已高达 25479 贯。[1]这些具体数目的记载一定程度上反映出北宋时期浙东地区酿酒业的繁荣。

宋室南渡后，随着战乱消弭，社会经济再度繁荣，浙东地区所在的东南沿海成为中国最富庶之地。据《嘉泰会稽志》载，南宋前期，仅会稽府城和嵊县、萧山、余姚、上虞、新昌及萧山渔浦镇等处酒务，年课额合计就高达 14 万余贯。孝宗乾道（1165—1173）以后，鉴于社会经济的稳步繁荣发展，朝廷允许所有酒坊均可采用买扑制，官营作坊逐步退出酿造和销售领域，酿酒业的商品经济性质进一步增长。酒业政策的变化，无疑大大促进了浙东地区酿酒业的发展，以明州为例，宝庆年间（1225—1227），仅十酒务（专司各地酿酒事务管理的政府机构）的息钱就达 114098 贯。[2]民间饮酒之风也因此大盛，酒成为百姓日常生活中不可或缺之物。陆游在《上元雨》中以"城中酒垆千百所，不忧不售惟忧雨"的诗句，来描绘当时绍兴府城里酒楼鳞次栉比与销售市场繁荣的盛况。

宋代酿酒技术在前代的基础上进一步发展。北宋末朱翼中著《北山酒经》，系统总结了我国数千年来的酿酒实践，从理论的高度完整提炼了我国黄酒酿造的科技精华。与北魏成书的《齐民要术》相比，《北山酒经》

① （宋）胡榘修、方万里、罗濬撰：《宝庆四明志》卷五，浙江省地方志编纂委员会编《宋元浙江方志集成》，杭州出版社 2009 年版，第 3192 页。
② （宋）胡榘修、方万里、罗濬撰：《宝庆四明志》卷五，浙江省地方志编纂委员会编《宋元浙江方志集成》，杭州出版社 2009 年版，第 3188 页。

不仅详细罗列了酿酒方法，更重要的是对其中蕴含的原理进行了科学分析，体现了鲜明的时代进步特征，具有很强的理论指导意义，是我国黄酒生产走向成熟的标志。

《北山酒经》的作者朱肱，字翼中，浙江吴兴人，早年受苏轼乌台诗案牵累，被贬达州，后隐居杭州西湖北山，著书酿酒，在系统总结两浙地区黄酒酿造的丰富经验后，写成《北山酒经》。从书中可以系统了解北宋时期浙东地区的黄酒酿制工艺。

《北山酒经》分为上、中、下三卷。上卷综述历代饮酒故事，并将饮酒神圣化，上升为一种高级的精神活动，"大哉，酒之于世也，礼天地、事鬼神，射乡之饮，鹿鸣之歌，宾主百拜，左右秩秩，上至缙绅，下逮闾里，诗人墨客，樵夫渔父，无一可以缺此"①，并对全书的制曲、酿酒作了提纲挈领的阐述。

中卷论述制曲技术，共收录了13种酒曲的配方及制法，分别为罨曲4种、风曲4种、曝曲5种，分列如下。罨曲：顿递祠祭曲、香泉曲、香桂曲、杏仁曲；风曲：瑶泉曲、金波曲、滑台曲、豆花曲；曝曲：玉友曲、白醪曲、小酒曲、真一曲、莲子曲。

下卷论述酿酒技术，分为卧浆、淘米、煎浆、汤米、蒸醋糜、用曲、合酵、酴米、蒸甜糜、投醹、酒器、上糟、收酒、煮酒、火迫酒等15道工序，与今日黄酒酿造工艺和流程已极其相近。现举书中酴米和投醹两道重要工序来一窥当时酿酒工艺。

酴米即酒母，宋代也称为脚饭，今天一般叫甜酒酿。制作酒母是整个酿酒过程中的重要环节，直接决定着最后成酒的质量和口感。《北山酒经》详细介绍了制造酒母的方法，书中写道："蒸米成糜，策在案上，频频翻，不可令上干而下湿。大要在体衬天气：温凉时放微冷，热时令极冷，寒时如人体。金波法：一石糜用麦蘖四两（炒令冷，麦蘖咬尽米粒，酒乃醇

---

① （宋）朱肱等著，任仁仁整理校点：《北山酒经·卷上》，上海书店出版社2016年版，第13页。

浓），糁在糜上，然后入曲酵一处，众手揉之，务令曲与糜匀。若糜稠硬，即旋入少冷浆同揉，亦在随时相度，大率搜糜只要拌得曲与糜匀足矣。亦不须搜如糕糜，京酝搜得不见曲饭，所以太甜。曲不须极细，曲细则甜美；曲粗则硬辣。粗细不等，则发得不齐，酒味不定。大抵寒时，化迟不妨，宜用粗曲，可投子大；暖时宜用细末，欲得疾发。大约每一斗米，使大曲八两，小曲一两，易发无失，并于脚饭内下之，不得旋入生曲。虽三酘酒，亦尽于脚饭中下。计算斤两，搜拌曲糜，匀即搬入瓮。瓮底先糁曲末，更留四五两曲盖面。将糜逐段排垛，用手紧按瓮边四畔，拍令实，中心剜作坑子入，刷案上曲水三升或五升，已来微温，入在坑中，并泼在醅面上，以为信水。"①

投醅即在制好的酒母中加入米饭，是酿制成酒的重要一环。《北山酒经》写道："投醅最要斯应，不可过，不可不皮。脚热发紧，不分摘开。发过无力方投，非特酒味薄不醇美，兼曲末少，咬甜糜不住。头脚不斯应，多致味酸。若脚嫩力小酘早，甜糜冷，不能发脱折断，多致涎慢，酒人谓之擤了。须是发紧迎甜便酘，寒时四六酘，温凉时中停酘，热时三七酘。"②酘米发酵到一定程度要及时投料，酘米与投料的比例，当时还有几种不同的观点，朱翼中在罗列后指出："若发得太紧，恐酒味太辣，即添入米一二斗；若发得太慢，恐酒太甜，即添入曲三四斤。定酒味全在此时也。"③朱翼中认为一年四季都要将酒母放置冷却后再投醅，发酵时间则根据季节和气候而定，他说："夏月十余日，冬深四十日，春秋二十三四日可上糟。大抵要体当天气冷暖与南北气候，即知酒熟有早晚，亦不可拘定日数。酒人看醅生熟，以手试之，若拨动有声，即是未熟；若醅面干如蜂

---

① （宋）朱肱等著，任仁仁整理校点：《北山酒经·卷下》，上海书店出版社 2016 年版，第 30 页。

② （宋）朱肱等著，任仁仁整理校点：《北山酒经·卷下》，上海书店出版社 2016 年版，第 32 页。

③ （宋）朱肱等著，任仁仁整理校点：《北山酒经·卷下》，上海书店出版社 2016 年版，第 32 页。

窠眼子，拨扑有酒涌起，即是熟也。"①

从以上的记载中可以看出，《北山酒经》从头到尾详细记载了每道酿酒工序的每一具体步骤，并特别指出了注意事项和导致的结果，细致入微，面面俱到，完全可以作为家庭和酒坊的酿酒操作指南，是黄酒酿制走向成熟的重要标志。

朱翼中的好友、医学博士李保于徽宗政和七年（1117）作《续北山酒经》，叙述了与朱翼中的交往，并增补了46种制曲酿酒法，只标名称，无具体文字。他说："余一旦梦翼中相过，且诵诗云：'投老南迁愧转蓬，会令净土变夷风。由来只许杯中物，万事从渠醉眼中。'"②在文后李保作诗以志，将朱翼中作《北山酒经》上升到"作经"的高度，将酿酒也放到了至高无上的地位。

二、浙东运河的名酒与酒文化

在成熟的酿酒工艺和繁荣的商品经济催生下，南宋时浙东地区涌现出了一批黄酒名品，并逐渐在全国崭露头角。公元1130年，宋高宗驻跸行在越州，取"绍奕世之宏休，兴百年之丕绪"之意，于第二年正月改元绍兴，同年十月升行在越州为绍兴府，从此越州所产黄酒便以绍兴黄酒的名称彪炳史册。

绍兴黄酒多为糯米和粳米混合酿制，南宋时出现了竹叶酒、瑞露酒、蓬莱春酒、东浦酒等不少名品；同一时期，明州所产黄酒多用糯米或粳米做原料，用麦子造曲，南宋时产生了双鱼、十洲春、玉醅、金波等多种

---

① （宋）朱肱等著，任仁仁整理校点：《北山酒经·卷下》，上海书店出版社2016年版，第32页。

② （清）厉鹗撰，陈昌强、顾圣琴点校：《宋诗纪事》卷四十，浙江古籍出版社2019年版，第1469页。

名酒。宋代张能臣在《酒名记》中记载了宋代天下名酒100多种，其中把"明州金波"与绍兴"越州蓬莱"并列，共称美酒。清代全祖望作历代四明贡物诗，其中有"玉醅香，金波嫩"之句，并把十洲春、玉醅、金波酒列为宋代的贡品。全祖望还曾记载："月湖北有酿泉，其甘如蜜，当时酒务，于此焉设。曲车沈沈，'双鱼'最冽，贡之天子，御尊所列。"[1]所谓"双鱼酒"就是在酒坛外印上双鱼图案的贡酒，类似的做法还有绍兴的花雕酒。绍兴民俗，女儿出嫁时在黄酒坛壁上雕塑或描图表达吉祥喜庆寓意；明州因近海，当地人喜欢在酒坛外印双鱼图案，象征年年有余，双双有盈余，民间又把"双鱼酒"叫作"双印酒"，延伸为双双相印之意。"双印"与"花雕"可称为浙东地区古代黄酒包装的双璧，影响深远。

　　宋时浙东地区民间饮酒之风大盛，市井酒楼遍布，酒旗飘飘，各个阶层的人都能找到适合的饮酒场所，以他们特有的方式开怀畅饮，今人从描绘市井生活的小说话本中可以想象当时情景。在喜好风雅、标榜格调的文人墨客中间，饮酒则有了很多艺术化的形式，产生了五花八门的饮酒方式，见诸记载的有囚饮、巢饮、鳖饮、了饮、鹤饮、鬼饮、牛饮等繁多名目。张舜民《画墁录》记载："苏舜钦、石延年辈有名曰鬼饮、了饮、囚饮、鳖饮、鹤饮。鬼饮者，夜不以烧烛；了饮者，饮次挽歌哭泣而饮；囚饮者，露头围坐；鳖饮者，以毛席自裹其身，伸头出饮，毕复缩之；鹤饮者，一杯复登树，下再饮耳。"[2]如此异想天开的饮酒方式，今人读来依然有大开眼界之感。

　　当时百姓人家的日常家宴，饮酒一般不讲究烘托气氛，即斟即饮，婚丧嫁娶、节庆良辰等社交宴饮则比较注重环境和形式；文人墨客的酬唱、官僚士夫的聚会，宴饮往往还以音乐佐酒、以歌舞劝酒。明州鄞县人史浩曾作《扑蝴蝶·劝酒》，其中有云："青樽在手，且须拼烂醉。醉乡不涉风

---

[1] （清）全祖望撰，朱铸禹汇校集注：《全祖望集汇校集注》（上），上海古籍出版社2000年版，第95页。

[2] （宋）张舜民撰，汤勤福整理：《画墁录》，大象出版社2019年版，第289—290页。

波地。睡到花阴正午，笙歌又还催起。"①以艺术化的语言描绘了官僚士大夫阶层感怀人生的饮酒姿态。通常为增强饮酒气氛，酒席上也会进行行酒令的游戏，比较常见的有文字令、投骰令、猜谜令、拆字赌酒等，形式多样，为饮酒增添了别样趣味。

酒以成礼、以礼行酒的酒文化传统在宋代理学大兴的背景下，重新成为朝野讨论的大事，因而明州地区存在的仿古乡饮酒礼的岁末会拜习俗进入了朝廷和士人的视野。南宋时鄞县人王伯庠曾记述说："明之为州，士风纯古，凡岁之元日、冬至，必相与谒先圣先师，而后以序拜于堂上，行之久矣。"②王伯庠只记载了乡饮酒礼之事，至于行礼的具体步骤和情节则不得其详。乡饮酒礼古已有之，后渐渐演变为科举场所的拜祭之仪，再经过战乱流离也大多废置不存。元人程端礼曾说："废坠之久，在宋淳化间四明独能行之，朝廷取布之天下。"③可见在北宋淳化年间（990—994），明州独特的乡饮酒礼可谓硕果仅存，并引起了朝廷的注意，颁之全国，但似乎效果不好。建炎三年（1129），明州州学被金兵所毁，乡饮酒礼从此废而不讲。绍兴七年（1137），仇悆守明州，重建州学，又恢复乡饮酒礼，其后仇悆正式任知明州，更置买田亩作为举办乡饮酒礼的经费。学田的创立，使这一礼仪的举行有了经费保障，王伯庠曾作记云："明之学者，自是岁时得举盛礼，明长幼、厚人伦、敦庞和辑之化，由此兴起，则受公之赐，岂有穷也。"④乡饮酒礼在明州的废后重兴，再次引起了朝廷的注意。乡人林保参照明州仪制制定了《乡饮酒仪》，入奏朝廷。绍兴十一年（1141），又加以修定损益，定名为《乡饮酒矩范仪制》，由礼部奏请遍下郡国施行。明州于是参酌已行仪制和林保的规式重新改定，上之朝廷，

---

① （宋）史浩：《鄮峰真隐漫录》卷四八，清乾隆刻本。

② （元）马泽修，袁桷纂：《延祐四明志》卷一四《学校考下》，《宋元方志丛刊》第6册，中华书局1990年版，第6342页。

③ （元）程端礼：《畏斋集》卷三，民国四明丛书本。

④ （元）王元恭修，王厚孙、徐亮纂：至正《四明续志》卷一一，浙江省地方志编纂委员会编《宋元浙江方志集成》，杭州出版社2009年版，第4688页。

于绍兴十三年（1143）正式镂版颁行。在政府的推动下，南宋不少地区曾举办乡饮酒礼，但都是旋作旋废，难以为继，而明州却是南宋最早恢复乡饮酒礼并持续举办最久的地方，也是举办规模最盛的地方。乡饮酒礼的推行，不但昭示了四明儒学和礼乐的发达，同时也极大地推动了明州文化的繁荣。明州借乡饮酒礼的施行，成功凝聚了当地士人的身份和文化认同，对建立独具一格的明州学术文化传统厥功至伟。

三、元明时期的酿造与养生

宋绍熙五年（1194），宁宗即位，第二年改元庆元，因明州为宁宗潜邸，遂以年号为名，升明州为庆元府，宁波地区进入庆元时期，元世祖至元十三年（1276），于庆元府置宣慰司，十四年（1277）改为庆元路总管府，沿用庆元称号。

元时，酿酒业在城市一般实行"散办"，由商人自行酿造并缴纳税款，广大农村则是按户摊派。灵活的管理方式促进了浙东地区酿酒业的进一步发展，据《元史》记载，当时江浙行省每年的酒课收入高达 196654 锭 21 两 3 钱[①]，约占全国酒课总收入的三分之一。浙东地区作为江浙行省重要的产酒之地，其产量应当相当可观。

这一时期，酿酒与传统医药进一步结合，在工艺上开辟了新的境界，使黄酒酿制走向了更广阔的空间。元代食疗医药大家忽思慧曾在宫廷任饮膳太医，著有营养学医疗著作《饮膳正要》，在该书卷二"食疗诸病"中叙及"鹿角酒""乌鸡酒""醍醐酒"等，在卷三"米谷品"中叙及"虎骨酒""枸杞酒""地黄酒""茯苓酒""松根酒""羊羔酒""五加皮酒""温肿脐酒""小黄米酒""葡萄酒""阿刺吉酒""速儿麻酒"等，将酒的酿制

---

① （明）宋濂等撰，中华书局编辑部点校：《元史》卷九十四，中华书局 1976 年版，第 2396 页。

与传统中医药结合起来，创造性发挥了酒的疗病养生作用，为后世酿酒的推陈出新打开了新的思路。

明朝建立后，庆元府在短暂的改称明州府后，于洪武十四年（1381）改称宁波府，一直沿用至今。明代浙东地区的酿酒又翻开了新的篇章。在生产方式上，浙东地区出现了工场手工业酿酒作坊，其生产规模和产量大大超过前代以农民作为副业酿制和酒商自酿的小型酿酒方式。一些著名酿坊也在此时创设，如绍兴湖塘叶万源、东浦余孝贞酒坊均创于明代中叶。叶万源所产黄酒质量极高，口碑远扬，专销福建、广东及南洋群岛；余孝贞酒坊则曾有幸获得皇帝青睐，据传武宗正德皇帝品尝了余孝贞酿制的酒后，欣然为之题写了"孝贞"坊名。

在酿酒品种上也推陈出新，据《万历绍兴府志》记载："酒，府城酿者甚多，而豆酒特佳，京师盛行，近省城亦多用之。豆酒者，以绿豆为曲也，近又有薏苡酒、地黄酒、鲫鱼酒，造法大约同豆酒，而间出新意，味俱佳。其名老酒者，味稍次而特多。"[1]这里所记载的豆酒，一名醇碧，又称花露，由绿豆制曲酿成。青藤老人徐渭有"陈家豆酒名天下，朱家之酒亦其亚""吾乡豆酝逐家堆"的诗句。明末，宋应星在《天工开物》中也记载道："浙中宁、绍则以绿豆为君，入曲造豆酒。二酒颇擅天下佳雄。"[2]可见明代浙东地区豆酒酿造之盛、持续之久。此外，当今绍兴酒的招牌产品香雪和状元红也创始于明代。

明代，浙东地区兴修的一项水利工程，一举奠定了绍萧平原"鱼米之乡"的地位，对农业生产和酿酒业产生了深远影响，那便是三江闸的修建。嘉靖十五年（1536），绍兴知府汤绍恩总结前人失败教训，经过实地勘察，在曹娥江、钱清江、钱塘江汇合处的古三江口，依峡建闸，开创性地修建了我国古代著名的滨海大闸——三江闸。它封闭了绍萧平原的后海

① （明）萧良幹修，张元忭、孙鑛纂：万历《绍兴府志》卷十一，台湾成文出版社 1983 年版，第 932 页。
② 杨维增译注：《天工开物·曲蘖第十七卷》，中华书局 2021 年版，第 453 页。

海塘，消除了一直以来海潮上溯带来的咸渍灾害，取代了一千多年的鉴湖水系，最终确立了绍萧平原的运河水系。新的水系，以三十六源为源头、运河为主干、河湖网为蓄水主体、海塘为御潮屏障、三江闸为泄蓄枢纽，更高效地满足了浙东地区灌溉、供水和航运的需求，为产业升级和社会经济变迁创造了条件。浙东地区的酿酒业也因此如虎添翼，即将迎来它的繁盛时期。

明代也是科技大踏步发展的时代，在许多领域产生了一系列对后世影响深远的成果。在中医本草领域，李时珍总结前代理论成果和临床经验，在充分实践的基础上著成不朽名著《本草纲目》，成为中医本草的集大成之作。书中有大量关于酒的记述，并将酒分为米酒、烧酒、葡萄酒三大类，收集了大量酒药方，尤其是米酒"附酒方"达 69 种。它们大多从疗病、健身入手，或为药酒，或为补酒，发挥疗病养生的功效。如书中记载："入药用，东阳酒最佳，其酒自古擅名，《事林广记》所载酿法，其曲亦用药，今则绝无，惟用麸面蓼汁拌造，假其辛辣之力，蓼亦解毒，清香远达，色复金黄，饮之至醉，不头痛，不口干，不作泻，其水秤之，重于他水。邻邑所造，俱不然，皆水土之美也。"[①]这里以临近浙东的金华东阳酒为例，指出酒的药用之因：不仅要假借酒的辛辣之力，还要依赖蓼汁的解毒功效，最要紧的是必须以独特的水源酿制，才能得到即使喝醉后也不头痛、不口干、不作泻的入药之酒。

明末，天才科学家宋应星著成工艺百科全书式著作《天工开物》，在该书下卷中有"曲糵"一章，专论制曲与酿酒。其中写道："凡造酒母家，生黄未足，视候不勤，盥拭不洁，则疵药数丸动辄败人石米。故市曲之家必信著名闻，而后不负酿者。凡燕、齐黄酒曲药，多从淮郡造成，载于舟车北市。南方曲酒，酿出即成红色者，用曲与淮郡所造相同，统名大曲。但淮郡市者打成砖片，而南方则用饼团。其曲一味，蓼身为气脉，而米、

---

① （明）李时珍：《本草纲目》卷二十五，清文渊阁四库全书本。

麦为质料，但必用已成曲，酒糟为媒合。此糟不知相承起自何代，犹之烧矾之必用旧矾滓云。"①据此可知，当时浙东地区所用酒母为饼团状，与淮郡和北方不同，特别提到南方曲酒成红色的原因，具有重要价值。

戏曲家兼养生家、杭州人高濂在万历年间著成《遵生八笺》。该书将闲适消遣之事，分为八类，是中国古代养生学的集大成之作。书内有"酝造类"，开头即写道："此皆山人家养生之酒，非甜即药，与常品迥异，豪饮者勿共语也。"②专记酒的养生作用。该篇记载了桃源酒、香雪酒、碧香酒、腊酒、建昌红酒、五香烧酒、山芋酒、葡萄酒、黄精酒、白术酒、地黄酒、菖蒲酒、羊羔酒、天门冬酒、松花酒、菊花酒、五加皮三投酒等 17 种药酒或补酒的酿制方法和白曲、内府秘传曲方、莲花曲、金茎露曲、襄陵曲、红白酒药、东阳酒曲、蓼曲等 8 种制曲工艺。《遵生八笺》所载酿造和制曲工艺反映了酿酒在明代达到的新高度，富足的士人阶层将一种浪漫的艺术气息注入酒的酿造过程，使酒在豪饮之徒的粗犷之外，多了几分养生的妩媚与可爱。

第五节　清代至民国的繁荣兴盛

一、黄酒酿造技术的定型

清代是我国历史上的最后一个封建王朝，同时也是经济文化高度繁荣发展的时期。在黄酒酿制领域，浙东地区尤其是绍兴的黄酒经过不断变革和迅猛发展，在这一时期最终定型，成为中国黄酒正宗。

---

① 杨维增译注：《天工开物·曲糵第十七卷》，中华书局 2021 年版，第 454 页。
② （明）高濂：《遵生八笺》，"酝造类"，明万历刻本。

绍兴黄酒在这一时期的酿造工艺与今天已基本一致，以精白糯米、优良小麦和鉴湖水为原料，通过自然发酵酿成。糯米以当年收获、米粒洁白、不含杂质为上品。小麦制酒曲，以当年收获、色黄、形齐、粒满、无霉烂虫蛀、不含杂质、胚乳呈粉状者为宜。制曲时，将小麦粗轧成碎粒，拌水搅匀，放入木框，压实横断成曲块，放入密闭曲室，保持适当温度，约3—4周后曲菌发育成熟；品质优良的酒曲，白色含黄色或黄绿色，菌丝整齐，气香，味甘，粒紧致干燥。鉴湖水是绍兴黄酒得以最终酿成的秘密所在。好的酿造用水应含有丰富的矿物质元素，这适合微生物的生长、酶的形成，有利于醅液的发酵，鉴湖水很好地满足了黄酒酿造的条件，无论浸米、洗涤、发酵，都仰赖它。鉴湖汇聚会稽山大小溪流，湖水清澈透明，氧溶量高，硬度适中且含微量矿物质，水质甘洌稳定，水质以鉴湖三曲为最好：湖塘、古城口为第一曲，蔡山桥、型塘口、阮社、双梅为第二曲，杏卖桥、漓渚江口、钟堰庙转入青甸湖直至东浦大树港为第三曲。米、麦、水三者分别为"酒中肉、酒中骨、酒中血"，共同酿成绍兴黄酒的精魂玉魄。

在黄酒酿制时，还需添加酒药。酒药分黑、白两种，酿制绍酒多用白药。其以辣蓼草、米粉等为原料，盛夏时，取未开花野生辣蓼草，晒干后去茎存叶，然后研成细末。秋冬之交，以鲜蓼草浸出液、约1/10干辣蓼末和米粉拌匀，黏合踏实，切成寸许块状，撒上陈白药粉转圆，晒干收藏。在酿制技艺上，绍兴黄酒遵循夏制酒药、秋制麦曲、立冬开酿、立春榨酒的"节气法则"，完美契合大自然的运行之道。

清同治年间成书的《调鼎集·酒谱》系统总结了当时绍兴黄酒酿造和贮存方法，以26道相关工序分别进行了介绍，即论水、论麦、盦曲、论米、浸米、酒娘、白糟、开耙、榨酒、糟烧、烧酒、煎酒、酒油、糟、医酒、酒合酒、过糟酒、泥头、做篓络、论缸、论坛、论灶、舂米、合糟、存酒、蒸酒家伙等。为我们清晰呈现了绍兴黄酒从原料选取到酿造再到贮存的全过程。

绍兴黄酒其性纯正，其质醇厚，呈琥珀色，澄澈透明；其色香味格与众不同，经酝酿化合，灌坛存贮之后，酒中所含醇、酯、醛、酸等各类成分，复合成馥郁香气，开坛香气扑鼻，饮后甘醇鲜美，回味丰富，无与伦比。因此，《调鼎集·酒》说："求其味甘、色清、气香、力醇之上品，唯陈绍兴酒为第一。"[1]陶元藻说："东浦之酝兮沉酣遍于九垓。"[2]梁章钜称："今绍兴酒通行海内，可谓酒之正宗。"[3]

绍兴黄酒所含酒精适中，一般为15—16度，饮后不口干，不头痛，适合爱酒之人大量饮用。《调鼎集·酒谱》云："天下之酒，有灰者甚多，饮之令人发渴，而绍酒独无；天下之酒，甜者居多，饮之令人停中满闷，而绍酒之性，芳香醇烈，走而不守，故嗜之者以为上品，非私评也。"[4]可见绍兴黄酒优良品性已得到公认。

晚清以降，西学东渐，西方现代酿酒技术传入我国，深刻影响了我国传统的酿酒业，一些有经验的酿酒师也在西方科学的视角下重新审视我国千百年来靠经验代代总结出的酿酒方法，并合理地提出改进办法，其中比较有代表性的就是周清及其著作《绍兴酒酿造法之研究》。

周清是一位学者型酿酒师，出身于绍兴东浦著名酿酒世家，系统学习过西方近代的科学知识，既有实践经验，又有理论储备。1915年，首届巴拿马太平洋万国博览会在美国旧金山举办，他特意为参展的绍兴黄酒及酿制工具写了一部科普书籍，即《绍兴酒酿造法之研究》。该书共五章，分别为绍兴酒成分及优点、绍兴酒原料、绍兴酒酿造法、绍兴酒酿造区域并产出量及价格等、绍兴酒之副产物，系统介绍了绍兴黄酒的酿造工艺及相关情况。第一章还以科学的方法将绍兴黄酒与皮酒、葡萄酒、烧酒、白兰提等所含酒精量作对比分析，又将各国清酒检定标准与绍兴黄酒作比

---

① （清）童岳荐编撰，张延年校注：《调鼎集·酒》，中国纺织出版社2006年版，第242页。

② （清）陶元藻：《泊鸥山房集》卷十一，清刻本。

③ （清）梁章钜撰，陈铁民点校：《浪迹续谈》卷四，中华书局1981年版，第317页。

④ （清）童岳荐编撰，张延年校注：《调鼎集·酒谱》，中国纺织出版社2006年版，第252页。

较，罗列比重、酒精、越几斯、总酸、格理舍林、灰分、糖分、糊精等检定范围，与绍兴黄酒相关指标对比后得出结论："是为本酒优良之特征，亦绍酒优美之代表也。"此外，作者还意犹未尽，又从酒精适度、香味浓郁、贮藏耐久、食欲增进、装置合宜、酬应咸宜等六方面大书特书绍酒之优美。第三章详细介绍了绍兴黄酒的酿造方法，分为研制酒曲法、酿制酒酵法、酿造酒液法三种，又从八个酿制时期逐一说明，详细备至。周清的《绍兴酒酿造法之研究》以科学的视角确定了绍兴黄酒在中国酿酒业中不可动摇的地位，同时向世界介绍了绍兴黄酒的优良品质，引领绍兴黄酒走向世界，成为中国黄酒史上的不朽经典。

为改良黄酒品质，防止掺水着色之弊，避免饮酒者罹患风湿，绍兴人王绍淇深入研究黄酒理化性质，改良工艺，拣用上等糯米，采选九龙甘泉，配合猪苓、泽泻、茯苓、山楂、虎骨、木瓜等诸味中药，酿成新品，取名"美众卫生酒"，并于宣统元年（1909）获批商标。[①]

此外，1928年，民国中央研究院化学所运用现代科学方法对绍兴黄酒进行了分析研究，撰写了《绍兴酒酿造法之调查及卫生化学之研究》。将绍兴黄酒酿造工艺分为三期，分别为米之调制时期、蒸米糖化及发酵时期、榨取酒液及酒液杀菌和贮藏时期，高度概括而又科学合理。在调查基础上，运用比较研究法，从多个角度将绍兴黄酒与日本清酒、葡萄酒、香槟酒和麦酒进行比较；运用实验方法，就酒的香、色、味和各种指标对绍兴黄酒进行物理、化学分析，最后得出绍兴黄酒有四大特长的结论，作出绍兴黄酒是"吾国酒类之正宗"，是"酒类中之代表"的崇高评价。

二、黄酒酿造的时序

黄酒的酿造，遵循天时，季节性比较强，酒曲（酒药、麦曲）通常在

---

① 绍兴县档案馆：《绍兴县馆藏商会档案》，中华书局2005年版，第66—67页。

盛夏制作，酿造生产则一般在低温的冬季。各项生产活动分散在一年12个月中，按部就班，有序进行。

十一月：每年的立冬（11月7—8日）到来年的立春（2月3—5日），是绍兴黄酒进行传统"冬酿"的时段，一般于立冬节气开始酿制淋饭酒母，经过15天左右，到小雪节气（11月22—23日）开始浸米，酿制摊饭酒。酿制淋饭酒母时，待品温达到规定温度即可开耙，四次开耙后，每日早晚搅拌两次，大约经过8天，俟品温与室温一致，酒粕逐渐下沉，出现乳白色酒液，然后进行分装灌坛。从下缸发酵起全程18—20天，酒母制作完成。因将蒸熟的米饭摊在竹簟上冷却，故名摊饭酒，浸米时间为16—20天。绍兴黄酒代表性品种状元红酒、加饭酒等均采用此方法酿成。

十二月：摊饭法工艺酿酒一般于大雪节气（12月6—8日）开始蒸饭发酵，至立春便停止蒸饭投料。

一月：十二月底到一月初通常主发酵阶段结束，这时发酵原浆酒中尚存留一部分淀粉和糖分，需要经过后发酵阶段继续糖化发酵，以提高酒精度。一月气温较低，微生物繁殖速度下降，因此后发酵十分缓慢，一般需要两个月左右的时间，这期间的发酵原浆酒渐趋成熟，风味也逐渐变好。

二月：后发酵的品温是随自然温度而变化的。前期气温较低，发酵原浆酒要堆在向阳温暖的地方，以加快后发酵的速度；后期因天气转暖，发酵原浆酒则应堆在阴凉地方，以防止后期温度过高，产生酸败现象。

三月：春分（3月19—22日）前后发酵结束，此时酒液和固体糟粕仍混在一起，还需进行固液分离。发酵原浆酒经过压榨、澄清、杀菌（煎酒）后，便可最终装坛贮存。

四月：上一个酿季的结束意味着下一个酿季的开始。作为酒药的主要原料，浙东地区早籼稻谷通常是在三月下旬四月上旬播种，一般集中于清明（4月4—6日）前后，四月下旬开始插秧。

五月：早籼稻谷的生长期。

六月：开始进入梅雨季节，黄酒贮存的关键期。黄酒贮存过程中，一般至少需要经历两次霉天，第一次是农历五—六月的梅雨季节，第二次是农历八月的桂花霉。经过这两次霉天，到第二年春天，新酒味基本消失。

七月：准备制作酒药。该月中旬，取尚未开花的野生辣蓼草，除去黄叶，当天晒干，去茎留叶，粉碎成末，过筛后装入坛。中下旬早籼稻谷成熟，选择老熟、无霉变的早籼稻，去壳磨成粉，细筛后备用。

八月：浙东地区天气炎热、湿度较高，酷暑难耐的三伏天正是制作酒药的好时节。

九月：制作麦曲。麦曲通常于九月初开始制作，这时气候温和湿润，非常适合曲霉等多种微生物的生长繁殖，经过筛选、轧碎、拌曲、踏曲、堆曲、保温培养（约 30 天）、通风干燥的流程后制成成品曲。

十月：酒药、麦曲制作完毕，为即将开始的下一轮冬酿做准备。

如此周而复始，黄酒的生命在酿酒人的传承中延续着。

三、黄酒的主要酿造器具

浙东地区黄酒酿造沿袭传统工艺，历来采用手工方式生产，其酿制器具也往往就地取材，逐代改良，最终形成了一系列富有地方特色的生产工具。就材料来说，黄酒酿制器具大部分由木、竹、陶瓷、石料制成，少量由铁、锡等金属制成。

按酿制工艺的不同阶段又可进行如下划分。酒药制作用具：瓦缸、缸盖、石臼、石槌、篾托、竹刀、竹筛、蒲席、木框、木舂、木盆、竹箩、竹匾、竹簟、蚌壳、稻草、砻糠等；麦曲制作用具：粉碎机、石磨、拌曲机、拌曲盆、蚌壳、切面刀、木框、竹箩、竹簟、畚斗、扫帚、草包等；浸米用具：瓦缸、担桶、米抽、扁担、米筛、挽斗、漏斗等；蒸饭用具：地灶、铁锅、风箱、饭甑、稻草垫、蒲鞋、底桶、竹扛、竹簟等；酿酒用具：瓦缸、瓦坛、大划脚、小划脚、木钩、木耙、担桶、木铲、挽斗、袋、缸盖、草包、竹簟等；压榨用具：酒榨、榨梯、榨凳、榨酒石、绸袋、榨酒桶、漏斗等；煎酒用具：地灶、铁锅、风箱、煎壶、汰壶、接口、秤、墨汁、剪刀、包坛篓、荷叶、竹箬、灯盏、仿单、毛笔、草、黄泥、泥刀、牌印、坛索等；储存用具：瓦坛、黄泥、稻草等。

黄酒的主要酿制器具简要介绍如下。

地灶：呈狭长状，以泥土、石灰、砖石砌筑而成。小酿户使用单眼灶，大中酿户使用双眼灶，甚至三眼灶，每眼能放置一口蒸饭甑。煎酒用的灶，因形状如老虎，故名"老虎灶"，略小于蒸饭地灶，为蒸馏烧酒之用。

瓦缸：用陶土制作，内外涂釉，使用前外刷石灰水，以便发现裂缝，防止漏水，是发酵用的容器，也用于浸米。瓦缸一般有盖，用稻草编成，酿酒时保温用。

米筛：由两层不同孔径的铁丝筛构成，主要用于剔除糯米中的草屑、石粒、糠秕、碎米等杂质。上层用于筛去粒径较大的杂质，下层用于筛去糠秕和碎米。

蒸桶：木制，腰部有一"井"字形木制托架，上面垫一圆形竹匾，竹匾上放一棕制圆垫，用于原料糯米蒸煮。用于制作淋饭和摊饭的蒸桶大小略有差异。

底桶：制作淋饭时，蒸桶底下放置的一边开有小孔的木盆，用于盛取一部分温水作回淋用水，确保上下饭粒温度均匀一致。

竹簟：竹篾编织而成，供蒸煮好的米饭摊凉用。

木耙：由竹制手柄、木制耙身、竹片制作的齿构成，主要用作搅拌发酵醪，以控制醪液温度。

大划脚：以檀木制成，摊饭操作时用作翻凉拌饭的工具；小划脚，摊凉的米饭落缸时用于搅碎饭团的工具。

木铲：以檀木制成，制作复制糟烧时，用于蒸透的糟粕扬散降温。

挽斗：盛水工具，根据容量不同分为大小两种。

漏斗：以竹篾编制而成，一边结扎有半圆形的粗竹片一块，使用时以此勾住瓦缸边缘，将浆水灌入木桶。腰部放一三脚架，并置于酒坛粗腰的上部，灌水入坛以便清洗。

木榨：以檀木制成，为杠杆式榨酒工具，榨杠高低不一，上层榨框较浅，下层榨框较深，与盛"带糟"（发酵好的半成品）用的绸袋和压榨用的榨酒石一起配套使用，因榨框最高层离地三米左右，故另附木梯一座。

煎壶：纯锡制作，壶上方置有冷却器，旁有小孔，酒液沸腾时，自动发声，故又名"叫壶"，为成品酒煎酒工具。壶中央有一"Y"形空道，可增加酒的受热面积，壶口另置一小盖，用于除去冷却器时盖住壶口，防止酒液外溅，每壶可盛酒 80 至 90 千克。

汏壶：纯锡制作，用于灌坛称重时向坛中补加酒液。

酒坛：内外涂釉，后发酵和贮酒用容器，使用前外刷石灰水，以便发现裂缝，防止漏水，每坛贮酒 16 至 30 千克。黄酒陶坛一般采用优质黏土经过高温烧结而成，在高温烧制的过程中，陶坛会形成微孔网状结构，因此酒液虽然在坛内贮存，但并非完全与空气隔绝，进入的氧气缓慢地与酒液中的多种物质发生氧化还原反应。陶坛还含有许多微量元素，参与了黄酒的陈化过程，发酵正常的酒可以在陶坛里存放几十年不变质，俗话说黄酒越陈越好，只有在陶坛中才能酝酿出黄酒的馥郁芳香。

四、浙东运河黄酒的品牌和生产销售概况

清初以后，大酿坊陆续出现，东浦的"王宝和"、绍兴城内的"高长兴"均创设于清初，不久又有"沈永和""谦豫萃"等著名酿坊创设。乾隆朝后，东浦又陆续设有"越明""贤良""汤元元""陈忠义""云集"等酒坊；此外，阮社、双梅、马山、马鞍镇也出现了一系列酒坊。其中以东浦酒最为称道。据载，乾隆下江南时品尝了东浦酒后，留下"越酒甲天下"的御题匾额和"东浦酒最佳"的赞语。咸丰二年（1852），东浦成立了"酒仙会"，在赏祊戒定寺开辟酒仙殿，确定每年农历七月初六至初八三天迎神赛会，村村演戏，家家办酒，迎请宾客。咸丰七年（1857）八月东浦于酒仙殿内立《酒仙神诞演庆碑记》，镌记咸丰二年（1852）至六年（1856）东浦酒仙神诞演庆盛况，并附刻田产、捐资数，为当时绍兴黄

酒盛况的见证。东浦酒酒味醇，酒力厚。《调鼎集·酒谱》记载："山阴名东浦者，水力厚，煎酒用镬，不取酒油，较胜于会稽诸处。其妙，再多饮不上头，不中满，不害酒，是绍兴酒之良德也。"[①]

宁波地区的酿酒业也进一步发展，清代时酒坊遍布城区和乡村。如乾隆年间城区开设的"楼茂记"酱酒坊，余姚开设的"致和"酿坊；嘉道年间镇海开设的"李泉昌"酱园和"盛滋妃记"酱园，鄞县开设的"仁记"酒坊和"泉生"酒坊；同治年间城南段塘开设的"醇德"酒楼，慈溪开设的"冯恒"大酱园等等。酿酒作坊的陆续开设，反映了清代宁波酿酒业的繁荣兴盛。这些酒坊大都资金较多，既经营规模较大的酿酒作坊，又兼营对全国各地以至海外的运销业务。

绍兴黄酒以其优良的品质得到了官方和世界的认可。宣统二年（1910），清政府举办的南洋劝业会在南京揭幕，劝业会以"名虽冠以南洋，实则推行全国"为宗旨，是我国举办的首次大型博览会。浙江和绍兴地方政府将绍兴黄酒作为土特产选送陈列，最终"沈永和"酿坊生产的善酿酒和"谦豫萃"酿坊生产的加饭酒获清政府农工商部颁发的特等金奖，"谦豫萃"酿坊获评农工商部颁发的优等文凭和特等文凭。绍兴黄酒成为国家名牌。1915 年，在美国旧金山举办的"巴拿马太平洋万国博览会"上，"云集信记"酒坊、"谦豫萃"酒坊和"方柏鹿"酒坊的绍酒分别荣获金牌奖和银牌奖。绍兴黄酒真正得到了世界的认可。

酒坊酿酒一般为手工操作，经营的方式是前店后坊，多数酒坊是一家一户独立经营，坊主大多兼营种田，春冬酿酒，夏秋种田，亦工亦农，有些规模较大的酿坊则雇有一定数量的工人生产，大酿坊甚至雇有财会、总务、销售等人员。小酿坊资金规模有限，一般按当年准备酿酒的量筹措资金，有时也会借助外埠订购预付款先行垫作酿酒资金，如需合作则分别以现款和实物分摊，酒酿成后合作终止，没有分账和扩大再生产之虞。绍兴

---

① （清）童岳荐编撰，张延年校注：《调鼎集·酒谱》，中国纺织出版社 2006 年版，第252 页。

的大酿坊往往以家族式经营，兄弟子侄相互分工，善酿者居家生产，善交际者在外坐庄，所产黄酒大都要在酒坊堆存三年以上才出运，在营销仓库往往也储备有十年以上的陈酒，待价而沽，吸引富商巨贾前来选购。随着绍兴黄酒的名声远扬，一些外地商人为了保证货源，与绍兴的名牌酒坊建立了委托代酿的合作关系，俗称"搭酒"。"搭酒"深受绍兴酒坊的欢迎，不仅能利用客户资金扩大生产，又可提高酒坊的利用率，不致因缺少客源而影响生产的积极性。

由于产量巨大，浙东地区生产的黄酒除本地销售外，也行销其他地方，康熙《会稽县志》就有"越酒行天下"的记载。绍兴的大酿坊，资金雄厚，作场广阔，产量巨大，专门雇有"水客"销售员向全国各地推销。一江之隔的杭州，东南城门候潮门有别称为"酒担儿"，说的就是从绍兴运酒过江，来到杭州，一城之门有这样的别称，可见绍杭之间黄酒贸易之盛。创建于康熙初年的沈永和酒厂除了在绍兴城内开设店号，还在杭州、上海、北京、天津、哈尔滨、广州和福州等地设置营销点，并远销日本、新加坡、马来西亚等国，到清末销售网络已遍布国内城市和东亚、东南亚地区。

晚清时期绍兴酒业更为兴盛，酿酒作坊遍布城乡，东浦镇甚至酿酒户占到全部户数的三分之一。李慈铭"东浦十里闻酒香"的诗句生动反映了当时东浦酿酒业的兴盛状况。《绍兴通史》记载，光绪年间，山阴、会稽有酿坊1300余家，向官府报捐数为18万缸，农户家酿约6万缸，以1缸620斤计算，合计年产约7.44万吨，仅贮存三年以上的陈酒就有3.6万余吨之多。①

绍兴水稻产量并不丰富，属于缺粮区，本地产糯米难以满足庞大的酿酒需求，需要"水客"从浙江的嘉兴、湖州以及省外的江苏苏州、无锡、镇江，安徽合肥、芜湖等产粮区收购比绍兴质优量大的稻米，通过水路运

---

① 李永鑫主编：《绍兴通史·第五卷》，浙江人民出版社2012年版，第107页。

抵绍兴，以扩大生产。

随着绍兴黄酒知名度的提高，在各地销量日益增大，绍兴黄酒成为一些地方黄酒业的招牌，出现了打着绍兴黄酒旗号就地生产、就地销售的酿酒坊，这种外地酿坊生产的绍兴黄酒俗称"仿绍酒"，也形成了一定的市场。晚清时期，上海成为全国最繁华的大都市，在上海市场酒类销售最好的分别为绍兴黄酒、苏北高粱酒和山西汾酒，其中以绍兴黄酒销售规模最大、资金最雄厚。绍兴黄酒业以老大自居，大小同行只经营绍兴黄酒的批发零售，自酿自销或代酿自销，从不兼营其他酒类。

小　结

浙东地区黄酒酿造的历史源远流长，从新石器时代的遗存来推断有将近1万年，从吴越争霸的越地酒事算起也有2500年以上，经过漫长时间的浸润，黄酒和黄酒文化隐隐渗入了浙东地区的方方面面，成为地域特色和标志之一。

由于史料缺失，宋代以前的黄酒酿造资料较为零散，本章已尽量去挖掘和还原。北宋末期，朱翼中划时代的著作《北山酒经》横空出世，系统总结了我国数千年来的酿酒实践，从理论的高度完整提炼了黄酒酿造的科技精华，是我国黄酒生产走向成熟的标志。与此同时，随着商品经济的繁荣，浙东地区涌现出了无数黄酒名品，在全国的知名度也渐渐打响。文人墨客的酬唱，市井百姓的宴饮，都少不了黄酒的身影；朝廷也依照明州地区一直以来流传的乡饮酒礼，重定乡饮酒礼仪制，并颁行全国。浙东地区的黄酒和黄酒文化可以说已形成全国性影响，至元代时，酒课收入在全国的占比也已相当可观。明清时期，黄酒的价值进一步被挖掘，黄酒传统酿造技艺继续发展并最终定型，其醇厚的口感、巨大的产量，使得浙东地区出产的黄酒，尤其是绍兴黄酒，风靡全国甚至海外，博得了"越酒行天下"的美誉。晚清以后，西学东渐，西方现代酿酒技术传入我国，深刻影响了我国传统的酿酒业，一些有经验的黄酒酿酒师博采众长、兼收并蓄，用西方科学的方法重新总结研究黄酒传统酿造技艺，提出改进办法，使黄酒的酿造更上一层楼，最终于1915年在旧金山举办的巴拿马太平洋万国博览会上，绍兴黄酒一举夺得金牌，得到世界的认可，成为中国的一张响亮名片。

黄酒为华夏独创，与中国文化一脉相承，绍兴黄酒为中国黄酒正宗。它的酿造遵从季节时序，顺应天道；它的酒性温和，风格雅致，口味中庸协调、醇厚绵长，恰如中国人的秉性。黄酒和黄酒文化传承着礼制的教化作用，体现着鲜明浓厚的中华民族特色。黄酒酿造业是浙东地区产业的一颗璀璨明珠。

第五章
渔 业

浙东地区具有得天独厚的资源优势，地属亚热带季风气候区，以浙东运河为主干，河湖相连，通江达海，不仅拥有丰富的河湖渔业资源，同时拥有丰富的海洋渔业资源。渔业是中国传统农业的重要组成部分，尤其在水资源丰富的浙东地区，渔获更是境内居民的重要食物来源和经济来源之一。

目前学界有研究指出，对于浙东运河流域地区来说，渔业是仅次于农业的一大经济生产部门。[①] 人们根据所处的自然环境，因地制宜，从事相适应的经济生产活动，故浙东运河流域的人们便有了"靠水吃水"的这一行为，即渔业生产。考古资料显示，最晚在新石器时代，这一地区就有了鲤鱼、青鱼、黑鱼等较为多元的淡水鱼资源。[②] 而在这漫长的渔业生产发展过程中，浙东运河主要在空间环境、对外流通方面起到了至关重要的作用。

对于渔业生产来说，浙东运河在其自身演变发展过程中，最值得关注的是两个方面：一为河道本体，包括水情、水系等；一为运河上的水利工程，如闸、碶等。

浙东运河良好的水情可以为鱼类生产提供优良的水空间环境，实属天然温床。运河沿线的水利工程对于局部地域的渔业生产来说各有利弊。例

---

① 周克虎：《从王士性〈广志绎〉管窥明代浙东海洋渔业经济》，《浙江海洋学院学报》2016 年第 3 期。

② 刘恒武：《良渚文化综合研究》，科学出版社 2008 年版，第 23 页。

如上虞的"限水堰闸"工程，即"二都五处，孔堰、六亩堰、董家堰、经家堰黄义公桥；三都一十一处，皂角闸、莲花港、蒋家堰、柯家堰、镇山堰、张家堰、周家堰、郑家堰、胡家堰、李家堰、朱家滩；四都三处，横山堰、曹家堰、羊家堰；五都五处，西石垯、中堰、丁家堰、王婆堰、徐虎堰"，这些用以蓄洪抗旱的小型水利工程"水有蓄积，用存启闭"，拦腰截断了自由流淌的河水溪流。上虞白马湖、上妃湖等湖泊"三湖联络，中限以堤"，原本成片的湖泽亦断裂分隔。诸如此类的农田小水利的修筑运行直接致使淡水鱼类的栖息空间逼仄化，易于爆发规模化的鱼际传染病。同时，由于自然水体流速放缓，渔捕作业的难度显著降低，成鱼的藏身处所大为削减。这对于浙东运河流域局域淡水渔业的长远健康发展是颇为不利的。再如《镇海县志》所记，镇海口的义成碶"横断小浃江通海段"，虎皮塘"侧阻涨涌咸潮"，据有关研究，即是保淡功能显著者。这部分小水利使得淡水鱼类生存的水域免遭盐卤侵袭，为其繁衍生息提供了良好环境，促进了局域淡水渔业趋向繁荣。[①]

当然，浙东运河作为宁绍平原的重要水系，本身就是渔业生产的重要场域。虽然不同时期的运河有所变迁，但总体上渔业生存环境较为稳定。另外，历史上的浙东运河流域内以自然捕捞为主，但晚明以来，淡水养殖与自然捕捞齐头并进，而浙东运河本身及流域内的江河湖泊都为渔业养殖提供较好的发展空间，这一点也不容忽视。

以上所述的运河对于渔业生产空间环境的影响，其实更多是针对淡水鱼渔业而言，而运河对于对外流通的作用，则更多在于海洋渔业。众所周知，唐宋以降，浙江地区人地矛盾愈演愈烈，浙东运河流域地区亦然，尤其是明清时期，又有相当多的土地被用于生产经济作物，导致粮食供应紧张，流域内的民众想要满足其自身粮食需求，只能依靠海洋资源换得货币，从而再购买粮食，形成"海产品—货币—粮

---

① 邹赜韬、刘恒武：《晚明以来浙东区域淡水渔业探赜（1550—1890）——以宁绍平原为中心》，《农业考古》2016 年第 6 期。

食"的经济模式，一种不同于陆地地区经济的生产生活方式。而在这一经济模式中，浙东运河扮演着重要的角色，即起到了沟通江河湖海的作用。

回溯浙东运河区域内的渔业发展，历史久远，境内先民从最早的传统水产捕捞，逐渐发展到水产养殖，渔业生产日益产业化。尤其至明清时期，在国家政策的支持及地方经济繁荣的作用下，宁波出现了专门从事捕捞、运输、加工的渔船及渔业组织；至晚清民国时期，出现了渔团、渔商联合会、渔会及渔业合作社等各种渔业组织[①]。一方面对境内地方经济产生重大影响；另一方面对地方社会风尚、社会习俗均产生一定影响。

第一节　浙东运河地区的原始渔业

距今 8000—5000 年时期的浙东运河区域，得益于其地理环境、土质和气候条件，是比较适宜人类居住和进行农耕的。根据现有跨湖桥遗址与河姆渡遗址的发掘成果，也证明了农业是占首位的，先民从事着古老的稻作业。然而发掘的骨哨、骨鱼镖等不少渔猎工具，也让我们窥见了浙东运河区域原始渔业发展的可能。

一、井头山遗址中的渔业遗存

井头山遗址位于今宁波余姚市三七市镇，年代距今 8300 至 7800 年，早于河姆渡文化 1000 年左右，也早于同一时期的跨湖桥遗址。遗址埋深 5 至 10 米，是迄今浙江和长三角地区首个沿海贝丘遗址，也是中国沿海埋

---

① 孙善根、白斌、丁龙华：《宁波海洋渔业史》，浙江大学出版社 2015 年版，第 1—2 页。

藏最深、年代最早的海岸贝丘遗址。

2013年10月发现，文化堆积以海洋软体动物贝壳为主要包含物，埋藏深度达5至10米，总面积约2万平方米。2019年9月至2020年8月，浙江省文物考古研究所、宁波市文物考古研究所、河姆渡遗址博物馆等单位联合考古发现村落居住区外侧活动台地、废弃物倾倒区、食物和工具加工区以及滩涂区等聚落要素，并发现露天烧火坑、近海岸的食物储藏坑、生活器具加工制作区等遗迹。遗址出土大量遗物，自然遗存以动物遗存为主，包括海生贝壳和渔猎动物骨骸，包含浓厚的海洋文化因素。[1]而发现的贝壳中，牡蛎最多，其次是蚶、螺、蛏、蛤，都是纯天然的。除此之外，遗址所发现的草篓、草框痕迹显示，这些容器除了盛放海产品外，还有可能作为捕捞工具用于滩涂浅水区捕鱼。[2]

二、跨湖桥遗址中的渔业遗存

跨湖桥遗址位于今杭州市萧山区湘湖景区内，是一处距今8000—7000年的新石器时代遗址。遗址所在地湘湖，始建于北宋。据嘉靖《萧山县志》记载：

> 宋神宗朝，居民吴氏等奏：以崇化等乡，有田高阜，两岸皆山，连雨则水散漫下流，由化乡滨浦、赵墅、五里等地低洼受浸，乞筑为湖。上可其奏。政和二年（1112），杨龟山来莅政，视山可依，度地可圩，以山为止，筑土为塘，均税于得利田内。

---

[1]　国家文物局：《五项考古新成果揭示早期中国的文明基因》，国家文物局网站，2020-09-24，http://www.ncha.gov.cn/art/2020/9/24/art_722_163178.html。

[2]　白斌、叶怡希、何宇：《浙江海洋渔业史话》，浙江工商大学出版社2023年版，第6页。

民乐从之，名曰湘湖。[①]

由此可知，因由化乡滨浦、赵墅、五里等处地势低洼，易受雨水侵害，政和二年（1112）时任县令杨时，依山筑圩，湘湖得以形成。

跨湖桥遗址中最为重要的发现之一，就是有"中华第一舟"美誉的独木舟。

独木舟位于已处于干涸状态的"湖"边，被发现时呈西南—东北方向摆放，与湖堤走向相同。据考古发掘报告，独木舟的两侧还各发现一支木桨。独木舟和木桨的发现，反映出跨湖桥遗址的居民已经具备了驾驭水域以及一定的水上航行的能力，这也为该区域原始渔业的发展带来了可能。

独木舟并非孤零零的遗存，其周边还有规律地分布着一些木桩和桩洞，而舟体底部也有几根横木。一般而言，新石器时代的居民，在小河、沼泽区域，多以独木舟航行；而到了大湖甚至近海地区，就采用边架艇。[②]考古学者推测，跨湖桥遗址的独木舟，很可能正在被改制为边架艇。在新石器时代，独木舟的制作并非易事，因而一艘损坏的独木舟被二次利用，是十分自然的。[③]从独木舟到边架艇，一方面我们看到了跨湖桥先民从事海洋渔猎的可能；另一方面，二者显示出跨湖桥先民对不同环境、不同水域所具有的适应力与驾驭力。

除了独木舟之外，从跨湖桥遗址出土的动物遗骨来看，渔猎仍是当时居民获取肉食资源的主要方式。截至目前，跨湖桥遗址共出土动物遗骨5125块，其中有1292块因过于破碎而难以鉴定其种属。余下的骨骼中，共确认五大类34种动物。其中，鱼类含鲤鱼科、乌鳢及不明鱼种3种。

---

① 杭州市萧山区人民政府地方志办公室编：《明清萧山县志·嘉靖萧山县志》卷二，上海远东出版社2012年版，第74页。

② 边架艇，中国古代谓之戈船。就是在独木舟的一边或两边绑扎木架，成为单架艇或双架艇，在水上航行虽遇风浪，不易倾覆。

③ 浙江省文物考古研究所编：《跨湖桥》，文物出版社2004年版，第50页。

具体而言，跨湖桥遗址早期动物种属中，乌鳢种可鉴定标本数为1件，不明鱼科为18件；中期鲤科可鉴定标本数为2件，不明鱼科为20件；晚期不明鱼科为18件。[1]跨湖桥遗址中鱼科动物的遗骸横跨早、中、晚三期，虽然出土的鱼骨数量在动物遗骨总数中的占比不很高，但至少这也能表明"渔猎"这一行为长期存在于跨湖桥先民的生活之中。而遗址出土的狩猎工具中，除弓、镞、镖之外，还有浮标。考古学者认为，浮标的出现能说明当时已经开始出现结网捕鱼的行为。[2]

此外，考古学者通过对水牛骨的重点考察，推测出跨湖桥先民已掌握生肉分割、火烤的技能。[3]这进一步完善了我们的想象空间，想象在新石器时代，跨湖桥先民结网捕鱼、宰杀烹饪的生活场景。

综上所述，跨湖桥遗址出土的独木舟、木作工坊以及鱼骨遗骸等渔业遗存，勾画了新石器时代该区域居民早期渔猎的场景，也为追溯浙东运河区域渔业的发展提供了可能。

三、河姆渡遗址中的渔业遗存

河姆渡遗址作为一处新石器时代的文化遗址，拥有不少渔业遗存。首先，河姆渡遗址周围及遗址文化层同时期的冲击层内，有大量淡水鱼类、泥炭、菖蒲和禾本科植物的孢粉。这表明，遗址及周边区域已基本摆脱海水淹浸，成为湖泊沼泽区。[4]其次，河姆渡遗址中发现不少渔猎工具，尤以锥形骨镞为代表。再次，河姆渡第一期文化中发现了八件木桨，这表明

---

① 施梦以：《浙江萧山跨湖桥遗址动物骨骼分析及表面微痕研究》，重庆师范大学2013年硕士学位论文。

② 浙江省文物考古研究所编：《跨湖桥》，文物出版社2004年版，第326页。

③ 浙江省文物考古研究所编：《跨湖桥》，文物出版社2004年版，第269—270页。

④ 《浙江通志》编纂委员会：《浙江通志·渔业志》，浙江人民出版社2020年版，第557页。

河姆渡先民对水域航行具有一定的驾驭能力，也为其渔猎生活带来了更多的可能。最后，从河姆渡遗址出土的遗骨数量来看，陆生的鹿类和水生的鱼龟类应该是当时人们渔猎的主要对象。[1]总体而言，河姆渡遗址展现了当时人们渔猎的生活方式，也为浙东运河区域原始渔业的发展提供了例证。

而河姆渡遗址中的渔业遗存主要表现在以下方面：鱼类动物的遗骸；渔猎的主要工具及鱼骨做成的生产、生活用具；具有"鱼"元素的装饰品。

首先，河姆渡遗址中发现的动物遗骸大致可以分为五类，分别是绝灭与绝迹动物遗骸、人类驯养动物遗骸、陆生动物遗骸、水生动物遗骸和飞禽动物遗骸。其中，水生动物遗骸21种，包括蚌、蟹、鳄、龟等科。鱼类的动物遗骸的具体情况，如表5-1所示：

表5-1　河姆渡遗址出土鱼类动物遗骸[2]

种属	详情	分期
鲟科·鲟	鳞板1块，长75毫米，宽46毫米	第一期文化层
鲤科·鲤	咽喉齿30余件	第一期文化层
鲫鱼	鳃盖骨、咽喉齿以及大量鲫类的破骨片	第一期文化层
金线鱼科·灰裸顶鲷	左右上颌骨各1件	第一期文化层
鮠科·黄颡鱼	胸鳍硬刺30件	第一期文化层
鲻	完整右鳃盖骨3件、完整左鳃盖骨1件	第一期文化层
鲇科·鲇	胸鳍硬刺、上下颌骨、梨骨共10件	第一期文化层
鲻科·鲻鱼	鳃盖骨15件	第一期文化层
鳢科·乌鳢	较完整的齿骨28件	第一期文化层

从表5-1可以看到，目前河姆渡遗址发现的鱼类动物遗骸主要集中在

---

[1]　浙江省文物考古研究所编著：《河姆渡——新石器时代遗址考古发掘报告（上册）》，文物出版社2003年版，第374—375页。

[2]　浙江省文物考古研究所编著：《河姆渡——新石器时代遗址考古发掘报告（上册）》，文物出版社2003年版，第209—212页。

第一期文化层，涉的种属有 9 种。尤其是灰裸顶鲷，主要生活在热带海洋中，这是浙江省内的首次发现。[1]但从鱼类动物遗骸的种属和数量来看，虽有海水鱼的出现，但河姆渡先民应仍是以淡水鱼为主。

其次，河姆渡遗址出土的渔猎工具以骨箭、骨锥、骨镖等骨器为主。其中，在第一期文化中出土鱼镖两件，长分别为 6.5 厘米与 8.6 厘米。[2]两件鱼镖下端一侧均由骨片磨出倒钩，一旦扎入鱼身，倒钩将使鱼难以逃脱。鱼镖这种专用渔具的出土，也反映了河姆渡先民的渔猎技术已有了一定的发展。

再次，河姆渡遗址还出土了木桨与陶制舟形器。木桨，共八件，皆来自第一期文化层。其中的五件木桨，体形小而修长，器形规整，桨的柄、叶部分分明而又连成一体，由整块厚板材加工而成。[3]此外，出土的木桨中，存在着桨叶外有植物纤维缠绕的情况，这表明河姆渡先民已熟悉水性、具备驾驶舟船深入水域的能力。陶制舟形器是来自第二期文化层，为夹炭灰陶，最长 7.7 厘米，最宽 2.8 厘米，最高 3 厘米。陶制舟形器两端稍翘，并各饰一个圆窝，一端外壁中部有穿孔小鋬。[4]

有学者认为，此陶制舟形器是河姆渡先民使用独木舟的反映。[5]从木桨到陶制舟形器，都能在一定程度上反映河姆渡先民驾舟、捕鱼的生活。

最后，是河姆渡遗址出土文物中具有"鱼"元素的装饰品。一是木鱼，出自第一期文化层。木鱼由较软的木材雕刻而成，全长 10.2 厘米，鱼身整

---

[1]　浙江省文物考古研究所编著：《河姆渡——新石器时代遗址考古发掘报告（上册）》，文物出版社 2003 年版，第 210 页。

[2]　浙江省文物考古研究所编著：《河姆渡——新石器时代遗址考古发掘报告（上册）》，文物出版社 2003 年版，第 97 页。

[3]　浙江省文物考古研究所编著：《河姆渡——新石器时代遗址考古发掘报告（上册）》，文物出版社 2003 年版，第 139 页。

[4]　浙江省文物考古研究所编著：《河姆渡——新石器时代遗址考古发掘报告（上册）》，文物出版社 2003 年版，第 253 页。

[5]　《浙江通志》编纂委员会：《浙江通志·渔业志》，浙江人民出版社 2020 年版，第558 页。

体粗壮，鱼头鳃盖突出、明显。鱼头两侧正中挖有大圆窝为眼睛，鱼身及鱼尾处也挖大、小圆窝，模拟鱼鳞，而鱼下腹前后雕有鱼鳍。[1]从木鱼雕刻的细节中能看到，河姆渡先民对鱼的生物结构有较为详细的了解，较好地还原了"鱼"的形象。见图5-1。

图5-1 河姆渡遗址出土木鱼[2]

二是鱼形陶塑，由泥质灰陶制作而成，出土自第二期文化层。陶塑的鱼尾部分残缺，残长为4.3厘米，直径为2厘米。鱼形陶塑呈张嘴样态，眼球圆鼓，腹下有两鳍，鱼身戳印大小相等的圆窝纹，拟鱼鳞状。[3]见图5-2。

图5-2 河姆渡遗址出土鱼形陶塑[4]

---

① 浙江省文物考古研究所编著：《河姆渡——新石器时代遗址考古发掘报告（上册）》，文物出版社2003年版，第152页。

② 浙江省文物考古研究所编著：《河姆渡——新石器时代遗址考古发掘报告（下册）》，文物出版社2003年版，彩版三七。

③ 浙江省文物考古研究所编著：《河姆渡——新石器时代遗址考古发掘报告（上册）》，文物出版社2003年版，第248页。

④ 浙江省文物考古研究所编著：《河姆渡——新石器时代遗址考古发掘报告（下册）》，文物出版社2003年版，彩版四八。

三是"鱼藻"纹盆，出自第四期文化层，通高 16.2 厘米，口径 31.6 厘米。关于"鱼藻"纹饰，学术界有所争议。有学者认为盆侧动物图纹样应该解释为"鸟"而不是"鱼"，整体应是"鸟禾"纹饰。[①] 不过，河姆渡遗址博物馆的黄渭金认为，从河姆渡遗址已出土的陶塑、木雕鱼形来看，此动物图纹样仍是"鱼"，陶盆整体为"鱼禾"纹，是河姆渡先民原始稻作农业生态环境的真实反映，也是河姆渡先民祈求渔业和稻谷丰收愿望的间接表示。[②] 总之，从木鱼到鱼形陶塑，再到"鱼"元素的运用，可以说在河姆渡先民的生活中，"鱼"已经具有了象征符号的意义。

　　综上所述，河姆渡遗址展现了丰富且多元的渔业遗存，从中能看到该区域早期原始渔业已初步发展。即便在原始农业比较发达的情况下，渔猎仍是该区域经济生活的重要组成部分。尤其是"鱼"元素的运用，则进一步表明该区域已经从早期原始渔业走向了"渔文化"。对河姆渡先民而言，鱼不仅仅是捕杀果腹之物，更具有某种象征的意义。河姆渡遗址的渔业遗存，不仅是浙东运河区域早期原始渔业的一个例证，更是该区域"渔文化"发展的源头之一。

第二节　先秦至六朝的渔业突破

　　先秦至南北朝的浙东渔业有了极大的进步。鱼类养殖技术出现并得到一定普及，多种多样的渔具极大地提高了渔业产量，海洋渔业亦逐步发展起来。鉴于渔业的厚利，世家大族纷纷涉入其中，国家亦设置官吏征收鱼税，奠定了日后浙东渔业的基本格局，为唐宋时期渔业的蓬勃发展打下了基础。

---

① 　周新华：《"鱼藻纹盆"刍议》，《东南文化》1994 年第 1 期。

② 　黄渭金：《河姆渡遗址"鱼藻"纹盆考释》，《农业考古》1995 年第 1 期。

一、人工养殖的出现

自原始时期以来，渔业在浙东人民的经济活动中便占据着极为重要的地位，一方面，是由于浙东河网纵横、濒临东海的自然禀赋，另一方面这一地区较为落后的农耕技术，使得浙东先民不得不依赖渔获来填补不足。这便使得渔业成为先秦时期描述浙东一带地区景象的重要特征，《史记·货殖列传》如此描述这一地区的经济活动，即："楚越之地，地广人希，饭稻羹鱼，或火耕而水耨，果隋蠃蛤，不待贾而足。"[①]

早在周代，浙东的渔产便闻名于世。《逸周书·王会解》云："东越海蛤。欧人蝉蛇，蝉蛇顺，食之美。姑于越纳。曰姑妹珍。且瓯文蜃。共人玄贝。海阳大蟹。自深桂。会稽以鼍。"[②]浙东的各类渔获已经作为贡品端上了王室宴会的餐桌。西周时期，周王的王室园囿中便有鱼池，金文中便有不少记载。《井鼎》曰："王在茮京。辛卯，王渔于口池，呼井从渔。"又有《公姞鼎》："佳十又二月既生霸，子中渔口池，天君蔑公姞历，吏易公姞鱼三百，拜稽首，对扬天君休，用作齍鼎。"另外，在《庄子》《嘉泰会稽志》等记有"任公子钓鱼"的著名故事：

> 任公子为大钩巨缁，五十犗以为饵，蹲乎会稽，投竿东海，旦旦而钓，期年不得鱼。已而大鱼食之，牵巨钩陷没而下，惊扬而奋鬐，白波若山，海水震荡，声侔鬼神，惮赫千里。任公子得若鱼，离而腊之，自制河以东，苍梧以北，莫不厌若鱼者。[③]
>
> 任公子钓台在稽山门外。《华氏考古》云：昔海水尝至台下，

---

① （汉）司马迁撰，中华书局编辑部点校：《史记》卷一百二十九，中华书局1982年版，第3270页。

② 黄怀信：《逸周书校补注译·王会解第五十九》，三秦出版社2006年版，第322页。

③ 方勇译注：《庄子·外物》，中华书局2015年版，第458页。

今水落而远尔，或云在南岩寺，又云在陶宴岭。①

　　庄子所述虽为神话寓言故事，但是任公子在会稽山上垂钓于东海的形象可以一定程度上反映出垂钓捕捞的原始渔获方式。而《嘉泰会稽志》所引的《华氏考古》具体指出任公子垂钓的位置，以及当时海水所至的地理位置，更加说明了古浙东地区海洋原始捕捞方式的存在。而先秦时期，不仅有垂钓、捕捞这些原始的渔获方式，亦逐渐出现了人工养鱼的记载。

　　春秋时期，浙东先民善渔的形象更加深入人心，这与越国在春秋末期的勃兴密不可分。随着越国参与中原地区的争霸，浙东这一越国核心地区进入了时人的视野。《国语》中范蠡便说越国"故滨于东海之陂，鼋鼍鱼鳖之与处，而蛙黾之与同渚"②，虽描绘了一幅荒蛮的景色，但亦可见时人心目中浙东渔产的丰富。《越绝书·记地传》："会稽山上城者，句践与吴战，大败，栖其中。因以下为目鱼池，其利不租。"③《太平御览》引《吴越春秋》亦云："越王既栖会稽。范蠡等曰：'臣窃见会稽之山有鱼池上下二处，水中有三江四渎之流，九溪六谷之广。上池宜于君王，下池宜于臣民，畜鱼三年，其利可致千万，越国当富盈。'"④《嘉泰会稽志》中亦有"目鱼池"的相关记载："南池在县东南二十六里会稽山。池有上下二所。《旧经》云：范蠡养鱼于此。又云：句践栖会稽，谓范蠡曰：'孤在高山上，不享鱼肉之味久矣。'蠡曰：'臣闻水居不乏干熇之物，陆居不绝深涧之宝。'会稽山有鱼池，于是修之，三年致鱼三万。"⑤可见当时越国养鱼

① （宋）沈作宾修，施宿纂：《嘉泰会稽志》卷十八《拾遗》，浙江省地方志编纂委员会编《宋元浙江方志集成》，杭州出版社 2009 年版，第 2080 页。

② 陈桐生译注：《国语·越语下》，中华书局 2013 年版，第 732 页。

③ （汉）袁康、吴平著，徐儒宗注释：《越绝书》卷八，浙江古籍出版社 2013 年版，第 54 页。

④ （宋）李昉等撰：《太平御览》卷九百三十五，中华书局 1960 年版，第 4156a 页。

⑤ （宋）沈作宾修、施宿纂：《嘉泰会稽志》卷十《池》，浙江省地方志编纂委员会编《宋元浙江方志集成》，杭州出版社 2009 年版，第 1873 页。

已成一定规模。随着越国对浙东开发的深入，这一地区的渔业得到发展，此时，鱼类的人工养殖技术已为越人所掌握，正是这一手段，助力越人实现富国强兵的夙愿。

其中，辅佐句践成就霸业的名臣范蠡更是成为越国的代表人物。随着时间流逝，范蠡的形象从使得越国致富的贤臣逐渐转变为精通养鱼的"渔父"。《庄子·渔父》云："孔子游乎缁帷之林，休坐乎杏坛之上。弟子读书，孔子弦歌鼓琴，奏曲未半，有渔父者下船而来……"后世便有人以为该渔父乃是范蠡，东汉初年所作的《养鱼经》亦言："威王聘朱公问之曰：'闻公在湖为渔父，在齐为鸱夷子皮，在西戎为赤精子，在越为范蠡，有之乎？'曰：'有之。'"①范蠡的渔父形象的流行一定程度上反映了其所主政之地渔业的发达。

秦汉时期，鱼类养殖技术进一步发展，前文提到的托名范蠡所作的《养鱼经》详细地记录了养鱼的方法：

> 朱公曰："夫治生之法有五，水畜第一。水畜，所谓鱼池也。以六亩地为池，池中有九洲。求怀子鲤鱼长三尺者二十头，牡鲤鱼长三尺者四头，以二月上庚日内池中令水无声，鱼必生。至四月内一神守，六月内二神守，八月内三神守。神守者，鳖也。所以内鳖者，鱼满三百六十，则蛟龙为之长，而将鱼飞去，内鳖则鱼不复去。在池中周绕九洲无穷，自谓江湖也。至来年二月，得鲤鱼长一尺者一万五千枚，三尺者四万五千枚，二尺者万枚。枚值五十，得钱一百二十五万。至明年得长一尺者十万枚，长二尺者五万枚，长三尺者五万枚，长四尺者四万枚。留长二尺者二千枚作种，所余皆得钱，五百一十五万钱。候至明年，不可胜计也。"王乃于后苑治池，一年得钱三十余万。池中九洲八谷，谷

---

① 石声汉译注，石定枌、谭光万补注：《齐民要术》卷六，中华书局 2015 年版，第 762 页。

上立水二尺。又谷中立水六尺。所以养鲤者，鲤不相食，又易长也。

　　又作鱼池法，三尺大鲤，非近江湖，仓促难求。若养小鱼，积年不大。欲令生大鱼，法：要须截取薮泽陂湖饶大鱼处，近水际土沙十数载，以布池底。二年之内，即生大鱼。盖由土中先有大鱼子，得水即生也。

《养鱼经》涉及了鱼类养殖的全过程，表明时人对于鱼类生长规律的认识进一步加深，规模化的养鱼事业看来已然普及开来。

二、捕捞业的发展

（一）捕捞技术

1.捕捞工具

　　史前至南北朝时期，除了养殖以外，这一时期更为普遍的渔获方式依旧是捕捞。渔业捕捞技术不断发展，其中最具有代表性的就是捕捞工具的发展。

　　《淮南子·说林》便记录了多种捕鱼方法："钓者静之，罧者扣舟，罩者抑之，罾者举之，为之异，得鱼一也。"钓捕作为一种简便的生产方式自然十分普及，许多汉代画像石上都有垂钓的场景。罧，"积柴水中以聚鱼也"，即人工鱼礁。高诱注云："罧者，以柴积水中以取鱼。扣，击也。鱼闻击舟声，藏柴下，壅而取之。"罩者，捕鱼器也，汉代画像亦多见此编竹笼鱼的工具。网具则是当时较为先进的渔具，《淮南子·原道训》云："夫临江而钓，旷日而不能盈罗，虽有钩箴芒距，微纶芳饵，加之以詹何、娟嬛之数，犹不能与网罟争得也。"可见其生产效率远高于钓具。另有射鱼，这种技术多用于大型鱼类上。秦始皇"乃令入海者赍捕巨鱼具，而自以连弩候大鱼出射之"①。汉武帝也曾"亲射蛟江中，获之"②。此外，毒鱼、遏水取鱼等方法也见诸史料。捕鱼技术的进步使得渔业产量增长较大，以至于"江湖之鱼，莱、黄之鲐，不可胜食"③。

2.从业规模

三国时期，浙东地区以产鱼而闻名。《嘉泰会稽志》中记载了一个会稽方士介象，与"先主共论鲙鱼何者最美，象曰鲻鱼为上。先主曰：'此出海中，安可得？'象乃作方坎，汲水满之，乘纶得鲻鱼"④。当然，这是一个关于神仙方术的故事，但一定程度上或许可以当作当时人们日常生活中的一个缩影，使人们对鱼类的认知进一步加深。

南北朝时期，关于渔业的记载增多，反映出此时渔业在经济活动中变得愈发重要。随着大量北方人口南迁，浙东地区得到了进一步开发，渔业生产也因为需求大增而蓬勃发展起来。谢灵运《山居赋》云："鱼则鲉鳢鲋鱮，鳟鲩鲢鳊，鲂鲔鲨鳜，鲦鲤鲻鳣。"可见当时浙东一带人对鱼的喜爱。当时如同谢灵运这样的贵族，日常生活中所见的鱼类品种还是很丰富的，或许他们的餐食生活也因此增添了不少风味。

此时，从事渔业的人增多。刘宋孝武帝时，山阴县人"又缘湖居民，鱼鸭为业，及有居肆，理无乐徙"⑤，均表明南方居民从事自然捕捞渔猎者颇多。不少人以渔业为生，被称为"渔师"，刘宋王弘之"性好钓"，常出去钓鱼，满载而归，"经过者不识之，或问：'渔师得鱼卖不？'"⑥

---

① （汉）司马迁撰，中华书局编辑部点校：《史记》卷六，中华书局 1982 年版，第263 页。
② （汉）班固著，中华书局编辑部点校：《汉书》卷六，中华书局 1962 年版，第 196 页。
③ 陈桐生译注：《盐铁论》，中华书局 2015 年版，第 33 页。
④ （宋）沈作宾修、施宿纂：《嘉泰会稽志》卷十五《伎术》，浙江省地方志编纂委员会编《宋元浙江方志集成》，杭州出版社 2009 年版，第 2019 页。
⑤ （南梁）沈约撰，中华书局编辑部点校：《宋书》卷五四《周迪传》，中华书局 1974 年版，第 1533 页。
⑥ （南梁）沈约撰，中华书局编辑部点校：《宋书》卷九三《王弘之传》，中华书局 1974年版，第 2282 页。

（二）海洋渔业

史前时期，浙东先民通过采集、捕猎以满足日常饮食需要。沿海先民逐渐发现滩涂海洋生物可以食用，从而逐渐成为浙东海洋渔业的发端。据河姆渡遗址考古发掘，水生物已有海龟、鲸、真鲨、灰裸顶鲷等。[①]先秦文献中已经有诸多帝王命令海中捕鱼的记载，除了用渔网在潮间带捕捞外，还有使用带绳索的标枪和弩箭来射杀大型海洋生物的活动，这表明沿海先民已经开始探索近海捕鱼。[②]相关研究指出，当时的沿海居民多以抓捕潮间带的海鱼为生，多为自发的维持生存的手段。[③]

《太平御览》引《孙绰子》："海上人与山客辨其方山物。海上人曰：'鱼额若华山之顶，一吸万顷之波。'"[④]所谓海上，意为海边。其所记"海上人"这个名称，可以看出这些人的生活乃至生产，都是与海密不可分的，估计就是以海为生者，即活动于会稽、临海、永嘉诸郡滨海地区从事捕捞渔业的人。滨海地区的居民"以鱼盐为业，略不耕种，擅利巨海，用致饶沃。公私商运，充实四远，舳舻往来，恒以千记"[⑤]。可见当时的渔业在海滨地区居民经济生活中的重要性，以致其"略不耕种"。《续高僧传·智顗传》载："往居临海，民以沪鱼为业，罾网相相四百余里，江沪溪梁六十余所。"[⑥]《舆地志》叙述"鄞县"时，称鄞县之名源于"邑人以其海

---

① 浙江省文物考古研究所编著：《河姆渡——新石器时代遗址考古发掘报告（上册）》，文物出版社 2003 年版，第 209—212 页。

② 白斌、叶怡希、何宇：《浙江海洋渔业史话》，浙江工商大学出版社 2023 年版，第10 页。

③ 孙善根、白斌、丁龙华：《宁波海洋渔业史》，浙江大学出版社 2015 年版，第 21 页。

④ （宋）李昉等撰：《太平御览》卷九百五十二《木部一》，中华书局 1960 年版，第4228b 页。

⑤ （宋）李昉等撰：《太平御览》卷一百六十九《州郡部十五》，中华书局 1960 年版，第822a 页。

⑥ （唐）道宣著，郭绍林校：《续高僧传》卷一七《隋国师智者天台山国清寺释智顗传三》，中华书局 2014 年版，第 634 页。

中物产于山下贸易"①。这一方面说明，当时沿海居民从事海洋渔业的人数占据一定比例，只是不高；另一方面说明，海洋水产也开始了贸易。截至目前所见，最早记载浙东沿海水产资源种类的著作为孙吴时期的《临海水土异物志》。据现存佚文统计，其记载的海鱼蟹种类达 92 种。②

至魏晋南北朝时期，浙东海洋渔业捕捞技术有了一定发展，无论是渔业捕捞的品种还是捕捞区域，都有所变化。西晋时期陆云在《答车茂安书》中记载有："（鄞县）北接青、徐，东洞交、广，海物惟错，不可称名……若乃断遏海逋，隔截曲隩，随潮进退，采蚌捕鱼，鳣鲔赤尾，鲲齿比目，不可纪名。"③由此可见，古代宁波沿海居民不仅可以在浅海滩涂上进行捕捞，还开始逐渐向近海扩张，其中最明显的证据就是如石首鱼、鮸鱼等海洋鱼类已经成为烹饪常见的原料。④这些鱼类通常无法通过传统的潮间滩涂捕捞获得，唯一可能就是当时的沿海居民已经掌握了近海捕捞技术。但是，由于这一时期的沿海居民并不具备深海捕捞能力，所以海洋渔业虽有一定发展，但是总体较为缓慢。

三、渔业管理

浙东渔业历史悠久，但是并不被历代统治者与管理者所重视，由于渔业的发展与渔产的巨大收益，政府才制定相关制度，设置官职与税收来管理渔业。因此，历史文献中存有不少涉及渔业税收、管理制度等方面的记载，但是缺少对渔民生活和生产的记载。

---

① （南朝梁）顾野王著，顾恒一、顾德明、顾久雄辑注：《舆地志辑注》，上海古籍出版社 2011 年版，第 524 页。

② 此据《浙江省水产志》编纂委员会《浙江省水产志》第 11 页统计数。按：刘维毅的《汉唐方志辑轶》本则不到 92 种。

③ （晋）陆云撰，黄葵点校：《陆云集》卷十，中华书局 1988 年版，第 175 页。

④ 孙善根、白斌、丁龙华：《宁波海洋渔业史》，浙江大学出版社 2015 年版，第 22 页。

（一）管理政策

根据相关记载，舜曾经设置"虞"的职位，该职位的职责之一就是掌管"打猎捕鱼和驯养家畜、家禽"，而伯益是第一个掌管这项职务的官员。[①]到了夏朝，大禹制定了中国历史上第一个保护渔业的法令，即："春三月山林不登斧，以成草木之长；夏三月川泽不入网罟，以成鱼鳖之长"[②]，类似于我们今天的休渔期政策。成书于战国时期的《管子》中记载有："江海虽广，池泽虽博，鱼鳖虽多，网罟必有正，船网不可一财而成也。非私草木爱鱼鳖也，恶废民于生谷也。"[③]当时的政府虽是担心人民荒废粮食生产而制定相关制度，但是可以清楚地看出对渔业的管理到了限制捕捞工具的地步，不允许竭泽而渔。

汉朝时期，政府在特定时期会禁止捕鱼。例如东汉永平年间（58—75），政府"下令禁民二业"，即"谓农者不得商贾也"，实际执行中是"郡国以官禁二业，至有田者不得渔捕"[④]。

（二）税收制度

据目前已有的文献记载可知，秦朝设置有少府官制，掌管"山海池泽之税"[⑤]，渔税也属于其征收范围。少府下属的都水在中央和地方均有设置，主管水利设施的维护和收取渔税。汉承秦制，仍有少府下属的右属少府主管，不过这一时期征收的渔税归王室所有，不属于政府税收。也正因为如此，当时的渔税与政府税收没有太大关系，直至东汉时期，渔税正式列入政府税收范围，即边县各郡"有水池及鱼利多者置水官，主平水收渔税。

---

① 浙江省水产志编纂委员会编：《浙江省水产志》，中华书局 1999 年版，第 697 页。

② 黄怀信：《逸周书校补注译·大聚解第三十九》，三秦出版社 2006 年版，第 191 页。

③ 李山、轩新丽译注：《管子》卷五《八观第十三》，中华书局 2018 年版，第 243 页。

④ （南朝宋）范晔撰，中华书局编辑部点校：《后汉书》卷三十九，中华书局 1965 年版，第 1305 页。

⑤ （汉）班固著，中华书局编辑部点校：《汉书》卷十九上，中华书局 1962 年版，第 731 页。

在所诸县均差吏更给之，置吏随事，不具县员"①。

三国时期，渔业税收仍沿袭东汉制度。孙吴政权便设有监池司马，负责运营官营鱼池和征收鱼税。走马楼吴简中有"鱼贾米""池贾米"和"攻捕米"，浙东地区的渔业从业者显然也需缴纳某种税款，当时会稽刺史朱符"多以乡人虞褒、刘彦之徒分作长吏，侵虐百姓，强赋于民，黄鱼一枚收稻一斛。百姓怨叛，山贼并出，攻州突郡"②。晋时设鱼梁吏一职，《世说新语》云："陶公少时，作鱼梁吏，尝以一坩鲊饷母，母封鲊付使，反书责侃曰：'汝为吏，以官物见饷，非唯不益，乃增吾忧也。'"按注引《幽明录》："陶公在寻阳西南一塞取鱼，自谓其池曰鹤门"，则晋代仍有官营鱼池，由鱼梁吏经营。南朝时，政府开征"鱼军税"，数额庞大，"风闻征虏将军臣萧颖达启乞鱼军税，辄摄颖达宅督彭难当到台辨问。列称'寻生鱼典税……与史法论一年收直五十万'"③，可见当时鱼市之繁荣。

同时，作为渔业税收的重要组成部分，海洋渔业税在春秋战国时期的齐国就已经开始征收，其后税收形式多有变革，但发展的大趋势则是种类的增加和数目的增多。总体而言，海洋渔业税收在国家整体财政收入中所占的比例比其他海洋税收低。④根据现有资料和相关研究推测，浙东地区在唐朝以前的海洋渔业税收较少。

综上所述，先秦至南北朝的浙东渔业有了极大的进步。鱼类养殖技术出现并得到一定普及，多种多样的捕捞工具极大地提高了渔业产量，海洋渔业亦逐步发展起来。鉴于渔业的厚利，世家大族纷纷涉入其中，国家亦

---

① （南朝宋）范晔撰，中华书局编辑部点校：《后汉书》志第二十八，中华书局1965年版，第3625页。
② （晋）陈寿撰，陈乃乾校点：《三国志》卷五三《薛综传》，中华书局1982年版，第1252页。
③ （唐）姚思廉撰，中华书局编辑部点校：《梁书》卷一〇《萧颖达传》，中华书局1973年版，第189页。
④ 孙善根、白斌、丁龙华：《宁波海洋渔业史》，浙江大学出版社2015年版，第30页。

设置官吏征收鱼税，奠定了日后浙东渔业的基本格局，为唐宋时期渔业的蓬勃发展打下了基础。

第三节　唐宋时期渔业的辉煌

由于唐宋长期的承平环境，江南地区经济的快速发展，加之南宋定都杭州、升级绍兴府，浙东渔业随之欣欣向荣，这体现在养殖技术的精细化、渔业市场的扩大以及渔获种类的增长上。国家亦逐渐强化了对渔业的管理，从中攫取了大量利益。社会经济的发展也体现在文化领域，这一时期描绘渔业生产的诗词大量出现，为我们了解当时渔业的盛况提供了一扇窗口。

一、唐代的渔业

在唐代，由于渔业养殖与捕捞技术进步，浙东地区渔获种类亦由此得到扩展，同时从事渔业的人口增加，分工也更加细化。渔业文化亦因为渔业的发达而繁盛起来，有关渔业的诗词涌现，亦可从中窥见当时渔业的发展状况。

（一）种类丰富

唐代渔业的兴盛，一是表现为渔获种类繁多，就浙东而言，《元和郡县图志》记载明州贡"海肘子、橘子、红虾米、鲭子、红虾鲊"[1]等海味，可见当时捕捞业之发达。二是体现在丰富的渔具种类上，从陆龟蒙《渔具

---

[1] （唐）李吉甫撰，贺次君点校：《元和郡县图志》卷二十六，中华书局1983年版，第629页。

诗并序》中可见一斑：

> 天随子渔于海山之颜有年矣。矢鱼之具，莫不穷极其趣。大凡结绳持纲者，总谓之网罟。网罟之流曰罛、曰罾、曰罺。圆而纵舍曰罩，挟而升降曰罨。缗而竿者总谓之筌。筌之流曰筒、曰车。横川曰梁，承虚曰笱。编而沈之曰箪，矛而卓之曰猎。棘而中之曰叉，镞而纶之曰射，扣而骇之曰桹，置而守之曰神，列竹于海澨曰沪，错薪于水中日籍。所载之舟曰舴艋，所贮之器曰笿箵。其它或术以招之，或药而尽之。皆出于诗、书、杂传及今之闻见，可考而验之，不诬也。今择其任咏者，作十五题以讽。噫，矢鱼之具也如此，予既歌之矣。矢民之具也如彼，谁其嗣之？鹿门子有高洒之才，必为我同作。

陆龟蒙长居江南地区，序中涉及的各式渔具当时在浙东地区也有广泛应用。在其诗中，提到了这些渔具的具体用法，如《渔具诗（其一）网》："大罟纲目繁，空江波浪黑。沈沈到波底，恰共波同色。牵时万鬐入，已有千钧力。尚悔不横流，恐他人更得。"

又如《渔具诗（其五）钓车》："溪上持只轮，溪边指茅屋。闲乘风水便，敢议朱丹毂。高多倚衡惧，下有折轴速。曷若载逍遥，归来卧云族。"

捕捞之外，渔产养殖在唐代也有了很大发展。除了鲤鱼外，渔民经过不断实践，可以养殖能在静水中成长的草、青、鲢、鳙，其方法是捕捞鱼苗。早在隋代，便有此法："吴郡送太湖白鱼种子，置苑内海中水边，十余日即生。其法取鱼产子着菰蒋上者，刈之，曝干，亦此之类。"[1]晚唐诗人皮日休所作《种鱼》一诗中也描述了鱼苗的培育过程："移土湖岸边，

---

① （宋）叶梦得撰，徐时仪整理：《避暑录话》引《大业杂记》，大象出版社2019年版，第125页。

一半和鱼子。池中得春雨，点点活如蚁。一月便翠鳞，终年必赪尾。借问两绥人，谁知种鱼利。"这一时期，远至岭南也有了鱼苗饲育法："南海诸郡，郡人至八九月，于池塘间采鱼子著草上者，悬于炊烟上。至二月春雷发时，收草漫于池塘间，旬日内如蛤蟆子状，悉成细鱼，其大如发。土人乃编织藤竹笼子，涂以余粮，或遍泥蛎灰，收水以贮鱼儿，鬻于市者，号为鱼种。"① 可以想见，与吴中相去不远的浙东地区渔民肯定也掌握了此种鱼苗育种法。

（二）从业者增加

唐时浙东所在的江南地方居民嗜鱼，唐初凤阁舍人崔融便言："江南食鱼，河西食肉，一日不可无。"② 巨大的需求带动了渔业的发展。景龙元年（707）李乂的话便极能表现渔业的重要作用：

> 江南水乡，采捕为业，鱼鳖之利，黎元所资，土地使然，有自来矣。伏以圣慈含育，恩周动植，布天下之大德，及鳞介之微品。虽云雨之私，有沾于末类；而生成之惠，未洽于平人。何则？江湖之饶，生育无限；府库之用，支供易殚。费之若少，则所济何成；用之倘多，则常支有阙。在于拯物，岂若忧人。且鬻生之徒，唯利斯视，钱刀日至，网罟年滋，施之一朝，营之百倍，未若回救赎之钱物，减困贫之徭赋，活国爱人，其福胜彼。③

这一时期，越来越多的专业渔民泛舟水上，辛苦劳作以求利润，"多钓浦人""以耕钓自业"等屡见于时人记载。

---

① （唐）段公路撰，崔龟图注：《北户录》卷一，清光绪间归安陆氏刻十万卷楼丛书本。

② （宋）司马光编著，标点资治通鉴小组校点：《资治通鉴》卷二百七《武后下》，中华书局 1956 年版，第 6553 页。

③ （后晋）刘昫等撰，中华书局编辑部点校：《旧唐书》卷二百一《李乂传》，中华书局 1975 年版，第 3135 页。

养殖技术的进步带动了产量的增加，一些渔民已完全不耕种田地，专心致志从事渔业生产。诗人方干有诗云："隔岸鸡鸣春耦去，邻家犬吠夜渔归"①，描绘的正是浙东地区一位专业从事捕鱼的渔民。

（三）商品化加重

不难想象，此时已有许多人将渔业作为谋生之本而放弃了农耕，自然，为了获得粮食等生活必需品，这些专业渔民势必要在市场上售卖渔产，渔业的商品化程度大大提升了。当时渔民出售渔产的方法，一般是自己"持鱼诣市"，"挑取其肉，贮以小竹筐，赴墟市以易酒"。②在浙东地区，水产品的交换场所往往是周边人熟悉的渡口，《酉阳杂俎》中越州人卢冉"自幼嗜鲙，在堰尝凭吏求鱼……复睹所凭吏就潭商价"③便是一例。

在诗词里，亦有不少提及鱼市的。余杭人罗邺的《南行》便言："鱼市酒村相识遍，短船歌月醉方归"，白居易亦有诗云："鱼盐聚为市，烟火起成村"，方干《越中言事二首》描绘浙东的鱼市，其诗云："云霞水木共苍苍，元化分功秀一方。百里湖波轻撼月，五更军角慢吹霜。沙边贾客喧鱼市，岛上潜夫醉笋庄。终岁逍遥仁术内，无名甘老买臣乡"，繁荣的景象跃然纸上。

在利益的刺激下，跨地区的水产运输发展起来，浙东地区也不例外。《宣室志》载："宣城郡当涂民有刘成、李晖者，俱不识农事，常以巨舫载鱼蟹鬻于吴越间……俄而舫中万鱼，俱跳跃呼佛，声动天地……"④由"巨舫""万鱼"可见当时水产运输规模之大。为了防止运输过程中水产变质腐败，唐代的商人和渔民会对水产品进行一定的加工，如用盐腌制："彭蜡，吴呼为彭越，盖语讹也。足上无毛，堪食，吴越间多以异盐藏，货

---

① （清）方干：《出山寄苏从事》，载彭定求等编《全唐诗》卷六百五十一，中华书局 1960 年版，第 7476 页。

② （宋）李昉等撰：《太平御览》卷九百四十二，中华书局 1960 年版，第 4185a 页。

③ 张仲裁译注：《酉阳杂俎》续集卷三，中华书局 2017 年版，第 860 页。

④ （宋）李昉等编：《太平广记》卷四百七十，中华书局 1961 年版，第 3982 页。

于市"①，其他地区的水产也使用类似的方法进入浙东市场，如广东的乌贼鱼"煠熟以姜醋食之，极脆美。或入盐浑腌为干，捶如脯，亦美，吴中好食之"②。

二、宋代的渔业

宋代，渔业在社会经济中的作用明显提高，渔业已逐渐成为一个独立的经济部门。③在长期安定的社会环境下，宋代浙东渔业继续蓬勃发展。"健席高樯梅市路，朱桥绿树兰亭步。儿时钓游略可记，不料耄年犹此处。渔歌相和苇间起，菱船远入烟中去。世间万事等浮云，耐久谁如两芒屦？"乡居山阴的陆游《新秋往来湖山间（其四）》描绘了一幅典型的浙东水乡图景。"四顾水无际，三更月未生。偶成摇楫去，不减御风行。烟浦渔歌断，芦洲鬼火明。还家人已睡，小立叩柴荆。"在夜晚，渔歌亦未尝断绝，可见渔民的辛劳。鱼市在陆游的故乡亦相当普遍，《醉书》云："青草渡头波接天，山翁吟啸自悠然。朝餐偶过卖鱼市，晚泊时逢迎荻船。"④又有《晚饭后步至门外并溪而归》云："市步空船迎荻去，湖堤轻担卖鱼归。"⑤陆游的这些诗，正展现了宋代浙东渔业发展的生动图景。

（一）海洋渔业特色明显

《宋会要辑稿》称："今江浙之民乐于渔捕，往往饰网罟罩弋以俟。"⑥

---

① （宋）李昉等撰：《太平御览》卷九百四十三，中华书局 1960 年版，第 4187b 页。

② （宋）李昉等撰：《太平御览》卷九百三十八，中华书局 1960 年版，第 4169a 页。

③ 魏天安：《宋代渔业概观》，《中州学刊》1988 年第 6 期。

④ （宋）陆游撰，钱仲联校注：《剑南诗稿校注》，上海古籍出版社 2005 年版，第 803 页。

⑤ （宋）陆游撰，钱仲联校注：《剑南诗稿校注》，上海古籍出版社 2005 年版，第 3625 页。

⑥ 刘琳、刁忠民、舒大刚、尹波等校点：《宋会要辑稿·刑法二》，上海古籍出版社 2014 年版，第 8389 页。

在《嘉泰会稽志》中能见到种类繁多的渔获，如鲻鱼“今会稽滨海处皆有之，鱼之最美者”，鲤鱼“今会稽池泽中大者亦十余斤”，但值得一提的是，不仅记载有大量淡水鱼，同时记载有梅鱼、比目鱼、乌贼、蟹等海鱼。

而明州的有关记载则更加体现了宋时浙东海洋渔业的发展。该州“濒海细民，素无资产，以渔为生”[①]，下属的昌国县更是“民以渔盐为业”[②]，每年潮汛时节，“舟人连七郡出洋取之者，多至百万艘”[③]，足见当时渔业规模之大。宝庆《四明志》记载的海产空前丰富，有石首鱼、鲨鱼、比目鱼、带鱼等等。方志中对各类鱼的形态、生长环境甚至口味都做了简要叙述，除了鱼类外，还有各式海草。如象山的濡苔，定国、昌国海岸所产的紫菜等等。可见当时浙东人对于水产种类已有了较为清晰的认识，这正是渔业发展的一大体现。见表 5-2。

表 5-2　南宋地方志中列举的鱼类统计

《嘉泰会稽志》	宝庆《四明志》
鲻、鲤、鳝、鲙、鳙、石首鱼、春鱼、梅鱼、比目鱼、鲨、银鱼、乌贼、水母、蟹、虾、虾蟆	鲈鱼、石首鱼、鳓鱼、春鱼、鮸鱼、鲳鯸、鲨鱼、比目鱼、带鱼、鳗、华脐鱼、鲟鳇鱼、乌贼、章巨、鲨鱼、箭鱼、鲨鱼、银鱼、鳎鱼、白鱼、梅鱼、火鱼、短鱼、魟鱼、地青鱼、竹夹鱼、肋鱼、马鲛鱼、鲻鱼、鱵鱼、吹沙鱼、泥鱼、箬鱼、黄滑鱼、吐哺鱼、阑胡鮀鱼、蝤蛑、簟、螃蟹、彭越、蚌、海月、虾、鲎、蛤、淡菜、螯、蛎房、蠘、江珧、螺、车螯、蛤蜊、蛏子、蚶子、龟脚、蚬、肘子、沙潠

（二）养殖技术进步

鱼苗养殖已相当普及，出现了专业的鱼苗生产者。浙东渔业养殖所使

① （宋）胡榘修、方万里、罗濬等纂：《宝庆四明志》卷二《昌国县》，浙江省地方志编纂委员会编《宋元浙江方志集成》，杭州出版社 2009 年版，第 3135 页。

② （明）冯福京修，郭荐纂：《大德昌国州图志》卷二《叙州》，台湾成文出版社有限公司 1983 年版，第 6006a 页。

③ （宋）胡榘修、方万里、罗濬等纂：《宝庆四明志》卷四《叙产》，浙江省地方志编纂委员会编《宋元浙江方志集成》，杭州出版社 2009 年版，第 3176 页。

用的江州鱼苗在当时颇为著名。《癸辛杂识》说得极为详细：

> 江州等处水滨产鱼苗，地主至于夏皆取之出售，以此为利。贩子辏集，多至建昌，次至福建、衢、婺。其法，作竹器似桶，以竹丝为之，内糊以漆纸，贮鱼种于中。细若针芒，戢戢莫知其数。著水不多，但陆路而行。每遇陂塘，必汲新水，日换数度。别有小篮，制度如前，加其上以盛养鱼之具。又有口圆底尖罩篱之状，覆之以布，纳水中，去其水之盈者以小碗。又择其稍大而黑鳞者则去之，不去则伤其众，故去之。终日奔驰，夜亦不得息。或欲少憩，则专以人时加动摇，盖水不定则鱼洋洋然无异江湖；反之，则水定，鱼死。不可谓不勤矣。至家，用大布兜于广水中，以竹挂其四角，布之四边出水面尺余。尽纵苗鱼于布兜中。其鱼苗时见风波微动则为阵，顺水旋转游戏焉。养之一月半月，不觉渐大而货之。或曰，初养之际，以油炒糠饲之，后并不育子。[①]

相较于唐代较为粗糙的鱼苗获取方法，《癸辛杂识》中宋人对鱼苗的生长环境已有了更为清晰的认识，从而可以制定更为精细的方法以提高鱼苗成活率，并可以进行远距离运输。浙东渔民亦掌握了类似技术，叶梦得《避暑录话》云："浙东溪水峻急，多滩石，鱼随水触石皆死，故有溪无鱼。土人率以陂塘养鱼，乘春鱼初生时取种于江外，长不过半寸，以木桶置水中，细切草为食，如食蚕，谓之鱼苗。一夫可致数千枚，投于陂塘，不三年长可盈尺。但水不广，鱼劳而瘠，不能如江湖间美也。"[②]

（三）从业者专业化、规模化

这一时期，淡水养殖技术有了很大进步，《嘉泰会稽志》有一段记载

---

① （宋）周密撰，吴企明点校：《癸辛杂识·别集上》，中华书局 1988 年版，第 221 页。

② （宋）叶梦得撰，徐时仪整理：《避暑录话》卷下，大象出版社 2019 年版，第 125 页。

很好地展现了当时淡水养殖业的方方面面："会稽诸暨以南，大家多凿池养鱼为业，每春初，江州有贩鱼苗者，买放池中，辄以万计。方为鱼苗时，饲以粉；稍大，饲以糠糟；久则饲以草。明年卖，以输田赋，至数十百缗。池有仅数十亩者，旁筑亭榭临之，水光浩渺，鸥鹭鸹鸹之属自至。植以莲芡菰蒲，拒霜如图画然。过者为之踌躇，《汉书》曰'水居千石鱼陂，与千户侯等'，盖谓此也。"规模化养鱼的经济效益很高，所谓"与千户侯等"，以至于各个"大家"趋之若鹜。这与宋代逐渐弛禁豪户封占江湖的政策转变有关。从北宋初时的"江湖间贫民捕鱼，豪户不得封占"①"更不许起纳租税为名，辄行请射"②，到宋徽宗时"诸路湖泺、池塘、陂泽，缘供学费，增收遗利，纵许豪富有力之家薄输课利占固，专据其利"，③政策的放松，自然地为地主占据水面大开方便之门。南宋初，官员袁琉"辟田园、鱼荡，悉百余顷"，规模可见一斑。从《嘉泰会稽志》提到的卖鱼获利而"输田赋"来看，此时一些养鱼户已放弃耕作，转而专门从事渔业养殖，需要依靠售卖鱼类所得来缴纳田赋。

（四）政府管控力度加大

既然渔业如此获利丰厚，国家将其纳入管控也是可以想见的。早在五代，控制浙江的吴越国就对治下之地课征渔税："先是，淮南、江浙、荆湖、广南、福建路当僭据之时，应江湖及池潭陂塘聚鱼之处，介纳官钱，或令人户占买输课，或官遣吏主持。"④可见五代国家对渔业的管控除了征税以外，还派遣官吏直接管理。另外，吴越国时期著名的"使宅鱼"故事

---

① （宋）李焘撰，上海师范大学古籍整理研究所、华东师范大学古籍整理研究所点校：《续资治通鉴长编》卷七十五，中华书局 2004 年版，第 1708 页。

② 刘琳、刁忠民、舒大刚、尹波等校点：《宋会要辑稿·食货六十一》，上海古籍出版社 2014 年版，第 7501 页。

③ 刘琳、刁忠民、舒大刚、尹波等校点：《宋会要辑稿·食货七》，上海古籍出版社 2014 年版，第 7512 页。

④ 刘琳、刁忠民、舒大刚、尹波等校点：《宋会要辑稿·食货七〇》，上海古籍出版社 2014 年版，第 8193 页。

也能充分反映当时政府征敛繁苛的情况，即五代时，钱镠据有两浙等地，征敛繁苛，西湖渔者每日须纳鱼数斤，因镠曾任杭州防御使，镇海、镇东军节度使等职，故称所纳之鱼为"使宅鱼"。

至宋太宗时期，政府免除了大部分课税，取消了对鱼池的专营。但渔产若进入市场则照旧收税："诸处鱼池旧皆省司管系，与民争利，非朕素怀。自今应池塘河湖鱼鸭之类任民采取，如经市货卖，即准旧例收税。"①

南宋时期，疆域的缩小使得宋廷对于渔业利益更加看重。譬如明州便对水产课税："庆元司征尤视海舶之至否，税额不可豫定，姑以中数计之。放免鲜鱼蚶蛤虾等及本府所产生果萝葡芋子税钱"②，可见之前水产品需要纳税钱。有砂岸租课。所谓砂岸，是当时近海可供打鱼之地，"即其众共渔业之地也"。明州共有十个砂岸，所规定纳钱数分别为："石衕山年纳二万六千七百八十六贯文、秀山年纳二千五百贯文、鰕康年纳一千一百贯文、大嵩年纳一千七百八十五贯七百文、双呑年纳八百单三贯五百文、淫口年纳七百贯文、石坛年纳一千五百贯文、沙角头年纳一千贯文、鲞涂年纳三百单三贯五百五十文、穿山团局年纳一千贯文。"③但实际所纳钱数却高于此数，宝祐六年（1258），"就以砂岸税场所入，岁计二十二万九千六十五贯八百单五文"④，折成铜钱约2296贯。当是存在更多的砂岸。南宋时，拨砂岸租额入学养士，除此外，它还用作"贴厨水军将

① （元）马端临撰，上海师范大学古籍研究所、华东师范大学古籍研究所点校：《文献通考》卷十九，中华书局 2011 年版，第 543 页。

② （宋）胡榘修、方万里、罗濬等纂：《宝庆四明志》卷五《叙赋上》，浙江省地方志编纂委员会编《宋元浙江方志集成》，杭州出版社 2009 年版，第 3193 页。

③ （宋）吴潜修、梅应发、刘锡撰：《开庆四明续志》卷一《赡学砂岸》，浙江省地方志编纂委员会编《宋元浙江方志集成》，杭州出版社 2009 年版，第 3612 页。

④ （宋）吴潜修、梅应发、刘锡撰：《开庆四明续志》卷八《乞蠲砂租奏请》，浙江省地方志编纂委员会编《宋元浙江方志集成》，杭州出版社 2009 年版，第 3715 页。

佐、供给新创诸屯及出海巡逻探望把港军士生券、本府六局衙番盐菜钱之费"①。

（五）渔业贸易频繁

鱼市贸易在这时期亦有很大发展。南宋定都杭州，由于明州、绍兴、台州都是临安的主要后方，浙东运河是它通向南方、北方、东方的三条水运干道之一。所以南宋时期对运河的管理、维修投入较多，历时近一个世纪，对其全线进行了一系列大规模的疏浚，通航状况又有很大改善，浙东运河全线贯通，进入黄金发展时期。而运河水系的贯通与海洋的连接，使得浙东水产已远销江、浙、淮市场，《梦粱录》云："明、越、温、台海鲜、鱼虾、鲞、腊等货，亦上潭于江浙"②，在书中"分茶酒店"条列举的杭州"食次名件"中，便有鱼虾等水产品近一百四十种③；专业化的贩鱼组织也已出现，杭州城中就有"城北鱼行""城东蟹行""坝子桥鲜鱼行"，城南还有专门的海鲜行："姑以鱼鲞言之，此物产于温、台、四明等郡，城南浑水闸，有团招客旅，鲞鱼聚集于此。城内外鲞铺，不下一二百余家，皆就此上行合摅"④，鱼虾贝类无所不备。商人还将鱼干之类物货，自苏杭"取海路，顺风至淮楚间"⑤；甚至巴陵道中的逆旅内也有来自"鄞浙"的鳔胶，贩往荆襄等地。

---

① （宋）吴潜修、梅应发、刘锡撰：《开庆四明续志》卷八《蠲放砂岸》，浙江省地方志编纂委员会编《宋元浙江方志集成》，杭州出版社 2009 年版，第 3715 页。

② （宋）吴自牧撰，黄纯艳整理：《梦粱录》卷十二，大象出版社 2019 年版，第 331 页。

③ （宋）吴自牧撰，黄纯艳整理：《梦粱录》卷十六，大象出版社 2019 年版，第 365 页。

④ （宋）吴自牧撰，黄纯艳整理：《梦粱录》卷十六，大象出版社 2019 年版，第 373 页。

⑤ 刘琳、刁忠民、舒大刚、尹波等校点：《宋会要辑稿·职官四十四》，上海古籍出版社 2014 年版，第 4206 页。

第四节　明清时期渔业的曲折前进

　　明清时期浙东渔业的发展与明清国家的政策相互纠缠。海禁的开放与否和政府对渔民的管理措施显著影响了浙东地区渔业的发展。渔民组织形态的演变是这一时期浙东渔业的特点，以政府编制的保甲制为基础，从渔业行帮到渔业公所，浙东渔民在竞争的压力下不断加强内部的协调合作。在此过程中，与政府的互动成了这些渔业组织活动的显著特征，正是通过其对渔民的有效管理，政府才得以向其授权，使其内部规章成为国家正式的制度安排。

一、海洋政策的起伏变化

　　经过唐宋的繁荣之后，明清海洋政策收紧，浙东渔业在政治高压下艰难前行。明初，朱元璋"命信国公汤和巡视浙江、福建沿海城池，禁民入海捕鱼，以防倭故也"[①]。对于沿海岛屿的居民亦强迫其迁入内地，王士性便言："宁台温滨海皆有大岛，其中都鄙或与城市半，或十之三，咸大姓聚居。国初汤信国奉敕行海，惧引倭，徙其民市居之约：午前迁者为民，午后迁者为军。至今石栏础磉磨犹存，野鸡野犬自飞走者，咸当时家畜所遗种也，是谓禁田。"[②]显然，这种严厉的海禁政策极大地破坏了浙东沿海的渔业生产。不过，严厉的海禁政策依然无法彻底阻止渔民私自下海捕鱼，宣德、正统间"浙东河泊所吏濒海，民千余户造船入海捕鱼，私出外

[①] 《明太祖实录》卷一百五十九《洪武十七年正月至二月》。

[②] （清）顾炎武撰，华东师范大学古籍研究所整理：《肇域志·慈溪县》，上海古籍出版社2011年版，第3528页。

境，经月不回"①。对沿海居民生计的担忧亦使得国家的政策逐渐放宽。在宣德六年（1431）"宁波知府郑珞请弛出海捕鱼之禁以利民，上不许。遣敕谕之曰：'尔知利民而不知为民患。往者倭寇频肆劫掠，皆由奸民捕鱼者导引。海滨之民，屡遭劫掠。皇祖深思远虑，故下令禁止。明圣之心，岂不念利民？诚知利少而害多也。故自是海滨宁静，民得安居。尔为守令，固当顺民之情，亦当思其患而预防之。若贪目前小利而无久远之计，岂智者所为？'"②到了英宗时，政策便有所松动，时有刑部右侍郎何文渊奏曰："仓廪之积有限，江海之利无穷，今诸州县海边水浅，出所产菱藕、鱼虾、海菜之类，居民取之可以充食。乞令各处巡检司河泊所并巡捕守备听民采取接济，毋得阻遏。从之。"③到了弘治十七年（1504），兵科给事中张弘提议："谓海滨之民，以捕鱼为生，编竹为筏，随潮往来，宜令所司稍弛科禁，使之安业而盗自弭。"④由此可见，弘治正德之后，"海禁稍宽，渔利有而海寇亦有"⑤，到了嘉靖四年（1525）八月，嘉靖皇帝下旨，"军民私造双桅大船"若是用以捕鱼则"毋得概毁"⑥，实际上已彻底放开海禁。

政策的调整使得浙东沿海的捕鱼业兴盛起来，海鱼产量迅速增加。嘉靖《定海县志》云"海郡民发巨舻往洋山竞取，有潮汛往来，谓之洋山鱼。用盐腌之曝干，曰白鲞。通商贩于外"⑦，以至于上海地区"四时海味不绝，歌楼酒肆贾街繁华"⑧，"万历四十六、四十七年，海味之盛，每延客

① （明）李时勉：《古廉文集》卷九《刑部尚书魏公传》，《景印文渊阁四库全书·史部》第1242册，台湾商务印书馆1986年版，第809页。
② 《明宣宗实录》卷八十三《宣德六年九月》。
③ 《明英宗实录》卷三二《正统二年七月》。
④ 《明孝宗实录》卷二〇九《弘治十七年三月》。
⑤ 黄天柱：《泉州稽古集》，中国文联出版社2003年版，第74页。
⑥ 《明世宗实录》卷五十四《嘉靖四年八月》。
⑦ （元）王元恭修，王厚孙、徐亮纂：至正《四明续志》卷五《土产》，浙江省地方志编纂委员会编《宋元浙江方志集成》，杭州出版社2009年版，第4576页。
⑧ （明）郭经修，唐锦纂：弘治《上海志》卷二《山川志》，明弘治十七年刻本。

必十余品"①。顾炎武也说"盖淡水门者，产黄鱼之渊薮。每岁孟夏潮大势急则推鱼至涂，渔船则于此时出洋捞取。计宁、台、温大小舡以万计，苏松沙舡以数百计。小满前后凡三度，浃旬之间获利不知几万金"②，足见明中期以来浙东海洋渔业的兴盛。

至于清初，为了防止沿海居民与郑成功势力联合，清政府施行了严厉的海禁政策。顺治十三年（1656）六月朝廷下令："沿海一带文武各官，严禁商民船只，私自出海。有将一切粮食货物等项，与逆贼贸易者。或地方官察出，或被人告发，即将贸易之人，不论官民，俱行奏闻正法。货物入官，本犯家产，尽给告发之人。其该管地方文武各官，不行盘诘擒缉，皆革职，从重治罪。地方保甲，通同容隐，不行举首，皆论死。凡沿海地方，大小贼船，可容湾泊登岸口子。各该督、抚、镇，俱严饬防守各官，相度形势，设法拦阻。或筑土坝，或树木栅，处处严防，不许片帆入口。一贼登岸，如仍前防守怠玩，致有疏虞，其专汛各官，即以军法从事，该督抚镇一并议罪。"③顺治十八年（1661）又规定："福建、浙江、江南三省所禁沿海境界，凡有官员兵民违禁出界贸易，及盖房居住，耕种田地者，不论官民，俱以通贼论处斩，货物家产，俱给讦告之人。该管文武官不能查获，俱革职，从重治罪。地方保甲知情不首者，处绞。其违禁出境之人，审明系何地方出口，将守口官兵知情者，以同谋论，立斩。不知情者，从重治罪。"④不过，该政策时有松动，如康熙八年（1669）浙江宁波府镇海县"始许百姓于近海采捕"⑤。随着郑氏政权的覆灭与沿海治安压

---

① （清）曾羽王撰：《上海史料丛编·乙酉笔记》，《清代日记汇抄》，上海人民出版社1982年版，第3页。

② （清）顾炎武撰：《天下郡国利病书》卷六，《续修四库全书》（第595册），上海古籍出版社2002年版，第757页。

③ 《清世祖实录》卷一〇二《顺治十三年丙申六月癸巳》。

④ （清）昆冈等修，刘启端等纂：《钦定大清会典事例》卷七七六，《续修四库全书》（第809册），上海古籍出版社2002年版，第524页。

⑤ （清）于万川修，俞樾纂：光绪《镇海县志》卷十二《海防》，清光绪五年刻本。

力的减轻，康熙二十三年（1684）工部侍郎金世鉴奏称："听百姓以装载五百石以下船只，往海上贸易捕鱼。预行禀明该地方官，登记名姓，取具保结，给发印票，船头烙号。其出入，令防守海口官员，验明印票，点明人数。至收税之处，交与该道。计货之贵贱，定税之重轻，按季造册报部。至海口官兵，请于温台二府战船内，各拨二十只。平定台湾，所获哨船，拨八十只，令其分泊，防守巡逻。"九卿议准后执行。[1]

虽然清代海禁时间较短，但对渔业造成的破坏依然惊人，浙东渔民遭到惨重打击，出现了"大火流金，狂霖漂石，僵饿载道，襁负塞途。或旅处深山，喂虎之口，或颠连古渡，葬鱼之腹，甚至鬻妻卖子，委壑填沟"的惨状。至于康熙二十三年（1684）"展界"之后，浙东渔业的生产又得到恢复，《镇海县志》便引用谢泰定《蛟川形胜赋》叙述了捕鱼的盛况："时维四月，则有蝤水春来，黄花石首绵若山排，声如雷吼。千舟鳞集，万橹云流。登之如蚁，积之成邱。已而鼋鼓震天，金锣骇谷。鱼舟泊岸，千门布席……浙闽则渔利之普遍，又岂得穷尽乎？"[2]想来已复明末渔业旧观。至雍正年间，宁波登记在册的渔船便有"一千四百九十三艘，每年消长不常"[3]。

二、渔业经济繁荣

（一）渔业生产队伍

明清时期的浙东渔业规模化和专业化，不仅有内江内湖的专业捕捞，还有海洋的专业捕捞；与此同时，渔业的生产方式逐渐由个体向合作分工

---

[1] 《清圣祖实录》卷一一五《康熙二十三年夏四月》。

[2] （清）于万川修，俞樾纂：光绪《镇海县志》卷二《形胜》，清光绪五年刻本。

[3] 中国第一历史档案馆编：《雍正朝汉文朱批奏折汇编》（第 2 册），《闽浙总督满条奏遵旨逐条查覆金铎所陈海疆事宜折》（雍正二年闰四月十三日），江苏古籍出版社 1989 年版，第 932 页。

发展。尤其是海洋渔业的生产分工，不仅有同一船只的内部分工，也有船只之间的分工。[①]明代王士性《广志绎》记载："渔师则以篙筒下水听之，鱼声向上则下网，下则不，是鱼命司之也。柁师则夜看星斗，日直盘针，平视风涛，俯察礁岛，以避冲就泊，是渔师司鱼命，柁师司人命。长年则为舟主造舟，募工每舟二十余人。"可见，当时沿海的捕鱼船每条都有一定的规模，船只内部各司其职，其中还有雇佣的工人。

（二）海滩养殖与外荡养殖

同一时期，自元代起就出现了海产养殖，尤其是海滩上养殖各种贝类。如蛤，当时的渔户认为其生长规律是"每一潮生一晕"，所以沿海居民将小蛤苗放进海边泥中，等待其长大后再挖取出来。另外，在滩涂养殖的还有蚶子，养殖蚶子的滩涂称为"蚶田"。[②]

另外，绍兴的外荡养鱼业也在明嘉靖年间兴起，在此过程中，绍兴水利建设，尤其是三江应宿闸的修建发挥了至关重要的作用。《中国淡水鱼类养殖学》中记述："绍兴一带的河道受钱塘江潮汐的影响，水位差幅很大，在三江建闸以前，无法在绍兴进行外荡养鱼，所以绍兴的外荡养鱼是在三江的建闸以后。按绍兴河道养鱼的特点来看，依靠竹箔将相连的河道拦断，而且有箔门以便船只交通，如果水位变动频繁或水位差幅太大，对于竹箔的调节就很困难，所以绍兴渔农选择养鱼地点，水位变动小是重要条件之一。因此绍兴河道养鱼的兴起在三江闸建成之后是合理的推断。"[③]但亦有学者根据绍兴地区水利建设的历史，认为绍兴外荡养鱼始于唐，兴于宋[④]。

（三）贸易增加

明清时期的浙东渔业贸易增多，主要得益于这一时期的商品经济发展

---

① 孙善根、白斌、丁龙华：《宁波海洋渔业史》，浙江大学出版社 2015 年版，第 26 页。

② 钱茂伟、毛阳光：《宁波通史·元明卷》，宁波出版社 2009 年版，第 72 页。

③ 刘建康、何碧梧主编：《中国淡水鱼类养殖学》，科学出版社 1992 年版，第 31 页。

④ 张克银：《我国湖泊渔业探源——绍兴外荡养鱼史考》，《水利渔业》1987 年第 5 期。

与城镇发展，一定程度上刺激传统农业的发展，另外亦得益于保鲜技术的进步。

伴随着明清时期商品经济发展，浙东地区的城镇日渐繁荣，尤其专门从事手工业、商业的集镇越来越多。例如清朝时期的宁波，其集市的功能和作用十分鲜明，在满足了当地民众生活生产需求的同时，通过运河交通与海洋交通，水陆兼并，把相对孤立分散的集市联系起来，沟通宁波与全国及海外市场的商品流动，从而推动浙东乃至全浙江、全国商品经济的发展，并促进了宁波港的发展和宁波帮的形成。[①]

明清以前，浙东地区渔业保鲜更多的是依靠传统的盐腌与干制技术。江南出现冰鲜渔业，虽系在南宋初年（约1170年），但其记载极少，元代情况亦不清楚，但至明代以后，则可见冰鲜渔业日益发达。明初宁波便有商业用途的冰窖，《奉化县志》叙洪武年田赋云："民冰窖租米二十四石"[②]，参照镇海县"沿海之民，于冬至后冰窖藏冰，以为明岁渔期之用"，同处沿海的奉化之冰窖当用途类似。清中期以后，冰鲜技术在浙东渔民的生产销售过程中应用得更为广泛。浙东渔民在使用小对船、大对船等较大型的船只捕捞后，需要用冰鲜船将渔获转运至各个市场销售，嘉庆二年（1797）成立的镇海永靖公所，拥有冰鲜船60余只，看来是个专门从事冰鲜运输的公所组织，[③]可见当时的冰鲜业的规模。

三、政府管理

明代，浙江沿海地区倭寇肆虐，地方治安压力巨大，明初以来的海禁政策非但没有改善社会治安，反倒让许多沿海渔民生活无着，不得不加入

---

① 乐承耀：《宁波通史·清代卷》，宁波出版社2009年版，第5—6页。

② （清）李前泮修，张美翊纂：光绪《奉化县志》卷七《户赋》，光绪三十四年刊本。

③ 陈训正等纂修：民国《定海县志》卷五《鱼盐志》，民国十三年排印本。

倭寇以求活路，为此，明廷不得不改弦更张，试图以船只为单位编为保甲以加强对渔民的控制。此法自嘉靖三十五年（1556）提出，至万历二年（1574）才得以施行，万历《绍兴府志》说得很详细：

> 永乐间以渔人引倭为患，禁片帆寸板不许下海。后以小民衣食所赖，遂稍宽禁。嘉靖三十年后倭患起复禁革。三十五年总督胡宗宪以海禁太严，生理日促，转而从盗，奏令渔船自备器械，排甲互保，无事为渔，有警则调取同兵船兼布防守。先是，巡盐御史董威题定渔船各立一甲头管束，仍量船大小纳税，给与由帖方许买盐下海捕鱼，所得盐税以十分为率，五分起解运司，五分存留该府，听候支用。每年三月以里黄鱼生发之时，各纳税银许其结综出洋捕鱼，至五月，各令回港。

万历二年（1574），巡抚都御史方弘静复题：

> 令编立综纲纪甲，并立哨长管束，不许搀前落后。仍拨兵船数只，选惯海官员统领，于渔船下网处巡逻，遇贼即剿。说者曰海民生理，半年生计在田，半年生计在海，故稻不收者谓之田荒，鱼不收者谓之海荒。其淡水门海洋乃产黄鱼之渊薮也，每年小满前后正风汛之时，两浙渔船出海捕鱼者动以千计。其于风涛则便习也，器械则锋利也，格斗则敢勇也，驱而用之亦足以捍敌，缉而税之尤足以馈军。向乃疑其勾引而厉禁之，遂使民不聊生，潜逸而从盗矣。故缉名以稽其出入，领旗以辨其真伪，纳税以征其课程，结综以连其犄角，而又抽取官兵以为之声援，不惟听其自便为生，且资其捍御矣。岂其取给于区区之税。[1]

---

① （明）萧良幹修，张元忭、孙鑛纂：万历《绍兴府志》卷二十三《武备志一》，台湾成文出版社1983年版，第1749页。

这个保甲方案经兵部议定后通过。具体的实施细则，曾任慈溪知县的汪伟在其《固守城图议》中记载：

> 海上军政承平已久，废弛已甚，非大振作不可。其振作之法，在严守汛地，以只船不入为功。或曰：只船之不入，先在只船之不出。凡海滨居民，皇皇谋者，生计全藉渔船，倘寸板不得下海，将何所藉手，以活朝暮？合应将船只在沿海者，尽数编号，一只为一号，十号为一甲。以粉围其外，墨书其内，字大如斗。勿论货船、渔船、渡船、网船、报船，但本县军民家所有者，俱一例顺编。其出入一目了然，无号者不得混行。凡违禁载米酒下海者，甲长即拿报官。如本甲不举，他甲举之，或为人告发，则一号十船皆官卖，以半充赏，其半充解。其犯事之人以通盗论死，枭示海上。其现役里长，扶同不举者，止减一等论，即势豪不得贷焉。庶可潜消究，保海上无事乎。[①]

清承明制，早在顺治十一年（1654），浙江巡抚秦世祯便上疏："沿海渔舟，往往通寇，请按保甲法，以二十五舟为一队，无事听采捕，有事助守御。"[②]康熙四十六年（1707）兵部又规定："将十船编为一甲，取具一船为匪，余船并坐，连环保结。若船主在籍，而船只出洋生事者，罪坐船主。"[③]雍正五年（1727）刑部规定："船只出洋。十船编为一甲，取具连环

---

① （清）冯可镛修，杨泰亨纂：光绪《慈溪县志》卷十三《经政二》，民国三年刊本。
② 赵尔巽等撰：《清史稿》卷二百四十《秦世祯》，中华书局 1977 年版，第 9544 页。
③ （清）昆冈等修，刘启端等纂：《钦定大清会典事例》卷六二九《兵部·绿营处分例·海禁一》，《续修四库全书（第 807 册）·史部·政书类》，上海古籍出版社 2002 年版，第 753—754 页。

保结，一船为非，余船并坐。"①同年，兵部亦出台规定称："其采捕渔船，奸良更难分辨。照陆路保甲之例，以十船编为一甲，一船有犯盗窃者，令九船公首。若隐匿不报，事发，将同甲九船一并治罪。至渔船停泊之处，百十成群，多寡不等。十船一甲之外，如有余船，即以奇零之数编为一甲。"②

除以渔船编制保甲外，明清政府还根据渔民户籍编制保甲，此类保甲形式与其他居民基本一致："州县城乡，十户立一牌头，一牌立一甲头，十甲立一保长，户给印牌一张，备书姓名丁数，出则注明所往，入则稽其所来。"③此后朝廷屡次出台规定，例如乾隆二十二年（1757）清政府规定："渔船网户，水次搭棚趁食之民，均归就近保甲管束"④，将渔业保甲单独列条。此后，保甲组织向岛屿居民扩展，乾隆五十五年（1790）谕令："严饬沿海文武员弁，实力稽查，编列保甲。"⑤五十八年（1793）浙江巡抚觉罗长麟出台了具体规定称："每一岛峙，设岙长一人。每居民十家，设甲长一人。每十甲，设总甲一人。先令各出保结，如该甲内，有通盗之人，据实禀报，容隐者治罪。"⑥

清代浙东渔民保甲的具体内容，可见《保甲书》：

渔首某　　承管若干甲

一甲甲长某　　承管渔船若干只

---

① （清）昆冈等修，刘启端等纂：《钦定大清会典事例》卷七七五《刑部·兵律关津·私出外境及违禁下海一》，《续修四库全书》（第809册），上海古籍出版社2002年版，第512页。

② （清）昆冈等修，刘启端等纂：《钦定大清会典事例》卷六二九《兵部·绿营处分例·保甲》，《续修四库全书（第807册）》，上海古籍出版社2002年版，第720页。

③ （清）昆冈等修，刘启端等纂：《钦定大清会典事例》卷一五八《户部·户口·保甲》，《续修四库全书》（第800册），上海古籍出版社2002年版，第557页。

④ 赵尔巽等撰：《清史稿》卷一二〇《食货一》，中华书局1977年版，第3482页。

⑤ 赵尔巽等撰：《清史稿》卷一二〇《食货一》，中华书局1977年版，第3483页。

⑥ 《清高宗实录》卷一四三一《乾隆五十八年癸丑六月辛卯条》。

一号渔户某　　年　　岁

母　　氏妻　　氏子　　媳　　氏女　　孙　　孙女

二号

三号氏

二甲甲长某　　　承管渔船若干只

一号渔户某　　年　　岁

母　　氏妻　　氏子　　媳　　氏女　　孙　　孙女

以上某甲某号若干数，照式依次缮写，汇订成册，按照各乡各棚船数，亲诣查验，编号烙印，给与门牌。责成渔首、渔甲，每晚饬令归栅取具，不敢为匪。切结并渔首渔甲保结备案，委本县主簿，专司其事，不时抽查。其无门牌者，即系匪船，严拿究诘，并于因公下乡，经由处所带册，随时吊验。

右渔船门牌式，按照各乡、各栅，某甲、某号编次，烙印封册，查验丁口是否相符，给发悬挂船头，饬令朝挂夜收。如无门牌者，即系匪船，一经查出，严拿究办，并将隐匿不报之渔首渔甲一并治罪。[①]

税收也是国家渔业管理的重要组成部分。上文方弘静称保甲主要为了缉捕盗贼、安靖地方，"岂其取给于区区之税"，但实际上对于渔民的课税颇重。既然国家通过保甲对渔船的数量与规格有了掌握，自然按船只大小分别征税：

以渔船监税则例，大双桅船每只纳船税银四两二钱，渔税银三两，盐税银六钱，旗银三钱；中双桅船每只纳船税银二两八钱，渔税银二两，盐税银四钱，旗银二钱；单桅船每只纳船税银一两六钱八分，渔税银一两二

---

① （清）徐栋辑：《保甲书》卷二《成规上·越中从政录保甲事宜》，《续修四库全书》（第859册），上海古籍出版社2002年版，第91—92页。

钱，盐税银二钱四分，旗银一钱；尖船对桅船每只纳船税银一两一钱二分，渔税银八钱，盐税银一钱六分，旗银八分，船渔税银五钱，盐税银一钱，旗银五分。近港不捕黄鱼，止捕鱼虾柴鹿。艚纲小船每只纳船税银三钱，盐税银六分，旗银一钱；河条溪船每只纳船税银三钱，渔税银三钱，盐税银二钱四分，旗银三分，采捕墨鱼紫菜泥螺等项海味，对桅尖船每只纳船税银一两一钱二分，盐税银一钱六分，船每只纳船税银七钱，盐税银一钱，河条溪船每只纳船税银二钱，盐税银六分。隆庆六年巡盐张公更化，又题加税，大双桅每只连前共纳银二两四钱，中双桅每只一两二钱，单桅六钱尖桅四钱八分。

这些税金多用于地方治安费用，如"绍兴府渔税银，每年共五百五十两。内四百两制办军火器械，一百五十两犒赏临山、临观二总官兵并出海随哨官军及汛期添调防守官兵之用"[1]。清代的渔船税稍轻，康熙二十八年（1689）清廷规定"采捕鱼虾船及民间日用之物，并糊口贸易，悉免其收税"[2]。乾隆元年户部规定"边海居民采捕鱼虾单桅船只，概免纳税"，只针对双桅及以上大船，按船只大小征税："梁头四尺五尺，每寸征银一分。六尺以上，每寸递加二厘。至满丈，每寸征银二分二厘。丈一尺以上，每寸又递加二厘。至丈有五尺，每寸征银三分。丈六尺，每寸三分四厘。丈七尺、丈八尺，均每寸四分。"[3]

船税银之外，明清国家设立了河泊所这一机构，向渔民征收渔课。浙东地方如绍兴府有"河泊所九，山阴昌安河泊所在昌安门外。会稽五云河泊所在五云门外。桑盆河泊所在桑盆。萧山河泊所二，一在县西，一在县南。余姚河泊所二，一在县南，一无署。上虞百官河泊所在百官。通明河

---

① （明）萧良幹修，张元忭、孙鑛纂：万历《绍兴府志》卷二十三《武备志一》，台湾成文出版社 1983 年版，第 1751 页。

② （清）昆冈等修，刘启端等纂：《钦定大清会典事例》卷二三九《户部·关税·禁令一》，《续修四库全书·史部·政书类》（第 801 册），上海古籍出版社 2002 年版，第 822 页。

③ （清）昆冈等修，刘启端等纂：《钦定大清会典事例》卷二三五《户部·关税·浙海关》，《续修四库全书·史部·政书类》（第 801 册），上海古籍出版社 2002 年版，第 775 页。

泊所在通明门内"①。宁波府下各县亦有自己的河泊所。渔课一般由渔船户解送，或是直接编入地丁，征钞与征银并行，嘉靖《宁波府志》详细记录了府内各县的渔课征收状况：

> 宁波府在城河泊所：额征无闰课钞三千二百四十锭三贯九百四十文，该银三十二两四钱七厘八毫八丝。有闰课钞三千八百八十四锭七百四十七文，该银三十八两八钱四分一厘四毫九丝四忽。本府税课司带管该纳钞价岁于甬东隅咸鲜鱼铺户办解。

> 鄞县河泊所：额征无闰课钞课钞一千一百七十一锭一贯六百一十文，该银一十一两七钱一分三厘三毫二丝，有闰课钞一千二百六十八锭四贯六百六十文，该银十二两六钱八分九厘三毫二丝。里甲内征派。

> 慈溪县河泊所：额征无闰课钞七百七十八锭一贯三百四十文，该银七两七钱八分二厘六毫八丝。有闰课钞八百二十四锭一贯七十文，该银八两二钱四分四厘一毫四丝。鱼船户办解。

> 慈溪县带管河泊所：额征无闰课钞九百三十三锭四贯九十文，该银九两三钱三分八厘一毫八丝。有闰课钞一千八十一锭一贯五百五十文，该银一十两八钱一分三厘一毫八丝。每年编巡栏一名役银包纳。

> 奉化县河泊所：额征无闰课钞三百二锭三贯八百九十文，该银三两二分七厘七毫八丝。有闰课钞三百二十四锭二贯六百三十文，该银三两二钱四分五厘二毫六丝。鱼船户办解。

> 奉化县带办税课局：黄鱼课钞四百二十八锭，折银四两二钱八分。

---

① （明）萧良幹修，张元忭、孙鑛纂：万历《绍兴府志》卷三《署廨志》，台湾成文出版社1983年版，第295页。

定海县带管河泊所：额征无闰课钞二百四十三锭四贯六百文，该银二两四钱三分九厘二毫。有闰课钞二百八十一锭一贯六百八十三文，该银二两八钱一分三厘三毫六丝。里甲丁田内征解。

象山县河泊所：额征无闰课钞二千八百四十九锭三贯九十文，该银二十八两四钱九分六厘一毫八丝。有闰课钞三千六十四锭一贯一十六文，该银三十两六钱四分二厘三丝二忽。每年编巡栏二名，役银一十六两。抵纳不足之数铺行办解。①

清代虽沿袭河泊所制度，但河泊所大多废置，《乾隆志》载有"五云门外，今河泊所废署是也"②，仅余新昌县河泊所"课钞银二十一两一钱三分九毫"③，渔课统一征收银两。雍正年施行摊丁入亩之后，渔课银均"摊入地粮编征"④。

康熙年间，政府还开征渔船牌照费："未造船时，先行具呈州县，该州县询供确实，取具澳甲、户族、里长、邻佑当堂画押保结，方许成造。造完，报县验明印烙字号姓名，然后给照。其照内仍将船户、舵水年貌籍贯大开列，以便汛口地方官弁查验。"⑤此牌照费的征收与牌照发放一般由渔帮或渔业公所"绅董"经手，如《申报》所记录的宁波新闻便云："霜降已过，渔汛在即，闻有渔户史祥发等被人索费阻挠，将船照扣留不发，

① （明）周希哲修，张时彻纂：嘉靖《宁波府志》卷十二《物土志》，明嘉靖三十九年刻本。

② （清）李亨特修，平恕、徐嵩纂：乾隆《绍兴府志》卷四十《祠祀志五》，台湾成文出版社1983年版，第966页。

③ （清）李亨特修，平恕、徐嵩纂：乾隆《绍兴府志》卷十二《田赋志四》，台湾成文出版社1983年版，第329页。

④ （清）李前泮修，张美翊纂：光绪《奉化县志》卷七《户赋》，光绪三十四年刊本。

⑤ （清）昆冈等修，刘启端等纂：《钦定大清会典事例》卷一二〇《吏部·处分例·海防》，《续修四库全书·史部·政书类》（第800册），上海古籍出版社2002年版，第125页。

不得已赴府具控所有。府宪批示照录于下：此项渔船照，昨准城守营函复，已交绅董转发，并无留匿情事。现查发交局，一在大教场浮桥厂，一在大教场永利庵，仍归绅董各半分给。该渔户等应即前往领照出洋，以顾渔汛，毋庸率请本府吊照转给，徒多周折。仰鄞县立即传谕遵照，倘再有人从中营私阻挠，定即归府饬差吊照交县核发以儆顽风，切切。"[1]

太平天国运动兴起之后，清廷不得不开征厘金以应对财政的紧张局面，鱼捐便在这一时期出现了。浙东诸县自此设立鱼捐局，"向养鱼户按斤征收，规定每斤二厘……年可抽三四万元之多，而后向国家认包年缴六千七百元"[2]。此后，鱼捐先后以警察捐、教育捐等名目存在，直至1949年后才得以取消。

四、渔业相关组织

（一）渔帮

明代浙东渔民内部已有等级划分，明代文人王士性描述浙东渔船组织结构时云：

> 浙渔俗傍海网罟，随时弗论，每岁一大鱼汛，在五月石首发时，即今之所称鲞者。宁、台、温人相率以巨舰捕之，其鱼发于苏州之洋山，以下子，故浮水面。每岁三水，每水有期。每期鱼如山排列而至，皆有声。渔师则以篙筒下水听之，鱼声向上则下网，下则不，是鱼命司之也。柁师则夜看星斗，日直盘针，平视风涛，俯察礁岛，以避冲就泊，是渔师司鱼命，柁师司人命。长

---

[1] 《甬东琐缀》，《申报》1892 年 11 月 11 日。

[2] 曾寿昌：《绍兴养殖渔业史略》，中国人民政治协商会议浙江省绍兴县委员会文史资料工作委员会编《绍兴文史资料选辑》第 3 辑，1985 年版。

年则为舟主造舟，募工每舟二十余人。惟渔师、柁师与长年同坐食，余则颐使之，犯则棰之，至死不以烦有司，谓之五十日草头天子也。舟中床榻皆绳悬。海水咸，计日围水以食，窖盐以待。鱼至其地，虽联舟下网，有得鱼多反惧没溺而割网以出之者，有空网不得只鳞者。每期下三日网，有无皆回。舟回则抵明之小浙港以卖。港舟舳舻相接，其上盖平驰可十里也。舟每利者，一水可得二三百金，否则贷子母息以归。卖毕，仍去下二水网，三水亦然。获利者，鏦金伐鼓，入关为乐，不获者，掩面夜归。然十年不获，间一年获，或偿十年之费。亦有数十年而不得一赏者。故海上人以此致富，亦以此破家。[1]

在其叙述中，浙东渔民群体显然已经分化为三个等级。舟主地位最高，号称"五十日草头天子"，掌握专业技能的鱼师和柁师次之，普通渔民位于底层。更值得注意的是，显然当时政府已无力管辖在外捕鱼的渔民，因此下放了一定的权力给予舟主，所谓"不以烦有司"是也。

随着明代渔业的进一步发展，与其他行业类似，浙东渔民亦有属于自己的行业帮会——渔帮，其等级划分亦十分明显。渔帮的首领称总柱，一般是当地的豪富绅衿，很多人还有捐纳所得的官衔。如宁波维丰南公所下属渔帮的总柱陈巨纲，便是"五品衔生员"[2]。总柱之下是各散柱，[3]散柱之下则是各渔船保甲，则一个渔帮大概有三级组织。[4]浙江渔帮的起源年代不详，据称大致在明嘉靖朝后期至崇祯朝之间。浙东海域大规模的捕鱼活动在明晚期已经相当常见，明万历二年（1574），巡抚浙江都御史方弘奏

① （明）王士性：《广志绎》卷4《江南诸省》，中华书局1981年版，第75—76页。
② 《勒石永遵》碑，宁波市镇海区澥浦镇岚山村海沙路碶闸桥。
③ （清）沈同芳撰：《中国渔业历史》，载《万物炊累室类稿：甲编二种乙编二种外编一种》（铅印本），中国图书公司1911年版，第39页。
④ 白斌：《明清浙江海洋渔业与制度变迁》，上海师范大学2012年博士学位论文。

称："边海之人，南自温台宁绍，北至乍浦苏州。每于黄鱼生发时，相率赴宁波洋山海中打取黄鱼，旋就近地发卖。其时正值风汛，防御十分当严。合将渔船尽数查出，编立甲首，即于捕鱼之时，资之防寇"①，可见当时浙东渔民成群结队出海捕鱼的状况为官员所知，他们打算以保甲加以规范。捕鱼规模的扩大使得渔民之间的分工协作成为必然，渔业行帮组织也就应运而生了。

浙东沿海的渔帮一般以地域命名，如定海县之定海帮、岱山帮、长涂帮、秀山帮、梁横帮、沈家门帮，鄞县之大嵩盐场帮、姜山帮、姜山伙飞庙帮、青滨帮，镇海之镇海帮、北乡帮、江南江北帮、新碶头帮等等。②之后，渔业分工的进一步细化使得按行业划分的渔帮也出现了。譬如镇海江南江北帮专门从事渔获保鲜业务，拥有冰鲜船三十只，庙湖子帮、姜山帮则专门从事墨鱼捕捞，帮内渔船均为墨鱼船。当然，规模较大的渔帮内部拥有多种船只，如镇海新碶头帮就有冰鲜、元蟹两种船，定海之长涂帮有咸鲜、冰鲜以及溜网三类船只，囊括了从捕捞到保鲜的生产流程。

（二）渔业公所

随着行业内竞争的进一步升级，渔帮之间势必要相互联合以求增强竞争力，如此一来，渔业组织的高级形态——渔业公所便出现了。雍正二年（1724），镇海、定海各帮于鄞县双街成立了南箭公所，约在同时，镇海北乡帮也在双街组建了北箭公所，二者后来演变为"各涨网公所之总机关"③。

渔业公所的职能，可见奉化县渔汛公所的成立告示：

奉邑沿海居民向以捕鱼为业，每届渔汛，各渔船均驶至定海所属之衢山、岱山、东沙角等处一带洋面网捕。近以海面多盗，

---

① 《明神宗实录》卷二十一《万历二年正月乙酉》。
② 陈训正等纂修：民国《定海县志》卷五《鱼盐志》，民国十三年排印本。
③ 陈训正等纂修：民国《定海县志》卷五《鱼盐志》，民国十三年排印本。

该渔民等因自备资斧，置办号衣，雇勇巡护，并在该处分设渔业公所，延董坐理，以免滋事。日前已公同会议举定鄞县举人应朝光、宁海生员邬冠春、奉化廪生沈一桂充当董事，业由各渔民联禀奉化县，请给印谕矣。①

可见，联合防盗，加强渔民群体内部管理是渔业公所的主要职能，且渔业公所的领导者都是当地有功名的士绅，可以说在渔民与政府之间搭建起了一条沟通渠道。如定海岱山渔民便是通过公所董事与政府进行沟通博弈：

定海岱山等处各渔船所需腌盐课两，向归提标中营营兵经收给行，嗣由各渔户邀请绅董出首，具禀运司改归绅办。近来运司又复札令标营仍照向章办理，各渔户因此集议，拟嗣后改归渔业公司经办，以免多所周折，未识运司能允准否。②

除此以外，救济渔民也是公所的职能之一，如在澥浦镇发现的《勒石永遵》碑就称：

缘前绪乡维丰南公所董事举人刘孝恩、总柱五品衔生员陈巨纲等禀称，前绪沿海地方，渔船出洋采捕，雇用舵工水手在船帮驾，有失足落水及盗伤病故等情，在所不免，本应各安天命。无如人心不古，遇有前项情事，尸亲人等，往往听人唆惑，借端吵扰图诈。前经议立章程，称前县示谕有案，唯当时所议条章，尚有未详，今参酌分项开列，帖送叩请，给示晓谕，并谕庄保遵照等情。到县据此，除批示并谕绪乡各庄保护照外，合行出示晓

---

① 《渔业公所举定董事》，《申报》1907 年 5 月 18 日。
② 《渔盐又须改章》，《申报》1908 年 4 月 19 日。

谕，为此示仰渔户人等知悉。尔等当思受雇出洋，遇有不测，本宜各安天命，不得借端滋扰。今该董柱等议定妥章，死则有棺殓之费，而生则有养赡之资，洵属仁至义尽。自示之后，各宜恪遵定章，听候公所给领。如仍敢听唆诈扰，一经该公所董柱等指名禀告县，定即钤提到案，从严究办，决不宽贷。其各凛遵毋违。①

救济基金的来源，少量来自公所筹款，大头则是船主交纳："议给前项钱文，除月钱系公所筹款散给，其余棺殓埋葬等钱均由船主先交公所，然后公所照章给发厂属收领，倘船主意存观望不先交钱，则公所置之不问。"②也可见公所规章并无强制力，而是依靠董事们的个人威望维持，一旦名望下降，公所内部渔民便有可能将规章置之脑后：

定属岱山地方渔民王某，近因鱼胶被窃，鸣捕追查不允，即纠众将捕技殴伤，厅主赴岱弹压，缉获到案。该帮渔民数百人蜂拥至公堂大肆咆哮，司马手持长刀厉声嘶喝，如敢聚众滋闹，格杀勿论。该渔民惧，始有稍稍散去。事后由公所董事张瑞甫向官乞释，而王某等业经厅主严惩，已属不及。于是该帮渔民以谓张董毫无势力，又聚众将公所捣毁一空，张亦致受殴辱云。③

---

① 《勒石永遵》碑，宁波市镇海区澥浦镇岚山村海沙路碶闸桥。
② 《勒石永遵》碑，宁波市镇海区澥浦镇岚山村海沙路碶闸桥。
③ 《渔民聚众之强横》，《申报》1909 年 6 月 14 日。

小　结

　　浙东地区不仅拥有丰富的渔业资源，更有厚重的渔业文化史，其发端可以追溯到 8000 年前新石器时代文化遗址中的原始渔业遗存。伴随着捕捞工具、捕捞船只的发展，渔业从最初的原始捕捞，逐渐发展成专门化、规模化的产业经营，尤其是唐宋时期出现的人工养殖以及海洋捕捞技术的巨大进步，使渔业实现了质的飞跃。明清时期，浙东渔业的海洋元素更加浓重，滩涂、近海和远洋捕捞有了明显区分，虽然时代背景下的宏观政策对渔业发展有所限制，但总体上是发展的，并在这一过程中，逐渐形成了渔业行帮、渔业公所等。清末民初以降，浙东渔业得到质的改变，自清末开始的渔业现代化日益加速，呈现出传统与现代并存的发展模式。

　　渔业发展脉络，和生产力、生产工具的历史发展息息相关，更是和国家历代的政治、经济政策密不可分。从先秦时期专门从事渔业管理和生产的"渔师"，以及春秋战国时期齐国的渔业税收政策，再到明清时期的"保甲"、渔课，历代政府逐渐加强对渔业的重视，实行有效管理。爬梳浙东地区渔业发展历史，有助于人们更加全面地了解浙东地区的经济产业发展历史，总结浙东运河与地区发展之间的密切关系、渔业经济在浙东运河沿线地区的地位和作用。与此同时，我们更加清楚地了解浙东运河地区在浙江乃至全国渔业生产中，都具有重要地位。

第六章
造船业

　　"跨湖桥文化"和"河姆渡文化"是浙东地区史前长江流域文明的发源地代表，其中跨湖桥新石器时期文化遗址出土的 8000 年前的独木舟、河姆渡文化遗址出土的 7000 年前的雕花木桨，充分表明了善于航海的越族先民已具备了制作独木舟楫的技术。同时，这也显示了古代浙东地区"刳木为舟""剡木为楫"的科学技术工艺水平和创造智慧。[①]不同历史时期的造船业发展，与浙东运河的变迁息息相关。

　　首先，是浙东运河与造船业船舶形制的关系。浙东运河各段水情不同，载舟亦有不同。以宋代为例，船舶的形制，包括力胜大小、长宽比、船舶形状（方形系数），与船舶航行水域的水情密切相关。运河水深普遍较小，一般水深为三尺至五尺，并常出现浅阻，加之堰、闸的限制，运河漕船力胜一般在二百至五百料。浙东运河大部分河段只能通行二三百料漕船。因运河水浅，运河船都是平底船。且受水面和闸门等宽度限制，运河船比同类其他水域船舶长宽比更大，为 4.8∶1 至 7.6∶1。[②]

　　其次，是浙东运河航路交通对造船业的影响。浙东运河是重要的交通航道，目前学界对于其水源、一般水深及其变动情况等已有相关研究，例如宋代，萧山县西兴镇段运河以钱塘江为水源，潮水不定，常"为江沙壅塞，舟楫不通"；越州州治段运河以镜湖为水源，湖上设置斗门，纲运及

---

① 林士民：《宁波造船史》，浙江大学出版社 2012 年版，第 1 页。
② 黄纯艳：《宋代船舶的力胜与形制》，《厦门大学学报（哲学社会科学版）》2015 年第 6 期。

监司使命舟船经过，即开闸通放。可以说，浙东运河各段的水情不同，也致使各段的航道交通状况不同。有研究表明，若行五百石舟，河道需深五尺左右，如宋嘉定年间，浙东运河自西兴闸至钱清堰一段最易淤塞，深仅二三尺。[①]航道交通不畅，势必影响航运，从而一定程度上影响造船业的发展。

另外，运河水不深，水流相对平静，小型船只和部分河段可以以篙、桨、橹为动力，但远距离航行的大中型船只主要利用风帆和拉纤航行。运河航行顺风时可以用帆，但顺风甚少，逆风和无风的情况更多，且风向无定，故用帆不是运河航行的主要方式。运河航行最稳定、有效的方式是拉纤。不论是经过堰闸还是在河道中航行，都主要依靠拉纤。

当然，浙东运河造船业的发展与诸多因素相关，但毋庸置疑，浙东运河起着至关重要的作用，是影响其行业兴衰变迁的重要因素。

第一节　早期的浙东运河造船

《水经注》记载，古浙东地区曾是"万流所凑、涛湖泛决、触地成川、枝津交渠"[②]之地。目前大量的考古研究表明，浙东地区先民在史前时期，聚族定居，种植庄稼、采集渔猎，其生产生活方式都与最原始的渡水工具息息相关，而以跨湖桥遗址、河姆渡遗址为代表出土的舟桨，便是最好的佐证。

---

① 参阅黄纯艳：《宋代运河的水情与航行》，《史学月刊》2016 年第 6 期。

② （北魏）郦道元著，陈桥驿校证：《水经注校证》卷二十九，中华书局 2007 年版，第 668 页。

一、原始的渡水工具

《淮南子》记载："见窾木浮而知为舟。"①古代水上交通工具，先民们是因地制宜，从实际出发逐步认识而形成的。明代《物原》记载："燧人以匏济水，伏羲始乘桴，轩辕作舟楫……"②宋代《事物纪原》中有："《拾遗记》：'轩皇变乘桴以造舟楫。'则是未有舟前，第乘桴以济矣。筏，即桴也，盖其事出自黄帝之前。今竹木之簰谓之筏是也。"③匏是自然界生长的葫芦，桴是渡水用的筏。7000年前的河姆渡文化时期，在河姆渡遗址中就出土了许多葫芦与种子。《国语》亦有云："夫苦匏不材，于人共济而矣"④，或许浙东先民就曾以葫芦为渡水工具。

同时，浙东先民为求稳定，用藤或绳索将竹或木连起来形成了筏。据考，筏因其大小和材料不同，名称也有不同。《尔雅》云："桴、筏，编木为之。大曰筏，小曰桴。"在此文注说中云："木曰簰，竹曰筏，小筏曰桴"，把竹筏、木筏大与小说得一清二楚。但是无论是葫芦，抑或是竹筏，都只能算是原始的渡水工具，并不算真正意义上的船只，直到独木舟问世。⑤

而关于浙东地区独木舟何时出现，根据现有考古资料来看，远比《周易》《吕氏春秋》等文献记载的黄帝、尧、舜时代要早很多。所谓"刳木为舟，剡木为楫，舟楫之利，以济不通，致远以利天下"⑥，"刳木为舟，剡木为楫"即是将木材"剖其中而空"为刳，"削令上锐"为剡⑦，真实地反

---

① 陈广忠译注：《淮南子》卷十六，中华书局2012年版，第942页。

② （清）陆凤藻辑：《小知录》卷九，上海古籍出版社1991年版，第273页。

③ （宋）高承：《事物纪原》卷八，载《中华大典》编纂委员会编纂《中华大典·工业大典·制造工业分典》，上海古籍出版社2016年版，第303页。

④ 陈桐生译注：《国语·鲁语下》，中华书局2013年版，第199页。

⑤ 林士民：《宁波造船史》，浙江大学出版社2012年版，第9—10页。

⑥ 杨天才、张善文译注：《周易·系辞下传》，中华书局2018年版，第610页。

⑦ 席龙飞：《中国造船史》，湖北教育出版社2000年版，第3页。

映出独木舟的制作过程，以及出现、制造发展的规律。从"以匏济水"到"始乘桴"，"再变桴以造舟楫"，准确地说明了舟船发展的层次和规律。[①]

二、文化遗存中的舟桨

（一）跨湖桥遗址

新石器时代遗址中的考古发现表明，跨湖桥遗址也是出土舟船最早、最集中的地区。在文化特征及文化成就的反映上，必须提到独木舟。原因有二：一是这是大陆沿海迄今发现的最早的一条独木舟；二是遗址所在的古越地区，以造独木舟著称。[②]

图 6-1　跨湖桥遗址独木舟[③]

---

① 林士民：《宁波造船史》，浙江大学出版社 2012 年版，第 10 页。

② 浙江省文物考古研究所编：《跨湖桥》，文物出版社 2004 年版，第 324 页。

③ 图片来源：跨湖桥遗址博物馆公众微信号。

2001 年，跨湖桥遗址出土了距今约 8000 年的独木舟，被称为"中华第一舟"（见图 6-1）。经鉴定独木舟为松木材质，其东北端保存基本完整，船头上翘，比船身窄，宽约 29 厘米。离船头 25 厘米处，宽度突增至 52 厘米。离船头 1 米处有一片面积较大的黑炭面，东南侧舷内发现大片的黑焦面，西北侧舷内也有面积较小的黑焦面，这些黑焦面是当时借助火焦法挖凿船体的证据。从残破面上测量，船体较薄，底部与侧舷厚度均为 2.5 厘米左右，船的另一端被砖瓦厂取土挖失，船体残长 5.6 米。独木舟并非孤零的遗物，与它共生的还有相关的遗迹现象：

1.桩架结构。沿独木舟的周围，有规律地分布着木桩和桩洞。发掘过程中，文物部门作出现场保护独木舟的决定，独木舟及其遗迹没有彻底地挖掘，有关桩木的许多数据无法客观获得。但除木桩、桩洞外，舟体东北端底部垫有一根横木，舟体中部西侧有一根横木板。经专家分析推知，独木舟是由这些桩木结构固定的，枕石与横向垫木应该是出于平稳的需要，说明舟体的摆置有特别的要求。

2.木料与木桨。独木舟的东南侧有一堆木头，其中一类是木料，包括分剖木与整木。独木舟的两侧还各发现一支木桨，均为松木。其中一支木桨保存较差，已开裂，长 140 厘米，桨板宽 22 厘米、厚 2 厘米，桨柄宽 6 厘米、厚 4 厘米；另一只木桨保存完整，长 140 厘米，桨板宽 16 厘米、厚 2 厘米，桨柄宽约 6～8 厘米、厚约 4 厘米。

3.其他。独木舟现场周围发现的还有砺石、石锛、锛柄及席状编织物等。尤其是锛柄的较集中发现，应该与木作加工现场有关。

综上所述，独木舟及其周边遗迹现场，应该是一个与独木舟有关的木作加工现场。但独木舟已经制作完成，旁边的堆料的形态与尺寸也不符合制造独木舟舟体的要求，那么这些木料干什么用？或许我们可以从边架艇的概念及形态特征中得到启示。

边架艇，中国古代谓之戈船。戈船即今太平洋上的边架艇，就是在独木舟的一边或两边绑扎木架，成为单架艇或双架艇。任何小船加上单架或双架，在水上航行虽遇风浪，不易倾覆。架的形状似戈，就是戈船名称的由来。那么，何以证明跨湖桥独木舟遗迹的木作现场与边架艇有关？由独木舟改造成边架艇需要辅助木料，此其一。旁边的剖木料长者近 3 米，大小、体量与独木舟舟体的体积相匹配，南太平洋独木舟资料有这样的记载："……两旁则有浮木以增加其平稳。这些平衡的浮木大概有半个独木舟长，并且穿过船壳的洞，用纤维质的东西使其稳固在每一边上。"此其二。独木舟的侧舷以整弄的方式断去，可能与绑缚边架的方式及在航行中的特殊受力有关，此其三。这最后一点，是对独木舟为残破状态的一种分析，与尚未进行的绑架工程似有矛盾，但笔者以为，当时制作一条独木舟不容易，特别是这条独木舟用工考究，即使船舷坏了，是否还可继续利用？也许正是因为船舷坏了，更需要一种相适应的绑架形式，以取得较好的航行与稳定效果？在独木舟发明之前，有一个使用木（竹）筏的时代，从逻辑上讲，边架船是筏子的延伸形态，只不过增加了一个主载体（独木舟），因此，在独木舟受损的情况下，继续加以利用是十分自然的。

体态轻薄是跨湖桥独木舟的重要特征。可以推测，这是为了方便不同环境中的使用，在小河、沼泽，采用独木舟的形式，到大湖甚或近海地区，就采取边架艇的形式。[①]见图 6-2。

[①] 浙江省文物考古研究所编：《跨湖桥》，文物出版社 2004 年版，第 42—50 页。

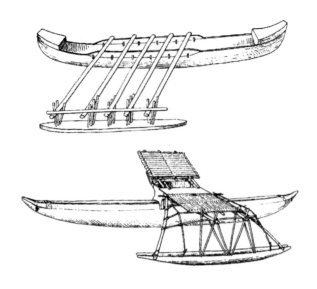

图 6-2　不同形式的边架艇独木舟[1]

（二）河姆渡遗址

河姆渡遗址于 1973 年、1977 年先后进行了两次大规模发掘，发现了四个叠压的地层，揭露了干栏式建筑和水井等遗迹，出土了一大批具有地域特色的重要遗物等等，其中就包含八支木桨。八支木桨中，有五支出自4A层。体型小而修长，器形规整，桨的柄、叶部位分明而又连成一体，系用整块厚板材加工而成。叶部大多呈狭长的椭圆形，扁薄，桨柄细长，叶柄相连处明显突出于叶的两平面，柄的横断面呈方形，也有少量为上圆下方的。[2]其中有一支残木桨，"柄部与桨叶采用同块木料制成，与现在使用的木桨形状没有多少差别，做工细致。残留的柄下端与桨叶的吻合处，

---

① 　图片来源：杭州市萧山跨湖桥遗址博物馆编《跨湖桥文化国际学术研讨会论文集》，文物出版社 2016 年版。

② 　浙江省文物考古研究所编著：《河姆渡——新石器时代遗址考古发掘报告》，文物出版社 2003 年版，第 139 页。

阴刻有弦纹和斜线纹相间图案。残长 63、叶宽 12.2、厚 2.1 厘米"[1]。见图6-3。

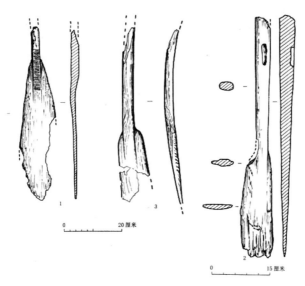

图6-3　河姆渡遗址第一期文化层出土的木桨[2]

　　另外，挖掘发现独木舟废弃后的残件被当作桩使用，发掘的独木舟头部保存较好，其舟体被挖空，二舷明显存在。在河姆渡遗址中，著名的干栏式建筑工艺，具有相当先进的水平。河姆渡先民们已经熟练地运用石斧、石凿，切割出各种榫卯等建筑构件，也能制作厚度仅一厘米的企口板，独木舟的制造成功，使先民们的水上活动能力又向前推进了一步。根据发掘的残存独木舟容器形态和干舷看，制作工艺已经相当成熟，在独木挖空时石斧、石凿的削割开挖痕迹明显，底部都较两侧平坦光滑，显示了

---

① 河姆渡遗址考古队：《浙江河姆渡遗址第二期发掘的主要收获》，《文物》1980年第5期。

② 图片来源：浙江省文物考古研究所编著：《河姆渡——新石器时代遗址考古发掘报告》，文物出版社2003年版。

原始工艺的真实面貌。[①]

　　除此之外，河姆渡遗址的第三、第四文化层中出土（采集）了多件陶舟，其中典型的有两件：一件是舟形夹炭黑陶器，长 7.7 厘米，高 3 厘米，宽 2.8 厘米，两头尖、底略圆，尾部微翘，首端有一穿绳孔，俯视为菱形。另一件是长方形的二平头，中间挖空，二舷平直，底部平圆，俯视为一长方形独木舟。考古专家认为这是模仿独木舟的制品，是河姆渡生产生活的写实作品。[②] 见图 6-4。

图 6-4　河姆渡遗址出土陶制舟形器[③]

　　有舟未必有桨，有桨必有舟。河姆渡遗址虽然并未出土完整的独木舟实物，但出土的木桨、独木舟残件以及陶制舟形器，有力地说明河姆渡先民已经掌握了独木舟的制造技术。与此同时，河姆渡遗址附近同时期的田螺山遗址、鲞架山遗址等出土了独木舟残件、模型及木桨等，更进一步印证了独木舟在这一地区的存在。或许在 8000—7000 年前时期的浙东地区，独木舟的制造与运用已相当频繁。

①　林士民：《宁波造船史》，浙江大学出版社 2012 年版，第 11—13 页。
②　林士民：《宁波造船史》，浙江大学出版社 2012 年版，第 20 页。
③　浙江省文物考古研究所编著：《河姆渡——新石器时代遗址考古发掘报告（下册）》，图版一四七，文物出版社 2003 年版。

三、独木舟制作工艺——火焦法

恩格斯在《家庭私有制和国家起源》中明确指出："火与石斧通常已经使人能够制造独木舟。"[①]这一论断是调查世界范围内独木舟诞生状况后总结出来的，具有普遍意义，也符合中国制造独木舟的情况。造舟时用火，是为了减轻辛劳与提高效率，必须以刀斧的砍削为前提，因而它只是一种辅助手段。

火焦法，即新石器时期制作独木舟的方法，如跨湖桥遗址中出土的独木舟上，仍然能够找到多处火焦面，这就是跨湖桥人借助火焦法挖凿船体的证据。火焦法先选一根挺直、粗大的树干，将它的一面砍平，在平面上大致勾画出应该挖去的那一部位的轮廓；又将这一部位分开若干段，开挖时逐段依次加工，但不将前后两段打通，而是在相邻的两段之间保留一段薄薄的隔板，等到将各段陆续完成，再将各段间的隔板打去，稍加修整，就成为一条可以使用的独木舟。在开挖各段时，先是用刀斧砍削，后根据舟形确定先后烧烤的位置，其余部分用湿泥保护，然后用火烧烤需要挖刳的部位，待其呈焦炭状后，再用石锛等加工工具加工，比较疏松的焦炭层很快被刳除。这样周而复始，反复加工，最后用砺石打磨完成。

另外，1964 年在广东揭阳出土的楠木独木舟，全长约 12 米，在舟体内部尚可看出有四道隔板；1970 年在浙江温岭出土的古代独木舟，残长7.2 米，中部宽 1.1 米，深约 1.5 米，舟体内有先用火烧然后再用工具挖凿的痕迹。这些出土文物虽不能直接证明，但可以有力地说明我国自古以来就是采用工具与火并举的方法来制造独木舟的。浙东地区跨湖桥遗址出土的独木舟便是最直接的证明，说明新石器时代用火作辅助手段制造独木舟，正是浙东先民们智力发展的一种表现。[②]

---

① [德]恩格斯：《家庭私有制和国家的起源》，中共中央马克思恩格斯列宁斯大林著作编译局编《马克思恩格斯选集》第四卷，人民出版社 1972 年版，第 19 页。
② 林士民：《宁波造船史》，浙江大学出版社 2012 年版，第 19 页。

第二节 先秦至六朝时期造船业的崛起

伴随着独木舟楫的制造，风帆的出现应用，以及最初港口的形成，浙东先民的航海技术日益发展，这也大大推动了浙东地区造船业的发展，而造船业的进步也促使航海技术的日益提升，两者相辅相成、息息相关，将这一时期的浙东造船业带入了一个快速发展的时期，并为"海上丝绸之路"的形成奠定基础。

一、越舟卓越

第四纪更新世末期以来，自然界经历了星轮虫、假轮虫和卷转虫三次地理环境沧海桑田的剧烈变迁。[1]在距今约 7000 年至 6000 年时，卷转虫海侵达到最高峰，今宁绍平原南部成为一片浅海，地理环境恶劣。生活在这片土地上的越族先民纷纷迁移，其中一批迁移到了南部的会稽山麓和四明山麓，河姆渡就是越人迁移过程中的一批。[2]

"以船为车，以楫为马"[3]，这是越人最日常的交通出行方式。"西则迫江，东则薄海，水属苍天，下不知所止"[4]，面对如此纵横交错的江河湖海环境，越人被迫养成习水便舟的生活习性，同时善于造船、用船，故舟楫在越人时代，已经成为具有文化独特性的象征物。《艺文类聚》卷七一引

---

① 陈桥驿：《越族的发展与流散》，载陈桥驿《吴越文化论丛》，中华书局 1999 年版，第 40—46 页。

② 邱志荣、陈鹏儿：《浙东运河史 上》，中国文史出版社 2014 年版，第 50 页。

③ （汉）袁康、吴平著，徐儒宗注释：《越绝书》卷八，浙江古籍出版社 2013 年版，第 51 页。

④ （汉）袁康、吴平著，徐儒宗注释：《越绝书》卷四，浙江古籍出版社 2013 年版，第 27 页。

《周书》说："周成王时，于越献舟"，又《左传·昭公二十四年》："越大夫胥犴劳王于豫章之汭，越公子仓归王乘舟"①。可以看出，越国经常以"越舟"作为礼物，献给周王朝和周边邻国，其造船技术可见一斑。

春秋时期，越国的船有各种名称和形制，文献记载的有：

> 越舲、蜀艇，不能无水而浮。舲，小船也；蜀艇，一版之舟，若今豫章是也。虽越人所便习，若无其水，不能独浮也。
>
> ——《淮南子》卷二

> 《淮南子》曰：汤武圣主也，而不与越人乘舲舟而浮于江湖。舲舟，小船也。
>
> ——《太平御览》卷七百六十九

舲，就是指的小船。"舲舟"是一种很小的船，驾乘非常危险，驾着这种小船在江湖上飞速行驶，是越人的一种绝技。除越人外，即便有"汤武圣主"的本事，也难以驾乘舲舟。同时也说明了越人水上行舟本领之高超。②

> 句践伐吴，霸关东，从琅琊起观台，台州七里，以望东海，死士八千人，戈船三百艘。
>
> ——《越绝书》卷八

> 归义越侯严为戈船将军，出零陵，下离水。颜师古注：张晏曰："严故越人，降为归义侯，越人于水中负人船，又有蛟龙之害，故置戈于船下，因以为名也。"臣瓒曰："伍子胥书有戈船，

---

① 郭丹等译注：《左传·昭公二十四年》，中华书局 2018 年版，第 1960 页。
② 李永鑫主编：《绍兴通史·第一卷》，浙江人民出版社 2012 年版，第 458 页。

以载干戈，因谓之戈船也，离水出零陵。"师古曰："以楼船之例
言之，则非为载干戈也。此盖船下安戈戟以御蛟鼍水虫之害。"

——《汉书》卷六

  戈船，文献记载说法不一。一种说法认为是置戈于船下，以防止潜行
而来的敌人把船掀翻和避免蛟龙的侵害，一种说法是置戈于船上，以攻击
敌人。[①]无论何种说法，都是和戈相关，从句践迁都琅琊时，随行的 300
艘戈船规模，可以推测出这大概是越国一种较为普遍的船只。另外根据
《越绝书》中记载，漫长的近海航线，一定程度上反映了越人的近海航行
能力。

  初徙琅琊，使楼船卒二千八百人伐松柏以为桴，故曰木客。

——《越绝书》卷八

  种山者，句践所葬大夫种也。楼船卒二千人，钧足美，葬之
三蓬下。

——《越绝书》卷八

  越王葬种于国之西山，楼船之卒三千余人，造鼎足之美，或
入三峰之下。

——《吴越春秋》卷十

  楼船，即船上建楼，便于居高临下地攻击敌船，是越国水军的主力船
只。这种船形体高大，《史记》中有："治楼船，高十丈余，旗帜加其上，

---

① 李永鑫主编：《绍兴通史·第一卷》，浙江人民出版社 2012 年版，第 459 页。

甚壮。"①

　　方舟航买仪尘者，越人往如江也。治须虑者，越人谓船为
须虑。

——《越绝书》卷三

　　方舟，即舫船，是用两只船并立而成的。这种并船而成的舫，可以提高船的稳定性，但行船时所受的阻力要比单独的船大，航速比较慢，作为战船是不理想的，作为江河渡航来用比较合适。②

　　浙江南路西城者，范蠡敦兵城也，其陵固可守，故谓之固
陵，所以然者，以其大船军所置也。

——《越绝书》卷八

　　大船，即大型的战船。《太平御览》卷三一五引《越绝书》："伍子胥水战法，大翼一艘，广丈六尺，长十二丈，容战士二十六人，棹五十人，舳舻三人，操长钩矛斧者四吏，仆射长各一人，凡九十一人。当用长钩矛、长斧各四，弩各三十二，矢三千三百，甲兜鍪各三十二"③，详细地说明了伍子胥水战法中关于舟船尺寸、水军编制的规定等，或许可以参考吴国大型战船的尺寸规模，即宽丈六尺，长十二丈，推测越国的"大船"亦当如此。

　　另外，文献中常见的舟船名称还有馀艎、须虑、翼船、扁舟等，可见越人善于造船。值得注意的是，越国还有专门的造船场所和专门管理造船

---

① （汉）司马迁撰，中华书局编辑部点校：《史记》卷三十，中华书局1982年版，第1436页。

② 李永鑫主编：《绍兴通史·第一卷》，浙江人民出版社2012年版，第459页。

③ （宋）李昉等撰：《太平御览》卷三百十五，中华书局1960年版，第1450b。

的官署。"舟室者，句践船宫也，去县五十里"，"石塘者，越所害军船也。塘广六十五步，长三百五十三步，去县四十里"。[①] "舟室""船宫"应该就是越国专管造船的官署，"石塘"应为越国沿海而建的造船中心。[②]

二、风帆初现

风帆利用自然风作为动力，不再受人力资源的局限，使船舶的航速、航区不断拓展，这为船舶的大型化和海洋航行开拓了广阔的前景，所以说，风帆的出现是船舶发展史上的一个重要的里程碑。[③]

浙东地区作为较早出现舟船的地区之一，其造船业的发展和风帆的出现息息相关。目前，学术界对于中国风帆出现的年代问题有不同的说法：第一个是8000年前跨湖桥风帆说。8000年前的跨湖桥遗址，独木舟东北侧发现多块竹篾编制席状物，而福建泉州港发现我国最早的船帆实物，系由竹篾编制所成，且至今仍有土著民使用竹篾等材料编制船帆，所以有关专家学者根据共存（独木舟）关系与遗存形态分析，认为跨湖桥遗址发掘的竹篾编制席状物可能是一面原始船帆的遗存。第二个是殷商风帆说。中国古代有"禹效鲎制帆"的传说，而殷商时期的卜辞资料显示，甲骨文中已经出现可以释义为"帆"的"凡"字，一些专家认为这比口口相传的传说可信，因此认为中国风帆出现在殷商时代。第三个是战国风帆说。1976年12月，宁波鄞县甲村郑家埭社员在石秃山旁挖河道时，发现了羽人竞渡铜钺。铜钺呈斧形，长方形銎，銎部宽3.4厘米，厚2厘米。弧形刃，刃宽12厘米，钺正面高9.8厘米，背为素面，高10.1厘米。[④] 铜钺正面

---

① （汉）袁康、吴平著，徐儒宗注释：《越绝书》卷八，浙江古籍出版社2013年版，第56页。

② 李永鑫主编：《绍兴通史·第一卷》，浙江人民出版社2012年版，第460页。

③ 席龙飞：《中国造船史》，湖北教育出版社2000年版，第48页。

④ 曹锦炎、周生望：《浙江鄞县出土春秋时代铜器》，《考古》1984年第8期。

镌刻有图案，图案分上下两部分。上方两条蟠龙昂首相向，下方以弧线为舟，舟上有四鸟首人身的划舟者，其头上戴有羽毛冠。经专家学者考证，铜钺是春秋战国时期的越国文物，并结合文献研究，认为图案中的羽毛冠可能是利用风力来加速独木舟的前行速度，即风帆的雏形。其中，考古学家林华东经过考证认为，宁波出土的鄞州战国时期的青铜钺上的船纹为早期风帆的形象。目前学术界对在战国时期出现风帆的说法比较认同。

如此说来，浙东地区有中国最早使用风帆的可靠证据。风帆的出现与使用，大大改善了舟船的航速，也为开拓海上航路创造了条件，更为浙东地区的造船业发展锦上添花。

三、古港丝路萌发

（一）古港

春秋时期，浙东地区出现了一批港口，例如《越绝书》中记载的"石塘、防坞、固陵"等，其中固陵港最为著名。《吴越春秋》："（句践）入臣于吴。群臣皆送至浙江之上，临水祖道，军阵固陵。"[1]《水经注》："昔范蠡筑城于浙江之滨，言可以固守，谓之固陵，今之西陵也。"[2]固陵港有越国的军队驻守，说明固陵港是重要的军事港口。春秋以后，钱塘江河口逐渐向下游延伸，固陵港所处江湾渐次淤涨至封闭，而位于固陵西北约6千米的西兴古地，在经历了潮间土、潮上土、剥蚀地、沼泽地等演变后，大抵三国时期才形成固定沙丘成陆始居，始名西陵。[3]由于西陵的地理优势突出，所以在晋代被选为西兴运河的西端入江口，设渡开港形成西陵港，从

---

① 崔冶译注：《吴越春秋·句践入臣外传第七》，中华书局 2019 年版，第 169 页。

② （北魏）郦道元著，陈桥驿校证：《水经注校证》卷四十，中华书局 2007 年版，第940 页。

③ 陈志富：《萧山水利史》，方志出版社 2006 年版，第 208 页。

第六章 造船业 | 279

而替代业已封闭的固陵港，成为钱塘江南岸的著名港口和渡口。《水经注》记载固陵山下"有西陵湖，亦谓之西城湖"①，所说的西城湖就是固陵港封闭后形成的湖泊，后演变成为湘湖，这也是固陵港被西陵港取代的佐证。当然，在这个取代过程中，尤其是晋代，在西兴运河西端，很可能出现西陵与固陵二港并存的局面。②而固陵（西陵）这个古地名至今依旧存在，即今天的萧山西兴街道。

另外还有一个非常重要的港口——句章港，系越国的通海门户之一，亦是重要的军事港口。北魏阚骃的《十三州志》中记载："句践之地，南至句余，其后并吴，因大城句余，章伯功以示子孙，故曰句章。《后汉书》注。澍按《后汉书》注云：句章县故城在今越州鄮县西。"句章故城，最初应该是句践所建，即将一支有功之族分封在此，筑城以彰显他们的功绩。早期句章港的规模和地位不及固陵港，至秦始皇二十五年（前 222）置句章县，设治于此，后成为海上交通和军事的重要港口。西汉元鼎六年（前111）秋，东越王余善反叛，汉遣横海将军韩说率军出海讨伐，即"天子遣横海将军韩说出句章"③。这是史籍明确记载的最早一次从句章港出海的大规模海上军事行动。三国吴黄龙二年（230），吴大帝孙权发动了一次大规模的海上军事行动，"春，正月，遣将军卫温、诸葛直将甲士万人，浮海求夷州及亶州"，虽因"（亶州）所在绝远，卒不可至"，但"得夷州数千人还"。④根据当时东吴对外交往主要港口白洋港与句章港的地理位置和历史作用来看，这个规模庞大的船队应是从句章港起航出发的。⑤

晋时，句章港成为连接海外航线的浙东运河东端港口，对外贸易有所

---

① （北魏）郦道元著，陈桥驿校证：《水经注校证》卷四十，中华书局 2007 年版，第940 页。

② 邱志荣、陈鹏儿：《浙东运河史 上》，中国文史出版社 2014 年版，第 227 页。

③ （汉）司马迁撰，中华书局编辑部点校：《史记》卷一百一十四，中华书局 1982 年版，第 2982 页。

④ （晋）陈寿撰，陈乃乾校点：《三国志》卷四十七，中华书局 1982 年版，第 1136 页。

⑤ 邱志荣、陈鹏儿：《浙东运河史 上》，中国文史出版社 2014 年版，第 229 页。

发展，但仍以军事行动为主。东晋隆安三年（399），句章故城被琅琊人孙恩所攻破，在战火的洗礼下，句章故城残破不堪。后宋武帝时期将句章县治迁移至鄞江小溪（一说迁移至宁波西门）。先后经历周、秦、汉、晋诸代的句章港终于在战火中结束了其长达 800 多年的军事港历史使命。

（二）海上丝绸之路的雏形

汉代以前，海上丝绸之路便已有东海与南海两条航线，而浙东地区就处于东海航线上。汉武帝时期，在统一东南沿海，扫清沿海航路之后，便利用雄厚的造船、航海实力，大力开拓对外交通与贸易，以扩大汉王朝与海外各国的经济与文化交流。[①] 在这样的形势下，中国历史记载的第一条印度洋海洋航路产生了，即："自日南障塞、徐闻、合浦船行可五月，有都元国；又船行可四月，有邑卢没国；又船行可二十余日，有谌离国；步行可十余日，有夫甘都卢国……黄支之南，有已程不国，汉之译使自此还矣。"[②]《汉书·地理志》中记载的海上交通路线，实际是早期"海上丝绸之路"的雏形。而这条航路的拓展，对地处中国海岸线中段的句章港来说，为后来发展的海上丝绸之路，奠定了良好的基础。句章港与南北洋航路的开通，完全取决于造船业的发展和航海技术的提高。[③]

东汉时，浙东地区的海上丝绸之路中西文明对话已开通。浙东地区出土了不少展现西域胡人各种形象与活动场面的"早期越窑"青瓷制品，又如宁波南门祖关山、高钱等汉代墓葬出土的水晶、玛瑙、玻璃手串等，经过专家鉴定，有的装饰品与广东汉墓出土物一致，均为舶来品。而古代浙东地区并不生产水晶、玛瑙、琥珀之类的制品，也并没有原料产地。以上可以说明这一时期的浙东地区，尤其是以句章港为代表，地处三江地域，通江达海，外界通过海上航路至浙东地区进行贸易。东晋时，浙东地区的

---

① 林士民：《宁波造船史》，浙江大学出版社 2012 年版，第 45 页。

② （汉）班固著，中华书局编辑部点校：《汉书》卷二十八，中华书局 1962 年版，第 1671 页。

③ 林士民：《宁波造船史》，浙江大学出版社 2012 年版，第 49 页。

海上航路可以北至渤海湾，南及台湾、海南岛、交州（越南地）等地，即"北接青徐，东洞交广"①。

另外值得一提的是，先秦至魏晋南北朝以来，浙东地区水利建设不断完善，尤其运河的开凿，使浙东地区实现了真正的通江达海。先秦时期，越国开凿"山阴故水道"，成为浙东运河最初开凿的部分。秦代整治了浙东地区原有的渠道，并开凿了嘉兴到杭州的渠道，初步奠定了江南运河的基本走向，为之后浙东运河连接京杭运河、实现中国大运河贯通奠定基础。东汉永和五年（140），马臻创建鉴湖，晋代西兴运河和四十里河的开凿，沟通了曹娥江与姚江的水上航路，浙东地区的内河航运与海运实现真正连通。

秦汉以来，浙东地区始终保持着造船业的传统优势。之后以固陵、句章为代表的港口崛起，水上交通的日益完善，海上丝绸之路的确立，促使浙东造船业在形成之后逐渐进入拓展时期。尤其是两晋时期，浙东的民间造船业也发展起来。例如东晋时孙恩起义，在临海灵石山"毁材木以为船舸"②，之后还号称"战士十万，楼船千余"③，而浙东地区是孙恩起义部众活动的主要地域，民间造船业由此可见一斑。六朝时期，三丈以上的船只已很普遍，还出现了可以载重2万斛的大船，所以颜之推说："昔在江南，不信有千人毡帐；及来河北，不信有二万斛船，皆实验也。"浙江民间造船之多、所造船之大、工艺之精，由此可见。

---

① （晋）陆云著，刘运好校注整理：《陆士龙文集》卷十，凤凰出版社2010年版，第1287页。

② （宋）乐史撰，王文楚等点校：《太平寰宇记》卷九十八，中华书局2007年版，第1964页。

③ （唐）房玄龄等撰，中华书局编辑部点校：《晋书》卷八十四，中华书局1974年版，第2190页。

第三节　唐宋元时期造船业的蔚然

　　唐宋时期进入古代封建社会的"盛世时期"，在这一背景下，浙东的造船业，官方抑或民间都进入了发展的黄金时代。唐开元二十六年（738），采访使齐浣奏以越州之鄮县置明州，并逐渐成为浙东地区乃至全国的造船中心。尤其是"神舟"的打造、舭龙骨的创造、指南浮针的应用等，处于当时全国甚至世界领先水平，在船型、结构、加工工艺、装饰技术、数量方面，都得到了历史性的突破。随着造船业的发展，这一时期的航海业也迎来了鼎盛时期，航线的开拓、港口的建设、政府的管理，均有质的飞跃，使"浙船（海船）"成为这一时期浙东造船业的时代标签。

一、工艺技术的创新

　　唐贞观二十一年（647），太宗欲征高丽，敕"宋州刺史王波利等发江南十二州工人造大船数百艘"[1]，据胡三省考证，这十二州分别为宣州、润州、常州、苏州、湖州、杭州、越州、台州、婺州、括州、江州、洪州。贞观二十二年（648），又"敕越州都督府及婺、洪等州造海船及双舫一千一百艘"[2]，这足以说明隋唐初期，浙东地区的越州是全国重要的造船基地之一。唐中期以后，明州的造船技术不断创新提高，《太平寰宇记》中明确记载明州的贡品有"舶船"[3]，更是因为北宋朝廷三次出使高丽打造

---

[1] （宋）司马光编著，标点资治通鉴小组校点：《资治通鉴》卷一九八，中华书局1956年版，第6249页。

[2] （宋）司马光编著，标点资治通鉴小组校点：《资治通鉴》卷一九九，中华书局1956年版，第6261页。

[3] （宋）乐史撰，王文楚等点校：《太平寰宇记》卷九八，中华书局2007年版，第1959页。

"神舟"而闻名全国。浙东地区在全国造船业的地位，亦足以说明其造船技术高超，是当时的佼佼者。

（一）舭龙骨（减摇龙骨）

根据实测 1979 年宁波出土的北宋古船各肋位处的横剖面图分析，当船舶在风浪里作横摇运动时，装在两舷舭部的半圆木，会增加阻尼力从而能起到减缓摇摆的作用。学界认定这正是现代船舶中经常应用的舭龙骨，或称为防摇龙骨、减摇龙骨。舭龙骨结构极为简单，它"不占据船舶内部的体积，并且能造成显著减摇效果，所以舭龙骨获得了广泛的应用，目前在世界各国船队中都采用它"[1]。

目前，在中国古文献中尚未发现有关舭龙骨的记载，就已有的出土海船资料来看，宁波出土的北宋古船是中国古代最早出现减摇舭龙骨的装置，这一技术比国外早 700 年。[2]见图 6-5。

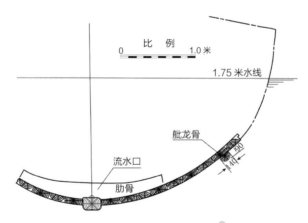

图 6-5　肋位横剖面实测图[3]

---

① ［苏］勃拉哥维新斯基：《船舶摇摆》，魏东升等译，高等教育出版社 1959 年版，第 422 页；冯铁城：《船舶摇摆与操纵》，国防工业出版社 1980 年版，第 114 页。

② 林士民：《宁波造船史》，浙江大学出版社 2012 年版，第 108—109 页。

③ 图片来源：舭龙骨，选自林士民《宁波造船史》，浙江大学出版社 2012 年版。

（二）船型功能

学界认为船型从其航行水域来说，先有海船与江河船两种；以形制来分，也只有平底和尖底两类而已，而唐宋定型的有"广船""福船"和"浙船"。对不同地域船型的对比研究表明：福船尖头尖底，呈V字形，而浙船尖头底部，呈V—U字形，这是两者在结构上的明显差异。北宋元丰元年（1078），政府在明州定海首次打造两艘"神舟"，徐兢在《宣和奉使高丽图经》中记载详细，概括为"上平如衡，下侧如刃"①。因此，这类船型成为中国古代海洋客舟的首例，也成为最早有文献记载的浙船。

同时在这一时期，浙东地区的造船工匠已能打造江海两用船。南宋乾道五年（1169），明州奉旨打造了定海水军统制官冯湛设计的一艘"湖船底，战船盖，海船头尾，通长八丈三尺，阔二丈，并准尺计八百料，用桨四十二枝，江海淮河无往不可，载甲军二百人，往来极轻便"的船只，后来明州奉旨仿造了50只。这种将江船船型和海船船型融为一体的江海两用船的设计与打造，是一种创造，对沟通江海的航运具有重要意义。②

（三）安全技术

首先是水密舱壁技术。水密舱壁的创造是中国古代造船史上的一项重大成就，而浙东地区在唐朝时期，海船打造技术已大量采用钉榫结合和多道水密隔舱结构。徐兢《宣和奉使高丽图经》中记载，船体"分为三处，前一仓不安艎板，唯于底安灶与水柜，正当两樯之间也，其下即兵甲宿棚；其次一仓装作四室；又其后一仓谓之庥屋，高及丈余，四壁施窗户如房屋之制，上施栏楯，采绘华焕，而用帘幕增饰，使者官属各以阶序分居之"③，亦即将船体采用水密舱壁划分为若干独立的舱室，这样可保证船舶

---

① （宋）徐兢撰，虞云国、孙旭整理：《宣和奉使高丽图经》卷三十四，大象出版社2019年版，第293页。

② 童隆福主编：《浙江航运史·古近代部分》，人民交通出版社1993年版，第83页。

③ （宋）徐兢撰，虞云国、孙旭整理：《宣和奉使高丽图经》卷三十四，大象出版社2019年版，第293—294页。

良好的浮性。

舱壁是保证船体强度最有效的构件之一，这样的结构设计大大增加了海船横向强度和抗风浪、抗沉的能力。由于船体结构坚固，帆桅相应增多，更适合远洋航行。[1]到目前为止，可以说我国最晚自唐代就有水密舱壁的出现。[2]

1979年12月26日，宁波发现的宋代海运码头遗址和北宋古船，其中残存船体上有六个舱，每道隔舱与船体之间通过肋骨进行衔接，以参钉加以卯牢。宁波北宋古船的发掘进一步证明，在唐宋时期造船时，运用水密舱壁技术是很普遍的。

除此之外，据《宣和奉使高丽图经》记载，北宋时期明州的船舶为了提高海洋性能并增强航海安全，采取了各种安全技术措施，一是缚竹为橐。"于舟腹两旁，缚大竹为橐以拒浪"，即在船舷绑两捆大竹以增强在风浪中的稳定与安全。二是游碇。"若风涛紧急，则加游碇，其用如大碇"，即当船舶在海浪中摇摆不定时，利用游碇增加对摇摆的阻尼作用，以增强航行的稳定与安全。三是舵。"后有正拖（舵），大小二尊，随水浅深更易"，即根据水道深浅而使用不同的舵，尤其是在海洋中，可以控制航向和避免横向漂移，另外在船舶尾部，"从上插下二棹，谓之三副拖（舵），唯入洋则用之"。四是改进帆樯设计和驶风技术。"风正则张布帆五十幅，（风）稍偏则用利篷。左右翼张，以取风势。大樯（桅）之巅，更加小帆十幅，谓之'野狐帆'，风息则用之"，除了用篾制作的硬帆（利篷）以外，还设有软帆（布织），另外在正帆的基础上，加设小帆（野狐帆），借风势劈浪前进。五是铅硾测水深。"海行不畏深，惟惧浅阁，以舟底不平，若潮落，则倾覆不可救，故常以绳垂铅锤以试之"，这客观描述了客舟、神舟系属尖底船，而为了防止其发生倾覆的隐患，采用了铅硾测试的方

---

① 童隆福主编：《浙江航运史·古近代部分》，人民交通出版社1993年版，第46页。
② 南京博物院：《如皋发现的唐代木船》，《文物》1974年第5期。

法，以确保船舶行驶在深水航道中。[①]

（四）罗盘针

浙东地区造船业在这一时期，尤以明州为代表，有其独特的专门航线，即对朝、日之交通。目前，徐兢《宣和奉使高丽图经》明确记载了中国海船如何使用罗盘导航，行走于专门的航线上，而其始发及回归港均是明州，目的地则为朝鲜半岛，即："（五年癸卯夏五月廿八日庚辰）是夜，洋中不可住，惟视星斗前迈，若晦冥，则用指南浮针，以揆南北。"罗盘针在船舶航行中的应用，更利于稳定浙东特有的航线，确保船舶安全行驶，利于造船业的长远发展。

除此之外，伴随造船业的发展，这一时期的船舶装饰美化工艺也有了很大进步。例如吴越国的战舰船头皆刻龙形，并将营造富丽堂皇的舟船作为贡品，如后周显德五年（958），吴越王钱弘俶"进龙舟一艘，天禄舟一艘，皆饰以白金"[②]。

二、官营与民间造船的发展

隋朝以来，浙东地区的官营和民间造船业都很发达，到了宋元时期，由于交通发展和对外贸易的需要，造船手工业特别发达。浙东地区作为全国重要的造船基地，到了南宋时期，更是成为造船业的中心。

（一）官营

在古代，大规模打造船只，往往是由政府出资负责，并在官营船场进行的。例如隋炀帝大业元年（605），曾"遣黄门侍郎王弘、上仪同于士澄

---

① 林士民：《宁波造船史》，浙江大学出版社 2012 年版，第 90 页。
② （清）吴任臣撰，徐敏霞、周莹点校：《十国春秋》卷八十一，中华书局 2010 年版，第 1157—1158 页。

往江南采木，造龙舟、凤艒、黄龙、赤舰、楼船等数万艘"①，这里的"江南"实际上是吴越地区②，浙东自然包含在内。官营造船的规模较大，《隋书》中的记载也有所体现，"（杨素）居永安，造大船，名曰五牙，上起楼五层，高百余尺，左右前后置六柏竿，并高五十尺，容载战士八百人，旗帜加于上。次曰黄龙，置兵百人，自余平乘，舴艋各有差"。此时的"五牙""黄龙""平乘"和"舴艋"等船舶规模已经很大，其中"五牙"都可以容纳八百人，虽然文中没有明确指出这是浙东越州制造的船舶，但是可以作为参考，处于造船业领先地位的浙东，造船规模应该是有过之而无不及。至唐贞元年间（785—805），韩洸任浙东观察使时期，曾"造楼舰三千柁"③，三千艘船舶的场面可谓是"舳舻万艘，溢于河次，堰开争路，上下众船相轧者移时"④。

两宋时期，官营的造船场主要打造有使船、漕运船等。北宋年间，曾三次遣使高丽。第一次在宋神宗元丰元年（1078），遣安焘出使高丽国事："命左谏议大夫安焘为国信使、起居舍人陈睦副之，自明州定海绝洋而往"⑤；第二次在崇宁元年（1102），"命户部侍郎刘逵、给事中吴栻，持节往使……由明州道梅岑，绝洋而往"⑥；第三次在宣和四年（1122），"诏遣给事中路允迪，中书舍人傅墨卿充国信使副往高丽……五年（1123）……

---

① （唐）魏征等撰，中华书局编辑部点校：《隋书》卷三，中华书局 1973 年版，第 63—64 页。

② 李永鑫主编：《绍兴通史·第三卷》，浙江人民出版社 2012 年版，第 104 页。

③ （宋）欧阳修、宋祁撰，中华书局编辑部点校：《新唐书》卷一百二十六，中华书局 1975 年版，第 4435 页。

④ （宋）李昉等编：《太平广记》卷四十四，中华书局 1961 年版，第 277 页。

⑤ （宋）徐兢撰，虞云国、孙旭整理：《宣和奉使高丽图经》卷二，大象出版社 2019 年版，第 181 页。

⑥ （宋）徐兢撰，虞云国、孙旭整理：《宣和奉使高丽图经》卷二，大象出版社 2019 年版，第 182 页。

促装治舟……神舟发明州"①。奉使高丽使臣乘坐的大型官船称作神舟，第一、三次遣使的神舟均由皇帝赐名。《宣和奉使高丽图经》卷三十四"神舟"条有记载：

> 臣侧闻，神宗皇帝遣使高丽，尝诏有司造巨舰二，一曰凌虚致远安济神舟，二曰灵飞顺济神舟，规模甚雄，皇帝嗣服，羹墙孝思，其所以加惠丽人，实推广熙丰之绩。爰自崇宁以迄于今，荐使绥抚，恩隆礼厚，仍诏有司更造二舟，大其制而增其名，一曰鼎新利涉怀远康济神舟，二曰循流安逸通济神舟，巍如山岳，浮动波上，锦帆鹢首，屈服蛟螭，所以晖赫皇华，震慑夷狄，超冠今古，是宜丽人迎诏之日，倾国耸观，而欢呼嘉叹也。

《宣和奉使高丽图经》卷三十四"客舟"条：

> 旧例，每因朝廷遣使，先期委福建、两浙监司，顾募客舟，复令明州装饰，略如神舟，具体而微，其长十余丈，深三丈，阔二丈五尺，可载二千斛粟，其制皆以全木巨枋，挽叠而成，上平如衡，下侧如刃，贵其可以破浪而行也。

通过以上两条记载，我们可以得到几方面的信息：第一次的神舟是在明州打造，出海地点是明州定海；第二次的神舟是在福建、浙江顾募客舟，再到明州进行装饰的；第一次和第三次的神舟，都是皇帝命名的。明州能打造国家出使国外团使用的大型船舶，这足以说明其技术高超、实力雄厚。另外，客舟的规模已经明确，按照一斛粟 120 斤的标准来计算，客舟的承载量为 120 吨。

---

① （宋）徐兢撰，虞云国、孙旭整理：《宣和奉使高丽图经》卷三十四，大象出版社 2019年版，第 295 页。

就在浙东造船业实现技术质量突变的同时，明州的造船业数量也逐渐跃居全国首位。北宋真宗天禧（1017—1021）末年，全国官营船场的漕运船年产量为2916艘，其中明州177艘、婺州105艘、温州125艘、台州126艘，总计533艘，[①]而当时江西路的虔州（605艘）和吉州（525艘）产量为1130艘。至哲宗年间，两浙路的温州和明州"岁造以六百只为额"[②]。南宋时，漕船数量下降，却更加集中在浙江打造。

那么，官方生产这么大规模的船舶，是在哪里？目前考古研究表明，明州港造船基地，主要在姚江南岸和甬江口沿岸。[③]尤其是宋元时期，大规模地造船与官运密不可分。

1. 漕粮运输

宋初置京畿东路水陆发运使，后改为制置江淮等陆路专运使，专掌淮、浙、江、湖六路漕运，或兼茶盐钱政，同时在各路设转运使。宋太宗时，浙江置两浙西南路、两浙东北路转运使。北宋沿用唐朝的分段运输法（即转搬法），在长江、运河沿岸的若干地方设立转搬仓。吴越国刚刚纳土归宋，即"岁运米四百万石"[④]。

南宋定都临安后，漕运遂以国都杭州为中心。这一时期的漕运主要为军事行动服务，一部分直接运往前线，一部分输送至行在。这一时期，浙东地区运往杭州的漕粮所走航路大致是，"明州、绍兴府运河东堰渡江"[⑤]，闽、广、温、台等地的漕粮钱物皆由海道至定海、余姚、鄞县等地换船，

① 刘琳、刁忠民、舒大刚、尹波等校点：《宋会要辑稿·食货四六》，上海古籍出版社2014年版，第7029页。

② 刘琳、刁忠民、舒大刚、尹波等校点：《宋会要辑稿·食货五〇》，上海古籍出版社2014年版，第7123页。

③ 林士民：《宁波造船史》，浙江大学出版社2012年版，第66页。

④ （元）脱脱等撰，中华书局编辑部点校：《宋史》卷一百七十五，中华书局1977年版，第4250页。

⑤ 刘琳、刁忠民、舒大刚、尹波等校点：《宋会要辑稿·食货四三》，上海古籍出版社2014年版，第6983页。

换船后再通过杭州湾或浙东运河送达首都临安府。

元代海运漕粮，多在庆元（今宁波）停泊。例如延祐元年（1314），温州、台州及福建等地的运粮客舟，多在庆元停泊，之后再统一重新装船调发，从烈港（今定海沥港）入海北运。[①]

与此同时，值得注意的是，元代的"海运"相当发达，这与当时的时代背景密不可分。元代著名的海运，就是要把江南的粮食通过海上运送到元帝国的政治中心大都（今北京市）。虽然海上运粮，特别是军粮的运输，在汉唐时期已经有了，但是像元朝这样经常大规模的海运，则是中国历史上前所未有的。首先，中国历史上各地区经济发展以黄河流域为最早，但自唐、宋两朝以后，南方长江流域以南的经济发展已经超越了北方黄河流域以北的地区；其次，宋以前，中国各个统一王朝的首都都建立于渭水下游或黄河中游，借陆上道路、自然水道及运河的交通而联系国境内的各地区。到了元朝，其首都离开了黄河流域，建立在更北方的大都，而经济上最发达的地区却在南方，特别是在长江下游及东南沿海一带，就农业方面来说，元朝岁入粮数总计 12114708 石，江浙省就要占 4494783 石。再者，为了沟通元朝北方的政治中心和东南的经济中心地区，元政府曾从事贯通南北的大运河开辟，但结果并未能完全满足需要，尤其是在粮运方面，不能不假道于海上。[②]

2.其他官运

唐宋时期，浙东地区除了运送漕粮之外，还有大量金银、瓷、茶、纸等货物也通过船舶航运至京师或指定地点，其中以丝绸为大宗。北宋朝廷每年耗用大量绢帛，不仅供王公贵族使用，还用以换取军马，并向辽、夏纳贡，南宋亦是如此，而浙东地区也是折征绢帛的重点地区。据《宋史》记载，两浙路浙江境内十一个府州除温州、台州外，其余九个均"贡"丝绸品。其中，绍兴人称"俗务农桑，事机织，纱、绫、缯、帛，岁出不啻

---

① 童隆福主编：《浙江航运史·古近代部分》，人民交通出版社 1993 年版，第 86—91 页。
② 章巽：《元"海运"航路考》，《地理学报》1957 年第 1 期。

百万"①，"万草千华，机轴中出，绫纱缯縠，雪积缣匹"②。庆元亦是如此。

唐宋时期的官方物资运输，主要有陆路交通、水路交通和海路交通三种方式。第一是陆路交通。唐朝时期，联系全国各地和异域疏邦的陆路交通干线有 6 条，其中与越窑青瓷产地主要相关的一条是：由长安（今陕西西安）出发经洛阳、汴州（今河南开封），经扬州、苏州直抵杭州，又从杭州直达越窑所在的越州（今浙江绍兴）、明州（今浙江宁波）。第二是水路交通。隋唐时期，京杭大运河的开凿，极大地提高了内河航运的地位，加上唐代中期裴耀卿主持实施了节级转运法等一系列改善漕运的措施，水路运输逐渐变为以漕运为主，隋唐大运河成为当时交通运输的大动脉。第三是海路交通。唐五代时期，海上航路不仅联系海外诸国，而且还联系南北。《旧五代史》卷二十记载："（开平）三年，使于两浙。时淮路不通，乘驿者迂回万里，陆行则出荆、襄、潭、桂入岭，自番禺泛海至闽中，达于杭、越。复命则备舟楫，出东海，至于登、莱。"

浙东运河作为中国大运河的最南端，海上丝绸之路的南起始端，与隋唐大运河、明州港联系起来，实现了通江达海。特别是鉴于越窑青瓷具有占地空间大、易碎等特点，水运便成为最佳的运输方式。另外五代十国时期，社会动荡，战乱频繁，割据势力的形成对于陆路交通甚至内行航运产生严重的影响，沿海便成为越窑青瓷传播的择优选择。然而无论选择哪一种交通运输方式，都离不开浙东运河。路线一：以越窑为起点，向西通过浙东运河达到杭州，转隋唐大运河，途经苏州、扬州，直达洛阳，然后采用节级转运法，达到长安。路线二：以越窑为起点，向东到达明州港，或沿着海岸线至海州（今江苏连云港）中转，至渤海湾；或输往日本、高丽等海外国家。因此，这一定程度上促进了造船业的发展。

---

① （宋）孔延之：《会稽掇英总集》卷二十《越州图序》，浙江省地方志编纂委员会编著《宋元浙江方志集成》，杭州出版社 2009 年版，第 6576 页。

② （明）萧良幹修，张元忭、孙鑛纂：万历《绍兴府志》卷一，台湾成文出版社 1983 年版，第 129 页。

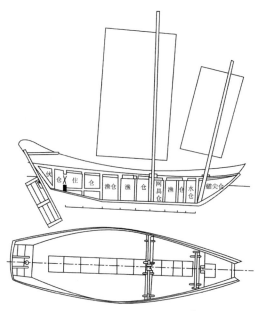

图 6-6　北宋外海船复原图[1]

（二）民间

浙东民间造船业已然很发达，从隋初反隋斗争的历史就可以看出。开皇十年（590），越州高智慧、台州乐安蔡道人等举兵起义，即"从杨素击高智慧于浙江，而贼据岸为营，周亘百余里，船舰被江"[2]，被认为"吴人轻锐，利在舟楫"[3]。很显然，高智慧等一行起义者队伍所用的船舶主要由民间打造。至开皇十八年（598），隋文帝下诏："吴越之人，往承敝俗，所在之处，私造大船，因相聚结，致有侵害。其江南诸州，人间有船长三丈以上，悉括入官。"[4]搜刮入官的这一行为，自然不能禁绝民间私造

---

① 图片来源：林士民《宁波造船史》，浙江大学出版社 2012 年版。

② （唐）魏征等撰，中华书局编辑部点校：《隋书》卷六十四，中华书局 1973 年版，第 1515 页。

③ （宋）司马光编著，标点资治通鉴小组校点：《资治通鉴》卷一百七十七，中华书局 1956 年版，第 5531 页。

④ （唐）魏征等撰，中华书局编辑部点校：《隋书》卷二，中华书局 1973 年版，第 43 页。

大船，但是可以从侧面反映这一时期民间的船舶数量众多。又如宋建炎三年（1129），宋高宗被金兵追赶到明州，明州提领海船张公裕又筹集"千舟"[①]，作为宋高宗由海路逃至台州、温州的准备。由此可见，明州民间造船实力雄厚。见图6-6。

宋元时期，浙东民间造船业主要营造商船、客船、游船及其他民用船只，所造船只为民间船主所有。官吏豪门也经常打造船只，便于运输往来。[②]越州、明州习见的主要为"越船"。"越船十丈如青螺，小船一丈如飞梭"[③]，即越船大者如青螺，小者如飞梭，采用双橹推进，航行于越州、明州等地的内河。

而浙东沿海地区民间以渔船为主，类型很多。以明州鄞县、定海来说，就有大对船、小对船、墨鱼船、大莆船、淡菜船、冰鲜船、溜网船、拉钩船、小钓船、张网船、串网船、闽渔船、元蟹船、海蜇船、批钉船等。以大队船为例，又有长船、短船、耷船，远洋出来，还配有母船、网船等。宋开庆元年（1259），官方为了征用民船作海防之用，曾对民船进行调查统计，从统计结果中，可一窥浙东民间造船业的发达，[④]见表6-1：

表6-1 宋开庆元年民间造船数量

府州名	县名	二丈以上船（艘）	一丈以下船（艘）	合计（艘）
庆元	鄞县	140	484	624
	定海（镇海）	387	804	1191
	象山	128	668	796
	奉化	411	1288	1699
	慈溪	65	217	282
	昌国（舟山）	557	2727	3324

注：数据来源于开庆《四明续志》卷六。

---

① （宋）李心传撰：《建炎以来系年要录》卷三十，中华书局1988年版，第583页。
② 童隆福主编：《浙江航运史·古近代部分》，人民交通出版社1993年版，第80页。
③ （元）袁桷：《清客居士集》卷八，清道光二十至二十二年上海郁氏刻宜稼堂丛书本。
④ 童隆福主编：《浙江航运史·古近代部分》，人民交通出版社1993年版，第80—81页。

民间造船业的发达与民间的生产生活息息相关、密不可分。尤其是宋元时期，浙东地区的农业、手工业、商业都很发达，市镇已经兴起，相应的航运业欣欣向荣，其中最为典型的就是粮食等物资运输。

1. 物资运输

唐宋时期，江浙地区属于富庶之地，其主要粮食作物是稻米，农民除了自身消费和缴纳赋税外，其余部分粮食投放市场，供给城市。南宋时期，临安作为政治中心，人口激增，粮食供给需求量更是增加，《梦粱录》中就有："细民所食，每日城内外不下一二千余石，皆需之铺家。"①按照临安城内每日 2000 石计算，一年则需要 73 万石左右，这还不包括其他粮食物资。而米粮这种一般都是从外地农村用船只运输集中在米市，之后再发给各商铺零售。客商贩米多雇用"铁头舟"运输，一船可载 500 至 600 石不等。船户一家大小悉居船中，只以往来兴贩为业。②

"衢、睦等州，人众地狭，所产五谷，不足于食，岁常漕苏、秀米至桐庐，散入诸郡"③，即除了杭州以外，衢州、睦州等地粮食，也多依靠湖州、秀洲、苏州等地由钱塘江舟运而去。除了运输粮食物资之外，丝绸、陶瓷、果蔬、海鲜等也多依赖船运。例如明州、台州等沿海的海产品，大多沿浙东运河或逆钱塘江下游运至杭州。再如福建的荔枝上市之时，或海船来，或步担到，所谓"海船来"，即沿海沿钱塘江而来。浙东运河处于物资运输线上的枢纽地带，沿线的越州、明州属于重要交通枢纽和中转点，因此其造船业规模可想而知。④

2. 客运

唐宋时期，浙东地区的民间客运行业也很发达，江河湖海岸边的私人舟船也很多，备乘船者雇用。其中就有著名的爱国诗人陆游和中日文化友

---

① （宋）吴自牧撰，黄纯艳整理：《梦粱录》卷十六，大象出版社 2019 年版，第 371 页。
② （宋）吴自牧撰，黄纯艳整理：《梦粱录》卷十二，大象出版社 2019 年版，第 332 页。
③ （明）黄淮、杨士奇编：《历代名臣奏议》卷二百五十二，明永乐十四年内府刻本。
④ 童隆福主编：《浙江航运史·古近代部分》，人民交通出版社 1993 年版，第 93—94 页。

好交流的代表之一成寻。

南宋乾道五年（1169），陆游受命通判夔州，坐船从越州出发，经过浙东运河至杭州后，再出发去四川，《入蜀记》中有"十九日，黎明，至柯桥镇，见送客，巳时至钱清……申后至萧山县，憩梦笔驿……四鼓解舟，行至西兴镇"。再如熙宁五年（1072），日僧成寻率领弟子七人搭乘宋商孙忠的船只到达明州。待其到达杭州后，乘船沿浙东运河经越州、曹娥，并逆曹娥江而上，至剡县后坐轿去天台国清寺，后著《参天台五台山记》。

（三）机构和人员配备

唐宋时期，是浙东造船业的全盛时期，浙东一度处于全国造船业的领先地位，其生产规模之大和技术力量之强可以想象，尤其宋代朝廷重视以明州港为代表的造船业发展，因此在东渡门外甬东厢，特设置船场指挥营和造船监官厅事之机构。明州船场指挥营人员定额为四百人。旧有船场、采斫两指挥，并先后立有一些规定制度。如皇祐时，敕采斫兵役，遇冬至、寒食各给假三日，仍不住口食。若父母在营身死，给假五日；妻死，三日。如因采斫身死，支钱一贯文。其请过月粮、酱菜钱并与除放。每岁十二月一日的住采斫放令，歇泊至正月四日入役。其后又敕杭、明、温、台州招置船场兵士，并依采斫、指挥请受则例。其船场造船杂役人，出入采斫林木者，不得别有差役。元丰五年（1082），承旨司裁定两浙厢军人数，船场、采斫指挥，各以二百人为额。元丰六年（1083）五月，温州守臣牧之奏乞，今后只候本州支钱和买材料，更不发遣兵士入山采斫，兵士并入船场指挥营。

按照宋之规定，明州专门设置造船官（或称船场官）主持船场。在皇祐中，温州、明州各设有造船场。大观二年（1108），造船场并归明州，买木场并归温州；于是明州有船场官两员，温州有买木官两员，并差武臣。政和元年（1111），明州复置造船、买木两场，官各两员，乃选差文臣。二年（1112），因明州无木植，并就温州打造，将明州船场兵役、买木监官前去温州勾当。七年（1117），守楼异应以办三韩岁使船，请依归移船场于明州，以便工役。宣和七年（1125），两浙转运司乞移明州，温州船场并就镇江府，奏辟监官两员，内一员兼管买木；未几，又乞移于秀州通惠镇，存留船场官外，省罢，从之。中兴以来，复置监官于明州。监官文一员。①

纵观这一时期的造船业，无论是官营还是民营，都具有很强的时代特征，从而使"浙船"的标签更加突出。

一是船舶类型更加丰富、工艺技术更加先进。这一时期的造船业和航运业发展相辅相成，江河海联运关系更加紧密。根据运输的实际情况，适应航海运输和内河运输的不同类型的船只产生了，从而使这一时期的船舶工艺更加先进，类型更加丰富。

二是海洋性明显增强。唐宋时期，浙东制造的船舶更多的是制造大船、制造海船，罗盘针也主要应用于海上航行，前文已经叙述。同时，在船舶制造的选材方面，并不取樟木和其他硬木，而是开始使用红松木，使船舶有更好的浮力和防腐性，主要也是基于远洋航行的考虑。

三是出现大规模的造船场。明州造船场主要设在明州州城姚江一带，以及甬江口岸招宝山下，船场拥有严密的组织和制度，设有船场指挥营、采斫指挥营、船场监官厅事。其中两指挥营人员额定为 400 人，规定采斫兵役，每岁十二月一日住采斫，放令歇泊，至正月四日入役。此外，船只打造的用料、式样等都有明确规定。同时，明州海运商帮（团）也建有造船基地，专门打造远洋大海船。

四是对外影响扩大。浙东地区的商人不仅在浙东沿海地区建有造船基地打造船只，同时在日本也造船，将"越舟""浙船"弘扬至海外地区。例如唐会昌二年（842），商人李处人就在日本肥前国松浦郡值嘉岛用大楠木打造海船，另一位商人张支信也曾在日本肥前国松浦郡柏岛打造海船；

---

① （宋）胡榘修、方万里、罗濬撰：宝庆《四明志》卷七，浙江省地方志编纂委员会编著《宋元浙江方志集成》，杭州出版社 2009 年版，第 3222 页。

咸通三年（862），日本真如法亲王就乘张支信所造的海船前来中国。[①]

三、水利交通与港口的成熟

隋唐至宋元时期，浙东造船业的发展与水上交通的发展互相影响，主要体现在两个方面：一是这一时期内河航道的整治疏浚以及水利建设，特别是两宋时期浙东运河的全线贯通，实现了真正意义上的海陆联运。二是明州港发展，包括海上航线的进一步开拓、港口管理机构的设置以及中外交流增加等，同时也促进了这一时期的造船业发展。

（一）水利交通建设

唐元和十年（815），浙东观察使孟简疏凿新河，即西兴运河城区段的分支运河。新河西起于西小路河谢公桥，东至于利济桥接通府河，长约810米，与西兴运河城区段（会稽郡城运河）彼此平行，并通过府河和西小路河，与郡城运河连环，纳入全程的运河水系，利于调节供排水量，减轻郡城运河的通航压力。[②]正如斯波义信《宁波及其腹地》一文中所述："隋唐时期……凭借经余姚、曹娥把宁波与杭州联系起来的水路及浙东运河，宁波实际上成了大运河的南端终点。而且，由于杭州湾和长江口的浅滩和潮汐影响，来自中国东南的远洋大帆船被迫在宁波卸货，转驳给能通航运河和其他内陆航道的小轮船或小帆船，再由这些小船转运到杭州、长江沿岸港口以及中国北方沿海地区。而长江下游地区的产品则运集宁波出口。"[③]比较明确地概括了隋唐时期浙东运河的状况和地位。

南宋姚宽记："今观浙江之口，起自纂风亭，北望嘉兴大山，水阔

① 李永鑫主编:《绍兴通史·第三卷》，浙江人民出版社 2012 年版，第 106 页。

② 邱志荣、陈鹏儿:《浙东运河史 上》，中国文史出版社 2014 年版，第 248 页。

③ （美）施坚雅主编，叶光庭等译，陈桥驿校:《中华帝国晚期的城市》，中华书局 2000年版，第 470 页。

二百余里，故海商船舶，畏避沙潬，不由大江，惟泛余姚小江，易舟而浮运河，达于杭、越矣。"①两宋时期，伴随着浙东地区水环境影响，南宋政府加强运河管理，投入人力、财力疏浚旧道，开挖新河道，扩增堰闸，对浙东运河的上虞段、萧山段和鉴湖航道演变的会稽段运河开展重点疏浚。同时在运河航线上增加西兴堰、钱清北堰、钱清南堰、都泗堰、曹娥堰、梁湖堰和通明堰等七座主要堰坝，沟通了钱塘江、钱清江、曹娥江、余姚江、甬江五大潮汐河流之间的水路航线。

（二）明州港

明州始置于唐开元二十六年（738），由于其"东出定海，有蛟门、虎蹲天险之设"，海域风浪小，如此得天独厚的优势，使其很早就是通海口岸。得益于唐朝高水平的造船工艺和海上航路的发展，明州港逐渐发展起来。唐天宝十一年（752），日本派遣220余人的队伍出使唐朝，除了一艘漂流至安南外，其余三艘都顺利在明州登岸。这也是目前关于明州港最早接待外国使船的记载。之后，明州港也逐渐成为中日交流的重要门户。

吴越国时期，由于战乱阻隔切断陆路交通，所以吴越国重视发展海上交通，境内航线不仅遍及国内诸港，还与契丹、日本、朝鲜等交流频繁。故而明州港得以继续发展。

宋元时期，明州（1195年起称为庆元）也成为通往高丽、日本的主要港口，同时可南下闽广，交通南海（东、西洋）地区。这一时期，通过海上航运由国外输入的货物达数百种之多（宋朝统计有170余种，元朝统计有220余种），大抵可分为宝物、布匹、香货、药物、皮货、杂物六大种类。当然，从明州销往海外的货物也有很多，因此"海上丝绸之路"更加繁盛。

明州港港区在渔浦门外的姚江、甬江、奉化江的三江口一带，并有两个海运码头：一个是奉化江西岸的江厦码头，一个是余姚江南岸的甬东司

---

① （宋）姚宽撰，孔凡礼点校：《西溪丛语》卷上，中华书局1993年版，第25页。

道头。元朝时期，称海运码头为"下番滩"，即宋代的江夏码头所在。

当然，明州也是浙江历史上最早设立市舶司的海港口。北宋年间，明州港先是由两浙市舶司管理。至咸平二年（999），在明州东门口一带单独设置了市舶司。南宋时期，市舶管理基本沿袭旧制，机构略有调整。绍熙元年（1190），杭州市舶司停废；庆元元年（1195）后，江阴军、温州、秀州市舶司停废，只有明州一处未停废。元沿宋制，仍设置市舶司管理港口事宜。至元十四年（1277），设庆元市舶司。至元三十年（1293），温州市舶司并入庆元市舶司。大德二年（1298），澉浦、上海两市舶司并入庆元市舶司，且直隶中书省。庆元市舶司管辖范围不断扩大，且隶属朝廷直接管辖，直到至治二年（1322），庆元市舶司建制得以稳定，并维持到元末。

综上所述，这一时期内河航运及海上航运的发展，刺激着造船业的发展，同样也促进了中外文化交流和贸易发展，使浙东地区成为重要的对外门户。

第四节　明清时期造船业的式微

据考古发现及文献记载，明朝时期的国家造船工场分布之广、规模之大、配套之全，是历史上空前的，达到了古代造船史上的最高水平，浙东地区亦是如此。明清时期，浙东地区重点加强了对浙东运河的疏浚和堤坝修筑，内河航道更加畅通，并且因为这一时期政府对外总体实行"海禁"政策，故内河运输繁荣发展，民营的造船业继续发展，而官营的造船业逐渐衰落。

1842年后，中国开始沦为半殖民地半封建社会。尤其是根据《南京条约》，宁波于1843年开埠，被辟为对外通商口岸，外国势力也开始伸入浙东地区，对传统的造船业发生了前所未有的冲击，刺激了浙江近代轮船业的产生。传统产业中的木船，虽然因为灵活方便、造价低等特点而具有一定优势，但总体趋势是走向衰落的。

一、官方造船业的式微

明代初期，明太祖朱元璋为防止海上倭寇侵犯、巩固自身政权统治，实行海禁政策，严禁民间私人出海，并逐渐关闭海上贸易关口。虽自永乐三年（1405）至宣德八年（1433），明朝廷实现了郑和七次下西洋的壮举，走访的亚非国家有 30 多个，但这只是放开朝廷贸易，民间海上贸易依然被禁止。所谓"太祖旧制，深严双桅船只私自下海之禁"，务求"片板不许下海"。至隆庆元年（1567），明朝长达约二百年的时间里，海禁政策虽偶有松动，但始终作为基本国策，未曾改变。

同时，由于明朝廷与海外国家建有"朝贡"关系，所以对"朝贡"国家开放了三个港口，即"宁波通日本，泉州通琉球，广州通占城、暹罗、西洋诸国"[1]，并在三处设置市舶司。"贡船"作为明朝廷与日本之间"堪合贸易"的一种形式，两国借此互相进行着商品交换，即日本以贡的身份、明朝廷以赐的身份进行。例如明景泰四年（1453）四月，第二期第二次的 10 艘日本船只到达宁波普陀山，在莲花洋停泊时，明朝廷派出彩船百艘去欢迎，向贡船送去粮食和酒水等。抵宁波沈家门后，又有画舫船 50 余艘，吹角打鼓迎接，接至定海（镇海）口进入宁波港，入城中（宁波府城内）嘉宾馆。[2]宁波港除了接待日本贡船以外，几乎没有别的商船停靠，与宋元时期的千樯万楫形成鲜明对比，略显萧条。直至嘉靖二年（1523），"争贡之役"爆发，明朝廷为了取消这种入不敷出的单方得利朝贡政策，更加

---

① （清）张廷玉等撰，中华书局编辑部点校：《明史》卷八十一，中华书局 1974 年版，第 1980 页。

② 林士民：《宁波造船史》，浙江大学出版社 2012 年版，第 135 页。

坚定海禁决心，并认为此次倭祸起于市舶，于是关闭了宁波港与泉州港，只保留了广州港一处。

清初，为打击以郑成功为代表的反清复明势力，实现防汉制夷的政治目的，清朝廷实施更为严苛的海禁政策。清顺治十二年（1655），下令沿海省份"无许片帆入海，违者立置重典"；顺治十八年（1661），更强行将江、浙、闽、粤、鲁等省沿海居民分别内迁三十至五十里，设界防守，严禁逾越。①直至康熙二十二年（1683），清朝廷成功收复台湾后，宣布解除海禁政策，设置了浙海关等进行对外贸易。18世纪中叶，伴随着西方资本主义国家工业革命的开始，海外贸易日益扩张。乾隆二十二年（1757），清朝廷为防止海外势力的骚扰，撤销浙海关、江海关和闽海关的对外贸易，仅保留了粤海关。

另外，明清官营造船业的日益衰败除了和海禁政策的实施有关以外，还有一个原因就是浙东地区的木材原料匮乏。浙东地区原本具有丰富的木材资源，但是由于唐宋青瓷业等手工业经济的发展，区域内森林遭受长期砍伐，林业资源渐渐匮乏。宋元时期，明州造船所用木料已需向温州取材；明朝时期的浙东地区，需通过砍伐、买办和筹借等各种渠道征集木材；至清朝时期，木材原料的供求矛盾更加突出。

由此可见，明清两朝的浙东造船业曲折发展。为了漕运和军事上的需要，明清朝廷对造船非常重视，官方造船除了为朝廷打造提供"封舟"，以打造战船和漕运船为主。明清时期，朝廷多次派船出使琉球，所坐的船只被称为"封舟"，而宁波亦多次奉命提供"封舟"。例如清康熙五十八年（1719），朝廷派徐葆光奉命出使琉球以行册封，两艘船只均出自宁波，属于"浙船"系统。

明朝时期，浙东地区先后设立有不少卫所，如绍兴卫、临山卫、宁波卫、观海卫、昌国卫、定海卫等，以及三江千户所、沥海千户所、龙山千

---

① 徐雪英主编：《甬上船事》，宁波出版社2019年版，第28页。

户所、三山千户所、余姚千户所等，这些卫所都配置有战船，即每所船5只，军100名。战船种类很多，有多橹快船、十装、标号、软风、苍山等，而战船主要由浙东地区各卫所修造，各卫所有官吏专门负责，并配置造船兵。永乐九年（1411），明朝廷曾令临山卫、观海卫、定海卫、宁波卫、昌国卫等制造海船48艘，其中观海卫的战船建造制定有《造船则例》和《修船则例》，对500料、400料、200料官船，八橹快哨船及风快尖哨船等船身尺寸、造价都有明确规定。[①]之后，浙东地区是"船有亏折，有司补造，损坏者，军自修理"[②]。直至嘉靖五年（1526），因为沿海诸卫军伍虚耗，水寨军及防倭船严重短缺，存者无几，无奈只能临时募兵造船，事后便又补复旧额，充实造船兵，以及时修补战船。[③]清朝时期，清朝廷在宁波宋代造船场故地兴办了造船场，以打造海上战船为主，由宁绍台道掌握其事。正是因为宁波往返便捷，所以凡巡洋营船皆出于此。

而这一时期的漕运船，主要由沿河各官营船场打造。明初期，浙东地区的漕运船主要由清江船场（在今江苏淮阴）和卫河造船场（在今山东临清）负责打造和维修，至成化二十一年（1485），变为"听官军领价从便承造"[④]。嘉靖之后，各军卫自行打造，正所谓"内河之船，即今之官船，民船也……运石者谓之山船，运货者谓之货船，民家自出入谓之塘船"[⑤]。另外清代还有海漕运船，最著名的是宁波的疍船。疍船容量一千八百石，载重约一百一十万吨左右，船只利于深水，不利于浅滩，畏礁而不畏风，南北洋皆可行。[⑥]鸦片战争以前，宁波拥有疍船400余艘，仅从宁波至上海的运输船就有200余艘。清道光六年（1826），清朝廷就曾招募疍船作从上海至天津的海漕运输船。

---

① 林士民：《宁波造船史》，浙江大学出版社2012年版，第142页。

② （清）龙文彬撰：《明会要》卷六十二，中华书局1956年版，第1195页。

③ 童隆福主编：《浙江航运史·古近代部分》，人民交通出版社1993年版，第134页。

④ （明）章潢：《图书编》卷一百二十五，明万历四十一年万尚烈刻本。

⑤ 乐成耀：《宁波经济史》，宁波出版社2010年版，第185页。

⑥ 童隆福主编：《浙江航运史·古近代部分》，人民交通出版社1993年版，第138页。

二、民间造船业的兴盛

明清时期，由于政府长期实施"海禁"政策，航海业停滞发展，但这一时期的浙东运河及其他内河航道得到整治，从而促进了内河航运业的发展。首先是西行至绍兴段的运河，原本堰、闸被居民填占阻塞或为桥，明弘治年间（1488—1505）年间，山阴知县李良在唐宋基础上重修；万历年间（1573—1620），主事孙如法又捐资修筑十余里；清康熙年间（1662—1722），庠生余国瑞同僧集忠捐资集资万余金重新修筑，大大方便了水陆交通。其次是曹娥江梁湖坝至镇海招宝山海口河段，明永乐九年（1411）开浚了上虞县北的后新河，并修复通明坝，开凿了十八里河直达江口坝；嘉靖年间（1522—1566），上虞县令郑芸浚挖河流，把梁湖坝向西移动至江边，以更好地通舟楫。另外为了改善浙东运河的航运条件，政府在整治钱清江方面也做了大量的工作。明成化年间（1465—1487），绍兴知府戴琥一方面加固原有堤塘，另一方面新建新灶、柘林、扁拖、甲逢等闸，承担分泄洪水的职能，同时复修麻溪坝，使浦阳江下游恢复故道，使浙东运河又经萧山、西兴、越钱塘江而达杭州；嘉靖三十五年（1556），绍兴知府汤绍恩建三江闸，闸成遂尽塞濒海诸口，大力减少了水患灾害。至此，钱清江纳入了山会平原河湖系统，既不受浦阳江的干扰，也不受潮汐的侵害。浙东运河上的船只可从西兴，经绍兴直达曹娥，终抵宁波出海口，不再有盘驳过堰之劳。[①]

内河航道的顺畅，促进了内河航运业的发展，也大力带动了时代背景下的民间造船业。而民间造船业与官营造船业的集中、统一、大规模制造相比，具有灵活分散、规模小的特点，不仅可以制造渔船、捞泥船，还可以制造货船、游船，更适合应用于日常生产生活。绍兴民间打造有屋帻船、坐船和鱼鳝、菱等大小船只，其中乌篷船是民间普遍打造和使用的船

---

① 童隆福主编：《浙江航运史·古近代部分》，人民交通出版社1993年版，第127—128页。

只。徐珂《清稗类钞·舟车类》有"划船"的材料记载，即绍兴"以用桨者为划，伸足推之，进行甚速，绍兴人精此技，皆男子也"，说的就是乌篷船。明末清初人张岱《陶庵梦忆》还记载其家中打造楼船的情况："家大人造楼，船之；造船，楼之。故里中人谓船楼，谓楼船，颠倒之不置。是日落成，为七月十五，自大父以下，男女老稚，靡不集焉。以木排数重搭台演戏，城中村落来观者，大小千余艘"，只有富裕人家可以打造如此规模的大船。[①]

沿海的宁波则更擅长打造海船。宁波不仅可以打造通航日本、朝鲜等国家的对外贸易大船，还可以打造"约长三丈余，广六七尺"的简陋小船。明清时期，朝廷的许多海上战船，如苍船、网梭、壳哨等，原本均为沿海居民打造的渔船、运输船，后来被朝廷征用改为战船。

当然，这一时期的民间造船业更多的是打造客船和货船，尤其是游船的打造是浙东民间的一大特色。浙东地区河流密布、水道纵横，水利风景游览之处数不胜数，如萧山湘湖、宁波日月湖等。再者如绍兴水城内一街则有一河，乡村半里一里亦是如此，水网如棋局密布，可见以舟代步、乘舟出行是必备。甚至祭祖扫墓，"虽监门小户，男女必用两坐船，必巾，必鼓吹，必欢呼鬯饮。下午必就其路之所近，游庵堂、寺院及士大夫家花园"[②]。又如明朝末年山阴人王思任曾写过两篇文章，一篇《剡溪》讲述了其出曹娥江至剡溪、终至嵊县的水路行程，以及两岸的秀美风光，另一篇《小洋》讲述了恶溪恶劣的航运条件，但也不乏舟行之人。

这一时期由于商品经济发展和家庭手工业的发展，民间造船业逐步形成不同区域不同产品著称的专业倾向分工，从而引起区域之间不同商品的频繁交流，导致民间航运业的进一步发展，而民间船只货运也主要分为两种：一种是国内的运输贸易；一种是私商海外贸易。各地物产丰富，其中

---

① 童隆福主编：《浙江航运史·古近代部分》，人民交通出版社 1993 年版，第 137 页。
② （明）张岱撰，马兴荣点校：《陶庵梦忆》卷一《越俗扫墓》，中华书局 2007 年版，第 18 页。

"湖之丝，嘉之绢，绍之茶、之酒，宁之海错，处之磁，严之漆，衢之橘，温之漆器，金之酒，皆以地得名……"①，浙东地区不仅有水系内的交流，同时通过浙东运河和钱塘江，将内地粮食、丝绸、陶瓷等物产运至沿海地区，沿海地区的海鲜、舶来品等又运至内地，如"越酿著称于通国，出绍兴，脍炙人口久矣，故称之者不曰绍兴酒，而曰绍兴"②，远销全国各地；又如当时许多闽商从事木材贸易，"先往福建收买杉木，至定海交卸"③，"近闻宁波势家每至漳州贩木，顾白船往来海中，并无复溺之患"④，木材大都通过海运至木材匮乏的太湖流域。清朝时期，沿袭明朝旧俗，宁绍地区的物产货运至各地，如余姚县"临海四十余里皆植木棉，每至秋后，贾集如云，东至闽粤，西至吴楚，其岁息以百万计"⑤。以上这些以民间航运为主。

明清时期虽然实施"海禁"政策，但民间私商海外贸易一直秘密进行，从未停歇，尤其是明朝嘉靖后期，明朝与日本的勘合贸易停止后，私商贸易骤然增加。另外只要禁令稍有松弛，海外贸易即由复苏而活跃。用于海上运输、海洋渔业捕捞的船舶中，最著名的当属"绿眉毛"。绿眉毛是宁波一种古老船型，航速快，抗风浪性能好，因船头像一只漂亮的鸟头，在眼睛上涂上绿色弯曲的眉毛而得名。绿眉毛起源于宋代，明清时期在浙东地区得到广泛应用，是"浙船"的典型代表。

另外，据姚叔祥《见只编》卷上所说"大抵日本所需，皆产自中国"，赴日贸易的私商船很多，仅以《丰萨军汉·一宗麟政务并唐船渡海之事》记载，有"前天文十年（1541）七月二十七日唐船开到丰后神宫寺，有明人二百八十人来日本……天文十二年八月七日，又有五艘驶来。十五年，

① （明）王士性：《广志绎》卷四，清嘉庆道光间临海宋氏刻台州丛书本。
② 徐珂辑：《清稗类钞·饮食类》，民国六年商务印书馆排印本，第114页。
③ （明）王在晋：《越镌》卷二十一，明万历三十九年刻本。
④ （明）郑若曾撰，李致忠点校：《筹海图编》卷七，中华书局2007年版，第460页。
⑤ （清）周炳麟修，邵友濂等纂：光绪《余姚县志》卷六，光绪二十五年刻本。

在佐伯之浦拢岸。其后永禄年间，又驶来数次。天正三年（1575）乙亥，停泊四杵之浦"，其中就不乏从宁波所来之船。

三、造船业的转型

鸦片战争后，清政府开放五口通商，允许西方人在通商口岸设驻领事馆，西方资本主义国家开始在中国取得越来越多的主权。与此同时，伴随西方资本主义的入侵，西方轮船制造技术传入中国，刺激国人对于传统造船技术及造船业的思考，并开始对蒸汽轮船进行积极的探索和试制。这一时期的浙东地区学习西方的理念，开始从木质帆船转向轮船，并逐渐从帆船港转向轮船港。

其中，最早开始轮船仿造的是浙江嘉兴县县丞龚振麟。清道光二十年（1840），龚振麟奉调到宁波军营督造军械，因在定海战役中目睹英国轮船的优越性能，遂决定仿造，不久造成两艘，即"见逆帆林立，中有船以筒贮火，以轮激水，测沙线，探形势，为各船向导，出没波涛，惟意所适，人金惊其异而神其资力于火也。振麟心有所会，欲仿其制，而以人易火。遂鸠工制成小式。而试于湖，亦迅捷焉。中丞刘公（韵珂）闻制船事，令依前式造巨舰。越月而成，驶海甚便"①。可见，龚振麟仿造的是一种类似于古代车船的船只，并非真正意义上的蒸汽轮船。却由此引发了浙江，乃至广东、江都等地仿造和试制轮船的热潮。尤其是第一次鸦片战争期间，清政府迫于外部压力，对于浙江进行的轮船研究探索给予了相当的重视和支持，使得轮船仿制取得了一些成绩。但最终由于封建统治阶级的时代局限性，伴随着鸦片战争的结束，清政府对于轮船式采取"既不必购买"，也"毋用制造"的态度。

---

① （清）魏源撰，魏源全集编辑委员会编校：《海国图志》卷八十六，岳麓书社 2004 年版，第 2022 页。

与此同时，由于西方资本主义的海外贸易扩张，清朝廷于 1757 年撤销宁波等三个海关的对外贸易之后，宁波港凭借地理位置的优势，与国内诸海港间的贸易取得了前所未有的发展，成为南北货运的枢纽，"南北商号"由此萌发，宁波古代航运业开始进入有序、有规则的时代。至清道光年间，宁波较有影响的有宁波帮北号 9 家、南号 10 家。[①] 咸丰四年（1854），宁波船商董事召集"南北号"各船商商议并购置暗轮轮船一艘，即"宝顺"号，并组织成立"庆成局"，负责轮船为宁波商船护航事宜。仅数月之间，"宝顺"号便歼灭海盗 2000 余人，击毁或捕获盗船百余艘，直到 1884 年中法战争，为封锁宁波航道，"宝顺"号被装满石块沉于镇海口，结束了其历史使命。"宝顺"号的使用，为浙东乃至整个浙江的近代航海事业造就和锻炼了第一批轮船驾驶、轮机方面的人才，也开创了中国使用轮船的先河。[②]

因为具有速度快、安全性高等优点，轮船被人们快速接受。19 世纪 60 年代后期，清朝廷对创办华资轮船业的态度也有所松动，即允许华商可以遵章置办洋式船只往返于各通商口岸与外国贸易，于是华商开始创办轮船业。据考证，浙东最早的记载是关于宁波华商新制两只小轮，计划每天载客前往上海，定价每位四角，之后便无下文，轮船业亦沉寂多年，直至 1877 年宁波轮船公司成立。另一方面，清朝廷曾一度默许小轮船进入内地，浙东地区内河的小轮船航行日渐风靡，至 19 世纪 90 年代，小轮企业成立兴起。[③]

随着浙东轮船业的悄然兴起，传统造船业受到严重冲击，据同治十二年（1873）官方不完全统计，进宁波港的帆船为 376 艘次，轮船为 570 艘

---

① 徐雪英主编：《甬上船事》，宁波出版社 2019 年版，第 29 页。
② 童隆福主编：《浙江航运史·古近代部分》，人民交通出版社 1993 年版，第 236—238 页。
③ 童隆福主编：《浙江航运史·古近代部分》，人民交通出版社 1993 年版，第 236—249 页。

次，轮船成为出入宁波港的主要船型。但因为有清朝廷政策保护，再加上从业人员众多，所以传统造船业并没有迅速消失。宁波用于航海的木制帆船虽日益减少，但在内河交通、漕运等方面仍继续发挥重要作用，直到20世纪中期才陆续退出历史舞台。[1] 从千樯万楫的盛况慢慢变为惨淡经营，这其中固然有政策的禁锢、时代的局限性，但更重要的应该是传统制造业的技术创新问题，符合时代发展方能经久不衰。

小　结

"跨湖桥文化"与"河姆渡文化"中已孕育有水利交通文明和海洋文明，"刳木为舟、剡木为楫"显示了古代浙东地区先民高超的技术水平，"风帆"的出现亦是造船技术和航海技术领先的最好说明，这不仅促进了造船业的大踏步发展，还为之后建立优质港口、设立通海门户、开创"海上丝绸之路"的文明对话等起到重大作用。先秦至南北朝时期，浙东运河沿线区域的造船技术经历了从原始向专业化、规模化的重要转变，为后期历代的海上贸易和探索奠定了基础。尤其是风帆的发明与应用、船只设计技术的进步，都极大地促进了造船业的繁荣发展。唐宋时期，浙东造船业进入了快速发展的全盛时期，尤其是以"神舟"制造为代表的先进技术，领先于全国乃至世界。尤其是两宋时期，根据其航行水情，总体上又可以分为运河船、内河船和海船三大类。但至明清时期，造船业虽曾一度中兴，但整体呈逐渐衰败趋势，从千樯万楫的盛况慢慢变为惨淡经营，这其中固然有政策的禁锢、时代的局限性，但更重要的应该是传统制造业的技术创新问题，符合时代发展方能经久不衰。

---

[1]　徐雪英主编：《甬上船事》，宁波出版社 2019 年版，第 31 页。

以史为鉴，面向未来。通过对浙东运河千年造船历史的梳理，不禁感叹这一流域内造船工艺高超、造船历史悠久、造船文化深厚，而传承和弘扬浙东运河灿烂的船业文明，仍然是任重道远。

第七章
青铜冶铸业

    铜是人类早期使用的金属之一。人类制造和使用铜器始于以自然铜（红铜）直接锻打而成的工具。青铜器是铜器家族的特殊品种。青铜是铜与其他金属的合金，因铜锈多呈青绿色而得名。中国古代的青铜主要是铜与锡的合金，由人工冶炼矿石而得。现代材料学将铜锡合金称为锡青铜，将铜铅合金称为铅青铜。

    世界各大文明都先后经历过青铜时代。考古学所定义的"中国青铜时代"，大体是历史学所说的"先秦时期"，即从公元前 21 世纪夏王朝建立到公元前 3 世纪末秦始皇统一中国。此时，黄河流域的华夏民族经历了夏、商、周三个朝代，而生活在浙江境域的越人，也开始步入青铜时代。

    浙东运河，肇始于春秋时期的山阴故水道，后西晋贺循主持开挖西兴运河，逐渐形成自杭州西兴至宁波甬江入海口的东西交通要道。这里的青铜冶铸业起步较晚，但发展迅速。随着越国的建立和强势崛起，青铜冶铸业迅速发展壮大，达到鼎盛，同时呈现出显著的地域色彩。不同于中原地区青铜器的礼制化，越国不遗余力地发展青铜冶铸业更多的是出于富国强兵之需求，其铸造的青铜器以兵器、农具为大宗，注重实用功能，尤以青铜剑名闻天下。秦汉以降，越地的青铜器进一步世俗化，出现了大批与日常生活息息相关的青铜器，汉代的会稽郡成为全国铜镜铸造中心，会稽铜镜声名远播，通过浙东运河等水陆交通，畅销全国，远销日本。隋唐以来，青铜冶铸业虽然逐渐衰落，铜的采冶铸造仍在继续，随着金石学的发展，仿先秦铜器一度大量出现。但总体来说，由于铁器的广泛使用、瓷器的成功烧制，以及本身铜源供求关系的影响，各类青铜器逐渐被其他材质替代，淡出历史舞台。

第一节 商周时期青铜文化的起源

史前的浙东地区，历经繁盛的河姆渡文化、马家浜文化之后，步入良渚文化时期。距今 5300—4300 年的良渚文化光彩夺目，被认为是中华五千年文明史的实证，但迄今尚未在良渚文化的遗址或墓葬中发现青铜制品的遗存。良渚文化之后，在这片土地上繁衍生息的便是马桥文化，浙东地区缓慢地进入青铜时代。

一、青铜遗存的出现

马桥文化，以上海闵行区马桥镇东的马桥遗址第四层为代表的青铜器时代早期文化，年代距今约 4100—3000 年，大体相当于夏代和商代。[1]在浙东宁绍平原地区，杭州水田畈（上层）和老和山遗址（上层）、萧山河庄蜀山遗址、绍兴马鞍和仙人山遗址，余姚车厩一中遗存、宁波八字桥遗存、宁波鄞州区钱㟧和百梁桥遗址等[2]，都是马桥文化的典型遗址。

马桥文化在延续了良渚文化因素的同时，融入了大量新文化因素，其中在浙东北地区分布的有"马桥类型""高祭台类型""塔山类型"等，遗物以陶器、石器为主，同时出现了青铜文化因素。[3]不过，马桥文化出土的青铜器无论从数量还是质量上看，都远远落后于同时期的中原地区。中原青铜文化的源头更为久远，到商代，已达炉火纯青的地步。1957 年，在淳安进贤遗址的发掘清理中，发现了与几何形印纹陶伴出的小件青铜器。[4]

---

[1] 陈晓、朱继勇、徐德明编著：《浙江科学技术史话》，浙江大学出版社 2017 年版，第 106 页。

[2] 林华东：《浙江通史·史前卷》，浙江人民出版社 2005 年版，第 409—412 页。

[3] 宋建：《马桥文化的分区和类型》，《东南文化》1999 年第 6 期。

[4] 徐建春：《浙江通史·先秦卷》，浙江人民出版社 2005 年版，第 80 页。

这是史前青铜器在浙东运河流域的首次发现。目前发现的马桥文化青铜器物，均为造型简单的刀、凿、斤、镞等小件器物，从器物形态上看不出同中原青铜文化存在相关性，在合金成分上也与中原青铜器存在明显差异。[①]尽管如此，马桥文化青铜器的出现，标志着浙东运河流域青铜时代的到来。

从浙东运河流域考古出土的青铜器资料来看，杭州萧山、宁波地区有零星的商代、西周青铜器出土。例如，1975 年，宁波鄞县（今鄞州区）出土了两件西周时期的青铜甬钟，其形制相同，大小不一。合瓦形，腔体较扁，36 枚，每面三排 18 枚，每排枚之间以细小乳钉作界格。甬作上小下大状，甬上有旋、钮。[②]1981 年，杭州萧山发现一件西周时期的青铜甬钟。通高 41.5 厘米，重 12.5 公斤，合范铸成。绳索形半环旋，干部正背两面饰饕餮纹，舞面饰云雷纹，枚篆交界和钲边饰连缀乳纹，每行以细线框边。[③]

二、早期青铜文化的特点

商到西周时期，浙东运河流域青铜文化的发展步履是缓慢的，其水平无法与中原青铜文化相比。生产技术发展的不平衡，推动了文化的交流。因此，浙东运河流域的青铜器，特别是礼器，深受中原青铜文化的影响。尽管如此，浙东运河流域的青铜文化仍然表现出了地方的特色。主要表现为：一是继承了本地区石器文化的传统；二是在青铜器的装饰风格上与同期印纹陶相一致。

---

① 项隆元、龚缨晏：《浙江科学技术史·上古至隋唐五代卷》，浙江大学出版社 2022 年版，第 42 页。

② 涂师平、范光花：《宁波鄞州区先秦青铜器述略》，《东方博物》2014 年第 3 期。

③ 张翔：《浙江萧山杜家村出土西周甬钟》，《文物》1985 年第 4 期。

正如李学勤所说："长江下游的青铜器在商代受到中原文化的很大影响，西周以后逐渐创造自己独特的传统，并与长江中游渐行渐近。到春秋末年，比较统一的南方系的青铜器型式，可以说已经形成了。"[①] 总的来说，商至西周时期，浙东运河流域的青铜冶铸业已有一定的水平和规模，但从出土数量来看，为数不多，不能与中原地区相提并论。这种发展的不平衡，与当时政治、经济等因素有关。在春秋以前，这里尚未形成统一的国家政权机构，各地的青铜冶铸业还仅仅停留在由分散的土著部落自行经营的阶段。[②] 此后，随着越国的建立和崛起，这一状况才得到较大改变。

第二节 越国时期青铜冶铸的繁荣发展

"越之前君无余者，夏禹之末封也。……禹以下六世，而得帝少康，少康恐禹祭之绝祀，乃封其庶子於越，号曰无余。"[③] 由此昭示了越国的开始。公元前 6 世纪，越君允常拥土称王，越国开始发展壮大。春秋末期，越王句践继位，励精图治，灭吴称霸，迁都琅琊，与诸侯争雄，越国国力也达到顶峰。在这样的背景下，浙东运河流域的青铜文化迅速发展。无论是从文献记载还是考古出土来看，该地区青铜文化的兴盛和越国的崛起是同步的。

---

① 李学勤：《从新出青铜器看长江下游文化的发展》，《文物》1980 年第 8 期。

② 曹锦炎：《浙江出土商周青铜器初论》，《吴越历史与考古论丛》，文物出版社 2007 年版，第 203 页。

③ 崔冶译注：《吴越春秋·越王无余外传第六》，中华书局 2019 年版，第 150—165 页。

一、山阴故水道连通越国冶铸基地

兴建于春秋战国时期的山阴故水道，是浙东运河的核心和标志性段落。《越绝书》记载："山阴故水道，出东郭，从郡阳春亭，去县五十里。""去县五十里"与《越绝书》对练塘的位置记载相同："练塘者，句践时，采锡山为炭，称炭聚，载从炭渎至练塘，各因事名之。去县五十里。"①练塘为越国青铜冶炼之地，地名今尚在，位于绍兴上虞东关西，距运河约百余米。"赤堇之山，破而出锡；若耶之溪，涸而出铜。"②"赤堇山在县东三十里，《旧经》云，欧冶子为越王铸剑之所。"③考古发现的银山冶炼遗址，位于绍兴上虞东关街道，"银山在县东五十里"，与赤堇山、若耶溪等处相距不远。另有称山，"在县东北六十里，《旧经》云，越王称炭铸剑于此"④；铜姑渎，"姑中山者，越铜官之山也，越人谓之铜姑渎，长二百五十步，去县二十五里"⑤。

历史文献中记载的铜矿、锡矿、铅矿所在地，以及考古发现的青铜冶炼遗址在山会地区东南部，也就是《越绝书》记载山阴故水道所经之地。山阴故水道除了防洪、排涝等水利作用，还沟通了纵横交错的越国水上网络，沟通了各生产生活基地，发挥了重要的航运作用，为青铜冶铸业的发展提供了必需的运输支持。今宁波地区尚未发现春秋战国时期的铸铜作坊遗址，可以合理推测其青铜器具或为通过水陆交通从今绍兴地区输入。

---

① （汉）袁康、吴平著，徐儒宗注释：《越绝书》卷八，浙江古籍出版社2013年版，第54页。

② （汉）袁康、吴平著，徐儒宗注释：《越绝书》卷十一，浙江古籍出版社2013年版，第70页。

③ （宋）沈作宾修，施宿纂：《嘉泰会稽志》卷九《山》，浙江省地方志编纂委员会编《宋元浙江方志集成》，杭州出版社2009年版，第1819页。

④ （宋）沈作宾修，施宿纂：《嘉泰会稽志》卷九《山》，浙江省地方志编纂委员会编《宋元浙江方志集成》，杭州出版社2009年版，第1822页。

⑤ （汉）袁康、吴平著，徐儒宗注释：《越绝书》卷八，浙江古籍出版社2013年版，第54页。

二、青铜器出土概况

春秋战国时期，浙江地区的青铜器分布地域广泛，在杭州、嘉兴、湖州、绍兴、宁波、台州、金华、温州、衢州、舟山等地均有出土，其中以绍兴为代表的浙东运河流域是主要分布区域。

绍兴地区，曾在绍兴西岸头遗址出土青铜构件；凤凰山木椁墓出土青铜剑、戈、环、镞等；城关狗头山发现青铜句镶；坡塘306号墓出土青铜鼎、盉、瓿、罍等；漓渚出土青铜鸠杖；若耶溪出土青铜剑、削、斧等半成品；齐贤镇陶里壶瓶山遗址第二文化层出土青铜凿、锛；福泉镇出土青铜镶；印山越王陵出土青铜凿、锄、铎；塔山出土青铜甬钟；任家湾战国墓出土青铜车軎、马衔、兽形饰、镞、戈等；西施山出土青铜鼎、盘、匜、勺等；以及历年绍兴各地出土的大批青铜农具、兵器等。上虞银山冶炼遗址先后发现青铜锄、锸、铲、剑、矛等器，白马湖土墩墓出土了青铜剑、镞。嵊州出土过青铜镰。诸暨次坞镇出土过青铜炭炉，诸暨城东、山下湖镇、陈宅镇出土过青铜矛、戈、锛。[①]

宁波地区，曾在鄞县甲村出土青铜钺、剑、矛；钱㠣遗址第一文化层出土青铜镦、削、锛；钱㠣遗址春秋战国文化层出土青铜弩、削等器，以及鄞县各地陆续出土的大量兵器农具。慈溪彭东、东安土墩石室墓出土了青铜镞、削；横河出土了青铜矛；彭东、石堰、陈山出土了青铜剑、铲。余姚老虎山一号墩出土了青铜剑、戈。[②]

在这些考古出土的青铜器中，春秋时期的青铜器以礼器、兵器、乐器、农具等为主，另有少量车马器和其他器物。礼器主要有鼎、瓿、罍、盉、鸠杖等；乐器主要有甬钟、句镶、铎等；兵器主要有剑、矛、戈、镞，其中以剑为多；农具主要有斧、凿、锛、锄、铲等。这一时期，绍兴是浙江地区青铜兵器、乐器的主要分布区，出土数量最多。从出土环境来看，

---

① 俞珊瑛：《浙江出土青铜器研究》，《东方博物》2010年第3期。
② 俞珊瑛：《浙江出土青铜器研究》，《东方博物》2010年第3期。

兵器多出于河道、墓葬，可能与越国舟行水处、善于水战有关；乐器主要出土于山上、江河旁，可能与山川祭祀有关。

战国时期的青铜器，在类别上较春秋时期大为减少。兵器还是这一地区青铜器的主要类别，有剑、矛、戈、镞等，绍兴仍是出土青铜兵器数量最多的区域之一。农具数量仅次于兵器，且种类多样，斧、凿、锛、铲、锄、镰、锸、铚、镬等。青铜礼乐器基本不见，代之而起的是仿铜原始瓷礼乐器的大量出土。另外还有鱼钩等渔猎工具，车軎、马衔等车马器。

绍兴坡塘狮子山 306 号墓，1982 年发掘，是一座有阶梯墓道和壁龛的竖穴土坑墓，也是浙江地区唯一一座出土春秋青铜礼器的墓葬。墓内出土的随葬品有青铜器、玉器、金器、陶器等共计 1244 件。其中青铜器 59 件，有汤鼎 1 件、圜底鼎 2 件、甂 1 件、甂盉 1 件、提梁盉 1 件、罍 1 件、鉴 1 件、炉 1 件、尊 1 件、房屋模型 1 件、插座 1 件、小铜豆 1 件、小铜壶 1 件、小阳燧 1 件、铜洗 1 件、兽面鼎 1 件、刻刀 14 件、削 7 件、刀 20 件、凿 1 件。汤鼎、炉、罍均有铭文。[①] 其中不乏伎乐铜屋这样的青铜器精品，但不见青铜兵器、乐器和车马器。虽然对于墓葬的国属，学界有不同的观点，但是仅就出土的青铜器物而言，其形制与装饰风格上体现出徐、楚、吴、越等多国青铜的特征，充分表现了文化的交流与融合。

伎乐铜屋，青铜质，今藏于浙江省博物馆。全屋通高 17 厘米，平面作长方形，面宽 13 厘米，进深 11.5 厘米。三开间，明间较次间宽 0.3 厘米。正面无墙、门，立两明柱，另三面有墙，呈透空格子状，背墙中间开一格子窗。内有人俑六，分别呈击鼓、抚琴、吹笙、咏唱状。屋顶作四角攒尖顶，上设 7 厘米高的八角柱，柱顶有一鸟。器身密布具有南方特色的纹饰。此器除了精美绝伦外，对了解当时的建筑形态、人物形象、生活习俗、祭祀仪式等具有重要意义。

绍兴西施山遗址，随着城市基础建设的不断推进，开展了多次考古发

---

① 黄昊德、田正标、游晓蕾：《越国考古》，浙江人民出版社 2022 年版，第 401—402 页。

掘，先后出土了一大批春秋战国时期的遗物，有青铜器、铁器、陶器等，部分已流散于民间。西施山遗址出土数量最多、最有价值的是青铜器，有礼器、农具、兵器等，总数有 200 余件，数量众多，类型丰富，制作精良。其中，鼎 3 件、盘 2 件、匜 4 件、勺 5 件、镜 1 件、构件 1 件、镇 3 件、衡盘 1 件、带钩 48 件、戈 5 件、矛 6 件、剑 2 件、镞 18 件、镦 10 件、犁 1 件、点播器 1 件、镢 3 件、锄 10 件、锸 3 件、铲 5 件、镰 7 件、铚 5 件、斧 1 件、锛 3 件、凿 12 件、耨 2 件、刮刀 5 件、刻刀 6 件、削 13 件、鱼钩 5 件、戈币 5 件、青铜块 20 公斤。这些青铜器中，鼎、盘、匜、戈、矛、镜、勺、带钩等都属于本地铸造的仿楚式铜器，其外形与楚器比较接近，但表面处理、局部装饰等制作工艺是越国的风格。[①] 既展现了越、楚之间的文化交流，也向世人展示了越国强盛时期的文化面貌。

三、具有地方特色的青铜器

（一）青铜兵器

春秋战国是一个战争频繁的时代，於越民族也是一个骁勇善战的族群。"越"者"戉"也，本身就是一种武器，反映了该民族尚武和骁勇的品格。频繁的战争客观上促进了越国兵器铸造业的进一步发展。越国的青铜兵器不仅制作精良，而且数量巨大，成为越国青铜器的一大特色。常用的青铜兵器有矛、戈、戟、钺、剑、矢镞等。

青铜剑

剑是一种由刺击兵器演化而来的短兵器。从商代晚期到西周时期的青铜剑都是短剑，当时这种剑只是少数人佩戴，还不是普遍使用的兵器。到春秋晚期，剑作为一种新式武器，装备至军队中最下层的军官。越国地处江南水网地带，"以船为车，以楫为马"，不同于中原地区盛行的车战，步

---

① 刘侃：《绍兴西施山遗址出土文物研究》，《东方博物》2009 年第 2 期。

兵成为越国军队的主力。因此，长兵器不宜使用，剑作为一种轻便、锋利且适合近战的短兵器，得到了长足的发展。

在越国青铜兵器中，越剑是最杰出的代表，不仅具有地方特色，而且在工艺水平上远超中原诸国。当时的越剑技艺精湛，名闻天下。其实，春秋战国时期战争频仍，各国都高度重视武器的制造，目前已发现的青铜剑就数以千计。在这数以千计的青铜剑中，以春秋晚期至战国中期的越国青铜剑最为精良。越国青铜剑在剑格上经历了从无格到有格、从厚格到窄格的演变过程；在茎上则经历了茎身从无箍到有箍的发展过程；在冶铸技术方面，从合金成分比较单纯发展为多种成分的混合冶炼；在装饰方面，从素面剑发展到雕铸有精美纹饰和铭文的剑。因此，越剑不但锋利，而且美观；既有很高的实用意义，又有很高的观赏价值。

古籍中对吴、越青铜兵器的赞词有很多，评价很高。《周礼·考工记》："吴粤（越）之剑，迁乎其地，而弗能为良，地气然也……吴粤之金、锡，此材之美者也。"[①]《庄子·刻意》："夫有干越之剑者，柙而藏之，不敢用也，宝之至也。"[②]《战国策·赵策》："夫吴干之剑，肉试则断牛马，金试则截盘匜，薄之柱上而击之则折为三，质之石上而击之则碎为百。"[③]从出土及传世的越王、吴王剑来看，文献记载确非虚言。吴越之剑不仅成为各国君主希望得到的宝器，而且常常作为死后随葬的珍品，如湖北楚墓多次发现随葬吴越名剑。

闻名遐迩的越王句践剑，1965 年出土于湖北江陵望山 1 号墓中。此剑通长 55.7 厘米，剑身宽 4.6 厘米；剑首向外翻卷作圆箍形，内铸 11 道极细小的同心圆圈；剑格正面用蓝色琉璃，背面用绿松石镶嵌出绚丽的花纹；剑身近格处错有"越王鸠（勾）浅（践）自乍（作）用剑"八字鸟篆

---

① （清）孙诒让著，汪少华整理：《周礼正义》卷七十四，中华书局 2015 年版，第 3759 页。

② （清）王夫之：《庄子解》卷十五《外篇·刻意》，中华书局 2009 年版，第 207 页。

③ 缪文远、缪伟、罗永莲译注：《战国策》卷二十，中华书局 2012 年版，第 571 页。

铭文；剑身满饰菱形暗纹。此剑保存完好，历经 2400 多年，刃部仍锋利无比。其制作之精湛，可谓鬼斧神工。这件越王句践剑，是集当时各种先进的青铜冶铸技术于一体的珍品，代表了当时越地铸造技术的最高水准。

根据质子 X 荧光非真空分析，此剑主要用锡青铜铸成，黑色菱形花纹和剑格则含有一定量的硫。专家们认为，此剑各种元素的配比是有意识控制的，不同部位的配比不同，这主要是由于剑的不同部位对刚性、柔韧性、脆性等有不同要求。铸剑时主要凭工匠丰富的经验，采用合金熔铸或嵌铸的工艺，不仅要提高使用效果，而且还要注意装饰性。这要比世界上其他国家提早将近 2500 年。[1] 见表 7-1。

表 7-1　越王剑表面各部位的元素成分表[2]

文物名称	分析部位	元素成分（%）					
		铜	锡	铅	铁	硫	砷
越王句践剑	剑刃	80.3	18.8	0.4	0.4		微量
	黄花纹	83.1	15.2	0.8	0.8		微量
	黑花纹	73.9	22.8	1.4	1.8	微量	微量
	黑花纹特黑处	68.2	29.1	0.9	1.2	0.5	微量
	剑格边缘	57.2	29.6	8.7	3.4	0.9	微量
	剑格正中	41.5	42.6	6.1	3.7	5.9	微量

浙江地区出土的青铜剑，全省文物部门多有收藏。浙江省博物馆藏有一把越王者旨於睗剑，剑的所有者为越王句践之子。此剑通长 52.4 厘米，剑体宽阔，中脊起线，双刃呈弧形于近锋处收狭；圆盘形剑首，圆茎上有

① 复旦大学静电加速器实验室、中国科学院上海原子核研究所活化分析组、北京钢铁学院《中国冶金史》编写组：《越王剑的质子 X 荧光非真空分析》，《复旦学报（自然科学版）》1979 年第 1 期。
② 复旦大学静电加速器实验室、中国科学院上海原子核研究所活化分析组、北京钢铁学院《中国冶金史》编写组：《越王剑的质子 X 荧光非真空分析》，《复旦学报（自然科学版）》1979 年第 1 期。

两凸箍，箍饰变形兽面纹，茎绕丝质缠缑；剑格两面铸双钩鸟虫书铭文，正面为"戉（越）王戉（越）王"，反面为"者旨於睗"；字口间镶嵌着薄如蝉翼的绿松石，现有部分脱落，脱落处可见红色粘接材料的痕迹。此剑还有完整的剑鞘，为两块薄木片黏合而成，上宽下窄，每距0.21厘米用丝线缠绕加固，再髹以黑漆。保存完整，不锈不蚀，风采依旧，实属精品。

浙江省博物馆还有一把越王州勾剑，同样是难得的珍品。越王州勾，即朱勾，为越王句践的曾孙。州勾是继句践之后，武功最为显赫的越国君王。在他长达30余年的统治时期，越国的国势达到了顶峰。此剑通长57厘米，保存完好，剑作斜宽从、厚格式，中脊起线，两从斜弧，双刃呈弧形于近锋处收狭；格上阴刻兽面纹，兽面上镶嵌绿松石，部分脱落；圆盘形剑首；剑身满饰交织的波状暗纹，内填鸟首状纹饰；剑身近格处错"戉（越）王州句自乍（作）用剑"八字鸟篆铭文；剑锋犀利异常，寒气逼人。出土时附完整的剑鞘与剑匣，极为难得。剑匣木质，长方形，带盖，盖弧隆。剑鞘木胎，长条形，上宽下窄，口沿处呈三角形，下端近三分之一处开始略收狭，通体髹黑漆。鞘头和鞘尾朱绘几何形云纹、几何纹和点纹等，鞘中部为神人操蛇图，神人身有点纹，左手操蛇，右手持一短柄兵器，脚抽象成卷云状，为研究越人习俗提供了珍贵的实物资料。

除了浙江省博物馆所藏外，青铜剑的出土以绍兴、湖州地区为大宗。绍兴博物馆藏有三把越王不光剑。越王不光，是越王州勾之子，在位36年，是越国在位时间最长的君王。越王嗣旨不光剑，全长67.3厘米，为越王不光未即位时使用之剑；越王者旨不光剑，全长51.4厘米，为越王不光在位时使用之剑；越王不光剑，全长59.5厘米，为越王不光担任王位时使用之剑。三把剑的剑格一面错金银"不光不光"，剑格两面和剑首底边上有错金银鸟篆文。它们见证了越国由强盛逐渐走向式微的过程。

铸剑名匠干将、莫邪和欧冶子的名字一直流传至今，越国的铸剑术更是驰名海内。《越绝书》专门为吴、越铸剑立篇，即《越绝外传记宝剑》，把吴、越的铸剑过程描绘得出神入化：

当造此剑之时，赤堇之山，破而出锡；若耶之溪，涸而出铜；雨师扫洒，雷公击橐；蛟龙捧炉，天帝装炭；太一下观，天精下之。欧冶乃因天之精神，悉其伎巧，造为大刑三，小刑二：一曰湛卢；二曰纯钧；三曰胜邪；四曰鱼肠；五曰巨阙。[①]

《淮南子·齐俗训》说："得十利剑，不若得欧冶之巧。"[②]这个名重一时的欧冶子，又称区冶子，生卒年不详，会稽（今绍兴）人。越国铸剑工匠。曾为越王句践铸成湛卢、纯钧、胜邪、鱼肠、巨阙 5 柄宝剑，均"风吹断发，削铁如泥"。今绍兴平水日铸岭，相传为欧冶子铸剑处，当地建有欧冶祠。平水"三灶"（即今上灶、中灶、下灶 3 个自然村）南接日铸岭，西靠若耶溪（今平水江），为铸剑的 3 处灶基。

青铜戈

戈是一种可钩可啄、装有长柄的武器。因横刃有锋、垂直装柄，其用内刃钩割、用外刃推杆、用前锋啄击，有较好的搏杀效果，成为古代战争中使用最广泛的兵器之一。《左传·定公十四年》载，槜李之战中，"（越大夫）灵姑浮以戈击阖庐，阖庐伤将指，取其一屦"[③]。吴王阖庐就是被灵姑浮的戈击伤致死的。完整的戈由戈头、细长的扁圆柄、套在柄上端的冒（帽）和装在柄下端的铜（镈）组成。一般所称的青铜戈仅指戈头。见诸著录的铸有铭文的越国青铜戈有越王者旨於赐戈、越王戈等。浙东运河流域出土的戈数量不多，应当与此地多河港、不利于车战有关。

青铜矛

矛是一种直而尖形的刺杀兵器。矛有较长的柄，与盾结合起来，就成

---

① （汉）袁康、吴平著，徐儒宗注释：《越绝书》卷十一，浙江古籍出版社 2013 年版，第 70 页。

② 何宁校刻：《淮南子集释》卷十一《齐俗训》，中华书局 1998 年版，第 797 页。

③ （清）阮元校刻：《春秋左传正义》卷五十六《定公十四年》，中华书局 2009 年版，第 4672 页。

为既能进攻，又能防御的一套兵器。锋刃在前，冲刺杀伤，与戈及戟作为长柄的格斗武器成组地在大型车战中使用。完整的矛由矛头、矛柄和套于柄末端的青铜镦组成。一般所称的矛仅指矛头。《考工记》上说，矛分酋矛和夷矛两种，酋矛柄长 2 丈，为步卒使用；夷矛柄长 2 丈 4 尺，为兵车上使用。《越绝书》载，越王"杖屈卢之矛"[①]。

　　总体上说，矛的形制演变经历了由短变长、矛叶由宽变窄、血槽从无到有的过程。绍兴西施山遗址发现的 6 件青铜矛就体现了这种变化。常见矛体瘦长，锋尖锐，中脊起棱，圆形骹细长，上有鼻钮，銎口齐平；后期无钮，脊贯通骹，矛身刻有鱼鳞纹，中脊及骹断面呈菱形。其长度在 15.5—25.1 厘米。其中的宽叶长骹矛，似等腰三角形，骹一侧附半环形钮。另一种狭叶矛比较常见，细长，两刃较直，有后锋，中脊隆起，圆銎附鼻形钮，口部作凹弧形。[②]宁波鄞县（今鄞州区）甲村出土的青铜器中，有一件青铜矛，矛身较长，中部起脊，刃基部稍向外张，圆骹，一侧有附钮，骹上部铸一阳文"王"字。这件"王"字矛在宁波地区并非孤例，亦见于慈溪横河，在浙江省内还见于长兴和嘉善。[③]见诸著录的铸有铭文的越国青铜矛有越王者旨於睗矛、越王大子不寿矛、越王州句矛、越王矛等。

青铜镞

　　矢镞是青铜铸造的箭头，是青铜兵器中最早出现的形式。矢镞有一个尖锐的头部和张开的两翼，翼的末端通常呈后掠式，使之射中敌人肌肉后，拔出时能够扩大创伤面积。矢镞虽有大小、厚薄、阔狭之分，但基本形式是相同的。总的发展趋势是两翼逐渐缩小，以便能深入命中敌人的肌

---

① （汉）袁康、吴平著，徐儒宗注释：《越绝书》附录二，浙江古籍出版社 2013 年版，第187 页。

② 刘侃：《绍兴西施山遗址出土文物研究》，《东方博物》2009 年第 2 期。

③ 张如安、刘恒武、唐燮军著：《宁波通史·史前至唐五代卷》，宁波出版社 2009 年版，第 51 页。

肤。矢镞与弓弩结合，能在较远距离上杀伤敌人，这是戈、矛、载等长兵器所不及的。绍兴西施山、坡塘、城南、福全、兰亭、上灶、城东、禹陵等均有青铜矢镞出土。

青铜钺

钺是由斧发展而来的，"钺者，大刃之斧也"。青铜钺通常被视为兵器，但相对于戈、矛、镞等兵器而言，钺的数量较少。

1976 年，宁波鄞县出土了一件战国时期的青铜钺，即现藏宁波博物院的羽人竞渡铜钺。通高 10.1 厘米，刃宽 12 厘米，呈扁平风字形。顶为长方形銎，銎口平直，銎部至刃弧弯，圆弧刃，刃面有钉孔。刃面一面光素，一面以弦纹沿刃面勾勒，弦纹内上部为两龙相向，昂首、卷尾；下部为 4 人，头戴羽冠，坐在弦纹勾勒的轻舟上，双手持桨划水。羽人竞渡的纹饰表现出战国时期浙东运河流域与湖广、云贵地区的文化联系，是文化交流的见证，更是古越人以船为车的物质表达。

春秋战国时期，青铜冶铸技术突飞猛进，所出器物精美绝伦，其中青铜剑尤为突出。越剑等青铜兵器的铸造是一个包括锻焊、热处理（淬火、回火）、表面处理、嵌铸（刻画）等多项青铜工艺的复杂过程。"它集冶炼、铸造、绘画、书法、雕刻于一身，融政治、经济、文化于一体，是丰富多彩、独具特色的（吴）越国青铜文化的最高成就，也是中国古代兵器中的奇葩。"[1]先进的青铜兵器铸造工艺，从越国传至楚国，进而至中原。

这些数量巨大、种类各异的青铜兵器，既是越国兴盛与衰亡的重要历史见证，也是显示越人智慧与工艺的不朽实物。越人精湛的兵器铸造技术增强了国家的防卫与攻战能力，为越国争霸战争的胜利打下了坚实的基础。越人骁勇善战的精神也是越国成就霸业不可或缺的民族特质。

（二）青铜农具

作为越王句践"十年生聚，十年教训"的基地，这一地区的自然资源

---

[1] 徐建春：《浙江通史·先秦卷》，浙江人民出版社 2005 年版，第 165—170 页。

得到广泛开发和利用。为了适应垦殖与拓荒的需要，用珍贵的青铜制造各种各样的农业生产工具。青铜农具的大量制造使用，为越国开发山会沼泽平原、兴修水利工程提供了重要的条件，并使越人的耕作技术出现了质的飞跃，社会生产力得以迅速提高，以水稻种植为主导的多种农业经营呈现出繁荣昌盛、欣欣向荣的态势，农业生产在社会经济中占据主导地位。

在越国青铜器中，生产工具占据突出地位，品种繁多，有耨、锄、铲、镰、犁、锸、破土器、耘田器、凿、锛、斧、削等，尤以农具为主，其数量之多、门类之齐，是中原地区所无法比拟的。1949 年以来，绍兴各地陆续出土了许多青铜农具，如犁、锄、铲、锸、镬、镰等。在绍兴城区及其周围地区，出土数量较多且比较集中的地点有绍兴西施山遗址、袍谷遗址、禹陵、亭山、东湖、城东等地。[①]此外，在上灶、陶堰、南池、坡塘、上蒋、富盛、斗门、下畈、平水、漓渚、福泉等地也有较多发现。据统计，从 1972 年 12 月至 1982 年 12 月，绍兴出土的 126 件越国青铜器中，生产工具占总数的 68%[②]。嵊州、诸暨、上虞等地也出土了青铜工具。宁波发现的春秋战国时期的青铜器，尤以农具为大宗，种类包括斧、铲、锸、削、耙、锄，数量占全部青铜器的 60% 以上[③]，主要用于垦荒、精耕、栽培水稻，从而大大提高了生产效率，宁波地区也因此成为越国争霸的经济基地之一。[④]

《考工记》在记载粤（越）地时曾说："粤之无镈也，非无镈也，夫人而能为镈也。"郑玄注："言其丈夫皆能作是器，不须国工。"又注粤地

---

① 董忠耿：《试论绍兴出土的越国青铜农具》，《东南文化》1992 年第 6 期。

② 徐建春：《浙江通史·先秦卷》，浙江人民出版社 2005 年版，第 162 页。

③ 张如安、刘恒武、唐燮军著：《宁波通史·史前至唐五代卷》，宁波出版社 2009 年版，第 56 页。

④ 张如安、刘恒武、唐燮军著：《宁波通史·史前至唐五代卷》，宁波出版社 2009 年版，第 4—5 页。

"山出金锡，铸冶之业，田器尤多"。[1]铚是一种农具。意思是说，越国不设造铚的工场，不是越国没有铚或不会造铚，而是由于民间普遍都会造铚、都在造铚。越国的青铜冶炼业既有官营的，也有民营的。官营的主要铸造兵器，诸如"铚"之类的生产工具，可能基本上为民营工场所造。[2]民间广泛铸造青铜农具，亦可见其数量之庞大。

青铜犁

破土农具。青铜犁铧是从新石器时代的石犁发展而来的，即木犁前端所套的金属刃，也就是耕地用的犁头。整体呈三角状，上宽下窄，上部有銎，刃部锋利，便于耕作，而且进地深，可以使土地肥松，达到深耕细作的目的。

青铜耨

短柄除草农具，也有认为是除草的耘田器。《淮南子·说山》："治国者若耨田，去害苗者而已。"[3]绍兴出土的青铜耨呈"V"字形，体较轻薄，无銎，两翼刃部有细锯齿，翼中有一凸脊。有半月形穿孔用于固定，便于植株间除草。

青铜铲

铲土、耘苗、除草的农具。"铲，平削也。"[4]青铜铲的形制从新石器时代的石铲、骨铲发展而来，基本形式有椭圆銎、方肩宽刃，长方銎、斜肩狭刃两种。绍兴出土的青铜铲多似后者，有肩、宽刃、顶端有长方形銎，可装柄。

青铜锸

开沟、做垄的农具。青铜的锸头是方形或作椭方形的三面有刃能分土

---

① （清）孙诒让著，汪少华整理：《周礼正义》卷七十四，中华书局 2015 年版，第 3750 页。

② 徐建春：《浙江通史·先秦卷》，浙江人民出版社 2005 年版，第 161—162 页。

③ 何宁：《淮南子集释》卷十六《说山训》，中华书局 1998 年版，第 1165 页。

④ （汉）刘熙撰，（清）毕沅疏证，（清）王先谦补：《释名疏证补·释名补遗》，中华书局 2008 年版，第 309 页。

的器具。有銎，可纳宽厚的木，木作长方形，有肩，肩上连着柄，用足踩肩使之插入土中，把土层剥离。

青铜锄

松土、除草的农具。"锄，助也，去秽助苗长也。"[①]绍兴出土的青铜锄数量较多，器形有梯形或长方形两式，刃部微弧，顶端有长方形銎可装柄，大小不尽相同，均有使用痕迹。

青铜镢

挖土、除草的农具。"镢，大锄也。"[②]绍兴出土的青铜镢呈长条楔形，体厚刃窄，双斜面刃，刃部稍弧，顶端有长方形銎，可装木柄。

青铜镰

收割农具。绍兴出土的青铜镰是锯齿镰，器形呈长条形，一端较宽，有些宽端有穿，可装柄，一面有锯齿，锯齿有粗、细两种。出土的许多镰的刃口略内弧成弯曲，这可能是使用时间较长磨损所致，说明它是当时实际使用的青铜农具。

锯齿镰是具有越地特色的农具，器形小巧而锯齿锋利，收割轻便快捷，设计科学合理，用钝后用砺石磨砺背后的平行篦纹即可重新变得锋利，是收割工具的一大改革。创制并使用于越国崛起年代的带锯齿的青铜镰、铁镰，不仅流行于长江下游地区，而且影响到中原地区，成为稻作农业的典型农具。锯齿镰的创造使用与稻作农业有密切的关系，因为水稻属禾本科，秸秆直立，中节有空，收获时秸秆有一定的硬度和脆性，使用带有锯齿的镰刀进行收割非常方便。

---

① （汉）刘熙撰，（清）毕沅疏证，（清）王先谦补：《释名疏证补》卷七，中华书局2008年版，第222页。

② （汉）刘熙撰，（清）毕沅疏证，（清）王先谦补：《释名疏证补》卷七，中华书局2008年版，第223页。

青铜铚

收割农具。"铚，获禾短镰也。"[1]呈半月形或蚌壳形（蛋壳形），有两个平行圆孔，刃部有锯齿，器型小巧，使用时将绳系于手指，靠锋利的刃部掐摘禾穗。

这些青铜农具按用途可分为起土、除草、收割三大类，其中起土类主要有犁、锸、镢；除草类主要有锄、铲；收割类主要有镰、铚。由此可见，越国的农业生产已具有相当规模，农业生产工具各有分工，出现了一整套用于破土翻耕、中耕除草直至作物收割的涵盖农业生产各个环节的专门工具，反映出越国农业"春生、夏长、秋收、冬藏"的生产程序。青铜农具的普遍使用，极大地提高了农业生产力，使荒地的开辟、堤塘的修筑、河道的整治成为可能，从而使大片沼泽平原得以迅速开发。越国时期，在山会平原、宁绍平原地区，水田农业的"精耕细作"代替了"火耕水耨"的原始耕作技术，农业耕作技术迅速提高，农业经济得到快速发展。

（三）青铜礼器

在越国青铜器中，礼器所占的比重很小。在 1982 年绍兴 306 号墓出土一批青铜礼器以前，绍兴几乎未发现越国的青铜礼器。传世之越国礼器也寥寥无几。越国的青铜礼器虽少，也颇具特色。

青铜鼎

鼎在青铜器中被视为最重要的器物，其用途主要为烹煮肉食，广泛用于祭祀和宴享等。鼎又是国家政权的象征。在东周时期，作为礼器之首的鼎既集中地体现着各区域文化青铜礼器的风格，又是各级贵族地位、等级高低最重要的标志物。绍兴 306 号墓出土鼎 4 件，其中汤鼎 1 件、圜底鼎 2 件、兽面鼎 1 件。

越国青铜礼器中，最具地方特色、延续时间最长的当属"越式鼎"。青铜"越式鼎"的主要特征是撇足，仿当地陶鼎所制，为中原所未见。春

---

[1] （汉）刘熙撰，（清）毕沅疏证，（清）王先谦补：《释名疏证补》卷七，中华书局 2008 年版，第 224 页。

秋以降，随着越国的称霸，"越式鼎"也传播到了江西、湖南、广东、广西等百越之地。"越式鼎"的第二个特征是宽体，从西周后期延续到战国前期，形体矮胖，与中原地区同期瘦长的铜尊明显不一样。20 世纪 50 年代初在绍兴漓渚等地经常出土一种高扁足、浅平底的鼎，以及一种仿自当时青铜鼎的盘口、束颈式釜形原始瓷鼎。这两类鼎都具有典型的越民族风格。①

青铜尊

尊是盛酒器，形似觚而中部较粗、口径较大。铜器铭文常将"尊""彝"二字联用，作为礼器的共名。绍兴 306 号墓出土尊 1 件，敞口，粗高颈，扁圆形腹，高圆足外撇。腹部饰双钩变形兽面纹，腹与颈、圆足相接部位饰有锯齿纹和勾连纹，在有花纹的部位布满棘刺。装饰风格与同墓出土的其他器物有别，这类布满棘刺的敞口、扁腹、筒形尊，是长江下游地区特有的盛酒器②，具有吴越地区风格。

青铜甗

甗是蒸煮器，下部煮水以产生蒸气的称为鬲，上部蒸食物的称为甑，中间有箅以通蒸气。商、西周的甗上下固定，鬲、甑浑铸为一体。春秋时期的甗多为分铸，甑底即为箅，使用时套合在一起。③绍兴 306 号墓出土 1 件甗，甑、鬲分体。甑口微敛，双耳呈方形立于器口，腹外饰有勾连蟠螭纹、勾连云雷纹，底有长方形箅孔，内有半圆形铜质活动隔扇装置，可将甑体分隔成两部分同时蒸煮两种不同的食物。鬲短颈套接甑底，双耳呈方形侧立于肩上，素面无纹。

青铜罍

罍是盛酒或盛水器。绍兴 306 号墓出土的 1 件罍，直口，方唇，平

---

① 徐建春：《浙江通史·先秦卷》，浙江人民出版社 2005 年版，第 170 页。

② 浙江省文物管理委员会、浙江省文物考古所、绍兴地区文化局、绍兴市文管会：《绍兴306 号战国墓发掘简报》，《文物》1984 年第 1 期。

③ 李永鑫主编：《绍兴通史·第一卷》，浙江人民出版社 2012 年版，第 453 页。

沿，圆肩，筒腹，平底，底附三短足，双肩侧附半环状耳，耳内贯双连提环。纹饰有蟠螭纹、垂叶纹、卷云纹等。肩部有铭文，无法通读。

青铜盉

盉是盛酒器，盛行于西周晚期至春秋时期，形制差别较大。绍兴306号墓出土甗盉1件、提梁盉1件。甗盉，上部作甑形，下部为鬲式盉。甑口微敛，外侧有凸棱一周，用以承盖；鬲式盉前端有流嘴，一侧铸圆饼形柄座，器柄作筒形，可分柄座旋合。提梁盉，器身呈扁圆形，覆盘式顶盖，盉嘴为主体螭首，提梁截面呈八角形，三足作蹄形。

青铜鉴

鉴是盥洗器，"鉴，大盆也"[①]。可以盛水，在铜镜盛行之前也用以照容。绍兴306号墓出土鉴1件，广口，宽平沿，唇沿厚重方正，肩稍外斜，折为内弧收，平底。

青铜鸠杖

一般认为鸠杖是权力、尊严之象征，被认作权杖。1990年绍兴漓渚镇出土青铜鸠杖1件，发现时杖首与杖分置两处，不见杖身。杖首顶端站立一鸠；短喙、昂首、翘尾，通身羽纹，展翅欲飞。鸠下至銎管纹饰由水波纹、蝉翅纹、云雷纹等组成，凸棱为镂刻蟠螭纹。杖镦下为一跪坐人像，双目平视，双手放置膝部，额上、耳上断发，脑后有一椎髻。人像文身，肩、胸、背、股、臂部饰云纹及几何形纹，手臂上部饰蝉翅纹、下饰弦纹数圈。杖首的立鸠、纹饰的蟠螭纹、杖下断发文身的跪坐像，这在绍兴306号墓出土的伎乐铜屋、湖州德清出土的鸠杖等同时期器物上也有体现，具有鲜明的越地文化特征。

（四）青铜乐器

与青铜礼器相似，在越国青铜器中，乐器数量虽不多，但也富有特色，种类主要有铙、铎、句鑃、甬钟、纽钟、镈钟等。

---

① 王平、李建廷：《说文解字》标点整理本，上海书店出版社2016年版，第368页。

青铜铙

铙，打击乐器。"铙，小钲也。军法卒长执铙。"[①]器形大致为合瓦形，平舞，甬中空与腔通，有旋或无旋，钲部或饰纹或有乳丁。口向上，插入柄后可执，流行于商、周之际的南方地区。《周礼·地官·鼓人》载："以金铙止鼓。铙如铃，无舌有秉，执而鸣之，以止击鼓。"[②]意思是说，铙是在退军时用以指示停止击鼓的。如有大小相次成组的铙则为乐器。在绍兴较少见，齐贤镇曾发现一件青铜铙，从造型到纹饰都与中原商周时期的铜铙不同。

青铜铎

铎，撞击乐器。"铎，大铃也。振之以通鼓。"[③]形体似铙，但体积较小，钲体短阔，口部呈凹弧形，顶部有长方内空的銎，用以纳木柄。盛行于春秋战国时期的徐、楚、吴、越地区。《国语·吴语》："王乃秉枹，亲就鸣钟鼓、丁宁、镎于，振铎。"[④]《周礼·夏官·大司马》："中军以击令鼓，鼓人皆三鼓，司马振铎，群吏作旗，车徒皆作。"[⑤]可知铎应为军旅、田猎中使用的一种乐器。

绍兴印山大墓出土铜铎 1 件，通长 23.8 厘米，铎高 5 厘米、宽 5.8 厘米、厚 0.3 厘米。铎体呈合瓦形，钲体短阔，口略凹弧，顶部有方銎，中空以纳木柄。木柄截面为长方形，一端稍粗套入方銎，銎外木柄上有一小圆孔，内插竹销用以固定。铎腔内有一凹形卡口，上有小孔插竹销，以承

---

① （清）孙诒让著，汪少华整理：《周礼正义》卷二十三，中华书局 2015 年版，第 1090—1091 页。

② （清）孙诒让著，汪少华整理：《周礼正义》卷二十三，中华书局 2015 年版，第 1090—1091 页。

③ （清）孙诒让著，汪少华整理：《周礼正义》卷二十三，中华书局 2015 年版，第 1090—1091 页。

④ 陈桐生译注：《国语·吴语》，中华书局 2013 年版，第 678 页。

⑤ （清）孙诒让著，汪少华整理：《周礼正义》卷五十六，中华书局 2015 年版，第 2811 页。

圆柱形木舌。铎的顶部及方銎之外侧均饰以小圆点为地的卷云纹。铜铎保存完好，摇动木舌仍可发出清脆、悦耳的撞击声。[①]

青铜句鑃

句鑃，手持的打击乐器。别名丁宁，形似铙而长，横截面呈椭圆形，顶有一柄，扁平形或圆柱形，较长，便于手持击敲。盛行于春秋晚期至战国时期，长江下游吴越地区出土为多。

1977年绍兴出土了两件青铜句鑃，大小相似，形制相同。合瓦形，横截面呈椭圆形。合脊边均有铭文，部分字迹已锈蚀不清。通过铭文可知，器主为"配儿"，即吴王阖闾的太子，吴王夫差的兄长，又名"波"。由铭文"以宴宾客，以乐我诸父"可见，这是作为燕享的乐器。现一件收藏于浙江省博物馆，一件收藏于绍兴博物馆。此外，绍兴战国墓中出土了大小依次递减的原始瓷句鑃11件。

青铜甬钟

钟，打击乐器。钟的基本形式是在两侧尖锐的扁体共鸣箱上部的平面上有个可悬的柄。共鸣箱的平顶称为"舞"，正背的中上部直的阔条称为"钲"，其两边突出的乳钉称为"枚"。枚在发音上是没有任何作用的，只是作装饰用。"枚"的上下间隔部分称为"篆"。"钲"以下称为"鼓"，弯曲的下口称为"于"，尖锐的两侧称为"铣"。悬挂钟体的柄形物称之为"甬"。"甬"的顶端称为"衡"。"甬"中段突出的部分称为"旋"，"旋"上用以悬挂钟钩的孔称为"干"。这两者仅见于甬钟，并且决定了甬钟的悬挂方式，也就是倾斜着悬挂。在"舞"面上竖立一梁，称为"钮"，这种直悬的钟称为"钮钟"。底部不是弯曲的"于"，而是平口，且体积较大的称为"镈钟"。频率不同的钟连列在一起成为可奏的音阶，即为"编钟"。

青铜钟越国并不多见。1974年宁波鄞县（今鄞州区）出土的两件青铜

---

① 浙江省文物考古研究所、绍兴县文物保护管理所：《浙江绍兴印山大墓发掘简报》，《文物》1999年第11期。

甬钟，是宁波地区为数很少的青铜礼乐器的代表器物。两钟高 28.8 厘米，口径 15.5 厘米，长腔宽鼓式，有干无旋，钟面各有圆锥状枚 6 组，舞面饰有云雷纹。[1]2003 年绍兴塔山出土了一件青铜甬钟，甬作上小下大的柱状形，上模印云雷纹饰，间以蟠螭纹。有鸟虫书铭文 50 字。据考证，器主为"自"，器名称"铎"。从铭文书体看，是典型的越国鸟虫书风格，尤接近于宋代出土的越王者旨於睗钟，但铭文却注明是徐器。从铭文内容分析，这是徐人流亡越地后所为。因此，这件青铜甬钟的铸造地当在越国故都绍兴，其具体年代在越王句践晚期或稍后。[2]

以上青铜乐器中，铙、句鑃、铎等更有南方特征，甬钟、钮钟、镈钟等更具中原文化特点。可见越国音乐文化中，除了本地的音乐文化，已具有十分浓厚的中原文化因素。

此外，绍兴 306 号墓出土的伎乐铜屋内，尚见有乐器鼓、琴、筑、笙的模型。鼓为圆筒形，悬吊，柱的上端弯曲成倒钩形；鼓座圆形，圈足、直壁，中有管柱。琴置于膝上，无明显岳山，琴首向右翘起，末端向下，可置于地。筑置于膝，两端翘起。笙的吹管为喇叭口，状似葫芦，笙管长短不一，中间一管较长。以上虽为模型，但可推知春秋战国时期的越地已有此类鼓、琴、筑、笙等竹木乐器存在。

四、越国青铜文化的特点

中国古代的青铜器，自诞生之初就被赋予了很多特殊的内涵，是祭祀、礼乐、战争等文化的物质载体。多变的造型、精美的工艺、奇异的纹饰、典雅的铭文，其独特的美学气质和文化气息，让人叹为观止。与之相关的历史典故和传说，色彩斑斓，如大禹铸鼎、问鼎中原、一言九鼎、干

---

① 林士民：《浙东沿海土墩遗存探索》，《南方文物》1998 年第 2 期。

② 曹锦炎：《自铎铭文考释》，《文物》2004 年第 2 期。

将莫邪等，不仅丰富了青铜文化的精神内涵，也成为中华民族精神风貌的一种表征。不同于中原地区青铜器的礼制化、神秘化，越人将自己的政治意志、价值取向、文化特质等融入青铜，铸造了大批量的青铜兵器和农具，并广泛使用在军事战争、农业和手工业生产等领域，不仅增强了青铜器的实用内涵，也将青铜冶铸推向高潮。

越国时期，浙东运河流域的青铜冶铸业发展至顶峰，并呈现出鲜明的地方特色：

一是越国的青铜器以小件的农具和兵器为特色。不同于中原青铜器的器形凝重、纹饰华美，越国的青铜器大多小巧、实用。当中原国家大规模铸造精美的青铜礼器时，越人却将青铜这种珍贵的金属材料主要用于制造农具、工具和兵器。这种选择不仅反映出越人与中原甚至楚人不同的思想观念，把"耕"和"战"视为国家事务的重中之重，更体现了越人精勤耕战的文化品格和经济为本、务实致用的价值取向。

二是青铜器纹饰中动物类纹饰占比大，铭文书体具有典型的越国鸟虫书风格。越国的青铜器，其纹饰多蟠螭纹，其盘曲之状，酷似蛇形。绍兴306号墓出土的提梁盉，全器塑各种蟠螭多达56条，被称为"螭盉"。此外，"S"形纹、棘刺纹、兽面纹、鱼鳞纹、凤鸟纹、云雷纹、几何纹等多有出现，断发文身的人物跪俑也极具地域特征。同时，在传世和出土的越国青铜器上，常见有鸟书铭文，其特点是把字画多变为鸟形，其中有无法演变者则格外加上鸟形的装饰。

三是大量仿铜原始瓷礼器替代青铜礼器。仿铜原始瓷礼器在西周和春秋早中期少量出现，至战国时期，不论数量还是器类都大大超过以往，涉及礼器、乐器等各方面，不仅器型、大小、组合与青铜器基本一致，连流、耳、环、提梁等附件和纹饰也刻意仿制。从考古发掘资料看，仿铜的原始瓷礼乐器在越国丧葬制度中占据着十分重要的地位，它替代着青铜礼乐器的意义与作用，代表着地位的高低与身份的不同。从出土青铜礼器极少和仿铜原始瓷礼器量大且质精的情况分析，许多仿铜的原始瓷礼器在社会生活和活动中还可能承担了部分青铜礼器的实际功能。

五、青铜冶铸技术

（一）青铜冶铸遗址

《越绝书》载："赤堇之山，破而出锡；若耶之溪，涸而出铜。"[①]越地产铜锡，又多原始森林，青铜器生产所需要的原材料、燃料都可以就地取材。至今，绍兴周围仍有许多与青铜冶铸有关的遗迹遗物，如欧冶子祠、淬剑井、日铸岭、上灶、中灶、下灶、铸铺岙等。

在越国都城附近，铜矿开采业与冶炼业在古籍文献上屡有记载。《越绝书·越绝外传记地传》说："姑中山者，越铜官之山也，越人谓之铜姑渎，长二百五十步，去县二十五里……练塘者，句践时，采锡山为炭，称炭聚，载从炭渎至练塘，各因事名之。去县五十里。"[②]《水经注·浙江水》也有同样的说法："东有铜牛山，山有铜穴三十许丈，穴中有大树神庙。山上有冶官，山北湖下有练塘里，《吴越春秋》云：句践练冶铜锡之处。采炭于南山，故其间有炭渎。"[③]1949 年以来，地质勘探工作证实了这里确有丰富的铜锡矿藏。例如，若耶溪旁的凤凰山发现有铜矿，20 世纪 60 年代初已进行开采。凤凰山以西七八里的秦望山，发现有铅矿，附近还有锡矿。[④]

银山冶炼遗址：位于绍兴上虞东关街道，旧名银山。银山与相距不远的赤堇山、若耶溪等处，都蕴藏着丰富的铜矿、铅矿。在银山开设冶炼工场，具有原料就地取材、燃料资源丰富、交通运输方便的优越条件。20 世纪 70 年代，在银山周围陆续出土一些春秋战国时期的遗物。1977 年，在

---

① （汉）袁康、吴平著，徐儒宗注释：《越绝书》卷十一，浙江古籍出版社 2013 年版，第 70 页。

② （汉）袁康、吴平著，徐儒宗注释：《越绝书》卷八，浙江古籍出版社 2013 年版，第 54 页。

③ （北魏）郦道元著，陈桥驿校证：《水经注校证》卷四十，中华书局 2007 年版，第 942 页。

④ 徐建春：《浙江通史·先秦卷》，浙江人民出版社 2005 年版，第 162 页。

银山东侧的掘河工地，距地表 2 米左右深处，出土一批青铜斧、铲、镢、削、镰以及剑、矛、镞等器物，并且伴出 300 余斤铅块和拍印米筛纹、回纹、米字纹、方格纹、麻布纹的硬陶片。1985 年，村民在银山北麓挖渠道时，又出土斧、锛、锸、剑等类青铜器，同时还出土长宽约 40 厘米、厚度约 6 厘米的铅块以及炉渣。1987 年，在银山北麓离地表约 1.5 米的遗址断面处，发现一层厚 3 厘米左右的炭屑层，同一地层中还发现米筛纹、米字纹硬陶片，以及一些红烧土块和炉渣。[①]

西施山遗址：位于绍兴城东，是典型的春秋战国遗址。其文化内涵十分丰富，出土器物数量众多，制作工艺精良，具有多方面独到之处。从出土坩埚和炼渣看，附近应该有冶炼作坊。

春秋战国时期，宁波地区的青铜器具应该主要来自绍兴地区，目前宁波地区尚未发现铸铜作坊遗址。[②]

（二）青铜铸造技术

春秋战国时期，人们不仅掌握了先进的铜冶炼技术，而且拥有高超的铸造技艺。所出器物精美绝伦，青铜剑的冶铸尤为突出，这已为考古出土和传世的大量青铜器所证实。

1. 浑铸与分铸

中国青铜时代的青铜器成形技术主要是铸造，其主流是陶范铸造。陶范铸造法的工艺流程大致可分为这样几步：

第一步为塑模。用泥土塑造出铜器的基本形状，在制好的泥模上画出铜器纹饰的轮廓，凹陷部分直接从泥模上刻出，凸起部分则另外制好后贴在泥模表面。

第二步为翻范。用事先调和均匀的细质泥土紧紧按贴在泥模表面，拍

---

① 绍兴市文物管理局：《绍兴文化遗产遗址·墓葬卷》，中华书局 2012 年版，第 31—32 页。

② 张如安、刘恒武、唐燮军：《宁波通史·史前至唐五代卷》，宁波出版社 2009 年版，第 57 页。

打后使泥模的外形和纹饰反印在泥片上。

第三步为合范。将翻好的泥片划成数块,取下后烧成陶质。这样的范坚硬不易变形,称为陶范。将陶范拼合形成器物外腔,称为外范。外范制成后,将翻范用的泥模均匀削去一薄层,制成器物的内表面,称为内范。铜器的铭文就刻在内范上。将内外范合成一体,内外范之间削出的空隙即为铜液留存的地方,两者的间距就是青铜器的厚度。

第四步为浇注。将铜液注入陶范,待铜液凝固后,将内外陶范打碎,取出所铸铜器。一套陶范只能铸造一件青铜器。

第五步为打磨和整修。刚铸好的青铜器,表面粗糙,纹饰也不清晰,需要经过打磨整修,才能成为一件精致的铜器。

根据器物的大小及造型复杂程度,陶范铸造法又可分为浑铸法、分铸法两大类。浙江地区出土的青铜器,也不例外。不过,无论是浑铸法还是分铸法,浙江出土的青铜器都呈现一定的区域特点,尤其是青铜剑的复合铸造技术,更为吴越地区所首创。[①]

浑铸法,即将器物一次浇铸成形的铸造方式。这一方法成型的青铜器主要分布在苕溪流域,椒江、瓯江流域等地,代表性的有长兴、余杭、安吉、黄岩、瓯海、瑞安、金华、磐安等地出土的青铜器群。[②]如,余杭出土的一件青铜铙由2块器范、1块芯范浑铸成型,舞部范线的一边有明显的浇铸痕迹。

分铸法,当器物过大或者形状过于复杂时,需要将整个器物分为数块,分别翻范浇铸,最后拼接成一个整体。分铸法也是浙江出土青铜器采用的主要成型技术之一。从出土情况看,以运用这一成型技术为主的青铜器主要分布在曹娥江、浦阳江流域,代表性的有绍兴坡塘、西施山及诸暨等地出土的青铜器。此外,在苕溪流域、杭州湾北岸、瓯江流域等也有出

① 项隆元、龚缨晏:《浙江科学技术史·上古至隋唐五代卷》,浙江大学出版社2022年版,第56页。

② 俞珊瑛:《浙江出土青铜器研究》,《东方博物》2010年第3期。

现，如长兴、安吉、海盐、东阳、永嘉、仙居、江山等地出土的青铜器。[①]

绍兴坡塘 306 号墓出土的铜鼎，腹与耳、足分铸。腹范 3 块，底范作一大圆形。腹范范缝不与足对应，底范中心有一长条形的浇铸痕迹。耳、足皆为预制后再嵌铸到鼎身。同出的瓯、瓯盉，皆分体，其足浑铸。器范 3 块，底范作三角形，连三足。其中瓯盉的流、柄，盖上的环、钮皆为预制后嵌铸而成。底范中部有一长条形浇铸痕迹。同出的罍、伎乐铜屋、方形插座等，也运用了分铸、焊接技术。其中铜屋内的人俑和乐器焊接在长方形底板上的铸痕清晰可见。

绍兴西施山遗址出土的铜鼎，运用了分铸、焊接技术。腹范 2 块，下接 1 块圆弧形底范，一条范缝与足的位置对齐。其中一件残鼎的耳、足与鼎身接合处可见有明显的焊痕；另一件残鼎的二立耳与鼎身浑铸，三足则另行分铸后，再焊接到鼎腹上。

诸暨出土的炭炉，运用了分铸、焊接技术。腹范 3 块，下接 1 块圆形底范。环钮、把手、足为分铸后再焊接到器身，内壁、底皆可见有清晰的铆钉。整器的纹饰运用了模印技术。

2. 复合铸造工艺

中国古代的青铜主要是铜锡合金。铜与锡的比例对器物的物理性能影响很大，锡的含量越高，器物硬度越高，但脆性也越大。当时的工匠已经掌握了精当的铜锡合金配比。战国时期的《考工记》记录了六类器物的铜锡比例：

> 金有六齐：六分其金而锡居一，谓之钟鼎之齐；五分其金而锡居一，谓之斧斤之齐；四分其金而锡居一，谓之戈戟之齐；三分其金而锡居一，谓之大刃之齐；五分其金而锡居二，谓之削杀

① 俞珊瑛：《浙江出土青铜器研究》，《东方博物》2010 年第 3 期。

矢之齐；金锡半，谓之鉴燧之齐。[①]

也就是说，"钟鼎之齐"所需铜和锡的比例是 6：1，也就是铜占
85.71%，锡占 14.29%；"斧斤之齐"所需铜和锡的比例是 5：1，也就是铜
占 83.33%，锡占 16.67%；"戈戟之齐"所需铜和锡的比例是 4：1 也就是
铜占 80%，锡占 20%；"大刃之齐"所需铜和锡的比例是 3：1，也就是铜
占 75%，锡占 25%；"削、杀矢之齐"所需铜和锡的比例是 5：2 也就是铜
占 71.43%，锡占 28.57%；"鉴之齐"所需铜和锡的比例是 1：1，也就是铜
和锡各占 50%。

《吕氏春秋·别类》说："金柔锡柔，合两柔则为刚。"[②]可见人们已经从
实践中认识到加锡到铜中可使硬度增加，但太硬的兵器又容易折断，特别
是剑一类较长的兵器必须做到"坚且韧"。《吕氏春秋》又说："白所以为
坚也，黄所以为韧。黄白杂则坚且韧，良剑也。"[③]

春秋战国时期，越人根据铜锡合金中铜锡的不同比例与合金的硬度、
强度、韧性等之间关系，铸造了青铜复合剑，将青铜剑的铸造技术推向了
一个新的阶段。所谓复合剑，又称双色剑，是用两种铜、锡含量不同的
合金制造而成的，由于两种合金外观颜色不同，所以又称双色剑。它是在
青铜剑制造技术的基础上逐步发展起来的一种新工艺。这种剑要浇铸两
次，第一次浇铸剑脊，第二次浇铸剑刃。剑脊含锡量较小，取其坚韧；剑
刃含锡量较大，求其锋利。由于剑的铸造必须兼顾硬度和韧性两个方面的
性能，如果采用含锡量较低的青铜铸剑，韧性方面较好，剑不易折断，然
硬度较低，不适于交战时作砍杀之用；如果采用含锡量较高的青铜铸造剑，

---

① （清）孙诒让著，汪少华整理：《周礼正义》卷七十八，中华书局 2015 年版，第 3908—
3909 页。

② （清）孙诒让著，汪少华整理：《周礼正义》卷七十八，中华书局 2015 年版，第
3910 页。

③ （清）孙诒让著，汪少华整理：《周礼正义》卷七十八，中华书局 2015 年版，第
3910 页。

硬度方面较好，但因含锡量较高，青铜脆性增加，使用时容易折断。为同时满足硬度和韧性这两个方面的要求，才有了复合剑的产生。这种复合金属工艺，使剑既坚韧又锋利。世界上其他国家，到近代才开始使用这种工艺。[1]如浙江省博物馆藏的一件越王者旨於赐剑，从成形技术看，该剑带有精细铭文或纹饰的剑格、剑箍和剑首，与剑身是分次铸造而成的，即先铸剑身，同时铸出一段外径较小的剑茎，再另外制出有剑格、剑箍、剑首和剑茎的对分外范，将其合于剑身及外径较小的剑茎之外，第二次浇铸铜液，形成整体的剑格、剑箍、剑首和剑茎，并使之与剑身铸合成一体。[2]

3. 磨制工艺

把铜和锡按一定的比例冶铸成青铜器后，还要经过打磨、整修，才能精致美观，或成为利器。

《淮南子·修务训》记载："夫纯钩、鱼肠之始下型也，击则不能断，刺则不能入，及加之砥砺，磨其锋锷，则水断龙舟，陆剸犀甲。"[3]这说明越国名剑纯钩、鱼肠从模子里浇铸出来时，还只是"始型"，故击不能断、刺不能入。要经过"砥砺"等加工后，才能锋利无比。如浙江省博物馆藏的一件越王者旨於赐剑，从磨剑技术看，该剑的中脊呈一条笔直的线条直至锋尖；剑从与两锷面的交线左右十分对称，且始终与锷线平行；剑身从中脊向从部与锷面交线处作光滑的弧形凹面过渡，并且左右两个弧形凹面相当规整匀称。这种磨削水平反映出制剑工匠掌握了极为高超的磨剑技艺。[4]绍兴西施山遗址出土的盘、匜等，就是在器物成型后，经磨光、绘图、刻纹、外镀锡铅等多道工序而成。[5]

---

① 李永鑫主编：《绍兴通史·第二卷》，浙江人民出版社 2012 年版，第 100—101 页。

② 曹锦炎、马承源、李学勤等：《浙江省博物馆新入藏越王者旨於赐剑笔谈》，《文物》1996 年第 4 期。

③ 何宁：《淮南子集释》卷十九，中华书局 1998 年版，第 1338 页。

④ 曹锦炎、马承源、李学勤等：《浙江省博物馆新入藏越王者旨於赐剑笔谈》，《文物》1996 年第 4 期。

⑤ 何堂坤：《刻纹铜器科学分析》，《考古》1993 年第 5 期。

4. 防锈抗蚀

利用硫化铜防锈，是当时一种独特的先进工艺。越王句践剑的剑身、剑茎、剑格上的黑色菱形格子花纹，即几何形纹饰，也为其他越剑所常见。据研究，越王句践剑的几何形纹饰是经过硫化处理的，也就是用硫或硫的化合物和金属表面作用，使青铜剑既美观，又具有较强的抗腐蚀性。这种工艺为后代所继承和发展，至秦代，采用了抗腐蚀能力更强的铬盐氧化法，即用铬盐作氧化剂，在剑的表面形成一层非常致密的氧化层，使其再也不起别的化学作用。

第三节　秦汉六朝时期青铜冶铸的重心转向

秦汉之际，中国青铜时代宣告谢幕。但铜的光彩并没有湮没，其生产开始走向世俗化，向日常生活器具、钱币等转变，实用功能特别是经济功能日益放大。铜镜、带钩、钱币、玺印、熨斗等日常使用的小件铜器广泛出现，无论从造型、纹饰还是功能来说，越来越展现出浓重的世俗化气息。这一转变既表明了秦汉大一统政权后的社会相对安定，也昭示了此时人们对美好生活的追求和向往。

到东汉时期，随着铁器和瓷器的不断发展，铜制品中生产工具、兵器逐渐被铁制品所替代，部分日用器具则逐渐被瓷器所替代，只有铜镜一枝独秀。根据考古发现与文献记载，此时越国故地生产的最著名的青铜产品，已不再是寒光逼人的青铜剑，而是生活气息浓厚的青铜镜。

一、会稽铜镜

铜镜，即青铜镜，是古代用青铜铸造的用于照面整容的镜子。中国的铜镜出现颇早，距今 4000 年的齐家文化墓葬中就出土过一面小型铜镜。[①]经过商、西周和春秋时期的发展，铜镜在战国开始盛行，产量大增。到了汉代，由于日常生活的需求，加之社会经济的快速发展，铜镜铸造技术产生了质的飞跃。汉代的铜镜，工艺精良，质地厚重，镜背铭文、图案丰富多样。其中，会稽铜镜是两汉以及三国时期中国铜镜技术与艺术的杰出代表。

（一）发展历程

浙东运河流域，铜镜大约从西汉开始广泛流行，出现了铜镜铸造业。根据出土资料，西汉前期铜镜的形制、花纹仍保留战国时期的风格。早中期铜镜以蟠螭纹镜和草叶纹镜最具代表性，铜镜上开始铸有铭文。中后期铜镜的种类主要有博局镜、昭明镜、星云纹镜、日光镜、清白镜、日有喜镜等。

东汉时期，会稽郡是铜镜主要的制造地之一，至三国两晋南北朝时已成为全国最重要的铜镜铸造中心。汉末，北方因战乱及铜料缺乏，铜镜铸造业明显衰退；而浙东未受战火波及，铸造业得以在原有基础上继续成长。从出土的纪年铜镜铭文可知，汉建安年间，会稽山阴已发展成了铸镜中心。同时，会稽铜镜铸造在形制和技术上有所创新，打破了以线条构成平面的纹样模式，开始生产以神仙、瑞兽为纹饰浮雕的铜镜，即所谓的神兽镜和画像镜，在中国铜镜发展史上独具一格，由此开启了三国时期此地铜镜制造业的鼎盛时期。

六朝时期，会稽所制的神兽镜输出到北方地区，甚至远输日本。东晋以后，会稽、山阴的铜镜制造业出现明显的衰退现象。

（二）种类题材

汉代铜镜在浙江多有出土，绍兴博物馆收藏有汉代铜镜 300 多件，其

---

① 李虎侯：《齐家文化铜镜的非破坏鉴定——快中子放射化分析法》，《考古》1980 年第 4 期。

中大多数为绍兴地区出土。[1]宁波近年发掘历代古墓葬，有不少随葬铜镜出土，数量有 300 多枚，尤以两汉、三国居多。[2]这些出土和收藏的汉代铜镜，以会稽铜镜为大宗，且以画像镜、神兽镜、龙虎镜、规矩镜为特色。

画像镜

以线构、平面浮雕手法表现神人、历史人物、车骑、歌舞、龙虎、瑞兽等纹饰题材的铜镜，图案布局变化丰富，高低起伏，形象逼真，更具现实感和美学观。画像镜中的铭文以祈求国泰民安、五谷丰登等为主。纹饰的内容，以神仙车马画像镜和历史故事画像镜最具代表性。在绍兴出土的数量较多，品类繁复，以神仙车马、龙虎神仙等居多。

神仙车马画像镜，通常以东王公、西王母为装饰题材，始于东汉早中期，盛于中晚期。此类画像镜多是表现神仙世界仙人逍遥快乐、精神自由的生活方式，寄托了人们受到西王母护佑的希望，蕴含着长生不老的企盼。1971 年绍兴出土了一件东汉的驺氏车马人神画像镜，圆形，直径 22.5 厘米，镜面光滑并微呈弧凸状，镜背中间置半球形高钮，连珠纹钮座，镜内区匀布四枚带连珠纹座的乳丁，乳丁之间饰四组浮雕图案：一组画面为一男子身着汉服，居中席地而坐，旁题"东王公"款，左侧站一侍者为其打扇，右侧摆放三个长方形食盒，并有一羽人表演杂技；对置的另一组画面是一女子（西王母）着汉式长裙，席地端坐中间，左右两侧各站一位托奁或执扇的侍者；其余二组画面相似，均为一辆箱式篷车由四匹硕马并驾齐驱。图案外环铭文带和芒纹带，铭文内容："驺氏作镜四夷服，多贺国家人民息，胡虏殄灭天下复，风雨时节五谷熟，长保二亲。"宁波余姚出土了一件周仲神人车马画像镜，直径 30 厘米，内区主纹为东王公、西王母等神人及车马的画像，外区饰两周锯齿纹夹一周单线波状纹。铭文在内区外围："周仲作镜四夷服，多贺国家人民息，胡虏殄灭天下复，风雨时

① 蒋明明：《对绍兴出土汉代铜镜的探讨》，《东方博物》2011 年第 3 期。

② 李军：《浙江宁波出土铜镜》，《南方文物》1996 年第 3 期。

节五谷熟，长保二亲得天力，传告后世乐无极。"①

历史故事画像镜，主要是刻画忠臣伍子胥的故事。越王句践被吴王夫差打败后，发愤图强，决心复仇。在"生聚教训"的同时，把美女送给吴太宰伯嚭和吴王夫差，"以惑其心，而乱其谋"。伍子胥画像镜刻画了伍子胥忠直敢谏、谏而不从、被吴王赐剑自刎的场景。其主题内容与"忠孝节义"等儒家学说相契合。

神兽镜

以神像、仙人、神兽、禽鸟等为其主题纹饰，以道家神仙题材最为多见，尤其是天皇五帝在神兽镜上处于重要的地位。结构布局可分为环绕式和重列式。环绕式中的神兽都以钮为中心，呈环绕式排列；重列式亦称阶段式，以轴对称方式排列，其画面布局自上而下分为三至五段不等的排列形式，层次分明，排列整齐，构图新颖，创造了铜镜纹饰布局的新风格。神兽镜中的铭文，主要有祈求高官厚禄、祝愿子孙昌盛的"君宜高官""位至三公""长宜子孙""子孙番昌"等，还有纪年、纪氏和纪地的"建安十年""吴郡胡阳"等铭文盛行。这类镜型在绍兴出土的数量较多，品类丰富，一般在东汉中期以后盛行并被广泛使用。

绍兴兰亭出土了一件东汉的环绕式神兽镜，圆形，圆钮，草节纹钮座。神兽作环状布局，有圆轮八个，均饰于神兽下部，半圆方枚各十二，方枚每枚二字："吾自作明镜，幽涷商三，雕刻万疆，四夷□易，青□吉羊，其师命长。""建安十年"重列式神兽镜，直径14.8厘米，圆形，扁圆大钮，联珠纹钮座。镜区作浮雕式图案，共分三层，第一层列坐四神人，左边两神人正身踞坐，右边两神人侧身踞坐，神人皆戴高冠，蓄长须，着宽袍，披肩两端似飘带上扬；第二层以钮居中，左为两青龙、一神人，右为两白虎、一神人；第三层左青龙，右白虎，中间踞坐三神人，其中一神人双手抚琴，一神人为侧身。镜缘内侧的铭文为隶书，外侧饰双勾连环纹

---

① 李军：《浙江宁波出土铜镜》，《南方文物》1996年第3期。

带，铭文内容："吾作明镜，幽湅宫商，周罗容象，五帝天皇，白牙弹琴，黄帝除凶，朱鸟玄武，白虎青龙，服者豪贵，延寿益年，子孙番，建安十年造"。[1]

龙虎镜

以龙、虎纹为主题纹饰，与画像镜、神兽镜同时盛行于会稽。其艺术风格多采用圆浮雕手法，龙虎纹浮雕高低不一，主要突出头部装饰，立体感较强。这类铜镜一般流行于东汉晚期。绍兴出土的此类铜镜，可分龙虎对峙、盘龙纹两种。

宁波镇海出土的一件三国时期龙虎镜，直径9.4厘米，半圆钮，内区龙虎对峙，内外区之间饰栉齿纹，外区饰锯齿纹、波浪纹各一周，近似三角缘。[2]绍兴有一件东汉盘龙镜，圆形，圆钮，钮外主纹为一缠绕的盘龙，盘龙下部饰有一龟一蛇。内外区间以栉齿纹一周，外区为蟠螭纹带。三角缘。

规矩镜

此类铜镜主要特征是在镜背由"⊤""∟""⊓"三种符号组成规矩纹饰，故称其为规矩纹镜，因这三种符号源于六博，也称其为博局镜。[3]绍兴出土的规矩镜，数量较多，其内容所组成的图案主要以青龙、白虎、朱雀、玄武、神兽、异鸟等类动物、禽鸟的形态出现，另外再配置规矩、乳钉等纹饰图案，构图严谨，单线勾勒流畅，富于变化。铭文以"尚方"铭最多，一般为祈求长生不老、高官厚禄等吉祥语言，也表明当时具有商品广告性质的语言在镜铭中已广泛使用。这类铜镜主题纹饰装饰精美，构图精巧，铭文端庄秀丽，铸造精细，一般流行于东汉早、中期，其镜缘一反西汉时期的素宽平缘，开始注重装饰。

绍兴出土有一件东汉博局四神镜，直径15.5厘米，半圆钮，变形柿

---

[1] 蒋明明：《对绍兴出土汉代铜镜的探讨》，《东方博物》2011年第3期。

[2] 王士伦编著，王牧修订：《浙江出土铜镜》，文物出版社2006年版，第235—236页。

[3] 孔祥星、刘一曼：《中国古代铜镜》，文物出版社1984年版，第74页。

蒂纹钮座，内区饰博局纹、乳丁纹、青龙、白虎、朱雀、玄武等，周铭：
"尚方作镜真大巧，上有仙人不知老，渴饮玉泉饥食……"内外区间饰栉
齿纹，外区饰锯齿纹、双线波浪纹，近似三角缘。①

　　此外，四叶八凤镜也颇受关注。此类铜镜均出土于三国西晋墓中，多
为大扁圆钮，四叶形或柿蒂形钮座，用平雕的艺术手法表现主题纹饰，产
生如同剪纸般的艺术效果，如叶内的龙纹、四叶间的对凤纹、十六连弧内
的飞天等纹，有的叶内有铭文"君宜高官"等，有的于四叶内外饰有儒
家、道家或佛教人物，有的连弧内满饰各种动物，有的则空白无纹饰。②
绍兴出土有三国吴四叶八凤镜、三国吴四叶龙凤镜、三国吴四叶瑞兽对凤
镜等。

（三）精神意蕴

　　铜镜的直接功能是照容，它是一种与人们的日常生活相关的实用性很
强的工具，它的普及表明人们对自己形象的自觉。同时，寓道于器，人们
将思想意识融入青铜器，选择特定的器形，铸造特定的纹饰，表达特定的
精神内涵。铜镜的铸造者通过形制、纹饰、铭文等的创制，传递精神意
志，不仅使其具有了艺术性和思想性，还能发挥审美、教化功能。会稽
铜镜是高超的铸铜工艺与丰富的思想内容和精致的审美情趣高度统一的结
晶，是科技与人文高度统一的奇葩。正是这种文化功用、文化价值，成就
了名满天下的会稽铜镜。关于铜镜的文化价值，具体有如下几种阐述。

1. 自然崇拜

　　古人崇拜自然，亦善于从自然万物中萃取灵感。铜镜中的许多纹饰都
来自古人对自然的提炼。从会稽铜镜的纹饰、铭文等来看，对自然的崇拜
包括太阳、云、雷、山岳、植物、瑞兽等。比如涡云纹、栉齿纹、草叶
纹、瑞兽形象等，充分表现了"万物皆神灵"的思想。这类铭文常见的有
"上大山，见仙人，食玉英，饮醴泉，驾交（蛟）龙，乘浮云，白虎引，

---

① 　王士伦编著，王牧修订：《浙江出土铜镜》，文物出版社 2006 年版，第 215 页。
② 　刘建安：《浙江汉六朝考古》，浙江人民出版社 2022 年版，第 188 页。

直上天"等。

2.辟邪避魔

"镜乃金水之镜，内明外暗……若有神明。故能辟邪魑魅忤恶。凡人家宜悬大镜，可辟邪魅。"原始宗教、道教、佛教等都将铜镜作为法器，认为铜镜可以辟邪避魔。铜镜上也有这方面的铭文，如"黍言之止（此）镜，青龙居左虎居右，辟去不详（祥）宜""尚方作镜自有纪，除去不祥宜古（贾）市"等。

3.富贵吉祥

这种企盼，集中地体现在大量的铭文上，大体上可以分为两个方面：一是寄托相思。作为女子的随身之物，常被作为相思寄托、爱情信物，许多铜镜铭文中都诉说着相思之情，如"长乐未央，九（久）毋相忘""长乐未央，幸毋相忘"等。二是升官发财。对镜自省、自勉、自励，以求取功名，建功立业。如"君宜高官，位至三公""君宜高官居侯王""官位尊显蒙禄食，风雨时节五谷熟"等。

4.生命永恒

企盼人寿命的永恒，期望在世间延寿，更羡慕仙人的永恒自由，寄希望死后升天永生。铜镜上神仙主题的装饰、铭文都表达了这一点。如"尚方作镜真大巧，上有仙人不知老，渴饮玉泉饥食枣，浮游天下敖四海，徘徊名山采芝草，寿如金石为国保，乐未央宜侯王兮""延年益寿，长乐贵富""长寿仙"等。同时，重视子孙的繁衍也是古人对生命意义的另一种诠释。铜镜中龙纹和虎纹的组合图案，四叶、八凤、柿蒂等纹饰，都有天地交泰、阴阳调和、生生不息的寓意。

5.家国情怀

企盼升平安康。如"石氏作镜四夷服，多贺国家人民息，胡虏殄灭天下复，风雨时节五谷熟，长保二亲得天力，乐无已"等。诚如葛兆光所言："人们已经有了'民族国家'的观念，文化和习俗意义上的共同体已经在人们心目中确立了。秦始皇统一中国是个标志，《史记》对中国历史的记载和对疆域的确认也是一个标志，在铜镜中出现的'国家''四夷''胡虏'字样更是一个标志，它们标志着中国人已经确认了中国、中国的近邻、中国的敌对力量，正因为如此，'汉'成了民族、国家的共同名称，成了人们互相认同的基础，中国人在此时有了一个相当明确的国家观念，所以才会在铜镜铭文中企盼自己的国家的安定、强盛与繁荣。"[1]

（四）铸造技艺

古代铸镜，曾经历过一个曲折且又漫长的合金配比摸索过程。如果只用纯铜来铸镜，制造的镜子镜面呈红色，映照效果模糊而不实用。如加入锡，随着锡含量的不断增加，合金的颜色会由红色变为黄色而逐渐至白色。当含锡量增加到24%左右时，所铸铜镜的镜面就有了与今天的玻璃镜一样的映照效果。但是，高锡的青铜脆性高，所铸铜镜容易破碎，且不宜铸造出镜背图案复杂的铜镜。这些不足，当加入一定量的铅后就会有所克服和改善。我们注意到，战国铜镜中含铅量虽然较少，但这些铅应该不是铜或锡原料里的夹杂，很可能是经过对各种合金性能的不断摸索之后而有意加入的。由于战国铜镜的剖面较平，镜钮较小，所以战国铜镜含铅量通常不超过3%。从现代铸造实验看，铜镜原料中铅的加入量，小型镜以2%、大型镜以3%左右为最佳。说明战国时期的铸镜师对合金配比中加入铅的作用已有了理性的认识。[2]

虽然目前尚没有专门针对会稽镜成分分析的资料，但从已有的汉代铜镜成分分析资料来看，此时铜镜的合金配比均为铜、锡、铅三元配方，且比例相对稳定。其中会稽镜的合金配比为：铜为70%左右，锡为24%左右，铅为6%左右。这一比例的确立，说明此时越地匠师对铜镜合金性能的认识有了进一步的提高。[3]

① 葛兆光：《中国思想史》（第一卷），复旦大学出版社1998年版，第338—339页。

② 董亚巍：《论古代铜镜合金成分与镜体剖面几何形状的关系》，《中国历史博物馆馆刊》2000年第2期。

③ 项隆元、龚缨晏：《浙江科学技术史·上古至隋唐五代卷》，浙江大学出版社2022年版，第101—102页。

入汉以后，铜镜的镜体大小、厚薄等均发生了变化，低铅合金配比已不再适用。西汉铜镜的缘部大多为又宽又厚的平缘，镜体的背纹及镜体剖面几何形状的改变，带来了镜体铸后收缩、凝固的不平衡，即薄处先凝固、厚处后凝固，由此造成补缩量的变化。于是，需要重新摸索新的合金配比。会稽镜大多有较大的镜钮、又高又厚的外缘，其含铅量通常较高，大多在 6% 上下，有些禽兽镜、画像镜甚至超过 7%；一些半圆钮镜，如昭明镜、四神镜、云雷连弧纹镜等，合金中的含铅量通常不高，大致在 3%—5%。[①]

会稽铜镜的铸造继承和弘扬了越国故地善于冶炼青铜的传统优势，将传统冶炼青铜的技术转移到铜镜铸造工艺中，并不断创新。铸镜工艺脱胎于青铜时代的陶范铸造法，其工艺流程同样包括塑模、翻范、合范、浇注、打磨和整修等环节。不同的是，会稽铜镜在塑模、翻范环节，较多地采用了浮雕手法来塑造画像纹、神兽纹等，开创了铜镜装饰的新技法，具有鲜明的时代特点和很高的科学价值。此外，铜镜铸造成型后，还要进行细致的铸件加工，包括镜体热处理、机械加工和镜面处理等。只有经过这些后期加工，铜镜才真正制作完成并可以使用。《淮南子·修务训》记载："明镜之始下型，蒙然未见形容，及其粉以玄锡，摩以白旃，鬓眉微毫，可得而察。"[②]对一些会稽镜等汉镜的成分检测和分析结果也表明，镜面上多有一个富锡的表面层，系铜镜铸造成型后表面加工处理所形成。[③]

（五）畅销各地

由于质量与工艺上乘，会稽铜镜畅销各地。例如，会稽铜镜的典型代表神兽镜，除在浙江境内的绍兴、宁波、黄岩、浦江、武义、龙游、瑞安、安吉等地的汉、六朝墓中时有出土外，在湖北鄂州，江苏南京、扬

---

① 董亚巍：《论古代铜镜合金成分与镜体剖面几何形状的关系》，《中国历史博物馆馆刊》2000 年第 2 期。

② 何宁：《淮南子集释》卷十九，中华书局 1998 年版，第 1339 页。

③ 杨勇：《汉代铜镜铸造工艺技术略说》，《中国文物报》2014 年 12 月 5 日第 6 版。

州、泰州、无锡，安徽芜湖，江西南昌，湖南长沙、浏阳、常德，广东广州，广西贵县，河南洛阳等各地也有出土。

精湛的铸镜技术享誉全国，在对外销售成品的同时，也对外输出技术和工匠。会稽工匠陆续到其他地区铸造铜镜，如鄂州出土的黄初二年（221）镜，其铭文为："黄初二年，十一月丁卯朔，廿七日癸巳，扬州会稽山阴师唐豫命作镜，大六寸清冒，服者高迁，秩公美，宜侯王，子孙藩昌。"说明此镜为会稽山阴工匠所铸。湖北鄂城出土的一枚黄武六年（227）重列神兽镜上的铭文"会稽山阴作师鲍唐""家在武昌思其少"[1]也反映了这一点。

同时，会稽铜镜还远销日本。日本发现的许多神兽镜和画像镜，其形制、纹饰和吴镜相同，且有"赤乌元年""赤乌七年"等纪年铭文。同时，工匠东渡日本，将画像镜与神兽镜结合，铸出了日本三角缘神兽镜，对日本的铸镜业发展作出了重要贡献。日本大阪出土的一枚三角缘神兽镜，其铭文为："吾作明竟真大好，浮由天下（敖）四海，用青同（铜）至海东。"[2]

二、浙东运河对会稽郡成为铸镜中心的影响

汉镜是铜镜发展史上的一个高峰，种类、数量均达到了前所未有的高度。西汉早中期，北方长安、临淄等地铸镜业兴起；西汉中晚期，淮水、长江流域的铸镜业声名鹊起。东汉时期，伴随着政治中心的变动，铸镜中心发生明显变化。东汉中期以后，全国形成了若干铸镜中心，如广汉郡、吴郡、会稽郡、江夏郡等。

---

[1] 湖北省博物馆、鄂州市博物馆：《鄂城汉三国六朝铜镜》，文物出版社1986年版，第3页。

[2] 王仲殊：《关于日本三角缘神兽镜的问题》，《考古》1981年第4期。

会稽郡成为铸镜中心，不仅因其有得天独厚的矿产资源，善于冶炼青铜的技术优势，更离不开浙东运河所带来的交通优势。

铸镜中心的选址常以矿藏资源为先决条件。会稽郡矿藏资源丰富，古越国曾在此地开采铜、锡矿，这在《越绝书》《吴越春秋》《嘉泰会稽志》等文献中均有记载。东汉末年，这里"山出铜铁，自铸甲兵"，可见仍有丰富的铜矿资源。从出土实物来看，会稽郡的铸镜业在西汉时期并不十分发达，其真正兴起当在东汉，持续至西晋。东汉时期，北方战乱，不少中原移民避乱南迁，会稽郡成为接纳北方移民的重要地区。人口的增加带动了该地区农业、手工业的发展。与此同时，由于青铜材料的丰富和冶铸技术的成熟，铸造业从官方向民间转移，铜镜的制作经营向着民营化、商品化的方向发展。根据出土铜镜铭文，铸镜工匠以山阴鲍氏、唐氏等最为著名。

浙东运河不仅是宁绍平原的东西交通干线，也是宁绍平原通向太湖流域、连接京杭大运河、沟通全国的战略要道，还能通过浦阳江、若耶溪、曹娥江等支流沟通诸暨盆地、金衢盆地，甚至浙南地区，通过句章港入海，辐射海外之地。便利的交通，使会稽铜镜得以畅销各地。除了浙东运河流域的各个地区，浙江金华、衢州、台州、温州等地均有发现，江苏、安徽、江西、湖南、河南、湖北等地也有出土。由于孙吴政权开发武昌，从江浙征调百工，其中也包括铸镜工匠。湖北地区出土了多面汉末、三国时期神兽镜，均带有"会稽师鲍作明镜"的铭文。

由此可见，浙东运河的存在虽然不是影响青铜冶铸业兴衰变化的主要原因，但它作为水路交通要道，对此地区青铜产品，尤其是会稽铜镜的远销各地发挥了重要作用。同时，运河交通带来的人口、技术、文化的流动，都在一定程度上影响着青铜冶铸业的发展。

三、其他青铜器

会稽等郡是当时江南主要的铜、铁产区之一。到了西汉，会稽郡凭借铜矿资源丰富的地理优势和善于冶炼青铜的传统优势，青铜冶铸业取得了新突破，铜币铸造规模较大。东汉末年，生活在这里的山越，"山出铜铁，自铸甲兵"[①]。汉代的其他铜制品也不少，有铜釜、铜壶、铜碗、铜鼎、铜带钩等。据 20 世纪 80 年代以来出版的志书记载，今杭州、萧山、绍兴、嵊州、新昌、上虞、余姚、慈溪、宁波、鄞州等地都有汉代铜器出土。

（一）铜钱

西汉时期，吴王刘濞"王四郡之众，地方数千里，采山铜以为钱"[②]，所铸铜钱在全国名列前茅。新莽时期（9—23），王莽于建国元年（9）遣谏大夫五十人分铸钱于郡国。1994 年在杭州萧山压湖山发现一只装有"大泉五十"叠铸铜母范、"大泉五十"铜钱、金属锤子的陶器。王莽所派谏大夫在会稽郡的铸钱，可能就在这附近。压湖山地处会稽郡交通要道，在此设立铸钱作坊，利于新钱币在会稽郡的发行。[③]此时的钱币铸造工艺基本与会稽铜镜铸造工艺同步发展。

压湖山出土的"大泉五十"叠铸铜母范共有 5 方，分 2 式，同时出土"大泉五十"钱币 70 枚。其中：一式范，3 方，纵 8 厘米、横 7.85 厘米、厚 11 厘米、边宽 0.6 厘米。印有四母钱，两面两背。直径 2.65 厘米，额轮，阳文正书，篆体直读"大泉五十"。字体规整，线条优美，笔画略显粗壮，"泉"字直竖中断，背面阴刻"吉"字。二式范，2 方，纵横皆为 7.7 厘米、厚 1 厘米、边宽 0.5 厘米，体积略小于一式。内亦印四母钱，两面两背。直径 2.65 厘米，额轮，阳文正书，篆书直读"大泉五十"，但

---

① （晋）陈寿撰，陈乃乾校点：《三国志》卷六十四，中华书局 1982 年版，第 1431 页。

② （汉）班固著，中华书局编辑部点校：《汉书》卷二十八，中华书局 1962 年版，第 2169 页。

③ 王志邦：《浙江通史·秦汉六朝卷》，浙江人民出版社 2005 年版，第 117 页。

笔画较之一式略显纤细。所出土的 70 枚"大泉五十"铜钱与一式范母钱一致。①

（二）铜弩机

据《史记》《汉书》记载，西汉以来最多的兵器不是青铜剑，而是铜弩机，但这里铸铜为甲、冶炼宝剑的传统并没有放弃。王充《论衡》说，"干将之剑，久在炉炭，铦锋利刃，百熟炼厉，久销乃见作留，成迟故能割断"②，这是冶炼经验的积累。青铜兵器中，青铜剑逐步被铁剑所代替，出土的汉代青铜兵器有弩机、剑、戈、戟、矛等，最多的则是弩机。钱唐（今杭州古荡）发现的朱乐昌夫妇墓，随葬有箭、矛、弩机、镜、壶和朱乐昌印、五铢钱等。

弩机，弩的重要构件之一，装置于弩的后部。《韩非子·说林》有"羿执鞅持扞，操弓关机，越人争为持的"③，这里的"机"即为弩机。铜弩机，出现于战国早期，到了汉代，其结构逐渐完善，有铜廓（机匣），其中的机件有望山（照门，类似现代瞄准器上的标尺）、悬刀（扳机）、钩心（又名牛，即棘爪）和两个贯穿各部件的轴孔，组合为整体的键。2019 年，宁波东钱湖陶公山东汉砖室墓群的二号墓中出土了铜带钩、青铜刀、青铜弩机等生活用具和兵器。其中，青铜刀长约 72 厘米，刀首作曲环形，首、柄等部位鎏金，但刀身保存状况较差；青铜弩机保存情况较好，各部件除钩心外均较为完整。

---

① 施加农：《萧山出土"大泉五十"叠铸铜母范考》，浙江省考古学会编《真如集——浙江考古学会学术论文集》，西泠印社 2002 年版，第 67—69 页。

② 黄晖：《论衡校释》卷十四，中华书局第 1990 年版，第 624 页。

③ （清）王先慎：《韩非子集解》，中华书局 1998 年版，第 188 页。

第四节　隋唐以降青铜冶铸的逐步衰落

　　随着冶铁技术、制瓷技术的不断提高，铁制品、陶瓷器逐渐成为生产、生活中的主流用具，青铜器在各领域的价值越来越低。隋唐以来，虽然铜、锡的开采仍在继续，但青铜冶铸业正在逐步退出历史舞台，只有钱币等小件器物以及部分生活用具、工艺品仍在使用青铜，最终也大多为更科学、先进的材料所取代。虽然宋元、明清时期，一度出现大量仿古青铜器，但已不复昔日兴盛。近代以来，随着有色金属冶炼技术的快速发展，铜被广泛应用于电气、建筑、交通等领域。

一、矿冶业

　　六朝时期，浙东运河流域的冶炼业中，铁矿的开采和冶炼已经与铜矿一样，成为金属矿冶业的重要组成部分。会稽郡是当时冶铜业、冶铁业都较发达的地区。上虞人谢平以"杂炼生鍒"法（灌钢法）创制了钢朴，被誉为"中国绝手"。把生铁、熟铁根据配比混杂起来冶炼，制成优质钢，这在我国冶炼史上是一大创举，促进了社会生产力的发展。

　　到了隋唐时期，据《新唐书·地理志》记载，杭州余杭、明州奉化等10余处为铜矿产地。越州山阴县有铁矿采冶，会稽县有锡矿采冶，诸暨县也有金属矿产采冶。由于金属冶炼技术的提高，唐代越州也开始进行矿产资源的勘探。会稽有锡矿、山阴有铜矿、诸暨有银矿，可惜未见有大规模的开采记录。[①]唐代是浙江金属矿产采冶的繁荣时期，但同时也面临着资源逐渐枯竭的危机。例如，杭州淳安铜峰山铜矿遗址，经过唐朝几度废置

---

① 李永鑫主编：《绍兴通史·第三卷》第3卷，浙江人民出版社2012年版，第109—110页。

变迁，再不见继续开采的记载，反而是矿区"今废"的记载屡见不鲜。①

五代，金属冶炼和制造等手工业生产也有一定的发展。吴越国的金属矿产开采和冶铸主要为银、铜、铁等，以铜、铁的产量为最大。②铜、铁是制作兵器和生产工具、生活用具的主要原料。越州诸暨的银矿等，直到宋代仍在开采。

明代，浙江的采矿业主要是银矿和铁矿的开采。明代前期，浙东一些地区的银矿开采曾盛极一时，至宣德年间（1426—1435）达到最高水平。③此后，银矿资源日渐衰竭，银矿开采业走向衰落。

清代，采矿业、冶铁业等也有发展。近代，在日益深重的民族危机的压迫下，许多浙江人投资设厂、开矿，走上了实业救国的道路，各种工厂、矿山在浙江各地纷纷出现。

二、仿古铜器

宋人崇古、复古。北宋时期，金石学兴起，刘敞《先秦古器记》、吕大临《考古图》、薛尚功《历代钟鼎彝器款识法帖》等一批金石学著录在这一时期涌现。心仪三代的宋徽宗搜集839件古器编成《宣和博古图》，作为国家祭典新礼器的样本。据宋代蔡絛记述："太上皇帝（徽宗）即位，宪章古始，眇然追唐虞之思，因大宗尚。及大观初，乃效公麟之《考古》，作《宣和殿博古图》。凡所藏者，为大小礼器，则已五百有几。世既知其所以贵爱，故有得一器，其直为钱数十万，后动至百万不翅者。于是天下冢墓，破伐殆尽矣。独政和间为最盛，尚方所贮至六千余数，百器遂

① 李志庭：《浙江通史·隋唐五代卷》，浙江人民出版社 2005 年版，第 139—140 页。
② 李志庭：《浙江通史·隋唐五代卷》，浙江人民出版社 2005 年版，第 329 页。
③ 陈剩勇：《浙江通史·明代卷》，浙江人民出版社 2005 年版，第 233—234 页。

尽……时所重者三代之器而已，若秦、汉间物，非殊特盖亦不收。"①再现了宋代最高统治者对夏商周三代青铜礼器的偏爱之情。

宋代是仿制先秦青铜器的一个高峰。北宋政和年间，宋徽宗常命良工仿制新得古器，并设立专门的礼器局以生产仿古器物。宫廷据内府所藏商周青铜礼乐器大量仿造，以为郊庙之用，主要器形有钟、鼎、簋、尊、壶、豆等。南宋时期，宋高宗锐意修复礼制以示皇统，于绍兴年间延续复古余绪，不但朝廷祭祀用器遵循《宣和博古图》样式，更将新制度推行到地方，指导州县的祭器制造，由此兴起制作仿古青铜礼器的另一个高峰。20世纪50年代，杭州环城西路和武林门外城墙下发现了一批宋代铜器，器形有爵、尊、鼎、钫、壶等。其中1件青铜尊，高29.5厘米，口径20.4厘米，底径14.6厘米，现藏浙江省博物馆。三段式筒状，喇叭形敞口，腹深微鼓，高圈足外撇。四面各饰一道纵向高扉棱，敞口下八道蕉叶纹排列一周，其下饰双眼突出、曲身折体的蛇纹，腹部和圈足以扉棱为中心，饰两组兽面纹，以纤细云雷纹填地。虽然没有铭文，但它和宋徽宗宣和铜山尊（现藏故宫博物院）的样式、纹饰相同。这是宋代宫廷仿古青铜器风格特点最直接、可靠的实证。

与官方高度追求礼乐之器不同，南宋时期民间盛行的铜器多为陈设器或日常用具。在南宋文人、士大夫墓葬中，常见各式仿古铜器，尤以炉、瓶为大宗，并伴有文房、茶具等。这些清供或文玩，反映了宋人"叠桌二张，列炉焚香，置瓶插花，以供清赏"的风雅生活。2018年，宁波余姚的一个窖藏坑中出土了宋元青铜器，有青铜贯耳壶、青铜香炉等。1982年，绍兴诸暨桃花岭南宋淳熙八年（1181）纪年墓中出土了2件仿古贯耳壶、1件鬲和1件残鼎，其中鬲较为忠实地模仿了西周鬲的特点，纹饰以弦纹为主。②绍兴博物馆藏有1件南宋仿古铜鼎、1件南宋仿古铜瓶和5件南宋铜盏托。

① （宋）蔡絛：《铁围山丛谈》卷四，中华书局1983年版，第79—80页。
② 宋美英：《诸暨桃花岭南宋纪年墓研究》，《东方博物》2009年第4期。

此外，仿古铜器也渐渐应用到佛教、道教等领域。杭州淳安博物馆藏有1件宋青铜菩萨坐像，高40厘米，宽24厘米，重约5千克，菩萨头戴束髻僧帽，太极印，跏趺式坐于莲花座上。

值得一提的是，宋代商品经济发达，铜钱需求量大，除了王安石变法期间外，宋廷一直实行铜禁，即禁止销钱铸器及买卖，并收缴民间铜器。同时，为了满足现实需要，官方、民间也铸造铜器，但宋廷在原料供应、样式、质量、价格等环节均予以监管。[①]

明代崇古的风气比较淡薄，仿古铜器在工艺上并不讲究，大多按照宋代《宣和博古图》进行仿制。清乾隆年间，内务府造办处设有铜器作，专门仿制古铜器。明清时期，官方、民间仿古铜器品种多样，所用材料多为黄铜。

小　结

青铜器，古称"金"或"吉金"，几乎与人类早期文明相伴而生，是文明起源、形成、发展的重要代表性物证。不仅数量繁多，而且造型丰富，纹饰千变万化，具有很高的历史、文化和艺术价值。

冶炼矿石和铸造铜器需要复杂的技术，浙东运河流域的青铜冶铸业虽然起步较晚，但伴随着越国的强势崛起，迅速发展壮大，并呈现出显著的地域色彩。寓道于器，将思想意识融入青铜器，这是古人对铜这一自然金属的创造性利用。选用特定的材料、选择特定的器形、铸造特定的纹饰，表达特定的精神内涵。不同于中原地区青铜器的礼制化、神秘化，越人将自己的政治意志、价值取向、文化特质等融入青铜，铸造了大量的青铜兵

---

① 李合群：《论宋代铜器铸造制度》，《社会科学》2020年第10期。

器和农具，并广泛使用在军事战争、农业和手工业生产等领域，不仅增加了青铜器的实用内涵，也将青铜冶铸推向高潮。

除了用作武器的戈、矛、剑，用于生产的犁、锄、镰等，很多青铜器都与日常生活息息相关。铜镜、带钩、钱币、玺印、熨斗等日常使用的小件铜器，在世俗生活中广泛使用，无论从造型、纹饰还是功能来说，越来越展现出浓重的世俗化气息。汉代，这里作为全国最重要的铜镜铸造中心，素有"天下铜镜出会稽"的美誉。会稽铜镜声名远播，画像镜、神兽镜和龙虎镜都是其明星产品，通过浙东运河等水陆交通，畅销全国，远销日本。

此后，随着铁器、陶瓷器的发展，以及本身铜源供求关系的影响，各类青铜器逐渐被其他材质替代，淡出历史舞台。虽然宋元、明清时期，一度出现大量仿古青铜器，但已不复昔日兴盛。近代以来，随着有色金属冶炼技术的快速发展，铜被广泛应用于电气、建筑、交通等领域。

第八章
陶瓷制造业

中国古陶瓷的产生和发展可分作六大历史时期：史前是陶器独步的时期，夏商周、秦汉为陶器和原始瓷并举的时期，汉六朝是成熟青瓷出现和早期青瓷发展的时期，隋唐是中国瓷业生产"南青北白"格局形成的时期，宋元为名窑林立、名瓷迭出的时期，明清则是各种制瓷工艺在景德镇最终"百川归海"的时期。

浙江古代陶瓷在中国和世界陶瓷史上占有举足轻重的历史地位：先秦时期的陶器独具特色，如河姆渡的陶器文化、印纹硬陶的代表越人文化等，甚至上山文化（上山文化彩陶是世界上最早的彩陶之一）。进入瓷器时代，浙江更是遥遥领先——最关键的一点就是浙江乃是公认的瓷器发源地。浙江的瓷器以青瓷为特色，经历了从夏商之际肇始（原始青瓷）到清代衰落（龙泉窑）的完整过程，三千余年，绵延不绝。在几乎贯穿整个古代中国历史时期的时间维度内，在大体相同的地理空间，浙江始终以同一瓷系产品——青瓷为主流从事瓷业生产，并在所有重要的历史阶段都不可忽视，在整个瓷业发展史上独一无二，也是古代世界主要的青瓷产地，堪称"一部陶瓷史，半部在浙江"。

细分浙江古代青瓷生产历史，可以划分为五大阶段：滥觞期、成长期、发展期、鼎盛期、衰落期。其间，形成了四个技术高峰期，生产中心经历了三次地理转移。其中，有两个高峰期（早期越窑代表的成熟青瓷、中晚期越窑代表的秘色瓷）完全发生在浙东运河地区，而三次地理转移也都与浙东运河地区密切相关。如果说，"一部中国陶瓷史，半部在浙江"，那还可以再补一句"一部浙江陶瓷史，就有半部在越州"。

所谓的"越州"，是指唐前期的越州，大致相当于绍兴、宁波地区。如果我们从另外一个角度来认识，这一地区也可以称为"浙东运河地区"，因为绍兴、宁波两地，刚好被浙东运河贯穿，形成一个相对独立的区域。

浙东运河地区，是中国古代历史和文化中非常重要的一块区域，因为此地先民们贡献了无数发明创造。如果要在这些贡献中，找出最重要的一项，恐怕还得数陶瓷业了。要了解浙东运河地区的古代产业，陶瓷业是绝对不能不重点讲述的。

浙东运河地区的陶瓷业，历史悠久，名窑迭出。在此先对浙东运河地区的陶瓷业发展历程作一简要概述。

考古证明，早在万年前，先民就已学会烧造陶器。上山文化的两个重要遗址——上山遗址、小黄山遗址，都在浙东运河区域辐射范围内，上山文化的陶器是最早的陶器之一；而稍迟的跨湖桥文化、河姆渡文化更有着丰富多彩的陶器文化，堪称中国陶器文化的代表。商代，上虞首创龙窑烧制印纹硬陶，是一个关键突破。晚商至东周时期，绍兴陶里、富盛一带开始生产原始青瓷，已发现原始青瓷与印纹硬陶合烧窑址多处。春秋战国，原始瓷进入兴盛时期，已出现专烧原始瓷的窑址。战国墓葬中，印纹硬陶、原始青瓷大约各占一半。

至东汉，上虞小仙坛烧造的青瓷制品，釉色青绿，胎质细腻坚硬，烧成温度达1310℃，吸水率仅为0.16%，被公认为成熟瓷器。曹娥江流域是世界瓷器的诞生地。孙吴两晋时期，窑场猛增，制瓷技术更趋成熟，窑、唾壶、耳杯、鸡首壶等融艺术和实用为一体的制品应运而生，精品众多，标志着早期越窑的兴盛期。

到唐朝后期，越窑工艺迅猛发展。由于广泛使用匣钵（对坯体起保护作用的窑具），改进烧成方法，避免了落渣、火刺、变形等缺陷，制品器形规整，器壁减薄，釉层均匀，晶莹滋润，越瓷质量居全国之冠，不但进贡皇室，而且大量出口。唐末直至宋初，吴越王钱氏为讨好中原，在越窑烧制专供皇室、贵族使用的优质青瓷，因为"臣庶"不得使用，故被称为"秘色瓷"。北宋早期，越窑青瓷质地和外观又有新的突破，胎质细腻，釉层透明，纹饰新奇，越瓷质量达到顶峰。

北宋中期以后，由于燃料紧缺，工匠雇值上升，大批工匠迁往龙泉等地，大规模商品生产转向就地销售的小批量烧造。至南宋，越窑为龙泉窑所继承和替代，而相对质量下降的民窑青瓷一直延续到元代。此外，专供民用的陶器生产则从未间断，比如近代绍兴酱业的发达，也相应导致了酱缸陶业的繁荣。

第一节　史前陶器的发展历程

一、早期的陶器发展

陶器，是瓷器的前身，但同时又与瓷器长期并存发展。陶器是新石器时代文化的一个非常重要和普遍的文化载体。

浙东地区的上山文化遗址是浙江境内最早的新石器时代早期遗址。其中，距今约10000—8500年的浦江上山遗址，就位于浦阳江盆地的中心。另外，嵊州市的小黄山遗址，也是上山文化，属于曹娥江流域。从浙东运河的水网整体而言，浦阳江流域、曹娥江流域自然也可纳入浙东运河区域。

上山遗址出土了数量众多、器类丰富、特色鲜明且制作精良的陶器，这些陶器比同时代国内其他地区发现的陶器要更为先进，体现了高超的陶器制作水平和工艺特征，可以被看作中国新石器时代早期陶器的典范。

首先从陶系上看，上山文化的陶器普遍以夹炭红衣陶、夹砂红褐陶和泥质红陶为主，后两者在各遗址或不同时期比例不同，但夹炭红衣陶特征是非常鲜明的，其通常在陶胎中羼合稻壳或植物茎秆，在陶器表面施加一层陶衣，经过烧制以后呈现"胎黑外红"的特征。泥质红陶一般胎体细腻，质地坚硬，器表大多施加红衣，且能观察到鲜亮的光泽感。装饰技法上，无论是夹炭还是夹砂，陶器表面大多数装饰红陶衣。

其次从器型上看，上山文化的陶器主要有大口盆、双耳罐、平底盘、圈足罐、圜底罐、圈足盘、钵、杯、壶形器、陶拍等，另有较为特殊的筒形罐、细颈瓶、背壶，大口盆、双耳罐、平底盘是最基本的器物组合。

陶器制作方法主要有直接捏塑法、泥片贴筑法和泥条盘筑法，其中最明显、最常见的是泥片贴筑法。陶器烧制技术方面，研究者认为上山文化陶器大多数都选择"平地堆烧"，烧成温度不超过800℃。[①]

上山文化之后，进入新石器时代中期，在浙东运河地区继续产生了非常重要的新石器时代文化：8000年前的跨湖桥文化、7000年前的河姆渡文化，刚好占据了浙东运河地区的西部和东部。可以说，浙东运河地区是浙江新石器时代早期文化的主要集中区。

跨湖桥文化其实与上山文化有很明确的叠压关系，上山文化的主要遗址位于今金衢盆地一带，而跨湖桥文化的跨湖桥遗址、下孙遗址等，集中在浦阳江下游一带。这样的空间关系可以说明，上山文化是沿着浦阳江流域往北发展，对跨湖桥文化的产生和发展，无疑有着极为重要的影响。

跨湖桥文化中，陶器以手制为主，轮制的和轮修的也有一定比例。陶器的器壁比河姆渡和马家浜文化薄而规整，并已出现轮制或轮修技术，而且胎质较硬。尤其是还出现了器表施陶衣且打磨光亮的黑陶制品系列，反映出当时的社会生产力水平，要比河姆渡遗址第四文化层和桐乡罗家角第四文化层均先进。质料主要是夹炭陶和夹砂陶，其次为粗泥陶和磨光黑陶，夹蚌末陶、红陶数量较少。大部分陶器为黑色，且系分段制作，然后再黏接成器。有的陶器在颈部与口沿连接处外侧附加上泥条，形成口沿向外弧凸的形状。器型有圜底器、平底器和圈足器。器物装饰多见于釜类，其他物则以素面居多。纹饰有拍印绳纹、刻画、捺印、堆纹及彩绘，以

---

① 孙瀚龙、赵晔：《浙江史前陶器》，浙江人民出版社2022年版，第46页。

竖向和斜向交叉拍印形成的菱格状绳纹最具特色。彩纹有条带纹、波浪纹、环带纹、太阳纹、火焰纹、十字纹、网络纹和垂挂纹等，又有多种纹样组合而成的图案装饰。而陶器上的拍印纹饰，主要有绳纹，多施于釜、甑之类。

与上山文化盛食器和饮器丰富、炊器相对缺乏的情形不同，跨湖桥文化重视炊煮的倾向更为明显和突出，陶器组合表现出一整套关于食物加工和使用的规则与模式。以釜、罐、甑、支脚为代表的蒸煮器及其支撑物和以圈足盘、豆、钵、盆为代表的盛食器和制备器具，表明陶器在蒸煮食物功能上的强化以及分食传统的形成。陶器种类主要有釜、罐、豆和圈足盘等，此外还有钵、甑、小罐、支脚、器盖及纺轮等。[①]

河姆渡文化，是中国南方地区当时发现的最早的新石器时代考古学文化，以其鲜明的文化特征奠定了长江下游地区新石器时代考古的重要地位，打破了传统的以仰韶文化为中心的黄河流域中心论的认识。从物质文化遗存的角度来看，河姆渡文化的陶器特征鲜明、风格独树一帜，夹炭黑胎陶、形态多样的陶釜、绳纹装饰传统等，成为中国南方地区新石器时代的重要文化因素，其最直接的文化源头应该是本土的跨湖桥文化，至于其后续的发展过程，也一直保留着河姆渡文化的若干传统。

在河姆渡出土文物中，以陶器数量最多。河姆渡陶器的质料，主要是夹炭黑陶，其次是夹砂黑陶，另有少量的泥质红陶。所谓夹炭黑陶，指的是在陶土中掺杂着植物茎叶，如稻或芦苇的茎叶、谷壳等有机质的碎末。由于燃烧温度低，加上缺氧，故陶胎中的有机质仅达到炭化程度，器表多呈黑色。

河姆渡陶器主要靠手工制作。其中夹炭黑陶器的制作，第一道工序是配料，即在所选用的绢云母质黏土中，掺入经处理后的谷壳或植物茎叶碎末，加水捣烂拌匀，料的比例、水的多少，都有讲究。第二道工序是成

---

① 孙瀚龙、赵晔：《浙江史前陶器》，浙江人民出版社 2022 年版，第 69—74 页。

形，一般用泥条盘筑法成形，也有用手捏制而成的。先分别做好口沿、肩与上腹部、下腹部与底部，然后再分段拼接，拍打加固器壁。至于陶器的附件，如器耳、把手、纽、嘴、圈足等，也是分开制作后再拼接在一起的。第三道工序是装饰，河姆渡陶器装饰的特点是注重实用效果，往往根据陶器的不同用途、质料和部位，施上不同的花纹装饰。一般说，在显眼和不易磨损之处，如口、颈和肩部的装饰，比较精美、仔细；在隐蔽、易磨损的次要部位，或陶质差的，如腹部、底部、外口沿突脊之下部位的装饰，就比较简单、粗糙，或者就是素面，不加任何装饰。最后一道工序是烧制。据研究，河姆渡当时的烧成温度都不高，一般在 800℃—850℃，最高也不超过 900℃，河姆渡陶器的器表多呈黑色，就是因为烧成温度低、方法原始，器物中所含杂质并未完全烧尽。

河姆渡遗址出土的陶器，主要有炊器、盛贮器、食器和水器（酒器）四大类。每大类都有其典型器物，如炊器中，釜占最大比重，后来又出现了甑、灶、鼎；盛贮器主要器型有罐、盆、钵、盂和贮火尊等；食器主要有盘、豆和杯；水器主要有带嘴器、杯等。当时也存在着一器多用现象，如盆、钵、盂既可作食器使用，也可充当盛贮器。

河姆渡遗址出土的陶器的装饰技法主要有刻画、压印、拍印、戳印。器物的装饰花纹，最常见的是绳纹和几何纹，其次为弦纹、谷粒纹、贝齿纹、波浪纹、锯齿纹、圆圈纹、篦点纹和环绕一周的禾叶纹等。绳纹，普遍见于陶釜下腹部和底部；几何形花纹，系以直线、短直线、竖线、斜线、曲线、圆圈、圆点等花纹构成，大多见于器物的口沿和肩部。这些花纹彼此又不断地交错排列变化，从而组成了 60 多种不同的纹饰。除了上述两种常见的花纹以外，其他如弦纹、谷粒纹、贝齿纹、禾叶纹等也多有出现。禾叶纹多运用于曲线连接，线条流畅自然，构图讲究对称，常以植物的叶和茎的形状相间排列成三角形，并以此连环续接，绕口沿一周。

除了纹饰以外，河姆渡陶器的器表还刻有各种题材的图画，如天空中的飞鸟，地面上的走兽，水中怡然自得的游鱼，郁郁葱葱的水稻，以及自然界中的太阳、月亮、树木、花草，均可作为创作的题材。画面简洁，风格朴实而又生机盎然。在河姆渡出土的陶器绘画艺术品中，最为突出的有鱼禾纹陶盆、稻穗纹陶盆、猪纹陶钵和植物纹陶块等，堪称原始艺术的珍品。

鱼禾纹陶盆，外腹壁一面中间刻一对兽目，两侧刻鸟纹；另一面中间刻禾苗，两旁各有一条游鱼，采用抽象的写意手法，构图简练，寓意深刻。反映先民祈求禾苗苗壮、渔业丰盛的美好愿望，可作浙东运河地区"鱼米之乡"美誉的最早实物见证。

猪纹方钵，在外壁两侧各刻一只猪纹，长嘴，高腿，腹稍下垂，形象毕肖。有专家认为，它是河姆渡人驯养家猪的反映。

五叶纹陶块，在一方形框上，阴刻五叶纹植物，五叶中居中一叶直立向上，另外四叶分于两侧相互对称。五片叶子粗壮有力，生机盎然。有专家认为画面酷似"万年青"，或有祈求长寿之意。

稻穗纹陶盆，外壁刻有对称的稻穗纹和猪纹图像。一株稻穗居中，挺立向上，另外两侧稻穗沉甸甸地向两边下垂，旁边还刻有猪纹（因残缺仅存后半部分），反映了农业与养猪相互依存、相互促进的关系。[①]

新石器时代的中后期，浙西地区出现了马家浜文化、崧泽文化、良渚文化等，而浙东大部分地区则长期以河姆渡文化为主。如果说跨湖桥文化时期的陶器还处在一个相对独立的时空范畴内，那么进入河姆渡文化和马家浜文化时期，文化和人群之间的相互交流则变得更为频繁。反映在陶器上，首先表现在两个文化的相互影响，其背后的人群流动可能还存在一个从相对均势到马家浜文化逐渐强势的过程。到了良渚文化大盛之时，其文化影响明显已经跨越钱塘江，影响到了浙东运河地区。如绍兴马鞍镇凤凰墩和仙人山两处遗址，处于新石器时代晚期，其下层文化面貌既有河姆渡文化时期的某些因素，又具有良渚文化的较多特征。出土陶器以夹砂红陶、泥质灰陶、泥质黑皮陶为大宗，多素面，少数有镂孔和附加堆纹装

---

① 孙瀚龙、赵晔：《浙江史前陶器》，浙江人民出版社 2022 年版，第 101—113 页。

饰。主要器形为鼎、权、豆、罐、盆、盘、壶、杯、瓮、器盖等。尤以横断面呈"丫"字形和鱼鳍形足的鼎、大圈足盆和形式多样的豆最具特色。[①]

中原进入夏商时期的同时,浙江地区还处于良渚文化之后的马桥文化时期,其文化发展水平远比良渚文化落后。所以,单以浙江地区而论,马桥文化时期依然处于新石器时代阶段。不过以陶器而言,马桥文化时期依然有着很多重要的发展,比如印纹硬陶,乃至进一步发展出了原始瓷,多为轮制成型,制作工艺明显高于河姆渡文化。

二、印文硬陶

几何印纹硬陶是古越人发明的,是越文化的代表性器物。印纹硬陶与同时期商人、周人和南方楚人所习用的绳纹陶器和泥质灰陶器有明显的区别,是中国陶瓷发展史上不可或缺的重要一环。

一般认为原始瓷器的直接祖先是几何印纹硬陶。陶与瓷的根本区别是胎料的不同,一般陶器是易熔黏土(陶土)烧制,这种黏土含有大量熔剂,烧成温度一般只能为900℃左右,最高不得超过1000℃,否则就会变形,甚至熔融。而瓷器的胎料是高岭土(瓷土),这是一种含熔剂较少的黏土,可烧到1200℃以上而不会变形或熔融。但是,印纹硬陶的胎质原料与原始瓷器基本相同,这就具备了瓷器产生的最本质的条件;同时,印纹硬陶烧成温度比一般陶器高,约在1050℃—1200℃,接近原始瓷器的烧成温度,烧成之器质地坚硬,叩之有如原始青瓷的金石声。

印纹硬陶的陶器表面拍印有各种花纹,大多属于规则的几何形,所以它也被称为"几何印纹硬陶"。浙东运河地区的印纹硬陶始见时间,相当于中原的夏代时期。如绍兴县马鞍凤凰墩和仙人山晚期遗存中出现的印纹硬陶,属初创时期的作品,采用泥条盘筑法手制成型,其工艺为器底和器

---

① 李永鑫主编:《绍兴通史·第一卷》,浙江人民出版社2012年版,第48页。

腹一次混合成型，其特征为底腹界限不清，呈圆弧形，多为凹底和圜底。器表拍印纹饰为条纹、方格纹、云雷纹和叶脉纹等，其中以绳纹和编织纹居多。印纹硬陶的坯泥含有少量杂质和砂粒，烧成温度较高，比一般泥质陶和夹砂陶坚硬，不易破损。

商代时，浙东运河地区的印纹硬陶的生产已具相当规模。许多这一时期的遗址和遗存出土了印纹硬陶的陶片和整器。如绍兴县壶瓶山遗址出土有条纹、方格纹、绳纹和圈点纹的壶和钵；九里、攒宫以及新昌蓝沿等遗址均有印纹硬陶残片发现；绍兴火车站遗址几乎全部为印纹硬陶片所覆盖。绍兴坡塘苗山出土硬陶瓮整器1件，口径25厘米，高42厘米，卷沿短颈，溜肩鼓腹圜底，器壁拍饰编织纹，诸暨市文物保护管理所收藏了1件酒器印纹硬陶罍。[①]

最具里程碑意义的陶器生产进步的标志，是上虞发现的龙窑。上虞的樟塘凤凰山西麓建有商代时期的龙窑6座。自南而北略呈半圆形，依山而建，窑床呈倾斜长条形，即利用山坡自然斜度挖一凹沟，在沟底及周壁涂以黏土而成。其中较为完整的2号窑，全长5.1米，窑室宽1—1.22米，窑头火膛长1.3米，宽0.96米、倾斜16°，底与墙均由黏土做成，烧结坚硬，窑床底部铺5—10厘米厚的砂砾一层，作为烧制器物的铺垫材料。窑旁有路，便于装烧和观察。窑内外堆积物中发现的残片，绝大部分为罐、坛等印纹硬陶，拍饰纹样有绳纹、人字纹、编织纹、回纹和云雷纹等。可知，正是在烧制印纹硬陶的过程中，龙窑技术得到发展和突破。[②]

周代是越地印纹硬陶发展的鼎盛时期。西周及春秋前期成型工艺改为器壁盘筑在平底之上，底腹交接处有折角，底径特大。凹底和圜底器随之减少。纹样增加，新出曲折纹、菱形填线纹、十字填线纹和米字纹等。分布在绍兴、上虞、诸暨等地的周代窑址20多处。这些窑场，有的专烧印纹硬陶，有的兼烧印纹硬陶和原始青瓷。

① 魏建钢：《千年越窑兴衰研究》，中国科技出版社2008年版，第43—48页。
② 胡继根：《浙江上虞县商代印纹陶窑址发掘简报》，《文物》1987年第11期。

尤其值得一提的是春秋中期开始，出现了萧绍窑址群，特别是进化窑址群，发现了茅湾里、前山、安山等 20 多处窑址。其中，茅湾里窑址位于萧山南部，东南界诸暨，东北接绍兴，浦阳江流经它的西南。这是一处春秋战国时期的窑址，以烧制印纹硬陶和原始青瓷为主。从现场遗物堆积情况来看，靠近席家村方向的以印纹硬陶片为主，靠近大汤坞方向的以青黄色薄釉瓷片为多。在席家村一带采集的印纹陶碎片，由于烧成温度不同，胎色有的呈赭色，有的呈深黄色或深灰色，纹饰有米字纹、网纹、方格纹、雷纹等，有的表面还有釉。分布在大汤坞一带的青黄色薄釉原始青瓷片，胎色较白，易吸水分，器底壁厚，器身单薄，外表素面，里部有螺旋纹，除器底外，表里均施有一层青色薄釉，正是原始瓷。[1]

战国时期，印纹硬陶和原始青瓷的生产规模较大，有窑场 20 余处，如绍兴县富盛长竹园窑址，现存面积近 10000 平方米，南北长 200 米，东西宽 40 余米。在窑址南部已暴露出南北并列的窑床遗迹两处，每处都有上下相压的龙窑 5 座。龙窑为长条形倾斜结构，倾斜度 16°，尽管窑床较短，黏土拱顶易塌，但能充分利用自然抽风，升温快，窑温高达 1200℃，能烧出精细的原始青瓷和胎骨坚硬的几何印纹陶，比商周窑炉有长足进步。

以上所述的虽然以印纹硬陶为对象，但其实在窑址中发现的烧制品，往往还有大量的原始瓷。从墓葬中出土的情况看，印纹硬陶和原始瓷经常各占一半，可见，从陶到瓷，是有一个重叠期的，也可以说是有一个过渡期。[2]

---

[1] 王士伦：《浙江萧山进化区古代窑址的发现》，《考古通讯》1957 年第 2 期；施加农：《古代萧山的制陶业》，陈志根主编《萧山历史文化研究》，方志出版社 2006 年版，第 263—267 页。

[2] 陈元甫：《绍兴出土印纹硬陶和原始瓷概论》，《陈元甫考古文集》，文物出版社 2016 年版，第 426—433 页。

第二节　从原始瓷到成熟青瓷的突破

原始瓷最早的烧制和兴盛，主要发生在钱塘江以北的德清地区，但战国时期，浙东运河地区的东部，尤其是浦阳江流域，已经出现了不少原始瓷烧制，反映出原始瓷烧制有着转移现象。原始瓷的烧制技术，也为这一地区在东汉时实现成熟青瓷的突破做好了前期准备。至于成熟青瓷突破地在上虞曹娥江流域，这是瓷器史上划时代的事件。这一过程较长，时间跨度从战国到东汉，地域也有一定距离，从浦阳江流域到曹娥江流域。虽然没有确凿、清晰的证据，但依然可以推断，陶瓷业的地理空间转移，恐怕也有早期浙东运河（虽然还没有出现贯通的浙东运河，但已有运河的前身"山阴故道"）的功劳。

一、原始瓷的发展

夏商之际到东汉早期是浙江古代青瓷生产（实际上也是中国历史上瓷器生产）的滥觞期。在这一历史时期，浙江先民们率先在东苕溪流域成功烧制出原始瓷，因为施青色釉，一般称为"原始青瓷"。最早的成熟瓷器——青瓷，正是在此基础上孕育而出的。在原始瓷起源阶段，虽然浙东运河地区不在核心区，但也是重要的参与者。至于成熟青瓷出现，就完全在浙东运河的腹地中了。

瓷器在起源与早期发展阶段称"原始瓷"，原始瓷是原始瓷器的简称。相应地，东汉出现标准的瓷器，即"成熟瓷器"。由于原始瓷多为青瓷，因此有时也称原始青瓷。原始瓷或原始青瓷一般认为是处于原始状态的青瓷制品，由瓷土制胎，表面施石灰釉，经过 1100℃ 以上高温烧成。胎体烧结后呈灰白色或褐色，击之可发出清脆之声。它是由陶器向瓷器过渡的产物，也可以说原始瓷器还处于瓷器的低级阶段。

原始瓷出现于夏代晚期，成熟于商代早期，初步发展于西周早期，兴盛于战国早期，战国晚期衰落，再次兴盛于秦至东汉早中期，之后被瓷器取代。

　　先秦时期的原始瓷，以浙江为中心的东南地区是全国原始瓷的中心分布地区，尤以浙江省出土覆盖面最广、数量最多、规模最庞大、产品种类最丰富、质量最高、持续时间最长、序列最完整。浙江发现的原始瓷窑址，可分成两个区域：以德清为中心的东苕溪流域和以萧山为中心的浦阳江流域，其中又以前者为主体，但浦阳江流域也是重要组成部分，更重要的是，浦阳江流域的原始瓷技术，为以后的陶瓷业中心从浙西转移到浙东地区，打下了基础。

　　印纹硬陶的出现要早于原始青瓷。至迟在夏代初期，即已成功烧制。正是因为印纹硬陶在胎料的选择与制备、相对成熟的窑炉的建构、1000℃以上的高温烧成技术以及产品成型和装饰等方面的工艺积累，原始青瓷才有了赖以诞生的工艺技术基础。原始青瓷是在烧制印纹硬陶的实践中，在不断改进原料选择与处理，以及提高烧成温度和器表施釉工艺的基础上，烧造而成的。因此，从诞生之日起，原始青瓷即与印纹硬陶相伴相生，有着千丝万缕的联系。而上一节已经论述，浙东运河地区的印纹硬陶的烧制已经很普遍。[①]

　　西周时期，浦阳江流域的原始青瓷开始出现，绍兴县州山余家弄村发现 5 件原始青瓷豆，绍兴县陶里壶瓶山遗址发掘出豆、碗等原始青瓷制品。平水镇砖瓦厂在取土时也发掘出碗、盆等原始青瓷 9 件。在宁波地区西周前期以后的古遗址中，原始瓷十分常见。但是，宁波地区尚无原始瓷窑址发现，而邻近的绍兴地区却已发现 20 余处，这说明，绍兴是当时的

---

① 郑建明：《先秦时期原始瓷概述》，中国古陶瓷学会编《印纹硬陶与原始瓷研究》，故宫出版社 2016 年版，第 9—27 页。

原始瓷烧制中心，而宁波的相当一部分制品应该来自绍兴地区。[1]

春秋战国时期，绍兴是印纹硬陶和原始青瓷的烧造中心。春秋中期以后，原始青瓷的烧造中心仍旧在德清的龙山一带，但原始青瓷烧造技术开始向钱塘江以南的越国腹地扩展。与此同时，印纹硬陶的烧造迅速在萧绍平原形成规模，使得这一带成为这一时期印纹硬陶烧造的中心区，并且一直延续到战国时期。

萧绍平原这一区域的窑址烧造年代普遍较晚，多为春秋晚期至战国时期。原始青瓷与印纹硬陶器同窑合烧现象常见，也有仅烧造印纹硬陶的。产品较为单一，主要是碗、杯类日用器物，不见大型的仿铜礼器窑业，规模也远不及德清龙山原始青瓷窑址群。

具体来看，这一区域又可分为萧山进化窑址群和绍兴东部上虞西部窑址群。

进化窑址群，主要分布于萧山、绍兴、诸暨等地，其中以萧山进化镇范围内最为集中，已发现茅湾里、前山、安山等窑址 20 多处。另外诸暨的阮市也都有一些原始青瓷窑址发现。绍兴东部窑址群主要包括绍兴市区的皋埠吼山、东堡、渡桥山头和富盛长竹园、诸家山等窑址。进化窑址群，发现窑址 20 多处，可见规模大而且密集；诸暨的窑址集中在离萧山进化镇不远、同为浦阳江流域的阮市镇。这种相对集中、规模较大、长期烧造的窑址的出现，对于推动陶瓷制造业的技术进步、品质改良，无疑是十分有益的。

绍兴东部的富盛长竹园窑址面积为 1 万平方米以上。经理化测试，富盛长竹园原始青瓷与上虞县小仙坛东汉青瓷片化学组成几乎完全一致。樊江乡吼山东北麓也发现专烧原始青瓷的窑址一处。证明绍兴是我国最早使

---

① 张如安、刘恒武、唐燮军：《宁波通史·史前至唐五代卷》导论，宁波出版社 2009 年版，第 5 页。

用龙窑烧制原始青瓷的地区。[①]

战国时期的印纹硬陶开始逐渐走向衰退，而与之相伴的原始青瓷则开始走向鼎盛。具体表现为原始青瓷中出现了大量仿青铜的礼器与乐器。绍兴地区一跃成为这一时期出土原始青瓷最重要的区域，不但出土数量多，而且质量上乘。杭嘉湖地区虽仍是重点区域之一，但数量和质量上不及绍兴，其他地区则普遍出土较少。

由于绍兴北部地区多为钱塘江冲积平原，地势低洼，因此绍兴出土原始青瓷的地方主要集中在南部，平水、上灶、皋埠、陶堰、富盛、漓渚、福全、兰亭等地，都是出土战国高档次原始青瓷比较多的地方。这一区域地处绍兴北部濒海平原和南部会稽区的交界地带，多低矮的小山丘和山麓坡地，是越国时期大型贵族墓王陵的分布区，出土的仿铜器物以礼器为主，也有少量甬钟等乐器。

地处绍兴东部的上虞境内战国原始青瓷出土也较多，在曹娥董村山、小越羊山、驿亭牛头山、驿亭周家山、上浦凤凰山等地发现的战国墓中均有出土，主要是日用器和仿铜礼器。[②]

原始瓷的烧造存在一个地域重心的变化，从钱塘江以北地区（以德清为中心的东苕溪流域）转移到了钱塘江以南地区（以萧山为中心的浦阳江流域），这个转移集中在春秋晚期至战国早期。结合历史背景，可以认为这种原始瓷变化的出现，与春秋中晚期吴越两国相争，越文化向钱塘江以南退缩有着重要的关系。

原始瓷制作成本很大，成品精美，常见器型多为礼器，显然不是普通老百姓的日常用品。所以，原始瓷的主要产品，当是为政权上层所掌握和使用，而且也多用于礼制场合。所以，原始瓷的兴衰，与越国政权的变化

①　施加农：《古代萧山的制陶业》，陈志根主编《萧山历史文化研究》，方志出版社2006年版，第263—267页。

②　郑建华、谢西营、张馨月：《浙江古代青瓷》，浙江人民出版社2022年版，第29—92页。

息息相关。春秋晚期，吴越争霸；战国中期，越国又与楚国出现战争，最后失败后退往钱塘江以南。这是原始瓷中心转移的政治大背景。

西汉早期到东汉早中期的原始青瓷窑址发现的数量相对较少，说明进入了一个相对低谷时期。这也与原始瓷的特点有关。因为越地被秦统一后，秦汉政权都是统治中心在北方的集权政权，越地被尽可能地边缘化了，秦西汉时期的会稽郡治所被放在吴县（今苏州），钱塘江以南地区，虽然设县不少，但有很明显的边地军事性质。政治地位的低下，也就导致了这一时期原始瓷的需求极少，生产出现低谷也就很好理解了。另外一方面，这段时间内，原来浙东运河地区的越人出现了较大范围的转移，大量越人被迁往钱塘江以北地区，这恐怕也是原始瓷生产受到极大影响的重要因素。与此同时，大量北方人士通过迁谪或戍边等移民形式来到越地，充实了越地。这又为越地带来很多新的文化因素，包括烧制陶瓷技术方面的新因素。实际上，在东汉时这里能够成功烧制出成熟青瓷，不完全是原来本地技术本身的积累，其实北方新因素——低温釉技术正是不可或缺的条件之一。

不过在先秦原始青瓷窑址的传统分布区，在浙东运河地区的如上虞、慈溪等地尚有较多发现。秦汉原始青瓷和印纹硬陶作为浙江汉墓中最常见的器物组合，具有十分浓郁的地域特色，不仅反映了当时社会的丧葬习俗，也从某种程度上映射出浙江从相对独立的先秦土著文化逐渐融入汉代华夏文化的过程和节奏。只是相较于先秦时期而言，秦汉原始青瓷和印纹硬陶流行的时间短暂，但因其刚好处于先秦原始青瓷衰落和成熟瓷器兴起之间的断裂带，实乃陶瓷发展史上的关键环节。低谷，其实也正是一个新突破来临的酝酿期。

二、东汉的青瓷成熟

从东汉中晚期开始，中国陶瓷生产史进入了新的发展阶段。具有里程碑意义的事件是成熟瓷器的诞生。成熟瓷器是由原始瓷器发展而来的，是在原料粉碎和成型工具的改革、胎釉配制方法的改进、窑炉结构的进步、烧成技术的提高等条件下获得的。东汉中晚期，主要胎釉特征都达到了现代标准的成熟瓷器产生了，以上虞小仙坛窑址为代表的一组窑场在工艺技术上达到了生产出现代意义瓷器的水平。这些产品的出现标志着瓷器发明过程的完成。瓷器的出现，是我国陶瓷发展史上一个重要的里程碑，从此世界上有了瓷器，其作为一种材料的影响更为深远。

浙东运河地区是成熟瓷器的诞生地。从制瓷业本身的发展角度看，东汉中晚期至唐代早期，制瓷中心也由浙北以德清为中心的东苕溪中游地区转移到了以上虞为中心的曹娥江中游地区。

上虞曹娥江流域的窑址群，目前发现有 280 处，其中东汉时期窑址占绝大多数，有 145 处，从总体上看，上虞地区东汉时期的窑址至少可以划分成馒头山类型、珠湖类型、小陆岙类型、小仙坛类型、禁山类型诸类型，这五个类型的窑址，应该代表了瓷器从起源到逐渐成熟的发展过程中的不同阶段。小仙坛类型时期，标志着中国成熟青瓷已完全成熟。

曹娥江流域的东、南、西三面分别是四明山与会稽山脉，地势由南而北逐渐降低，流经的上浦镇一带，是南部山区与北部平原的过渡地带。曹娥江最大的支流小舜江，发源于绍兴市区，由西南向东北在上浦镇注入曹娥江。由此在上浦镇周边形成一个较大的山间盆地。这一带的曹娥江两岸以及包括皂李湖、白马湖等周边的临河与湖的低山缓坡地带，处于南部高大山脉与北部河网平原的过渡地带，低山起伏、植被茂密、河网密布，不仅有丰富的瓷土和燃料资源，且水运四通八达，是烧窑的理想场所，是汉六朝时期窑址的中心分布区，也是中国成熟青瓷的起源地。

上虞曹娥江汉六朝窑址群以上虞南部上浦盆地周边为核心，同时包括东部地区的皂李湖与白马湖周边地区，大致可以分成六大片区：四峰山片区、大湖岙片区、窑寺前片区、凌湖片区以及皂李湖片区、白马湖片区。其中尤以四峰山片区为核心，就以此为例做叙述。

四峰山窑址群位于曹娥江的西岸、小舜江的北岸，这里已经是上浦盆地的北部边缘，再往北几乎不见有窑址。四峰山窑址群又可细分成两个小的窑址群：小仙坛窑址群与凤凰山窑址群。

小仙坛窑址群位于上虞市上浦镇石浦村，四峰山南麓，这里是上虞东汉瓷窑址密集分布地，在直线距离1500米的范围内，至少分布着近10处窑址。小仙坛窑址即由其中的小仙坛、大园坪、小陆岙诸窑址组成。小仙坛窑址可分成早、晚两个时期。

早期以小陆岙窑址为代表，时代大约在东汉中晚期，以烧造印纹硬陶、高温釉陶为主，青瓷产品不仅数量少，而且面貌变化比较大，包括浆黄色釉、青灰色釉、青釉等，多数产品胎釉不稳定，胎质疏松、釉色深、胎釉结合差、火候低，生烧比例极高，仅少数产品釉色青翠，釉质玻璃质感强，胎烧结度高，胎釉结合好，接近成熟青瓷品质。

东汉晚期以小仙坛、大园坪等窑址为代表，青瓷产品有了质的飞跃，质量稳定，胎色灰白，质地细腻坚致，釉色青翠，施釉均匀，釉层透明，玻璃质感强，吸水率低，完全跨入了成熟青瓷的行列。其烧成温度、吸水率、抗弯强度等在内的数据成为成熟瓷器的标准，并广为学术界所公认。因此小仙坛窑址成为成熟青瓷起源的分水岭，并为六朝时期的大发展奠定了技术上的基础。

小陆岙、小仙坛、大园坪窑址时间上的早晚及发展顺序上的连续性，为我们研究东汉时期成熟青瓷的起源和发展过程，提供了丰富的实物资料。小仙坛窑址亦被学术界认为是中国成熟瓷器的主要发源地。

凤凰山窑址群位于上虞市上浦镇大善小坞村，四峰山的东麓，南边与小仙坛汉代窑址群相邻。这里是孙吴西晋时期窑址的集中分布区，目前至少发现了十多处窑址，凤凰山窑址位于这一窑址群的核心地带，包括凤凰山、前山与尼姑婆山等窑址。

成熟青瓷在上虞的曹娥江流域首先烧制成功，既与我国南方盛产高硅低铝的瓷石这一制瓷原料有关，更与南方地区长期烧制印纹硬陶和原始青瓷的工艺积累密不可分。在烧制印纹硬陶和原始青瓷的过程中，先民们不断对龙窑的结构进行完善，使得烧成温度的提高成为可能。与此同时，釉的制备也取得长足进步，摆脱了原始瓷釉那种初创性，胎釉结合更好，剥落和开裂等现象大幅减少。[①]

那么，东汉的成熟瓷器，与本地区长期的原始瓷生产传统之间的关系，是不是直接继承和突破的关系？

战国原始瓷与秦汉原始瓷面貌上差别很大，不过两者之间却存在着渐进式的演变与传承关系。秦汉原始瓷类器物，无论是胎质、胎色还是施釉部位、施釉方法、釉的形态以及装烧工艺等均与战国中晚期以来的原始瓷基本一致，两者在工艺传统上并没有中断，而是一脉相承的，有直接的传承关系。

成熟青瓷起源过程中存在着一个技术上的跃变，即刷釉技术重新出现。这种刷釉技术的重新出现，为成熟青瓷的出现奠定技术上的基础，具有承上启下的重要意义。特别值得关注的是，刷釉技术重新出现，很可能是有北方因素的存在。

在上虞地区，有一批东汉时期的器物，与传统的秦汉原始瓷和成熟青瓷存在着很大的区别，从此类器物的胎釉特征与火候来看，可以称为低温釉陶。纵观整个南方青瓷发展的主脉络，高温瓷器是一个基本传统。所以，此类器物很可能是受北方低温铅釉影响而出现的。北方的低温铅釉陶在陕西关中地区首先出现，大约自汉宣帝以后，铅釉技术开始获得比较快的发展，关东的河南等地也有较多的发现。到了东汉时期，铅釉陶流行地域十分广阔，西至甘肃，北达长城地带，东到山东，南抵浙南、江西等地，均有出土。从浙江的低温釉陶与北方的低温釉陶基本特征来看，两者存在着许多的相似性。不过，浙江低温釉陶也保留了南方本地的不少传统，应该是在本地制瓷技术的基础上，吸收北方低温铅釉陶的技术而出现的。正是这种技术的引入，带来了浙江秦汉时期原始瓷制作技术的巨大变化：施釉均匀，施釉线整齐清晰，其中整件器物均是施釉的状态。而这种

---

① 章金焕：《瓷之源——上虞越窑》，浙江大学出版社 2007 年版，第 35—37 页；杜伟：《上虞越窑窑址调查》，浙江省博物馆《东方博物》2007 年第 3 期。

施釉技术，正与成熟青瓷相同。[1]

上虞曹娥江流域成熟青瓷的起源过程十分清晰，可以说该区域是见证中国瓷器诞生的圣地。在该区域内已发现的数十处东汉时期窑址群中，大致可以划分成以生产硬陶与原始瓷器为主的窑址、原始瓷与成熟青瓷合烧的窑址以及纯烧成熟青瓷的窑址等多个类型，这些不同类型的窑址中原始瓷的比例由高到低、成熟青瓷的比例则由低到高，代表了成熟青瓷起源的完整发展过程。到了东汉中晚期的小仙坛、大园坪等窑址，其产品器类丰富，质量高超，胎质细腻坚致、硬度强、吸水率低，青釉以青绿色为主，施釉均匀、胎釉结合紧密，无论是胎还是釉均相当稳定，代表汉代瓷器烧造的最高水平，青瓷完成了其成熟过程，至此，中国走上了漫长而又灿烂辉煌的瓷器发展的旅程。

上虞曹娥江流域的窑址群，在东汉成熟瓷器产生后，持续烧制瓷器很长时间，所以堪称见证中国瓷器早期发展阶段全过程的最佳之地。曹娥江流域的窑址群目前共发现近300处，其中东汉时期窑址近150处、孙吴西晋时期窑址近70处、东晋南朝时期窑址9处、隋唐时期窑址近20处、五代北宋时期窑址30多处。东汉至孙吴西晋时期的窑址最多，占绝大多数。东晋南朝至初唐是发展的低谷，中唐以后逐渐恢复，但总体上质量较低。北宋早中期迎来了发展的又一个高峰，质量高、规模大，尤其窑寺前窑址群中部分窑场的产品与高质量的秘色瓷接近，成为晚期越窑继上林湖之后的最重要窑场。北宋中晚期逐渐衰落，直至停烧。[2]

---

① 郑建明：《早期越窑及其兴起原因略论稿》，四川大学博物馆等编《南方民族考古》第21辑，科学出版社2022年版，第215—235页。

② 郑建华、谢西营、张馨月：《浙江古代青瓷》，浙江人民出版社2022年版，第153—156页。

第三节 六朝至唐前期青瓷的盛与衰

一、孙吴、西晋的青瓷的兴盛期

东汉时期，原始瓷演变成了成熟瓷器，并在孙吴、西晋时迎来了成熟瓷器发展史上的第一个高峰。

这一进步首先具体反映在技术进步上。这一时期的器物种类更加丰富多样，器型更加复杂，装饰更加华丽繁缛，制作技术更加进步，烧成难度较大的大型器物比例更加高，胎釉质量进一步提升，烧造技术更加成熟。

从制作技术上来看，这一时期的快轮成型技术更加娴熟，胎体更加薄而均匀、造型规整。装饰普遍使用模印贴花、压印、戳印、刻划、捏塑等多种技法，使装饰更加灵动。

烧造技术上，龙窑炉完全成熟，从早期由窑床与火膛构成的两段式龙窑演变成包括火膛、窑床与窑尾排烟室的三段式龙窑，奠定了后世龙窑的基本结构，窑炉长度也从先秦时期的不足 10 米加长到 16 米前后，大大提高了装烧量。

更为重要的是，发明了大量不同形态的间隔具，有三足钉形、锯齿形等，下层较大的器物使用较大的锯齿形间隔具，上层则使用较小的三足钉形间隔具，使器物的上下搭配更加合理，装烧量更大。同时，支烧具亦更为复杂，高矮粗细不一，以适应不同的器物装烧，除大型支烧具外，还大量使用承托具，按不同高低需求置于支烧具上，以调节装烧器物的高矮，达到窑火的最佳使用效率。窑炉内装烧更加合理，窑床前端放置较矮的支烧具与较小型的器物，后排放置较高大的支烧具与大型的器物。

胎质更细、更致密，胎色更白、更均匀，气孔与吸水率较原始瓷明显下降，也更加稳定。施釉更加均匀，原始瓷中普遍存在的凝釉、聚釉的现象基本解决，釉层厚薄均匀，釉色更青，釉面更加莹润，玉质感更强，尤其是一批重点烧造的大型礼器类器物，质量更高。

正是胎、釉、成型、烧造等一系列技术的创新与进步，推动了中国成熟瓷器第一个发展高峰的到来。

在技术进步的基础上，孙吴、西晋时期早期越窑迎来了第一个生产高峰。一是从生产的规模上看，出现了兴盛局面；二是从瓷器器物上看，也是精品众多，花样翻新。

考古调查资料显示，孙吴、西晋时期上虞地区制瓷业生产规模成倍扩大，境内遗存的这一时期窑址有 140 余处，主要分布在梁湖、上浦、驿亭、百官、曹娥等地，其中梁湖、上浦和驿亭是窑址相对集中的地区。三国时期的典型窑址有上浦镇夏家埠村的帐子山、鞍山窑址和上浦镇大善村的禁山窑址等。西晋时期的典型窑址点有梁湖街道多柱山窑址，上浦镇凤凰山、尼姑婆山、禁山窑址，驿亭镇马山窑址、曹娥街道竹头山窑址和百官街道马家埠窑址等。可以说，上虞地区是这一时期越窑烧造的核心区域，其产品质量最高，窑业也最发达。此外，在余姚牟山镇和马渚镇、柯桥夏履镇、慈溪上林湖、宁波慈城镇、鄞州东钱湖等地也有此期的越窑窑址发现。

其中，以凤凰山窑址群为典型代表。凤凰山窑址群分布地域集中，窑址密集，规模庞大，堆积丰厚，年代一致，烧造技术领先，制作手法新颖，生产规模大，是早期越窑鼎盛期的典型窑场，不仅代表了孙吴西晋时期越窑烧瓷技术的最高水平，同时也代表了中国成熟瓷器发展的第一个高峰。

凤凰山窑址产品种类丰富，制作规整，釉色匀润，装饰技艺多样。器型有樽、罐、钵、盘、簋、泡菜坛、罍、狮形烛台、蛙形水盂、砚、扁壶、虎子、洗等，包括了日用瓷、陈设瓷、礼仪用瓷、丧葬用瓷等门类。烧造工艺高超，龙窑进一步加长、完善；窑具更加复杂，除东汉时期开始大量使用的大型支烧具外，还新出现三足支钉形、锯齿形等各种形态的间隔具。这些工艺的改进，不仅使产品有质的变化，同时产量亦极大地提高，使瓷器大规模产业化并走进千家万户成为可能。许多器物如三足洗、罐、盘口壶、双唇罐等，体量巨大、胎釉质量高、装饰复杂、纹饰清晰，从出土地域上看，此类器物基本上集中在以南京为中心的周边大型高等级墓葬中，可能是专供宫廷与高等级贵族使用的珍稀物品。那么，凤凰山窑址可能是早期生产宫廷用瓷的重要场所。

另外，凤凰山窑址群的禁山窑址，早期地层中发现了汉代的产品，成为一个新类型：禁山类型。器类上除早期的罐、洗、盘口壶外，新出现大量的碗。装饰以素面为主，偶见少量的细弦纹、水波纹以及铺首、系等。这一时期在装烧上的一大变化是大量三足支钉形间隔具的使用，不仅大量地提高了产量，同时使碗类日常用器成为瓷器烧造的主要门类，应该是瓷器成为日常用品的重要标志与转折。①

孙吴、西晋时期越窑质量在整个早期越窑制瓷历史上处于巅峰状态。装饰题材丰富，压印、戳印、刻划的纹样有斜方格纹、联珠圆圈纹、联珠花蕊纹、龙纹、栉齿纹、水波纹等，粘贴装饰有兽面铺首、佛像、麒麟、凤凰等。器物装饰位置很规律，且往往于一件器物上使用多种装饰手法，使其纹饰深浅有致，具有很好的艺术效果。如在碗、罐、钵、洗等容器上既有划刻的弦纹，又有压印的斜方格纹、戳印的联珠纹，以及贴饰的铺首纹等。纹饰的组合也有规律性，一般斜方格纹在中间，上下有联珠纹，铺首对称贴在纹饰带上，斜方格纹、联珠纹、铺首本身的样式丰富多样，组成的图案也千变万化。

器类器形方面，这一时期越窑产品种类较之前大大增加。产品中有从东汉时期延续下来的罍、簋、钟等器物；有碗、钵、罐、盘口壶、洗、盆、盘、唾壶、水盂、香熏、虎子、耳杯、槅、灯等日用器；有专门用于随葬的谷仓罐、羊形器、磨、猪圈、狗圈、鸡舍、火盆、灶、吊桶、水井等明器，多是模仿现实生活中实物而作的，形象逼真。

---

① 郑建明：《浙江上虞禁山早期越窑遗址的调查与发掘——发现东汉三国西晋时期完整的戈窑系列》，《中国文物报》2015年2月27日第5版；郑建明：《浙江上虞禁山早期越窑遗址考古发掘：青瓷溯源》，《大众考古》2017年第5期。

比较引人瞩目的是，此时有不少动物造型的器物，如狮形插器、虎头罐、鸡头罐、牛头罐、马头罐、鹿头罐、鸡首壶、蛙形水盂、羊形器、象形器、熊形尊、鹰首壶等。另外，由于佛教的传播，涌现出了一些佛教题材的器物，如微印佛像贴塑装饰以及与佛教有关的动物形象，有狮子等。此外，随着佛教的本土化，开始出现佛像等装饰与道教题材纹样（如青龙、白虎、朱雀、玄武、神人骑兽等）在同一件器物上出现的现象。

器物整体面貌矮而敦实，浑圆丰满，罐、盘口壶等容器口径较小，多扁圆腹，平底内凹。一方面，为防止器物变形，窑工采用增厚器壁的方法，而叠烧方法要求器物底部承重力要大，器底往往是厚厚的平底；另一方面，为克服由此产生的厚重、笨拙感，将口沿做薄，使器形显现轻巧感。这一时期，罐、盘口壶等器形均较之前增高。[1]

孙吴西晋时期之所以会出现一个成熟瓷器的高峰期，一是浙东运河地区的社会经济有了长足发展，二是与这一时期南方的厚葬之风有关。

一是南方社会经济的长足发展，值得注意的是，此时以曹娥江为中心的越窑核心区，与以鉴湖为基础的农业发达区，两者并不是完全重合的，而是处在中心和边缘的关系中。发达的鉴湖地区的农业，为越窑手工业的发展提供了坚实的经济基础，也提供了部分消费市场。

二是这一时期虽然北方的厚葬之风已经衰微，进入薄葬之风的时代，但是在南方地区，仍然有较为明显的厚葬之风。目前发现的大量精美的越窑产品，大多是在墓葬中有出土。以南京为中心的镇江、马鞍山、丹阳等地，为东吴、西晋时期的政治、经济、文化、商贸中心，聚居着当朝皇帝、王侯宗室和世家大族，聚族厚葬之风的盛行使得这里成为越窑青瓷最大的消费中心。墓葬中的随葬品种类十分丰富，大致可以分为两类：一类是日常用器，包括生活器皿与文房用具。又可以细分为饮食器、家居用具和文具三小类。另一类是模型明器，大致可以分为三小类：模仿生产生活

---

① 郑建明：《早期越窑及其兴起原因略论稿》，四川大学博物馆等编《南方民族考古》第21辑，科学出版社2022年版，第215—235页。

设施用具的家什农具，如踏碓、砻、米筛、畚箕、吊桶、扫帚、磨、臼、杵等，多为成组出现；反映家禽畜养的禽舍畜圈，如鸡舍、猪圈、狗圈、羊圈、鸭舍、牛厩、鹅圈等；反映居室建筑的仓院楼阁及堆塑罐等。一定程度上，可以认为，这种贵族厚葬消费的需求，大大刺激和促进了成熟瓷器的发展。[①]

总体上，曹娥江流域汉六朝时期成熟青瓷窑址具有以下几个方面的特征：

第一，是出现时期早，持续时间长，序列完整。从东汉开始出现窑址，历经三国吴、西晋，至东晋南朝，连绵不绝，基本不曾间断，是目前国内已知成熟青瓷出现时间最早的地区。第二是窑址密集、生产规模庞大。从目前已掌握的材料来看，这一时期的窑址已发现100处，许多窑址分布面积大、堆积层厚，产品产量已达到了相当的规模。第三是产品种类丰富。除生产日用瓷，还有陈设瓷和丧葬用瓷，包括碗、盘、碟、罐、簋、壶、罍、瓿、盆、瓶、盉、钵、鸡笼、狗圈、井舍、厕所、楼房、魂瓶、鸡首壶、洗等，造型复杂，纹饰繁缛，许多大型器物的生产，目前仅见于这一窑区。第四是产品质量高。本窑区的许多产品体形硕大、制作规整、胎质坚致细腻、釉色青翠匀润、施釉均匀、玻璃质感强。第五是窑具形态各异，龙窑稳定，装烧工艺成熟。第六是出现独立、庞大的窑区。[②]

因此该流域不仅是中国成熟青瓷的起源地，也是当时瓷器烧造的中心，引领瓷器制造的时代潮流。

---

① 李军：《千峰翠色：中国越窑青瓷》，宁波出版社 2011 年版，第 7—8 页。
② 郑建华、谢西营、张馨月：《浙江古代青瓷》，浙江人民出版社 2022 年版，第 138—147 页。

二、东晋南朝至唐前期的低谷期

东晋至南朝时期，越窑核心区窑业生产进入低谷期。这一时期，上虞曹娥江中游地区仍是越窑的中心产地。窑址集中分布在梁湖、上浦和驿亭3个镇。不过，考古调查资料显示，上虞境内东晋南朝时期窑址锐减到18处，很明显是进入了生产的低谷期。

这一时期瓷器的胎质普遍比较细腻，大部分器物施满釉，有的假圈足外侧也施釉，釉层均匀；但釉色失透，釉色普遍偏青黄，釉光常常呈现一种莹亮的光泽，玻璃质感不强。

这一时期越窑青瓷的种类明显减少，器物种类进一步集中为日常生活用器，如钵、碗、碟、罐、盘、盘口壶、盆、耳杯、鸡首壶、尊、唾壶等。狮形插器等器形遭到淘汰。器物造型较上一期更趋于规范化、定型化。装饰方面，器物以素面为多，弦纹仍是主要纹饰。南朝时，受佛教艺术影响，盛行以莲花作为装饰，通常在碗、盏、钵等外壁和盘面以细的划线划饰浅浅的莲瓣。

出现这种现象的原因，极有可能是瓷器的需求端发生了重大的变化。因为以鉴湖为核心的农业生产不仅没有衰退，反而更加发展，特别是永嘉南渡中，北方人口大量南下，更是增加了本地的劳动力。从经济发展的角度来说，东晋以来南方经济上升，应该更有理由进一步促进手工业包括瓷业发展。但瓷业的发展结果却与这一推论恰好相反。因此，这只能说明市场需求大大减弱了。这里的关键因素是，瓷器精品依然还是一种较为"奢侈"的消费品，而主要消费者只能是上层社会的高官显贵们，而这一群体，在西晋到东晋的转变中，发生了重大变化。

在孙吴时期，孙吴政权是一个典型的南方政权。西晋统一后，少数精英分子北上入洛，南方社会变化并不太大。如前所述，在丧葬习俗上，南方一直延续了汉代厚葬之风。所以，孙吴、西晋时期，南方地区厚葬需求，在瓷器中得到了明显体现。

北方经过东汉末年的大规模战乱后，社会凋敝，人口大量减少。在丧葬风俗上，国家也是大力推行薄葬之制度，因此，丧葬之风一下从厚葬转为薄葬，这在考古发掘中反映得很明显。在两晋之际，晋室南渡，东晋政权虽然立足于建康，但统治阶层主要还是侨姓大族，他们来自北方，也将北方的薄葬之风带到了南方。使得南方地区的丧葬习俗也发生了很大变化，走向薄葬。丧葬习俗中的明器生产需求大大减少，显然是越窑生产水平降低、产量锐减的一大主因。

青瓷作为明器的大量减少，恐怕还与审美有关。青瓷作为一种审美文化，在两晋时期带有明显的地方文化色彩。因此对于北来侨姓大族而言，他们恐怕未必欣赏。另外，精品瓷器在当时，因为制作不易，成本很高，所以价格甚高，远不是后代那种价格低廉的日常用品。所以，此时的瓷器特别是精品瓷器，是带有明显的奢侈品和艺术品属性的。那么，瓷器的消费就往往容易成为时尚而流行。而一旦社会上层的审美、时尚发生变化了，也自然会对带有时尚属性的瓷器消费带来很大的影响。

永嘉之乱导致北方士族纷纷南迁，到达会稽的侨姓大族与土著大族发生了冲突，侨姓大族纷纷在曹娥江流域封山占水，比如王氏在绍兴、谢氏在曹娥江流域的开发。谢灵运在始宁（今上虞南部、嵊州北部）建始宁墅，占有南、北二山，大兴农田水利。这种地主庄园经济的主业是农业，其次是园林业、养鱼业和畜牧业，再次是纺织业等，无疑，制瓷业得到了排挤。从窑址数量变化来看，三国、西晋至东晋、南朝一段时间，曹娥江中游地区越窑数由 160 余处降至 14 处，下降非常明显。

总之，早期越窑青瓷在孙吴西晋时非常兴盛，而到了东晋南朝出现低谷，主要原因之一就是上层统治层的变化。实际上，从瓷器考古出土地点来看也符合这个推断，因为极少在平民墓葬中发现瓷器精品。

隋至唐代早期，越窑仍延续着自东晋以来的衰颓态势，表现为窑址数量少，产品质量粗糙。据目前考古调查资料，上林湖地区发现了少量这一时期的窑址，窑址数量仅有 13 处。唐代早期的越窑生产延续着低落状态，产品数量也不多。据统计，这时期在窑址以外地区考古发现的越窑瓷器凤毛麟角，只有 1 件，可见生产范围小及产量较低是这一时期的特点。

窑址产品种类相当单一，碗占绝大多数，其次是钵、盘口壶、鸡首壶、罐等。装饰极为简约，基本为素面，少量器物见有褐彩装饰。胎多为深灰、土黄色等，胎质较细，但夹杂有较多斑点，胎质淘洗不够纯净。釉作青黄、青灰色，施釉不均匀，流釉现象较为常见，且多施半釉。烧制的窑具也较为简单，主要是支烧具与间隔具。装烧方法上，沿袭了东晋南朝旧制，仍采用明火裸烧。

隋及唐代早期越窑生产的低迷是多种原因造成的。首先，隋唐的政治配置和经济中心都在西北地区，特别是唐代前期，河南、河北都在中央政府的有效控制下，巩义、邢州、相州几个瓷器生产中心都可以提供精美的白瓷器，加之瓷器本身的使用尚不普遍，远在东南的越窑，若不具有特别优势，不会形成大的社会需求。其次，自南朝以来，越窑在生产工艺上鲜有发明与创新，不论是从扩大产量还是提高质量的角度，都没有明显的进步。尽管越窑的质量仍然居于领先地位，但并不具有独一无二的竞争力，考古发现的唐代早期越窑瓷器主要为高级官员所使用。最后，此期南方地区众多青瓷生产中心发展形成了与越窑的强大竞争关系，对越窑生产造成了挤压。这一时期地处长江中游的洪州窑和岳州窑正处于窑业生产的兴盛时期。如岳州窑，考古发掘表明，唐代早期，其产品已达到质精量多的高度，在湖南长沙、资兴及湖北武昌、安陆等地唐墓中都有发现，尤其是随葬专用的青瓷俑大量发现于两湖地区唐代早期墓葬中。此时的洪州窑也处于生产的兴盛时期，其产品除了大量销售于江西地区，还较多地销往江西以外的地区，主要见于湖北、河南等省的墓葬中，以湖北武昌发现为多。[①]

从中国陶瓷发展史上来看，成熟的窑系划分主要出现于唐代，传统的越窑主要是指上林湖地区的窑业，上虞地区包括小仙坛等窑址群的发现及其基本特征的确立，是对越窑在时空上的极大拓展，以此为基础，越窑时间上上溯至两晋以及东汉时期，成为中国成熟青瓷的发源地；空间上先从

---

① 郑建华、谢西营、张馨月：《浙江古代青瓷》，浙江人民出版社2022年版，第148—156页。

上林湖地区拓展至曹娥江中游，进而进一步扩大到整个宁绍平原以及其周边地区，并形成了越窑、越窑系等基本概念。可以说，从东汉中晚期起，浙东运河地区逐渐形成庞大的越窑青瓷系统。

第四节　晚唐以降青瓷的鼎盛与衰微

到了唐宋时期，浙东运河地区的瓷业又出现了一个新的高峰期，但就瓷窑核心区而言，与东汉六朝时期相比，发生了空间转移：从上虞曹娥江流域转移到了慈溪上林湖地区。并且，在中晚唐、吴越、北宋初期，上林湖越窑达到了鼎盛。这一时期上林湖在窑业规模、器物种类、产品质量、烧造工艺等方面均居于全国绝对领先地位。北宋中晚期，越窑青瓷生产逐步衰落，龙泉窑快速兴起，浙江古代青瓷生产中心开启从浙东向浙西南转移的历史性进程。

一、越窑的复兴

从中国陶瓷发展史来看，成熟窑系划分出现于唐代。所以传统的"越窑"主要是指慈溪市上林湖地区唐—北宋时期的窑业。盛唐到北宋晚期，是浙江古代青瓷生产大发展时期，越窑逐渐走出南朝至早唐时期的低谷，生产规模急剧扩大，产品质量迅速提高。晚唐至北宋早期，形成了浙江古代青瓷文化史的第三个高峰，也是浙东运河地区青瓷生产的第二个高峰期。

唐宋青瓷之所以被称为"越窑"，与越州之名有关。越州之名首见于隋大业元年（605），辖区大致相当于现浙江省绍兴、宁波（不含宁海）和舟山三个设区的市和杭州市萧山区。唐开元二十六年（738），析越州置明州，即今宁波地区。原来的越州范围缩小，可称为"小越州"。因为隋及唐前期越州的范围与浙东运河地区基本吻合，有内部区域的一致性，可视为"大越州"。故虽然后来析置明州，这一区域若以"越州"视之，仍然是可以的。

除此之外，上林湖地区虽然是越窑核心区，但如前所述，上虞地区包括小仙坛等窑址群的发现及其基本特征的确立，是唐宋越窑青瓷极为重要的基础。青瓷生产经历五六百年的历史，已逐步形成庞大的生产规模、稳定的产品特色。因此，唐宋的越窑体系，从时代上，可以上溯至两晋以及东汉时期；从空间上，也同样要拓展至曹娥江中下游。也就是两个时代、两个地域其实是密不可分的。以这样的视角来看越窑，则"越窑"之"越"，必须视其为"大越州"方才合适。当然，为了与传统的"越窑"概念相区别，之前的可以称为"早期越窑"，而唐宋越窑也相应地可以称为"中期越窑"。纵观越窑的发展历史，可以将其分为三大历史时期，即早期越窑（汉六朝至初唐）、中期越窑（盛中唐至北宋）、晚期越窑（南宋早期）。可以说，越窑堪称浙东运河地区陶瓷业的光辉代表。

如前所述，东晋开始直到唐前期，浙东运河地区的越窑青瓷处于相对低谷期，不过，需要指出的是，青瓷生产一直没有中断，这就为唐宋越窑重新辉煌提供了基础。实际上，低谷期也并非没有新的发展。发展主要体现在两个方面：一是空间分布上有所扩大，越窑系窑场的分布范围较以前有所扩展，宁波、余姚、慈溪、绍兴、萧山、临海、路桥等地均发现了较多的青瓷窑址，从东晋就开始出现，这为后来越窑生产核心区的转移准备了条件；二是工艺上的进步和一些生产的亮点在许多窑场中出现。

越窑复兴的首要表现就是越窑数量增加，唐前期越窑窑址大约18处，到盛中唐时期增至近60处。根据第三次全国文物普查和多年来的专题调查，唐宋时期，浙东运河地区各县均有窑址发现，共有约260处。显然，越窑的生产规模的扩大是非常明显的。

从消费端来看，地域的扩展和使用阶层的扩大也相当明显。在唐前期，越窑青瓷除了在浙江及周边的南方地区墓葬中普遍有见外，北方地区特别是隋唐中枢所在的两京和关中一带，墓葬中随葬越窑青瓷的现象比较少见，到了盛唐之后，才开始较多地出现；另一方面，北方地区随葬越窑青瓷的墓葬主人身份虽然多为官僚、贵族，但中下层人士墓葬中随葬越窑青瓷的现象也逐渐增多，这反映了青瓷生产量增加的同时，更加普及化。

越窑复兴的最重要体现，还是在生产技术的进步、产品质量的提高上。这一时期器物无论是胎还是釉，均较前一时期有了质的飞跃。本阶段的越窑青瓷，在胎釉原料的选用、釉的配制等方面，与以往无明显变化，但是，胎料的加工实现了由"粗加工"到"精加工"的转变。此前产品胎体中多见的含细沙、有气孔等现象，在本阶段已较少出现。胎质细腻坚致，胎色青灰。器物以满釉为主，部分施釉不及底，施釉均匀，胎釉结合好，极少见剥釉或脱釉现象，釉质感极强。

另外，越窑青瓷在装烧的工艺技术上取得了突破性进展。越窑青瓷釉色之美的关键，在于对烧成后期窑炉内还原气氛的控制。在瓷釉中含有百分之一的氧化亚铁，烧制出来的瓷器就能呈现淡绿色。随着氧化亚铁含量的增加，瓷器的绿色就由浅变深，当氧化亚铁的含量超过5%时，则还原困难，而烧制出来的瓷色就会呈暗褐色乃至黑色。而越瓷的"千峰翠色"，正是由于陶瓷工匠们将釉中的氧化亚铁控制在1%—3%这个恰当的比例内而获得的。否则，还原气氛控制不好，不但达不到理想的色调，而且使釉面失去美感。慈溪上林湖瓷窑的历代青瓷胎骨，胎内氧化铁含量最高，釉内铁的含量也在2.5%左右，所以在还原焰中烧成时，则胎成土黄色，釉为青黄色。在强还原焰中烧成时，则呈色为青色、青绿色。同时釉的主要助熔剂是氧化钙，所以釉色薄，透明似玻璃。试掘所见到的窑炉结构遗迹表明，上林湖等晚唐窑炉结构系为长条形龙窑。龙窑窑炉结构有它的一定优点，但也有它的缺点，主要是窑内的烧成温度和气氛很难控制，因此，窑温和气氛不一致，烧成后有青绿色、湖绿色、青黄色等不同色调，生烧过烧的现象亦在所难免。所以临安水邱氏墓出土的三件珍贵的褐彩绘瓷器，多为青黄色。那种釉色翠绿（青绿、湖绿）的器物，当在强还原焰中烧成。所以只有烧成温度控制适当，使瓷器在高温的火焰下充分还原，才能诞生"千峰翠色""类冰类玉"的传世佳品。

匣钵的发明，又是一个关键的技术进步。匣钵这种装烧技术的改进，使得最终能够烧制出色泽晶莹的青瓷。窑匠们针对烟尘污染釉面和出现杂色而失去美感的弊端，经过长期摸索，终于发明了匣钵。中唐晚期越窑正式跨入匣钵装烧阶段，晚唐、五代时匣钵更是被大量使用。特别是烧制秘色瓷所使用的匣钵，尤为讲究。匣钵的原料亦用经过淘洗的瓷土，按器物大小制成钵形、碗形、盅形、长筒形等各种形制，装烧时为单件烧，每个匣钵加盖，并以釉封口，须破匣后方能取出制品。这种精湛的装烧工艺，在国内的瓷窑场中是不多见的，它不但在窑炉中不变形，而且保证了釉面的纯正与釉质的晶莹润澈，达到了以釉取胜的目的。匣钵装烧不但是提高产品质量的关键，也是提高生产力的一大创举，是越窑工艺上的一大飞跃。五代时又创制垫圈，使间隔的装烧方法由圈足底部移到圈足内底，使圈足包釉光滑，装烧工艺进一步提高。

从越窑的美学角度来说，也有很大的提高。造型上，随着圈足器全面取代饼足（平底）器，产品由厚重向精巧转变；在装饰上，除了釉质、釉色、釉层美观度的显著提高外，本阶段产品的胎装饰（主要是刻划花）明显增多。这样，在造型和装饰这些易于接受外来（比如金银器、其他窑口）影响的文化表层，越窑青瓷的适用性和美观度均发生了显著改变。具体来说，有以下几方面进步：

首先，越窑青瓷具备了式样新颖、姿态百出的造型艺术。越窑青瓷造型往往给人以浑厚的观感，在淳朴饱满之中又富有清秀的美感。匠师们继承前代的经验，在圆的基本造型中创造出各种姿态万千的新颖式样，而又贴切地体现了唐代的社会习惯和审美观念。创作端庄规矩，从器物口腹底各个部位到转角突棱都做得一丝不苟，成形时线条的长短盘曲，都处理得大方得体，胎体的厚薄也安排得与使用功能相协调。越瓷的造型也产生了新的样式，更趋向于实用，如壶多为短嘴，有把手或大耳，双龙耳瓶为特有式样，有的还受外来工艺文化的显著影响。这些，反映了唐代陶瓷工艺的丰富多彩，也反映了越瓷在传统艺术基础上吸收外来文化、创造新风格的工艺面貌。

其次，越窑青瓷具备了丰富多彩、美不胜收的装饰手法。装饰的功能在于美化器物，因此，装饰手法和形式是根据器物的造型和需要而定，也就是说通过工艺手段，使装饰与器物互相协调，产生整体美的效果。根据大量的考古发掘和调查资料，中唐时期的越窑继续保持朴素、古雅的风格，没有追求华贵和繁复的装饰，主要是釉下斑块装饰、写意画模印及堆塑。至晚唐时期，越窑装饰艺术在以釉取胜的前提下，充分使用雕、堆贴、镂、刻、划、印种种装饰手法，并运用褐彩绘与胶胎技法，亦擅长于金银扣艺术加工。

此外，在越窑窑址中遗留的残器和典型器物上所显露的支烧留下的泥点印痕，可以清楚地看到浅灰色的胎骨，细腻致密，胎体颗粒纯净，不见分层现象。这说明秘色瓷在选料、淘洗、捏练等工艺方面均有独到造诣。

五代时期是越窑发展的高峰时期，这一时期的产品以釉取胜而少见纹饰装饰。器物种类上与唐代中晚期变化不大，但器型变化明显，总体上看，这一时期器物胎体更薄而器型更加轻盈，圈足类器物圈足普遍加高，外撇趋势明显。

胎质细腻，火候高。青釉质量极佳，施釉极均匀，釉面均润，釉色天青或略泛黄。装饰上以素面为主，从纪年材料来看，除在钱元瓘墓中出土有少量的细划花、浅浮雕及凤首状装饰外，基本不见装饰。这种不饰纹样的做法可能与秘色瓷以釉取胜的价值取向密切相关。[①]

唐代晚期以来，部分器物在器型上开始模仿金银器，这种技法在五代时期获得进一步发展，但仍局限于器型，而在纹饰方面则较少模仿，如花口、瓜棱腹、高外撇圈足。值得重视的是，器型模仿金银器，也是外来（北方）因素的重要影响。[②]

---

① 郑建华、谢西营、张馨月：《浙江古代青瓷》，浙江人民出版社 2022 年版，第 182—209 页。

② 袁泉：《唐至北宋时期陶瓷器中的金属器因素》，《古代文明（辑刊）》2007 年第 6 期。

中唐以后越窑再次兴起，固然与初唐时期社会重归安定、百业休养生息有关，与制瓷工艺的积累和进步有关，甚至与安史之乱以后全国经济重心南移有关，但更直接地，应该与产品需求密切相关。这种需求可能来自官方，也可能来自海外，但毫无疑问，国内的民间需求应该是推动越窑青瓷生产大发展最强劲、最持久的动力，其中，饮茶、品茶风尚的推动作用在这一时期表现得特别突出。中国古代的饮茶法可以分为粥茶、末茶和散茶三个阶段，其中第二阶段为唐至元代前期。中唐时期，饮茶已经成为大众化行为，《茶经》这一经典茶文化著作，就出现在该时期。由于《茶经》内容丰富，条理清晰，对饮茶的传播是一个有力的推动，其对青瓷茶具特别是越窑青瓷的赞誉，无疑是当时的人们推崇越窑青瓷的真实写照，这也会进一步激发人们对越窑青瓷的需求。[①]《茶经》是现知最早以州名命名瓷窑的文献。对越窑青瓷，陆羽赞曰："碗，越州上，鼎州次，婺州次，岳州次，寿州、洪州次。或者以邢州处越州上，殊为不然。若邢瓷类银，越瓷类玉，邢不如越一也；若邢瓷类雪，则越瓷类冰，邢不如越二也；邢瓷白而茶色丹，越瓷青而茶色绿，邢不如越三也。"[②]陆羽从饮茶、品茶的角度出发，赞誉越窑青瓷"类玉""类冰"。其所处时代和此后的文人墨客对越窑青瓷的推崇备至、吟咏不绝，也大抵如此。孟郊《凭周况先辈于朝贤乞茶》"蒙茗玉花尽，越瓯荷叶空"，陆龟蒙《秘色越器》"九秋风露越窑开，夺得千峰翠色来。好向中宵盛沆瀣，共嵇中散斗遗杯"，徐夤《贡余秘色茶盏》"巧剜明月染春水，轻旋薄冰盛绿云"[③]等等，均如此。当时的人们，特别是中上层人士对越窑瓷质茶具的旺盛需求，极大地推动了越窑青瓷生产的量的扩张。这种量的需求和质的取向，不仅从历史文献上可得到充分反映，从历年来的越窑考古发现中也能得到明确的证据，上林湖

---

① 孙机：《中国古代物质文化》，中华书局 2014 年版，第 55—56 页。

② （唐）陆羽撰，方健校证：《茶经·四之器》，中州古籍出版社 2015 年版，第 20 页。

③ （清）彭定求等编：《全唐诗》，中华书局 1960 年版。三首诗分别在第 4166、7216、8174 页。

荷花芯窑址这一时期的产品就是其中的典型代表。该窑址出土的本阶段器物，除茶匙外，还有盏、盏托、执壶、罐等产品，至少部分用作茶具。从两京地区西安和洛阳该时期的遗址，特别是寺庙遗址出土的越窑青瓷看，茶具的使用也多有发现。

　　饮茶之风确实大为推进了青瓷的发展，不过这里面的关键因素，已经逐步上升到了审美的层面。特别是文人士大夫阶层对越窑青瓷"如冰似玉"的美的追求，又成为一股"塑造"越窑青瓷审美取向的强大力量。这种审美，既有传统的审美特点，如追求青瓷"似玉"，无疑强烈地指向了"温润如玉"的君子之德。同时，审美也带有南方的地域特色，如在颜色上是青翠的，造型上以精致、细腻见长，自然带有江南水乡的神韵。正如张伟然教授所指出的，唐代时，"江南"几乎已成为好山水的代名词，而且"当时的北方人在描述江南的生活方式时，一如其对江南的自然风光，总带有某种欣赏、赞叹乃至向往的口吻"。比如，在唐人的笔下，江南是与"佳丽"二字紧密联系在一起的，几乎有以之为别号的趋势。这指向江南的一个特质：美丽。南方的审美何以成为时代所好？这背后又与唐代江南经济地位上升有分不开的关系。唐代地理意象中，还形成了一个"两极"观念——"秦吴"对称，如韩愈的诗句"秦吴修且阻，两地无数金"等等，原因就在于江南特殊的经济地位。因为安史之乱后，"东南八道"成了唐朝的"财赋之地"（甚至夸张地说"当今赋出于天下，江南居十九"）。江南意象中又有了另外一个特质：富裕。可以说，"硬实力"的提升，是"江南意象"地位急速上升的根本原因，以至于当时江南在文化上也隐然成为天下的轴心。[①]总之，青瓷受到追捧，既有审美的力量，也暗合了时代的节拍。

---

① 张伟然：《唐人心目中的文化区域及地理意象》，李孝聪主编《唐代地域结构与运作空间》，上海辞书出版社 2003 年版，第 307—412 页。

二、秘色瓷和上林湖窑址群

在唐宋时期，有一种秘色瓷，既是历代文人盛赞的瓷器精品，同时也有着诸多不解之谜，可谓是瓷器史上的一大难题。多次考古发掘的发现，让秘色瓷获得了较为清晰的认定，即秘色瓷是晚唐到南宋早期有意识烧制的越窑青瓷精品。

"秘色"一名最早见于唐代诗人陆龟蒙的《秘色越器》诗中，诗云："九秋风露越窑开，夺得千峰翠色来。好向中宵盛沆瀣，共嵇中散斗遗杯。"[①]可见"秘色"瓷最初是指唐代越窑青瓷中的精品，"秘色"似应指稀见的颜色，是当时赞誉越窑瓷器釉色之美的词语，后演变成越窑釉色的专有名称。据文献记载，相传五代时吴越国王钱镠命令烧造瓷器专供钱氏宫廷所用，并入贡中原朝廷，庶民不得使用，故称越窑瓷为"秘色瓷"。周辉《清波杂志》云："越上秘色器，钱氏有国日，供奉之物，不得臣下用，故曰秘色。"对此，赵麟《侯鲭录》、赵彦卫《云麓漫钞》、曾慥的《高斋漫录》以及《嘉泰会稽志》等书都提出异议，认为"秘色"唐代已有而非始于吴越钱氏。关于"秘色"究竟指何种颜色，以前人们对此众说纷纭。1987年陕西省考古工作者在扶风县法门寺塔唐代地宫，发掘出13件越窑青瓷器，在记录法门寺皇室供奉器物的物帐上，这批瓷器的确记载为"瓷秘色"，这批"秘色瓷"除两件为青黄色外，其余釉面青碧，晶莹润泽，有如湖面一般清澈、碧绿。法门寺"秘色瓷"的出土，解决了陶瓷界长期以来议论不休的问题，同时有力地说明了"秘色瓷"晚唐时开始烧造，五代时达到高峰。[②]

青瓷中的精品"秘色瓷"的出现，与越窑普遍采用匣钵装烧工艺有密切关系。越窑在匣钵中单件装烧（或多件装烧组合内最佳的产品）；普

---

① （清）彭定求等编：《全唐诗》，中华书局1960年版，第7216页。

② 禚振西、韩伟、韩金科：《法门寺出土唐代秘色瓷初探》，汪庆正主编《越窑·秘色瓷》，上海古籍出版社1996年版，第1—6页。

遍通体施釉，仅在支垫泥点处刮釉；釉色青翠、釉面滋润者多见，以"类冰""类玉"为特色。越窑青瓷，特别是秘色瓷，以其独特的烧制工艺、如冰似玉的卓越品质，超然于一众青瓷窑场之上，对同时期和此后的众多青瓷窑场产生了深远的影响，以至"秘色瓷"渐渐演变成优质青瓷的代名词。

秘色瓷之得名，乃至技术的重要突破，与越窑青瓷成为"贡瓷"有密切关系。《新唐书·地理志》记载越州的贡品中，就有一项是"瓷器"。上林湖吴家溪曾出土一件光启三年（887）青瓷墓志罐，志文有"殡于当保贡窑之北山"之语，说明晚唐时上林湖确有"贡窑"存在。[①]从窑址的地理位置、生产规模和采集标本判断，"贡窑"应在今上林湖的后施岙窑场一带，这里还出土过"贡""方贡"等铭文器以及"窑务""鲍五郎者烧官场""内"等铭文窑具。唐末五代徐夤有《贡余秘色茶盏》诗云："捩翠融青瑞色新，陶成先得贡吾君。"可知"贡窑"中生产的极品就是秘色瓷。法门寺地宫发现的13件秘色瓷都放置在地宫中室的双重漆盒内，它们先分别用纸包裹、套叠，再用丝绸做整体包裹；其中还有两件碗饰有银棱和髹漆金银平脱鸾鸟团花。显然，这些秘色瓷位于珍宝之列，不可能是普通商品瓷。鉴于越州至迟在穆宗长庆年间（821—824）即已开始贡瓷，可以判断，这些秘色瓷就是贡瓷无疑。

不过，"贡窑"在烧造秘色瓷的同时，也烧民用商品瓷。此外，秘色瓷不全是"贡窑"烧造的专利，其他非贡窑中也会有部分精品产品，两者在釉色、器型、工艺、款式、胎质等方面并无多大差异。所以，从生产环节看，秘色与非秘色的界限并不严格。但是，等到精品青瓷成为贡瓷、"秘色"被赋予特殊的含义后，才与非秘色有了某种不可逾越的"界限"。当然，在后代发展中，"秘色瓷"这一概念出现了泛化，与贡瓷并不等同了。至此，秘色与非秘色也就失去了清晰的界限。

秘色瓷在五代的吴越国时期，达到了高峰。这与吴越国特殊的政治生

---

① 林士民、林浩：《中国越窑瓷》，宁波出版社2012年版，第34页。

态密切相关。吴越国钱氏王朝以"保境安民"为国策，钱镠就以"善事中国"（中原王朝）为基本外交策略。所以，钱氏政权源源不断进贡各种物品，其中，秘色瓷是非常重要的一种贡品。吴越国时期，越窑生产获得空前发展。除余姚上林湖（位于今慈溪桥头镇）、上虞窑寺前等中心窑场外，绍兴、上虞、嵊县、诸暨等地设有窑场多处。钱氏王朝在窑寺前"昔置官窑三十六所"[①]，专事生产"秘色瓷"。自唐昭宗景福二年（893）钱镠任镇海军节度使起，至北宋太平兴国三年（978）钱俶纳土归宋，凡86年，始终把"其式似越窑器，而清亮过之"的秘色瓷作为吴越贡物，仅钱俶在位时就入贡"金银饰陶（瓷）器一十四万事（件）"，数量可谓巨大。[②]

吴越国时期的墓葬中有较多的越窑瓷器出土。如钱镠父亲钱宽墓、母亲水邱氏墓，以及临安太庙山的钱氏家族墓、苏州七子山钱氏家族墓、杭州钱元瓘墓及其妃吴汉月墓等。这些越窑瓷器当都为秘色瓷。杭州钱元瓘墓出土越窑浮雕四鋬蟠龙罂，龙鳞原来贴金，出土时尚残留3片。这种贴金的蟠龙罂，就是典型的所谓庶民不得私用的"秘色瓷器"。临安水邱氏墓出土的三件珍贵的褐彩绘瓷器，多为青黄色。因黄釉柔和滋润，另有一种风味，故也属秘色瓷的范围。其制作工艺水平较高，器形美观，釉色清亮，堪称这一时期越窑青瓷的代表作。

北宋时期的越窑贡瓷，依然存在，不过其性质属于地方州府的岁贡。《宋会要辑稿》记载，北宋开封曾建有"瓷器库"，掌管接受明州、越州等州的瓷器。[③]直到宋神宗时，尚有瓷器库的相关记载。在瓷器库存在的时期内，青瓷是明、越二州唯一的瓷器名产，瓷器库受纳的瓷器中包括越窑青瓷，当属无误。《宋会要辑稿》还记录了神宗熙宁元年（1068）十二月，

---

① 万历《新修上虞县志》记载，上浦镇甲仗一带"置官窑三十六所，有官院故址"。

② 《中华大典》工作委员会、《中华大典》编纂委员会编纂：《中华大典·历史典·编年分典·隋唐五代总部·吴越备史》，上海古籍出版社2008年版，第1451页。

③ 刘琳、刁忠民、舒大刚、尹波等校点：《宋会要辑稿·食货五二》，上海古籍出版社2014年版，第7190页。

诸道府土产贡物中，越州进贡者有"秘色瓷器五十事"，即是明证。

进入中期越窑阶段以后，越窑青瓷生产的核心区从上虞的曹娥江流域转移到今天的慈溪上林湖一带。上林湖窑址群包括上林湖、古银锭湖、白洋湖和里杜湖等4个片区，为这一时期越窑遗址分布最为密集的区域。这一带古属上林乡和鸣鹤乡，越、明两州分置以前属余姚县；明州析置以后，上林乡有时属越州余姚县，有时属明州慈溪县，但多数时间属余姚县。上林湖窑址群的主要部分——上林湖和古银锭湖两个湖区属上林乡，原隶属余姚县1979年行政区划调整后，上林湖窑址群所在全域归属慈溪县。

根据第三次全国文物普查和多年来的专题调查，唐宋越州、明州地域内，属于中期越窑阶段的窑址最多有约260处。其中，上林湖窑址群有中期越窑遗址123处；在整个中心区，上林湖窑址群的窑址数占近一半。在上林湖窑址群的四大片区中，这一时期的窑址以上林湖片区数量最多，共有91处，占整个上林湖窑址总数的74%，上林湖地区完全可以说是唐宋越窑的核心区的核心。

吴越国后，上林湖窑场在晚唐的基础上规模又有大幅扩张，现已查明五代北宋的作坊有一百余处，构成了一个庞大的越瓷烧造中心区，这样规模密集的瓷窑体系，在其他地域是罕有其比的。越瓷的烧造无论质还是量都达到了顶峰，官方经常直接指定上林湖窑按样烧制青瓷器，上林湖窑址中出土过少数刻"官"字款的青瓷碗残片，审其器形、纹饰特点，当属北宋早期。在唐末五代钱氏墓也发现有这类刻"官"字款的青瓷器。上林湖烧制的秘色瓷，在钱弘俶纳土归宋的太平兴国三年（978）还有大量出土，如竹园山等窑址还遗留着铭有"太平戊寅"的瓷器。[1]

除上林湖窑址群外，中心区内还有2个窑址分布密集区，分别是绍兴上虞曹娥江流域和宁波东钱湖一带，它们可视作次核心区。

上虞境内曹娥江流域共有唐—北宋越窑遗址38处，集中分布于上虞

---

① 林士民、林浩:《中国越窑瓷》，宁波出版社2012年版，第111页。

西南部，包括 3 个片区：窑寺前片区、凌湖片区、前进片区。上虞境内的唐、五代、北宋越窑遗址约占越窑中心区同时期窑址的 15%。

东钱湖窑址群的窑址，主要分布在宁波市东钱湖周围的鄞州区东钱湖镇、五乡镇和东吴镇，以及奉化区东部与东钱湖毗邻的西坞街道，该窑址群可分为 6 个窑区。该窑址群共有窑址 37 处包含中唐至北宋越窑，约占越窑中心区同时期窑址的 14%。

综上可知，中心区的越窑遗址，地域集中度非常高，慈溪上林湖、上虞曹娥江流域和宁波东钱湖这三大窑址群的窑址，在中期越窑遗址中占比近 80%。

在中心区之外，唐宋越州和明州的周边地区，还有不少窑址的产品面貌部分乃至全部与中心区的越窑相似，从考古学文化分析的角度看，这些遗存也可归入越窑系统。这些窑址分布的区域，可视为越窑的外围区，其范围西至金衢盆地，南及台州、温州和丽水的部分地区。

三、宋以后越窑青瓷的衰变和转移

北宋中晚期，越窑青瓷生产发生了重大变化。一方面核心区生产出现了衰退，一方面又出现了转移。衰退和转移，可视为互相关联的两个方面。一方面，窑场最集中的上林湖一带的生产规模明显萎缩，窑址数量从前一阶段的 50 处左右下降到 30 余处。另一方面，上林湖片区"核心区中的核心"的地位开始式微，越窑青瓷生产向外扩散，发生了"产业转移"：一是就近转移，在东钱湖等地；二是远距离转移，最终指向了龙泉窑。

首先，是就近转移的情况。主要是白洋湖和里杜湖这两个片区窑址持续时间较长。如白洋湖 12 处窑址中，8 处有北宋遗存，都属北宋中晚期；里杜湖 15 处窑址中，7 处有北宋遗存，均属北宋晚期。此外，古银锭湖片区也有这一时期的窑址约 8 处。在上林湖窑址群的 4 个片区中，上林湖片区的生产规模虽仍大于另外 3 个片区，但鹤立鸡群的优势已然不再。可以说，青瓷的生产在核心区，有扩散的迹象。

作为次核心区域的上虞曹娥江流域、宁波东钱湖地区，也是传统的越窑青瓷产地。相对于上林湖片区而言，这两地中唐至北宋早期的青瓷生产规模不大，但到了北宋中晚期，生产规模并未像上林湖片区那样萎缩，甚至有所扩大。比如上虞曹娥江流域 38 处唐至北宋窑址中，22 处有北宋遗存，其中多数窑址的下限可到北宋中晚期。东钱湖窑址群属于中期越窑的窑址多数包含北宋中晚期遗存，总数 20 余处。从这个角度看，这两个区域可算作上林湖窑址群这一主核心区向外"产业转移"的承接地。

尤其是东钱湖窑址群，一度相当兴盛。东钱湖窑场，可划分为郭家峙、上水、下水、东吴等几个窑区，绝大多数是在吴越晚期发展起来的，五代北宋时期的窑址共有 35 处，占了总数的 75% 以上，可见呈现了发展上升的势头。东钱湖窑址群烧制的瓷器，不但烧造的品种多，而且质地也很精美。产品以成套的各式碗为大宗，另有盘钵、罐、盏托、杯、水盂、香熏等，其中很大一部分产品与上林湖相似。从成型、胎质、纹样以及烧造工艺看，各窑区基本上都是相当讲究的，坯泥淘练十分精细，质地细腻坚密，釉层晶莹滋润，色泽分青翠、青黄或青泛黄数种，均有"玉感"，其产品的精美程度虽然稍逊于上林湖，却比同时代的上虞窑、寺前窑高出一等。2007 年对东钱湖郭童岙窑进行了首次大规模考古发掘，发现了 8 座龙窑遗址，部分龙窑保存完整，其中有四座窑址相互叠压，再现了五代延至北宋东钱湖窑场生产的壮观景象。东钱湖窑址群的发展，很可能与其地利有关。其地由于靠近明州港，运输方便，故又有相当一部分产品用于外销，在非洲埃及古遗址出土的越窑青瓷器中，不少器物从造型到纹样都与东钱湖窑场中的产品毫无二致，无疑属于从明州港启运的东钱湖窑场的外销瓷产品。[1]

除以上三大窑址群之外，中心区内还有余姚、象山、诸暨、新昌、嵊

---

① 魏建钢：《千年越窑兴衰研究》，中国科技出版社 2008 年版，第 218—264 页。

州等地，也发现了本阶段的窑址，其中余姚境内较多，约有8处。可见，从整个中心区看，本阶段的越窑遗址数量，实际上与上一阶段相差不远。也就是说，这一时期的越窑，生产规模下降并不特别明显，但生产活动从上林湖一带向四周扩散的现象，相当突出。

其次，是远距离的转移。其中往沿海一带的辐射最为明显。北宋中晚期，从毗邻明州的宁海，顺着三门、天台一路南下，直到临海、黄岩等地，生产越窑系青瓷的窑场纷纷建立，在临海许墅、梅浦和黄岩沙埠等地还形成了一定的生产规模。其中，黄岩沙埠、临海许墅等窑址在北宋中晚期生产的立体感较强的刻划花青瓷，部分与东钱湖上水岙窑址同时期产品颇为相似。与中心区宁波东钱湖和上虞曹娥江流域同时期窑场不同，这些窑场并未保持产品的"纯正性"，在继承越窑系统技术要素的同时，吸纳了其他窑系的文化因素。总体而言，这些地区的青瓷产品逐渐从越窑系统转换成龙泉窑系统。

台州地区与同时期的温州和金衢盆地的共同点是，均未保持瓷业面貌的"纯正性"。不同点是，台州地区的这些窑场，当地的瓷业基础并不厚实，北宋中晚期以前，这一带窑业活动相对较少，更未形成类似"瓯窑"和"婺州窑"那样有一定特色的瓷业技术传统。所以台州的这些地域，既是承接越窑"产业转移"的重要地区，甚至可整体上算作"产业转移"承接区，也是越窑瓷业系统向龙泉窑瓷业系统转换的过渡地带。古代浙江两大青瓷技术系统——越窑和龙泉窑的时间转换与地理位移，赖此逐步实现并最终完成。在金衢盆地，也能见到这一时期越窑系统窑场数量明显增多的现象。

除了产业转移之外，越窑青瓷（包括秘色瓷）的技术也在发生衰退，产品质量下降。胎釉质量较晚唐五代有所衰落之外，最大的变化是从以釉与造型取胜转变为以装饰取胜。比如进入北宋后，越窑青瓷再一次使用大量的刻划花装饰，早期在高质量青釉的衬托下，产品尚不失华美，但在艺术风格上却远离了秘色瓷以形色取胜的神采，产品特色不再，与宋时各地接连出现的仿越窑产品区别不大。到了北宋晚期哲宗朝以后，越窑产品质量呈加速下滑之势。不仅产品胎粗釉劣现象多见，造型比例趋于失调，在装烧方式方面，也表现出越来越明显的追求产量而不重质量的倾向。与此形成鲜明反差的是，部分产品特别注重装饰尤其是刻划装饰，刻、划手法常常失之于粗犷、草率；从装饰部位看，碗、盘类圆器的内底、内壁、外壁常常满布纹饰，给人过于繁缛之感。总之，这些产品给人"质量不佳纹饰补"的强烈观感。

实际上，越窑的衰败过程一直延续到南宋早期，而且衰落中也有过"回光返照"。南宋时期的慈溪古银锭湖低岭头类型瓷业遗存的发现，不仅让我们认识到越窑瓷业的下限可延续到南宋早期，也让我们在越窑中心区见到了非越窑系统的乳浊釉青瓷，又让我们领略到了越窑贡瓷似乎已成绝响后的余韵。

越窑低岭头类型，青瓷产品在面貌上非常复杂，与传统越窑相比发生了巨大的变化，从釉色上看可以分成两种：传统的青釉与新出现的乳浊釉。传统的青釉产品又可分成两类器物。一类以青灰色为基本格调，多数器物釉色较差，类型以日用的碗、盘等为主，装饰以刻花为主。另一类器物除日用的碗、盘等器物以外，还有一批不见于传统越窑的陈设瓷与祭祀用瓷，包括梅瓶、炉、觚等。釉的润度明显更佳，釉面更加均润洁净。一批堪称精品的瓷器，使得南宋早期的气象反而超过了北宋晚期，堪称回光返照。这批青瓷的烧制，当是由于宋室南渡后，仓促之间，宫廷物品欠缺，亟需一批陈设和祭祀用品，遂到传统越窑生产地采办。正是这样特殊的历史条件，才使得越窑因为"贡瓷"之需，奏响了最后一曲高音。

即便如此，越窑青瓷的衰退还是大势所趋。北宋中期越瓷质量的衰退，也由于需求方出现的巨大变化，因为王安石精简开支的改革，越窑失去了宫廷用器采购这个最重要的消费群体；与此同时，龙泉窑青瓷、景德镇青白瓷各有特色，质量上乘，逐渐取代越窑成为新的名窑。越窑这个繁盛了三百余年的名窑衰落必不可免。[1]

除了这些外在的因素之外，越窑青瓷衰退最根本的原因，应该是自身条件不足：在越窑中心区的瓷业生产资源枯竭，难以继续维持大规模生产；或者是资源、人力等方面的生产成本过高，挤占了利润空间。否则，很难解释同一时期，在距离越窑中心区不远的浙西南地区，龙泉窑青瓷的崛起，证明市场需求一直很强，而且不断扩展。从这一角度来看，瓷业的发展又有着自己内部发展的规律。

第五节　浙东运河与越窑产业转移和青瓷传布

一、从瓷业中心的转移看浙东运河的作用

虽然在一般人眼里，陶器、瓷器是同一类物品，但在陶瓷专业人士眼中，两者有着很大的差异，学者们还总结出了区别陶、瓷的几条硬标准。不过，这种差异，主要是基于陶、瓷本身的物质特性而言的。如果从产业的角度着眼，陶器、瓷器也有着极大的不同。最大的区别在于，陶器基本上都是日用品，其商业色彩不明显（除了少数的如紫砂壶类的产品外）；但瓷器除了日用品，还经常具有"奢侈品"的属性，因此其商业色彩是十分浓厚的。商品属性的高低，决定了陶器、瓷器两种产业有着巨大的差别。陶业在进入文明时代之后，只能作为地方性消费产品，而瓷器则往往会形成了全国性、垄断性的产业。进一步，还会形成特有的"窑系"，如越窑

---

[1]　郑建华、谢西营、张馨月：《浙江古代青瓷》，浙江人民出版社 2022 年版，第 238—252 页。

青瓷，就是一个有着独特色彩的商品，也是一个带有独占性色彩的生产体系。

越窑青瓷，从原始瓷开始，到南宋为止，是中国陶瓷史上最重要的一个窑系：出现时间最早，持续时间最长，影响范围最广，意义最为深远。作为一个窑系，其时间范围不会是短暂的时段，而是纵跨若干个历史时期。在这一时间范围、一定的地理空间内，分布着一个或多个窑址群落；在这些窑址群附近和毗邻区域，还有众多窑址散布，有时也会形成一定规模的窑址群。一个窑系的空间范围，往往包括中心区和外围区，有时还有辐射区。而中心区内，必定有一个或若干个核心区。中心区，尤其是核心区的瓷业文化特色往往比较稳定，保持着较强的"纯正性"。从核心区向外，中心区到外围区，该窑系瓷业文化的"纯正性"依次递减，离核心区越远，"纯正性"越弱。在外围区，除了窑址数量和密集度往往低于中心区之外，产品质量一般也要稍逊一筹，有时还会与其他窑系甚至瓷系的窑场形成交叉或重叠。在这种交叉或核心区重叠区域，该窑系的文化因素会逐渐被外来瓷业文化抵消或吸收。如果该窑系的文化传播力强劲，还会产生"边际效应"，在远离中心区的区域，出现产品与其相似的窑场，是为辐射区。[①]

越窑的中心区，就是在越州。中国古代以州冠名该区域的瓷业生产体系，始于唐代。越窑中心区，与历史上越州地域基本吻合。在界定某一窑系的时空范围时，应将时间跨度、自然和人文地理、历史背景等因素结合起来考虑。一般来说，行政区划特别是州、府一级的行政区划，保持基本稳定的时间越长，该地域的人文地理特色会越鲜明。某一窑业体系的兴起，必定是在某种历史背景下，发生在合适的时间、恰当的地点，而伴随其发展历程的瓷业文化特色的形成，自然会有来自民间和官方需求的影响，受到中国古代社会主流文化的制约，但发挥打底和绘形的关键性作用

---

① 郑建华、谢西营、张馨月：《浙江古代青瓷》，浙江人民出版社 2022 年版，第 215—249 页。

的，主要还是该地域的自然和人文地理因素。越窑的窑系的中心区，固然与古代越州地域范围相关，不过，在越州内部的地理条件中，存在着浙东运河这么一条纵贯全境的河流，实在又有着莫大关系。

先看越窑中心区的核心区分布，先后有两大核心区：早期越窑以上虞曹娥江流域为核心区；中期越窑以慈溪上林湖一带为主核心，以宁波东钱湖和上虞曹娥江流域为次核心。也有学者试图论证宁波东钱湖是第三个主核心区。[①]不过从其持续发展的时间跨度、瓷器精品的高度、影响力的广度而言，似乎尚不足以与前两个核心区相提并论。不过，若是从时间衔接的角度而言，东钱湖地区窑业确实可以视为从上林湖往东转移的结果。除此之外，在成熟青瓷出现之前，浦阳江地区已经有了很好的原始瓷生产基础，而这个原始瓷生产的瓷业，可以认为是从钱塘江以北的德清地区往南转移的结果。基于这样的认识，我们可以将越窑的发展历史，从空间的角度进行梳理，即浦阳江地区的原始瓷、曹娥江流域的早期越窑、上林湖一带的中期越窑、东钱湖的越窑余响。这一空间布局，非常明显地展现出一个空间线索，即从东到西。也正好吻合了浙东运河的东西线贯通的空间走向。

越窑发展的空间先后，与浙东运河空间东西走向吻合，恐怕并不是一个巧合，而是有着内在逻辑关系的。作为本地域内最重要的一条贯通水道，浙东运河对于各种产业无疑都有重要交通意义，对于瓷业而言，同样如此。首先就生产环节而言，浙东运河可以运输各种瓷业生产资料，特别是木材燃料；就消费环节而言，自然也可以通过浙东运河运送到各地。其次就产业转移而言，浙东运河可以起到转移人员的作用。瓷业产业的转移，关键在技术，而技术依附于成熟工匠。工匠的流转，恐怕会受到交通线分布的很大影响。最后，作为手工业的瓷业与其他产业特别是农业的关系，也与浙东运河的交通有关。因为不

---

① 魏建钢：《千年越窑兴衰研究》，中国科技出版社 2008 年版，第 218—264 页。

同产业之间，存在着很大的依存关系。瓷业发达，但瓷业聚集大量工匠，就需要农业支持。以东汉以来曹娥江流域瓷业为例，虽然瓷业突破点发生在曹娥江，但值得注意的是，曹娥江以东正是鉴湖地区。东汉马臻开凿鉴湖这一巨大的水利工程，极大地提高了这一带的农业生产条件，使得鉴湖一带在六朝时期农业经济十分繁荣，这恐怕正是作为手工业的瓷业能够突破并兴盛的经济基础。而如何将农业发达的鉴湖地区和曹娥江流域紧密地连接起来？可以认为是浙东运河的存在起到了关键作用。

除了中心区内部产生了核心区转移之外，越窑瓷业的影响也扩大到了区域外部，形成外围区。在瓷业中心区的附近和周边，同时期的青瓷生产，几乎无一例外地受到了中心区的影响，形成了外围区。外围区的瓷业产品特征与中心区程度不同地存在差异，其中有些地域的青瓷窑场还与其他瓷业系统的窑场重叠或杂处。伴随着唐代窑业的兴起，这一现象更加明显。越窑的烧造技术辐射至包括江西、福建、安徽、江苏、广东等省在内的整个中国东南地区，浙江境内的德清窑、瓯窑、婺州窑，安徽的宣州窑，江西的南窑、兰田窑，广东官冲窑，江苏宜兴地区的窑址以及福建的将口窑址等诸多窑口与窑场，器型、釉色、制作与装烧工艺等，均与越窑有紧密的关系。湖南的长沙窑与四川的邛窑虽然以彩瓷名闻天下，但其基本的产品仍旧与青瓷类似，并且在许多器物上我们明显可以找到越窑影响的痕迹。那么，这些外传的技术影响，与浙东运河又是怎么发生关系的？

浙东运河虽然被视为一条区域性的运河，但是，浙东运河其实又与全国交通网络连接在一起，是全国网络中的一部分。浙东运河的西边，存在着多条连接线路。往北，跨过钱塘江，可以与江南运河也即后来的隋唐大运河密切连接起来。世界文化遗产中国大运河，就包括了浙东运河。钱塘江本身也是重要的交通路线，可以连通到钱塘江上游地区，包括徽州地区、衢州地区、婺州地区等；也可以通过浦阳江往南跨过山脉，进入金衢盆地一带。浙东运河的东边，也存在着多条交通线通向广阔的外部世界：

一是通过曹娥江上溯，可以通过陆路到达台州、温州地区；二是经过甬江入海，近可以到闽粤，远可以通向朝鲜、日本，乃至远达南亚、西亚。

二、越窑青瓷的对外流布

正因为浙东运河有着连通全国乃至海外交通网络的能力，所以在越窑青瓷向外流布的过程中，浙东运河也扮演着十分重要的角色，自不待言。

从产品功能角度来说，瓷器大部分都是容器，或是日常用品。这点与陶器类似。但是，与普通陶器有着巨大差异的是，瓷器从一开始就具有奢侈品的属性。瓷器比起陶器，制作难度要大很多，其产品也要精美很多。作为奢侈品的瓷器，一是有了艺术品的性质，二是商品属性大大增加，这两个方面对瓷业的发展和瓷器的流布、使用有很大的影响。比如在浙江嵊州曾出土的一件唐越窑青瓷四系盘龙罂，其腹部刻"元和拾肆年四月一日造此罂一千文"，由此可见这一时期越窑瓷器中的精品瓷器依然价格高昂，并非一般民众所能使用。

所谓的奢侈品属性有两个内涵，一是作为日用品使用的瓷器，相比陶器，也许功能并没有相差很大，但要精致很多，所以有时候一个简单的茶具，也会达到惊人的价格，视其为奢侈品，并不过分；二是瓷器经常用来制作非日用品，比如原始瓷时代，就大量用作礼器使用，南宋初年也烧制过不少礼器型的瓷器，孙吴西晋时期，大量墓葬明器也是采用了瓷器精品。从这个性质来说，早期的瓷器又往往具有"礼仪性"的属性。无论是奢侈品、艺术品、礼仪用品等，对于瓷器的流布和使用，都有着十分重要的影响。认识到这些瓷器的属性，对我们认识瓷器的生产和流布，都有着重要意义。

瓷器的流布情况，主要是靠考古发掘来反映。总体来说，越窑瓷器流布呈现出沿窑址周边地区、都城附近地区、运河沿线地区、港口附近地区流布的规律。

这些情况可以分为三类：第一类，就是在本地区，在窑址周边不远。这种情况严格来说不能算是对外流布。

第二类是都城附近地区。比如六朝时期在建康附近，隋唐时期在长安附近。这种情况就需要考虑到贡瓷的可能，而贡瓷会被赏赐给皇亲国戚及高官。另外，高官贵族本身的购买力也非常可观，他们是奢侈品的主要消费者。

第三类则为交通路线上的节点，有可能是运输过程中的仓储遗留，不过这些节点往往是人口众多的城市，消费能力较强。

如果看早期越窑，对外流布的地区主要还是集中发现于以南京为中心的六朝都城附近地区，而且这些越窑瓷器多为精品。从流布范围来看，这一时期还不广。当然，这首先与六朝时期政权疆域不广有一定的关系。反过来，这一现象也说明，越窑瓷器这一阶段，还带有较强的地方性色彩，青瓷更多代表的是一种地方性的审美和文化。回顾整个浙江青瓷发展史，可以发现与其历史上四个发展高峰相伴随的，正是江南地区四个政权的出现：定都绍兴的战国时期的越国、定都南京的孙吴、定都杭州的五代吴越国与南宋政权。而其高质量的产品，主要出土于这三个都城遗址与周边高等级墓葬中，是身份与地位的重要象征物。因此来自宫廷的需求推动了浙江青瓷的发展，从而引领了时代风尚与技术潮流。这是很值得注意的一个越窑青瓷的特点。

从隋和唐前期开始，越窑瓷器的发现地开始明显出现范围扩大的现象，尤其是在运河沿线乃至内河沿线和港口附近地区有较多发现。港口附近有其他几个发现地点如阳山、连州、广州、连云港，或许是因为这几个地点靠近广州港、连云港。而运河沿线地区的仪征、镇江出土的越瓷应该是通过大运河输送的，而成都发现的越窑瓷器应该是通过长江水道输送的。值得注意的是，隋和唐前期，越窑青瓷还处在生产的恢复时期，质量并没有很大的提高，但是销售范围却出现了相当地扩大，说明全国的政治统一以及运河等全国水网的畅通，给越窑青瓷的推广带来了非常重要的前提条件。可以设想，这一条件反过来，给青瓷的进一步突破发展，提供了很好的刺激作用。

唐代中后期，各地发现的越窑瓷器数量进一步增加，越窑瓷器的流布范围也进一步扩大了。这一阶段越窑瓷器除了仍呈现出沿窑址附近地区、都城周围地区、运河沿线地区、港口附近地区流布的规律之外，在内陆地区如衢县、合肥、巢湖、六安，边疆地区如和林格尔以及福建建瓯、永春等地都有发现。这一方面反映出长途贩运贸易的发达足以将浙东的越窑瓷器完好地输送到偏远的内蒙古和林格尔地区，另一方面也反映出越窑生产的扩大使其有足够的产品向外输出。

从出土单位的性质来看，这一时期大致可以划分为官员墓葬、贵族墓葬、皇家寺院及其他建筑遗址、平民墓葬等四类。特别值得指出的是，与唐前期相比，平民墓葬中出土青瓷的比例大大增加，使用阶层的范围进一步扩大。可以认为，唐代后期越窑瓷器的使用者呈现出由社会上层向社会中下层扩散的态势。分析其中原因，我们发现随着越窑瓷业生产规模的持续扩大、产量的不断增加，越窑瓷器的价格在价值规律的作用下已经能够达到一般平民能承受的程度。这对越窑瓷器的进一步发展，是有着重要意义的。

吴越时期，虽然秘色瓷大量生产，但主要不是为了供应市场，而是作为贡品使用。反映在考古发掘中，这一时期越窑瓷器的流布范围显著缩小，而且主要出现在运河沿线地区，在都城周围及内陆地区也有少量发现。

宋代以后，越窑瓷器的流布范围也很小，不过从出土单位的性质来看，均为平民墓葬及一般性遗址，在高等级墓葬中不再有越窑瓷器的发现。由这一明显变化，可以认为，宋以后的越窑瓷业生产已经没落，产品质量低下，越窑瓷器逐渐失去了社会上层市场，仅为一般平民所使用。[1]

越窑青瓷还有向海外流布的情况。从唐代开始，海上丝绸之路也开始

---

① 郑建华、谢西营、张馨月：《浙江古代青瓷》，浙江人民出版社 2022 年版，第 646—666 页。

逐步发展起来。在海上丝绸之路对外输出的物品中，瓷器是最重要的物品之一。唐末五代的多年战事、北方丝绸之路阻塞，加上宋政治经济中心的南移和政府对商业的扶持，使得海上贸易迅速增长，很快取代了北方陆路交通，东南沿海成为进出口商品的集散地。唐晚期上林湖越窑产品开始在东南亚、西亚乃至东非广大地区出现，北宋早期的越窑产品更是大量用于外销，成为当时海上丝绸之路的重要输出品。在目前全世界的考古发掘中，有大量中国瓷器遗存，其中越窑青瓷占了很大比例：不管是水下的沉船还是各地的港口、城址、海防遗址，瓷器都是最为丰富的出土物。当然，还有北起韩日、南及东南亚、西至东北非的各个国家博物馆，也有数量庞大的青瓷。

六朝时期，是中国真正意义上的瓷器输出时期，这一时期的输出地区主要是东北亚的朝鲜半岛。越窑青瓷首次正式输往海外的百济地区，到了东晋南朝时期，数量有所提高，形成了青瓷对外输出的第一个小高潮。从这些产品的出土地点来看，既有王陵与高等级的墓葬，也有高等级的遗址，显示这一时期的瓷器是身份与地位的重要象征。因此这一时期的输出方式，很可能是通过上层的政治交往，通过赏赐等形式进行的，而不同于晚期主要通过贸易途径输出。

伴随着越窑青瓷在晚唐五代至北宋早期鼎盛时期的到来，越窑青瓷也迎来了对外输出的第一个高峰，尤其是9—11世纪，除传统东北亚的韩、日等国家外，其输出地域广及东南亚、南亚、西亚以及东、北非洲的诸港口与城市遗址，并且占中国对外输出瓷器的绝对主流。以印尼爪哇岛井里汶沉船为例，该沉船约沉没于公元10世纪的中后叶，出土了30余万件越窑瓷器，数量相当惊人。其器型既有碗、盘、盏托、杯、瓶、罐、盒、炉、壶等常见的日用器，也有仿金银器造型的礼器类器型，等级非常高。如印尼勿里洞海域发现的年代为826年前后的黑石号沉船出水有约250件越窑青瓷，有海棠杯、细线划花方盘、执壶、渣斗、穿带瓶、熏炉等精美产品；在东北亚的朝鲜半岛，新罗地区的庆州拜里、锦江南岸扶余、古百济地区的益山弥勒寺、雁鸭池等都出土有很多唐代越窑青瓷器；日本出土唐五代陶瓷的遗址有 188 处，出土各类陶瓷片 2159 片，分布在南至冲绳县、北达秋田县的广大地区；泰国、马来西亚、印度尼西亚以及菲律宾等东南亚地区均发现有许多唐代的越窑制品；另外，斯里兰卡、伊拉克的萨玛拉遗址、肯尼亚、埃及福斯塔特古都城遗址都有大量的唐代越瓷出土。而在北非埃及的福斯塔特遗址中，亦出土了从唐代到北宋时期较多的青瓷器，器型有玉璧底的碗、圈足碗等。

进入北宋之后，浙江青瓷的对外输出规模进一步扩大，越窑仍旧是主要的输出产品，而到了北宋晚期，随着越窑的衰落与龙泉窑的兴起，龙泉青瓷逐渐取代越窑青瓷的地位，成为青瓷对外输出的主流。越窑青瓷在生产上的衰落和转移，也必然反映在对外输送这一方面。[①]

总之，越窑青瓷的对外流布，正是中国文化对外流传的非常重要的环节。从这个角度来说，浙东运河在整个丝绸之路的历史上，确实扮演着不可或缺的重要角色。[②]

小　结

浙东运河地区历史上的陶瓷制造业，尤以越窑为代表，主要有两种传播形式：一是进贡，是传播的主要动力。《新唐书·地理志》中明确记载："越州会稽郡，中都督府，土贡：宝花、花纹等罗，白编、交梭、十样花纹等绫，轻容、生縠、花纱，吴绢，丹沙，石蜜，橘，葛粉，瓷器，纸，笔。"这是目前越窑贡瓷的最早记载。二是销售，是传播的重要形式。越窑属于"民窑"，是以营利为目的的。据已有研究表明，唐五代时期，越

---

① 何鸿、何如珍：《越窑瓷器销行海外的考察》，《陶瓷研究》2002 年第 3 期。
② 郑建华、谢西营、张馨月：《浙江古代青瓷》，浙江人民出版社 2022 年版，第 675—684 页。

窑青瓷产业利润丰厚，销售兴盛，分为内销、外销两种。

历史上的浙东运河地区，其陶瓷运输传播有陆路交通、水路交通和海路交通三种方式。首先是陆路交通。以唐朝时期为例，联系全国各地和异域的陆路交通干线有6条，其中与越窑青瓷产地主要相关的一条是：由长安（今陕西西安）出发经洛阳、汴州（今河南开封），经扬州、苏州直抵杭州，又从杭州直达越窑所在的越州（今浙江绍兴）、明州（今浙江宁波）。其次是水路交通。从隋唐时期来看，京杭大运河的开凿，极大地提高了内河航运的地位，加上唐代中期裴耀卿主持实施了节级转运法等一系列改善漕运的措施，水路运输逐渐变为以漕运为主，隋唐大运河成为当时交通运输的大动脉。第三是海路交通。至唐五代时期，海上航路不仅联系海外诸国，还联系南北。《旧五代史》卷二十记载："（开平）三年，使于两浙。时淮路不通，乘驿者迂回万里，陆行则出荆、襄、潭、桂入岭，自番禺泛海至闽中，达于杭、越。复命则备舟楫，出东海，至于登、莱。"

浙东运河作为中国大运河的最南端，海上丝绸之路的南起始端，将浙东运河地区的陶瓷制造业与隋唐大运河、与明州港联系起来，实现了通江达海。鉴于瓷器具有占地空间大、易碎等特点，水运便成为最佳的运输方式。另外五代十国时期，社会动荡，战乱频繁，割据势力的形成对于陆路交通甚至内行航运产生严重的影响，沿海便成为越窑青瓷传播的择优选择。然而无论选择哪一种交通运输方式，都离不开浙东运河。路线一：以越窑为主要起点，向西通过浙东运河达到杭州，转隋唐大运河，途经苏州、扬州，直达洛阳，然后采用节级转运法，达到长安。路线二：以越窑为主要起点，向东到达明州港，或沿着海岸线至海州（今江苏连云港）中转，至渤海湾；或输往日本、高丽等国家。

由此可见，浙东运河与历史上这一地区的陶瓷传播具有密不可分的关系。不仅为陶瓷的传播提供了便利的交通、廉价的运输成本，也为弘扬浙东运河地区文化打开了一扇新的大门。

主要参考文献

古籍：

（汉）赵晔著，崔冶译注：《吴越春秋》，中华书局 2019 年版。

（汉）袁康、吴平著，徐儒宗注释：《越绝书》，浙江古籍出版社 2013 年版。

（汉）班固著，中华书局编辑部点校：《汉书》，中华书局 1962 年版。

（汉）王充撰，黄晖校释：《论衡校释》，中华书局 1990 年版。

（晋）陈寿撰，陈乃乾校点：《三国志》，中华书局 1982 年版。

（南朝宋）范晔撰，中华书局编辑部点校：《后汉书》，中华书局 1965 年版。

（南朝梁）萧子显撰，中华书局编辑部点校：《南齐书》，中华书局 1972 年版。

（南朝梁）沈约撰，中华书局编辑部点校：《宋书》，中华书局 1974 年版。

（北魏）郦道元著，陈桥驿校证：《水经注校证》卷二十九，中华书局 2007 年版。

（唐）房玄龄等撰，中华书局编辑部点校：《晋书》，中华书局 1974 年版。

（唐）魏征等撰，中华书局编辑部点校：《隋书》，中华书局 1973 年版。

（唐）李吉甫撰，贺次君点校：《元和郡县图志》，中华书局 1983

年版。

（唐）陆羽著，于良子注释：《茶经》，浙江古籍出版社 2011 年版。

（后晋）刘昫等撰，中华书局编辑部点校：《旧唐书》，中华书局 1975 年版。

（宋）窦苹著，任仁仁整理校点：《酒谱》，上海书店出版社 2016 年版。

（宋）朱肱等著，任仁仁整理校点：《北山酒经》，上海书店出版社 2016 年版。

（宋）欧阳修、宋祁撰，中华书局编辑部点校：《新唐书》，中华书局 1975 年版。

（宋）司马光编著，标点资治通鉴小组校点：《资治通鉴》，中华书局 1956 年版。

（宋）胡榘修、方万里、罗濬等纂：《宝庆四明志》，载浙江省地方志编纂委员会编《宋元浙江方志集成》，杭州出版社 2009 年版。

（宋）沈作宾修，施宿纂：《嘉泰会稽志》卷十九，载浙江省地方志编纂委员会编《宋元浙江方志集成》，杭州出版社 2009 年版。

（宋）王钦若等编纂，周勋初等校订：《册府元龟》，凤凰出版社 2006 年版。

（宋）《中华大典》工作委员会，《中华大典》编纂委员会编纂：《中华大典·历史典·编年分典·隋唐五代总部·吴越备史》，上海古籍出版社 2008 年版。

（宋）薛居正等撰，中华书局编辑部点校：《旧五代史》，中华书局 1976 年版。

（宋）李心传：《建炎以来系年要录》，中华书局 1988 年版。

（宋）李昉等编：《太平广记》，中华书局 1961 年版。

（宋）张津等纂修：《乾道四明图经》，载浙江省地方志编纂委员会编《宋元浙江方志集成》，杭州出版社 2009 年版。

（宋）李昉等撰：《太平御览》，中华书局 1960 年版。

（宋）徐兢撰，虞云国、孙旭整理：《宣和奉使高丽图经》，大象出版社 2019 年版。

（元）王元恭修，王厚孙、徐亮纂：《至正四明续志》，载浙江省地方志编纂委员会编《宋元浙江方志集成》，杭州出版社 2009 年版。

（元）脱脱等撰，中华书局编辑部点校：《宋史》，中华书局 1977 年版。

（明）宋濂等撰，中华书局编辑部点校：《元史》，中华书局 1976 年版。

（明）萧良幹修，张元忭、孙鑛纂：万历《绍兴府志》，台湾成文出版社 1983 年版。

（清）全祖望撰、朱铸禹汇校集注：《全祖望集汇校集注》，上海古籍出版社 2000 年版。

（清）张廷玉等撰，中华书局编辑部点校：《明史》，中华书局 1974 年版。

（清）吴任臣撰，徐敏霞、周莹点校：《十国春秋》，中华书局 2010 年版。

（清）徐松撰，刘琳、刁忠民、舒大刚、尹波等校点：《宋会要辑稿》，上海古籍出版社 2014 年版。

（清）戴枚修，张恕纂：光绪《鄞县志》，光绪三年刊本。

（清）杨泰亨等纂修：光绪《慈溪县志》，民国三年刊本。

著作：

周清编著：《绍兴酒酿造法之研究》，新学会社 1928 年版。

陈万里：《中国青瓷史略》，上海人民出版社 1956 年版。

江苏省文物管理委员会编：《南京出土六朝青瓷》，文物出版社 1957 年版。

浙江省一轻局、浙江丝绸工学院等编：《浙江丝绸史料》下编，1979 年油印本。

中国陶瓷编辑委员会编：《中国陶瓷·越窑》，上海人民美术出版社1983年版。

孔祥星、刘一曼：《中国古代铜镜》，文物出版社1984年版。

陈椽编著：《茶业通史》，农业出版社1984年版。

王士伦编著，王牧修订：《浙江出土铜镜》，文物出版社1987年版。

蒋猷龙、钱竹亭：《浙江蚕业史》，浙江省农科院蚕桑研究所、浙江省农业厅经济作物局1987年版。

陈椽：《中国茶叶外销史》，碧山岩出版公司1993年版。

童隆福主编：《浙江航运史·古近代部分》，人民交通出版社1993年版。

杨旭主编：《绍兴陶瓷志》，中国美术学院出版社1995年版。

刘修明：《中国古代的饮茶与茶馆》，商务印书馆国际有限公司1995年版。

浙江省水利志编纂委员会编：《浙江省水利志》，中华书局1998年版。

陈桥驿：《吴越文化论丛》，中华书局1999年版。

浙江省水产志编纂委员会编：《浙江省水产志》，中华书局1999年版。

席龙飞：《中国造船史》，湖北教育出版社2000年版。

车越乔、陈桥驿：《绍兴历史地理》，上海书店出版社2001年版。

谢纯龙主编：《上林湖越窑》，科学出版社2002年版。

绍兴县文物保护管理所：《绍兴县文物志》，浙江古籍出版社2002年版。

浙江省文物考古研究所编著：《河姆渡——新石器时代遗址考古发掘报告》，文物出版社2003年版。

卓贵德、赵水阳、周永亮：《绍兴农业史》，中华书局2004年版。

浙江省文物考古研究所编：《跨湖桥》，文物出版社2004年版。

蒋猷龙：《浙江省蚕桑志》，浙江大学出版社2004年版。

金普森、陈剩勇主编：《浙江通史》，浙江人民出版社2005年版。

绍兴县档案馆：《绍兴县馆藏商会档案》，中华书局2005年版。

阮浩耕主编：《浙江省茶叶志》，浙江人民出版社 2005 年版。

魏建钢：《千年越窑兴衰研究》，中国科学技术出版社 2008 年版。

袁宣萍、徐铮：《浙江丝绸文化史》，杭州出版社 2008 年版。

傅璇琮主编：《宁波通史》，宁波出版社 2009 年版。

孙可为：《绍兴丝绸史话》，中国戏剧出版社 2011 年版。

李永鑫主编：《绍兴通史》，浙江人民出版社 2012 年版。

林士民、林浩：《中国越窑瓷》，宁波出版社 2012 年版。

林士民：《宁波造船史》，浙江大学出版社 2012 年版。

绍兴市文物管理局：《绍兴文化遗产 遗址·墓葬卷》，中华书局 2012 年版。

邱志荣、陈鹏儿：《浙东运河史 上》，中国文史出版社 2014 年版。

孙善根、白斌、丁龙华：《宁波海洋渔业史》，浙江大学出版社 2015 年版。

任世龙、谢继龙：《中国古代名窑·越窑》，江西美术出版社 2016 年版。

王银根总纂：《越地茶史》，浙江古籍出版社 2018 年版。

李亮、关晓武主编：《铜与古代科技》，中国科学技术大学出版社 2018 年版。

李琴生主编：《浙江通志·蚕桑丝绸专志》，浙江人民出版社 2018 年版。

杨燚锋、黄文杰：《宁波青瓷文化》，宁波出版社 2019 年版。

徐雪英主编：《甬上船事》，宁波出版社 2019 年版。

郑建明、沈岳明主编：《浙江纪年墓与纪年瓷·绍兴卷》，文物出版社 2019 年版。

《浙江通志》编纂委员会：《浙江通志·渔业志》，浙江人民出版社 2020 年版。

阮浩耕主编：《浙江通志·茶叶专志》，浙江人民出版社 2020 年版。

黄昊德、田正标、游晓蕾：《越国考古》，浙江人民出版社 2022 年版。

刘建安：《浙江汉六朝考古》，浙江人民出版社 2022 年版。

项隆元、龚缨晏：《浙江科学技术史·上古至隋唐五代卷》，浙江大学出版社 2022 年版。

孙瀚龙、赵晔：《浙江史前陶器》，浙江人民出版社 2022 年版。

郑建华、谢西营、张馨月：《浙江古代青瓷》，浙江人民出版社 2022 年版。

白斌、叶怡希、何宇：《浙江海洋渔业史话》，浙江工商大学出版社 2023 年版。

期刊、论文、报纸等：

吕允福：《绍兴平水之茶业》，《浙江省建设月刊》1934 年第 8 期。

章巽：《元"海运"航路考》，《地理学报》1957 年第 1 期。

陈桥驿：《古代鉴湖兴废与山会平原农田水利》，《地理学报》1962 年第 3 期。

朱伯谦、王士伦：《浙江省龙泉青瓷窑址发掘的主要收获》，《文物》1963 年第 1 期。

上海市文物保管委员会：《上海马桥遗址第一、二次发掘》，《考古学报》1978 年第 1 期。

复旦大学静电加速器实验室、中国科学院上海原子核研究所活化分析组、北京钢铁学院《中国冶金史》编写组：《越王剑的质子 X 荧光非真空分析》，《复旦学报（自然科学版）》1979 年第 1 期。

李学勤：《从新出青铜器看长江下游文化的发展》，《文物》1980 年第 8 期。

李伯重：《我国稻麦复种制产生于唐代长江流域考》，《农业考古》1982 年第 2 期。

浙江省文物管理委员会、浙江省文物考古所等：《绍兴 306 号战国墓发掘简报》，《文物》1984 年第 1 期。

景存义：《鉴湖的形成演变与肖绍平原的环境变迁》，《南京师大学报》

1990 年第 2 期。

董忠耿：《试论绍兴出土的越国青铜农具》，《东南文化》1992 年第 6 期。

方健：《唐宋茶产地和产量考》，《中国经济史研究》1993 年第 2 期。

黄渭金：《河姆渡遗址"鱼藻"纹盆考释》，《农业考古》1995 年第 1 期。

李军：《浙江宁波出土铜镜》，《南方文物》1996 年第 3 期。

曹锦炎、马承源、李学勤等：《浙江省博物馆新入藏越王者旨於睗剑笔谈》，《文物》1996 年第 4 期。

王海明：《宁绍平原史前农业初探》，《农业考古》1996 年第 3 期。

林士民：《浙东沿海土墩遗存探索》，《南方文物》1998 年第 2 期。

浙江省文物考古研究所、绍兴县文物保护管理所：《浙江绍兴印山大墓发掘简报》，《文物》1999 年第 11 期。

陈雄：《论秦汉魏晋南北朝时期宁绍地区的农田水利》，《浙江师大学报》2000 年第 1 期。

黎海波、熊燕军：《宋代东南沿海地区丝织业发展状况》，《华南农业大学学报》2004 年第 3 期。

邱仲麟：《冰窖、冰船与冰鲜：明代以降江浙的冰渔业与海鲜消费》，《中国饮食文化》2005 年第 2 期。

浙江省文物考古研究所、余姚市文物保护管理所、河姆渡遗址博物馆：《浙江余姚田螺山新石器时代遗址 2004 年发掘简报》，《文物》2007 年第 11 期。

俞珊瑛：《浙江出土青铜器研究》，《东方博物》2010 年第 3 期。

蒋明明：《对绍兴出土汉代铜镜的探讨》，《东方博物》2011 年第 3 期。

张瑞虎：《宁绍与太湖地区新石器早期生态环境比较研究》，《农业考古》2012 年第 6 期。

魏建钢：《从越瓷茶具变化看越地茶文化之发展》，《农业考古》2013 年第 2 期。

徐复沛：《绍兴黄酒文化特色之研究》，《中国酒》2017 年第 4 期。

苏全胜、聂正宁、王爽：《浅析绍兴黄酒文化的内涵与传承》，《大众文艺》2020 年 1 月。

梁文杰：《越国铁器冶炼技术及成就》，《绍兴文理学院学报》（自然科学版）2021 年第 2 期。

后 记

这本小书大概从 2021 年开始酝酿，当时邀请了我的硕士生导师陈志坚、我的工作导师邱志荣作为顾问指导提纲，并邀请了浙江师范大学的金晓刚、浙江工业大学的张浩、浙大城市学院的彭滢燕、绍兴博物馆的沈方圆一起加入，成立了课题小组，其间还赴杭州、宁波、绍兴、湖州等地查阅资料、采集数据、田野考察，最终洋洋洒洒形成了面前的小书《浙东运河传统产业》。

为何我将这本书称作"小书"？首先，这本书涉及种植业、制茶业、渔业、青铜制造业、造船业、黄酒酿造业、丝织业、陶瓷业等八个不同的传统产业行业，浙东地区历史厚重、经济昌荣、人文璀璨，我想其中任何一个传统产业拉出来，都应该能单独成书，如今八个章节合著一本，综合考虑篇幅，内容详略，显而易见。其次，浙东地区物产丰富，诸多物产在历史上或者今天仍旧是名产，例如种植业中有著名的香榧，2013 年 5 月，绍兴会稽山古香榧群被联合国粮农组织正式批准为全球重要的农业文化遗产。但是限于图书内容要求，我们只能选取其中更为重要、更具有代表性的传统产业作为论述对象，因此书中所述，于浙东所有的丰富物产，窥见一斑。再者，我们的课题小组是一个年轻的团队，在学业研究上都属于初出茅庐者，尤其是对于浙东地区的相关研究可能并未全面掌握，因此本书或许仍有很大的进步空间，需要更多的前辈、学者批评指正，我们也虚心受教。综合以上缘由，我想称为一本"小书"，是最合适不过的。

关于"传统产业"，我们也是经过了一番深入讨论的，除了上述提到的选取哪些传统产业，还值得一提的是研究的时间范围。众所周知，清末的中国受西方影响，以造船业为例：浙东传统的造船业是以木质帆船为主，具有灵活方便、造价低等优点，清末西方轮船技术的传入，强迫国人思考探索蒸汽轮船，从木质帆船转向轮船。因此，结合历史发展脉络，本书研究的时间范围，下限截至清末，个别特殊情况，时间下限适当延长。

小书如今得以完成并呈现在读者面前，离不开诸多前辈、领导和学友的支持。首先感谢我硕士学习期间的导师陈志坚，在我读书、工作期间给予了诸多指导，从《绍兴市水利志》到《理水绍兴》，再到今天的《浙东运河传统产业》，其中都包含您的支持。其次是感谢绍兴市社科联、绍兴市水利局的领导，给予我这样一次锻炼的机会，组织承担这项课题研究。还要感谢谭徐明、邱志荣两位老师。两位老师作为我们浙东运河研究课题的负责人，经常组织线上、线下交流会，时刻督导鞭策、耐心鼓励我们，并给予非常中肯的建议。最后是感谢在书写过程中给予帮助的诸位学友，他们是金晓刚、张浩、沈方圆、彭滢燕、戴振宇、任桂全、沈季民、何其茂、鲁先进、许超雄等。当然还要感谢我的家人，他们对我生活和工作上的无限支持，成为我最好的精神动力。